フランス略語辞典
―英語対応語付―

大井正博 編著

DICTIONNAIRE DES SIGLES

エディション・フランセーズ

序

　21世紀に入り、我々の生活には以前にも増して略語が氾濫している。ADSLといった頭文字をとったイニシアル語からワン切りといった省略語に至るまで、略語といっても多種多様である。その昔こうした略語全盛に対して苦言を呈したフランス大統領もいたが、略語がイノベーションと深く結びついているのは事実であり、これを否定することは情報社会に横槍を入れることになりかねない。こうした事情はフランス語の世界においても同様で、いまや略語の知識なしにフランス語を話したり読んだりすることは不可能に近くなっている。そこで今回このフランス略語辞典を世に問うこととなった。

　本辞典に掲げた略語には大きく3つに分類される。第一に量的に最大である頭字語がある。頭文字をいくつか組み合わせた略語のことで、フランス語ではこれをsiglesと呼んでいる。第二にフルスペリングの一部のみを割愛したabréviationsがある。abréviationsを読む場合には、フルスペリングと同じ読み方となる。第三に数学や物理学で多用される数字及び記号を交えた略語がある。数字もしくは記号のみであれば厳密には略語のカテゴリーには含まれないものの、本辞典においてはそれらも便宜的に広義の略語として取り上げてある。というのもこうした数字・記号を取り上げたフランス語辞典はほとんどなく、それら数字及び記号をフランス語で何と読

むのか分からずに困った経験を持つ方も多いと思われるからである。頭字語については見出し語として掲げる際、イニシアルごとにドット（.）を入れずに表示した。abréviations を見出し語として掲げる際にはその反対にドット（.）を入れて表示した。

　フランスで使用されている略語といっても、実際には英語を中心にほかの言語の省略語も多用されている。本辞典ではそれらも当然に対象に含めた。そうした事情が本辞典を「フランス語略語辞典」とせずに「フランス略語辞典」とした理由の一つである。数字・記号で始まる略語として日常的に使用されている序数記号（例：1er, 2e, Ⅲ^e, Ⅴ^e）及び句読点 signes de ponctuation（例：., ?, ...）については、本辞典の対象読者層には不要と思われこれを割愛することにした。

　こうした辞典は日本で刊行されたことがなくいろいろ不備な点もあると思われるが、その点については皆様からの御意見を参考に今後より完璧なものに仕上げていきたい。最後に本辞典の作成にあたり数々の御尽力をいただいた外務研修所フランス語主任アンドレ・ガルデラ氏、エディション・フランセーズ社長遠藤慶一氏はじめ関係者の方々に心から感謝の意を表したい。

　2002年9月

　　　　　　　　　　　　　　　　　大井正博

凡 例

I. 本書の構成
 1. 最初に数字及び数字で始まる略語と各種記号、通貨単位の略語を掲げた。
 2. アルファベットで始まる略語はすべてアルファベット順に配列した。
 3. ドット (.) もしくはドット及びハイフン (.-) がついている見出し語は、そこにスペースがあるものとして配列した。
 4. 数字についてはそれをフランス語読みせずに、あくまで数字として扱って配列した。

II. 略語の説明
 1. まずゴシック体で見出し語が掲げられ、スペースの後にローマン体でフランス語のフルスペル、その後にカンマ (,) をつけてから日本語訳を示した。多くの場合さらにカンマ (,) をつけてからイタリック体で英語の対応語を添えた。
 2. フランス語以外の略語については、日本語訳の前に (○○語略語のままで) として表示した。
 3. 国際自動車識別記号というのは自動車の後ろに張る白い楕円形ステッカーに表示されるアルファベット文字のことで、ちなみにフランスの場合にはF日本の場合にはJが用いられる。

4．国際オリンピック委員会の国名表記の後に（○○年承認）とあるのは、国名表記として同委員会に正式に承認された西暦年を意味する。

5．必要に応じて日本語訳の後にコロン（：）をつけて各種解説を加えた。

6．県名の後で（　）に入っている数字は、郵便番号や車のナンバープレートの一部に使用されている県番号を意味し、解説で1966.7とあるのは1966年7月を意味する。

7．頭字語の場合と異なり abréviations につけた訳語はあくまで参考用であり、略語として使用された場合に当該訳語のみに限定されるという意味合いは全くない。

8．フランス語頭字語の英語対応語については、英語で通常使用される頭字語がある場合には英語での頭字語を記し、その後にイコール記号をつけてから語義スペリングを掲げた。時にフランス語頭字語のままとなっているのは、それが英語においても通常略語として使用されていることを意味する。

9．フランス語でも英語頭字語がそのまま略語として利用される場合、当該略語に適当なフランス語訳が存在しないケースがある。こうしたケースにおいてはフランス語語義部分を「―」印で記すにとどめ、日本語訳の前につけるべき（英語略語のまま）という但し書きは割愛した。

10．団体名等の英語対応語については、正式にはイギリス英語が使用されている場合もあるが、統一をはかるためにアメリカ英語の綴りを使用している（例：

Labour→Labor, Programme→Program)。
11. 携帯電話によるメール交換の必要により、自由奔放な略語の世界が登場してきた。これらは常に流動的でカバーしがたいものの、ASCII文字を使った顔文字（いわゆるスマイリー）や多用される表現については定着現象も見受けられる。そこで付録1としていくつかの例を収録した。
12. 国際自動車識別記号及び国際オリンピック委員会の国名表記については、一部は本文中に掲載したものの、巻末に付録2としてまとめて収録した。国際自動車識別記号については以前と別の記号が使用されるケースがよくあり、最新のものだけを提示する必要性からこうした結果となった。

主要参考文献

Conseil économique et social, *Dictionnaire des sigles : domaines économiques et sociaux*, La Maison du Dictionnaire, 1992

FAUDOUAS, J.-Cl., *Dictionnaire des abréviations courantes de la langue française*, La Masion du Dictonnaire, 1990

French Technical Dictionary, Routledge, 1994

日本学術会議事務局編「国際学術団体総覧」, 1979

インタープレス「科学技術25万語大辞典和英編」, 1986

広永周三郎著「英語略語辞典」第三版, 研究社, 1993

加藤大典編著「略語大辞典」(第2版) 丸善株式会社, 2002

長谷川啓之編「最新英和経済ビジネス用語辞典」, 1997

大賀正喜他編「小学館ロベール仏和大辞典」, 1988

数字及び数字で始まる略語

13° treizièmement, 十三番目に, *in the thirteenth place*
14° quatorzièmement, 十四番目に, *in the fourteenth place*
15° quinzièmement, 十五番目に, *in the fifteenth place*
16° seizièmement, 十六番目に, *in the sixteenth place*
1° primo, 第一に, *firstly*
1/2 un demi, 半分, *one half*
1/2 une moitié, 半分, *one half*
1/3 un tiers, 三分の一, *one third*
1/4 un quart, 四分の一, *one quarter*
1e unième, (10位、100位などの)一番目の, *first*
24h/h vingt-quatre heures sur vingt-quatre, 二十四時間体制の, *around the clock*
2° secundo, 第二に, *secondly*
2° deuxièmement, 第二に, *secondly*
2/3 deux tiers, 三分の二, *two thirds*
2M1 demain, (携帯メールでの略語で)明日, *tomorrow*
3° tertio, 三番目に, *thirdly*
3° troisièmement, 三番目に, *thirdly*
3/4 trois quarts, 四分の三, *three quarters*
4-ép. quatre-épices, オールスパイス, *allspice*
4-mâts quatre-mâts, 四檣(ししょ)帆船
4-quarts quatre-quarts, カトルカール:ケーキの名称
4° quarto, 四番目に, *fourthly*
4° quatrièmement, 四番目に, *fourthly*
4x4 quatre-quatre, 四輪駆動車, *4 WD =four-wheel drive*
6° sixièmement, 六番目に, *sixthly*
7° septimo, 七番目に, *seventhly*
7° septièmement, 七番目に, *seventhly*
7j/j sept jours sur sept, 週7日制で, *seven days a week*
8° octavo, 八つ折り判, *octavo*
8° huitièmement, 八番目に, *eighthly*

記号及び記号で始まる略語

- **+** plus, プラス, *plus*
- **+** positif, 陽性, *positive*
- **−** moins, マイナス, *minus*
- **−** négatif, 陰性, *negative*
- **.com** point-com, ドットコム, *dot-com*
- **//** parallèle à, 平行の, *parallel to*
- **!** factorielle, (数学の)階乗, *factorial*
- **℃** degré Celsius, 摂氏, *degree Centigrade*
- **°F** Fahrenheit, (温度で)ファーレンハイト, *Fahrenheit*
- **/** barre oblique, スラッシュ, *slash*
- **** barre oblique renversée, バックスラッシュ, *backslash*
- **~** tilde, チルダ, *tilde*
- **~** tilde, スワングダッシュ, *swung dash*
- **|** barre verticale, バーティカルバー, *vertical bar*
- **×** multiplié par, 掛ける, *multiplied by*
- **÷** divisé par, 割る, *divided by*
- **=** égal à, イコール, *equal to*
- **≠** inégal à, 等しからず, *not equal to*
- **≠** différent de, 異なる, *different than*
- **<** strictement inférieur à, 小なり, *less than*
- **>** strictement supérieur à, 大なり, *greater than*
- **≦** inférieur ou égal à, 小なりイコール, *less than or equal*
- **≧** supérieur ou égal à, 大なりイコール, *greater than or equal*
- **∞** infini, 無限大, *infinite*
- **♂** mâle, オス, *male*
- **♀** femelle, メス, *female*
- **%** pour cent, パーセント, *percent*
- **#** numéro, ナンバー, *number*
- **&** esperluette, アンドマーク, *ampersand*
- ***** naissance, 誕生, *birth*
- ***** astérisque, アステリスク, *asterisk*
- **@** arobase, アットマーク, *at sign*
- **§** paragraphe, パラグラフ, *paragraph*
- **→** voir, 参照, *cf.*
- **∈** relation d'appartenance, (元とその集合との間の)帰属関係, *membership of a set*

∈	appartient à, (元の集合に)属する,	*belongs to*
⊂	inclus dans, 含まれる,	*including*
∪	réunion, (数学の)集合,	*union*
∩	intersection, キャップ,	*cap*
⇔	équivalent à, 等しい,	*equivalent to*
∀	quel que soit, オール,	*all*
∀	pour chaque, オール,	*for all*
∀	pour tout, オール,	*for all*
∃	quantificateur existentiel, 存在記号,	*existential quantifier*
∃	il existe, エクジスト,	*there exists*
∠	angle, 角,	*angle*
∠**R**	angle droit, 直角,	*right angle*
⊥	perpendiculaire, 垂直,	*perpendicular*
⌒	arc, 弧,	*arc*
∂	d rond, ラウンドd,	*round d*
∇	nabla, ナブラ,	*nabla*
≡	identique à ou congru à, 合同,	*identical to or congruent with*
≒	à peu près égal à, ほぼ等しい,	*nearly equal*
√	racine, 根号,	*root*
∝	proportionnel à, 比例する,	*proportional to*
∵	car, 何となれば,	*for*
∫	intégral, 積分,	*integral*
∬	double intégral, 二重積分,	*double integral*
Å	angstrooom, オングストローム,	*angstrom*
‰	pour mille, パーミル,	*permil*
#	dièse シャープ,	*sharp*
♭	bémol, フラット,	*flat*
♪	note, 音符,	*note*
†	croix, 短剣符,	*dagger*
†	feu～, (物故者の名前の前につく)故～,	*late*
†	mort, 死亡,	*died*
‡	diésis, 二重短剣符,	*double dagger*
©	droit d'auteur, コピーライト,	*copyrighted*
®	marque déposée, トレードマーク,	*registered trademark*
ϕ	ensemble vide, 空(くう)集合,	*empty set*
ℵ	aleph, アレフ,	*aleph*
Π	pi, (相乗積を示す)パイ,	*pi*
Ω	ohm, オーム,	*ohm*
Ωm	ohm-mètre, オーム計,	*ohmmeter*

γglob. gammaglobuline, ガンマグロビン, *gamma globulin*
γgraph. gammagraphie, ガンマラジオグラフィー, *gamma radiography*
γthér. gammathérapie, ガンマ線療法, *gamma therapy*
δ dioptre, ジオプター：レンズの屈折率の単位, *diopter*
μ micron, ミクロン, *micron*
μA micro-ampère, マイクロアンペア, *microampere*
μF microfarad, マイクロファラド, *microfarad*
μg microgramme, マイクログラム, *microgram*
μH microhenry, マイクロヘンリー, *microhenry*
μm micromètre, マイクロメートル：100万分の1メートル, *micrometer*
μs microseconde, マイクロ秒, *microsecond*
μV microvolt, マイクロボルト, *microvolt*
μW microwatt, マイクロワット, *microwatt*
μΩ microhm, マイクロオーム, *microhm*
Σ somme, 和, *summation*
_ caractère blanc souligné, アンダーバー, *under bar*

通貨単位の略語

€ euro, (ユーロランドの通貨単位で)ユーロ, *euro*
δ riel, (カンボジアの通貨単位で)リエル, *riel*
¥ yen, (日本の通貨単位で)円, *yen*
$A dollar australien, (通貨単位で)豪ドル, *Australian dollar*
$CAN dollar canadien, (通貨単位で)カナダ・ドル, *Canadian dollar*
$CH peso chilien, (通貨単位で)チリ・ペソ, *Chilean peso*
$HGK dollar de Hongkong, (通貨単位で)香港ドル, *Hong Kong dollar*
$LBR dollar libérien, (通貨単位で)リベリア・ドル, *Liberian dollar*
$MEX peso mexicain, (通貨単位で)メキシコ・ペソ, *Mexican peso*
$NI cordoba, (ニカラグアの通貨単位で)コルドバ, *cordoba (Nicaragua)*
$NZ dollar néo-zélandais, (通貨単位で)ニュージーランド・ドル, *New Zealand dollar*
$PHI peso philippin, (通貨単位で)フィリピン・ペソ, *Philippine peso*
$US dollar des Etats-Unis, (通貨単位で)米ドル, *US dollar*
£ livre, (英国の通貨単位で)ポンド, *pound*
£CU peso cubain, (通貨単位で)キューバ・ペソ, *Cuban peso*
£CYP livre cypriote, (通貨単位で)キプロス・ポンド, *Cyprus pound*
£IR livre irlandaise, (通貨単位で)アイルランド・ポンド, *Irish pound*
£LIB livre libanaise, (通貨単位で)レバノン・ポンド, *Lebanese pound*
£SOU livre soudanaise, (通貨単位で)スーダン・ポンド, *Sudanese pound*
£SYR livre syrienne, (通貨単位で)シリア・ポンド, *Syrian pound*
£T livre turque, (通貨単位で)トルコ・ポンド, *Turkish pound*
£TQ lire turque, (通貨単位で)トルコ・リラ, *Turkish lira*

A

- **A** ampère, アンペア, *ampere*
- **a.** année, 年, *year*
- **a.** art, 美術, *art*
- **a** are, アール：面積の単位, *are*
- **A** Autriche, オーストリア：国際自動車識別記号, *Austria*
- **a** atto, アト：SI 単位, *atto-*
- **A.** Altesse, 殿下, *Highness*
- **a.-amér.** anglo-américain, 英米の, *Anglo-American*
- **a.-ar.** anglo-arabe, アングロアラブの, *Anglo-Arab*
- **a.-compt.** aide-comptable, 会計補佐, *assistant account*
- **a. culin.** art culinaire, 料理法, *art of cooking*
- **a. divin.** art divinatoire, 占い術, *fortunetelling*
- **a. dram.** art dramatique, 舞台芸術, *dramatic art*
- **A. du N.** Afrique du Nord, 北アフリカ, *North Africa*
- **A. du S.** Afrique du Sud, 南アフリカ, *South Africa*
- **A.-E.F.** Afrique-Equatoriale française, 旧仏領赤道アフリカ, *French Equatorial Africa*
- **A. et M.** Arts et Métiers, 工芸院
- **A.I.** Altesse Impériale, （直系皇族）殿下, *Imperial Highness*
- **a.-m.** après-midi, 午後, *afternoon*
- **a. méd.** art médical, 医術, *medical art*
- **a. mil.** art militaire, 戦術, *art of war*
- **a.-norm.** anglo-normand, アングロノルマンの, *Anglo-Norman*
- **A.-O.F.** Afrique-Occidentale française, 旧仏領西アフリカ, *French West Africa*
- **A.R.** Altesse Royale, （直系王族）殿下, *Royal Highness*
- **A.S.** Altesse Sérénissime, （傍系王族／皇族）殿下, *Most Serene Highness*
- **a.-sax.** anglo-saxon, アングロサクソンの, *Anglo-Saxon*
- **a.-soign.** aide-soignant, 看護助手, *nursing auxiliary*
- **a.-v.** après-vente, 販売後, *after sales*
- **a.v.** ad valorem, （ラテン語略語のままで）従価の

a. vétér. art vétérinaire, 獣医学, *veterinary medicine*

A12C4 à un de ces quatre, (携帯メールでの略語で)また近い内に, *see you soon*

A1AM administrateur de première classe des affaires maritimes, 海軍行政一等将校

A2 Antenne2, アンテンヌドゥ：フランスのテレビ局. 91年末に FR 2 と改称

A2AM administrateur de deuxième classe des affaires maritimes, 海軍行政二等将校

A/m ampère par mètre, アンペア毎メートル, *ampere per meter*

AA Alcooliques anonymes, アルコール中毒者更生会, *AA = Alcoholics Anonymous*

AA antiaérien, (軍事用語で)対空, *anti-aircraft*

AAAF Association aéronautique et astronautique de France, フランス航空宇宙工学協会, *Aeronautical and Astronautical Association of France*

AAC attaché d'administration centrale, 中央官庁アタッシェ

AAC Association africaine de cartographie, アフリカ地図学協会, *AAC = African Association of Cartography*

AACC Association des agences conseils en communication, コミュニケーションコンサルティング会社協会

AACS Association des artistes contre le sida, エイズ撲滅芸術家協会

AACTA Association action pour l'amélioration des conditions de travail, 労働条件改善運動協会

AAEA Association africaine de l'éducation des adultes, アフリカ成人教育協会, *African Adult Education Association*

AAFI Association des anciens fonctionnaires internationaux, 国際公務員 OB 協会, *AFICS = Association of Former International Civil Servants*

AAGREF Association amicale du génie rural, des eaux et forêts, 農業工学・水資源・森林友の会

AAH allocation pour adulte handicapé, 成人身障者手当

AAHPIA Association d'aide aux handicapés, personnes isolées et âgées, 身障者・単身者・高齢者援助協会

AAI Association actuarielle internationale, 国際保険数理協会, *IAA = International Actuarial Association*

AAL couche d'adaptation AAL, (英語略語のままで)非同期転送モード適合層, *AAL = ATM adaptation layer*

AAM administrateur des affaires maritimes, 海軍行政将校
AAPP Association agréée de pêche et de pisciculture, 漁業・養殖協会
AAPS Association asiatique des chirurgiens pédiatriques, (英語略語のままで)アジア小児外科学会, *AAPS = Asian Association Pediatric Surgeons*
AAR contre tous les risques, (英語略語のままで)全危険担保, *AAR = against all risks*
ab. abonné, 加入者, *subscriber*
ABACUS Association pour le boulier appliqué au calcul et à l'utilisation du soroban, 計算とそろばんに応用された百玉計算機のための協会
aband. abandon, 放棄, *renunciation*
abb. abbaye, 大修道院, *abbey*
abbat. abbatiale, 大修道院付属聖堂, *abbey church*
ABC atomique, biologique et chimique, 核・生物・化学：兵器について言う, *ABC = atomic, biological and chemical*
ABCA Association des banques centrales africaines, アフリカ中央銀行協会, *Association of African Central Banks*
ABE Association bancaire pour l'ecu, ECUのための銀行協会
ABE Association bancaire pour l'euro, ユーロのための銀行協会
ABF Association des brasseurs de France, フランスビール醸造業者
ABF Association des barmen de France, フランスバーテンダー協会
ABF Association des brûlés de France, フランス火傷負傷者協会
ABF Association des bibliothécaires français, フランス司書協会
ABF Association bienvenue de France, フランス歓迎協会
ABI Agence bancaire internationale, (ニューヨークオフショア市場である)国際銀行業務, *IBF = International Banking Facilities*
ABM missile anti-missile, (英語略語のままで)弾道弾迎撃ミサイル, *ABM = antiballistic missile*
abol. abolition, 廃止, *abolition*
abond. abondance, 豊富, *abundance*
abonn. abonnement, 定期購読, *subscription*
abrév. abréviation, 略語, *abbreviation*
abrog. abrogation, 廃止, *abrogation*

abs aux bons soins de, 気付け, *c/o=care of*

ABS système antiblocage de roues, （英語略語のままで）ABS（エービーエス）：自動車のブレーキのロック防止システム, *ABS=antilock braking system*

ABS acrylonitrile butadiène styrène, アクリロニトリルブタジエンスチレン, *ABS=acrylonitrile butadiene styrene*

abs. absence, 欠席, *absence*

ABSA actions à bons de souscription d'actions, 新株引受権付株, *warrant stocks*

ABSAR actions à bons de souscription d'actions rachetables, 買戻可能新株引受権付株, *stocks with redeemable stock warrants*

ABSOC actions à bons de souscription d'obligations convertibles, 転換社債ワラント付株, *stocks with convertible bond warrants carrying preferential subscription rights*

abstin. abstinence, 節制, *abstinence*

abstr. abstraction, 抽象, *abstraction*

ABU Association des bibliophiles universels, （国立工芸学校のweb上で古典文学テキストを提供する）万国愛書家協会

AC aéro-club, 飛行クラブ

AC annonces classées, 分類広告, *classified ads*

AC avaries communes, 共同海損

AC administrateur civil, 上級職事務官

Ac actinium, アクチニウム, *Ac=actinium*

ac année courante, 本年, *ac=anni currentis ; current year*

AC ante Christum, （ラテン語略語のままで）西暦紀元前

AC Adhérents directs de l'UDF, （フランスの政党で）フランス民主連合直接加盟者（管理協会）

ac. acide, 酸, *acid*

AC Association agir ensemble contre le chômage, （失業者利益保護団体）みんなで失業退治協会

ACA analyse coût-avantages, 費用便益分析, *CBA=cost-benefit analysis*

ACAD Association carrefour du développement, 開発の十字路協会

acad. académie, 大学区

ACADI Association française des cadres dirigeants pour le progrès économique et social, 経済社会進歩のためのフランス経営幹部協会

ACAFPA Association de coordination des actions en faveur des personnes âgées, 高齢者のための運動連絡協会

ACAP aide à la constitution de l'apport personnel des accédants à la propriété, マイホーム希望者自己資金形成援助

ACAVI assurance vie à capital variable immobilier, 不動産可変資本生命保険

acc. accord, 合意, *agreement*

acc.-c. accord-cadre, 基本協定

ACCA possibilités fiscales d'amortissement accéléré, (英語略語のままで)加速償却承認制, *ACCA = accelerated capital cost allowance program*

Accel. accelerando, アッチェレランド, *accelerando*

accélér. accélération, 加速, *acceleration*

accent. accentuation, 強調, *stressing*

accept. acceptation, 受諾, *acceptance*

access. accession, 就任, *accession*

ACCI Association des chambres de commerce et d'industrie, 商工会議所協会, *Association of the Chambers of Commerce and Industry*

accid. accident, 事故, *accident*

ACCJ Chambre de commerce américaine au Japon, (英語略語のままで)在日米国商業会議所:別名は在日米国人商業会議所, *ACCJ = American Chamber of Commerce in Japan*

acclam. acclamation, 歓声, *acclamation*

acclimat. acclimatation, 順化, *acclimatation*

accommod. accommodation, 順応, *adapting*

accouch. accouchement, 出産, *delivery*

accoutum. accoutumance, 適応, *familiarization*

ACCP Collège américain de médecine thoracique, (英語略語のままで)米国胸部医師学会, *ACCP = American College of Chest Physicians*

ACCRE aides aux chômeurs créateurs ou repreneurs d'entreprise, 失業者の事業創設・継承者援助

accrédit. accréditation, 信任, *accreditation*

accroiss. accroissement, 増加, *increase*

ACCT agence comptable centrale du Trésor, 国庫中央会計事務所

ACCT Agence de coopération culturelle et technique, (フランスの)文化・技術協力局

ACCTES Association de coopération et de coordination de travaux d'études sur le sida, (フランスの)エイズ研究作業協力・調整協会

accu accumulateur, 蓄電池, *accumulator*

accultur. acculturation, 異文化への適応, *acculturation*
accumul. accumulateur, 蓄電池, *battery*
accus. accusation, 非難, *accusation*
accus. accusatif, 対格, *accusative*
ACD distribution automatique d'appels, (英語略語のままで)自動電話着信分配, *ACD = automatic call distribution*
ACDI Agence canadienne de développement international, カナダ国際開発庁, *CIDA = Canadian International Development Agency*
ACDL Association des comités de défense des locataires, 借家人防衛委員会協会
ACE atelier central de l'environnement, 環境中央研究会
ACE Association des avocats conseils d'entreprises, 企業顧問弁護士協会
ACE Action catholique de l'enfance, 児童カトリック・アクション協会
ACE Association des centres éducatifs, 教育センター協会
ACE avion de combat européen, 欧州戦闘機, *EFA = European Fighter Aircraft*
ACEA Association des constructeurs européens de l'automobile, 欧州自動車製造業者協会, *ACEA = Association of European Automobile Manufacturers*
ACEAR atelier central d'études d'aménagement rural, 農村整備検討中央研究会
ACECO association pour la compensation des échanges commerciaux, 商取引相殺協会
ACEL Association culturelle, économique et linguistique, 文化経済言語協会
ACERMI Association pour la certification des matériaux isolants, 断熱材検定協会
ACF Automobile-Club de France, フランス自動車連盟
ACF aéro-club de France, フランス飛行クラブ
ACFCI Assemblée des chambres françaises de commerce et d'industrie, フランス商工会議所会議
ACFE Association d'aide à la création et à la formation des entrepreneurs, 起業家創設養成援助協会
ACG adhérent compensateur général, 総合清算会員, *GCM = general clearing member*
ACGF Action catholique générale féminine, 婦人総合カトリック・アクション協会
achemin. acheminement, 発送, *forwarding*

achrom. achromatique, 色消しの, *achromatic*

ACI adhérent compensateur individuel, （MATIFの）個人清算会員

ACI Association commerciale internationale, 国際商業協会

ACI Alliance coopérative internationale, 国際協同組合同盟, *ICA＝International Cooperative Alliance*

ACI Association cartographique internationale, 国際地図学協会, *ICA＝International Cartographic Association*

ACI Association cambiste internationale, 国際両替商協会

ACI identification automatique des wagons, （英語略語のままで）自動車両識別, *ACI＝automatic car identification*

ACIP Association consistoriale israélite de Paris, パリユダヤ教長老会議員協会

ACLALS Association pour l'étude des langues et littératures du Commonwealth, （英語略語のままで）コモンウェルス語学文学研究協会, *ACLALS＝Association Commonwealth Language and Literature Studies*

ACLIF Association culturelle lyonnaise islamo-française, イスラムフランスリヨン文化協会

ACMIL Association de coordination des moyens d'intervention pour le logement, 住宅介入手段連絡協会

ACMJ Administration centrale du ministère de la Justice, 司法省中央行政局

ACNAT Actions communautaires pour la conservation de la nature, （EUの）自然保護共同体行動, *Community actions for the conservation of nature*

ACNO Association des comités nationaux olympiques, オリンピック国内委員会協会

ACO Action catholique ouvrière, 労働者カトリック・アクション協会

ACODESS Association pour la coopération et le développement des structures sanitaires, 保健体制協力開発団体

ACOSS Agence centrale des organismes de sécurité sociale, 社会保障組織中央財務管理機構

acoust. acoustique, 音響, *acoustic*

ACP Etats d'Afrique, des Caraïbes et du Pacifique, アフリカ・カリブ海・太平洋地域諸国, *ACP＝African, Caribbean and Pacific States*

ACPA Association de contrôle de la publicité audio-visuelle, ラジオテレビ広告監視協会

ACPE Association contre la prostitution enfantine, 幼児売

春撲滅協会

acpte acompte, 前金, *down payment*

acq. acquéreur, 取得者, *purchaser*

acquis. acquisition, 取得, *acquisition*

ACRIP Association de coordination et de recherche pour l'insertion professionnelle des jeunes, 青年就職連絡・調査協会

acron. acronyme, 頭字語, *acronym*

ACRS amortissement accéléré, (英語略語のままで)加速原価回収法:別名は加速償却制度, *ACRS = accelerated cost recovery system*

ACS allocation conventionnelle de solidarité, 協約連帯手当

ACSPFT Comité asiatique pour la normalisation des tests de l'aptitude physique, (英語略語のままで)アジア体力テスト基準化委員会, *ACSPFT = Asian Committee for Standardization of Physical Fitness Tests*

act. action, 株, *stock*

ACT arbre à cames en tête, オーバーヘッドカムシャフト, *OHC = overhead camshaft*

ACT-UP ―, アクトアップ, *Act-Up (AIDS Coalition to Unleash Power)*

ACTA action de coordination technique et agricole, 技術・農業調整行動

ACTIA Association de coordination technique pour l'industrie alimentaire, 食品産業技術調整協会

ACTIE Agence de coopération technique, industrielle et économique, 技術・産業・経済協力局

ACTIM Administration générale de la coopération au développement, (フランスの)産業経済協力庁

actionn. actionnaire, 株主, *stockholder*

activ. activation, 活発化, *activation*

actual. actualité, トピックス, *topicality*

actualis. actualisation, 現代化, *updating*

ACUF Association des combattants de l'Union française, フランス連合戦闘員協会

ACV véhicule à coussin d'air, (英語略語のままで)エアクッション艇, *ACV = air cushion vehicle*

ACV valeur effective au comptant, (英語略語のままで)現金換算価値, *ACV = actual current value*

ACV Association curriculum vitae, 履歴書協会

ACVG anciens combattants et victimes de la guerre, 在郷

軍人と戦争犠牲者

AD Action directe, アクシオンディレクト：フランスのアナーキスト系極左テロ組織

AD Anno Domini, (ラテン語で)キリスト紀元

Ad libit. ad libitum, (ラテン語で)アドリブ

ADA Association pour le développement de l'aquaculture, 養殖漁業開発協会

ADAC avion à décollage et atterrissage courts, 短距離離着陸機, *STOL=short takeoff and landing aircraft*

ADAC Association pour la défense des animaux de compagnie, 愛玩動物保護協会

ADAC Association pour le développement de l'animation culturelle, 文化イベント発展のための協会

ADAEC Association pour la diffusion artistique et culturelle, 芸術文化普及団体

ADAGP Association pour la diffusion des arts graphiques et plastiques, グラフィック造形芸術普及協会

ADAM Association de défense des actionnaires minoritaires, 少数株主防衛協会

ADAO avion à décollage et atterrissage ordinaires, 通常離着陸機, *CTOL=conventional takeoff and landing aircraft*

ADAPEI Association départementale des amis de parents d'enfants inadaptés, 県適応不良児父母の友の会

adapt. adaptation, 脚色, *adaptation*

ADAPT Adaptation de la main-d'œuvre aux mutations industrielles, (EU発案の一つで)産業変化への労働力の対応

ADAR avion à décollage et atterrissage réduits, 短距離離着陸機, *RTOL=reduced takeoff and landing aircraft*

ADAS avion à décollage et atterrissage silencieux, 無騒音離着陸機, *QTOL=quiet takeoff and landing aircraft*

ADASEA Association départementale pour l'aménagement des structures des exploitations agricoles, 農地構造整備のための県協会

ADAV avion à décollage et atterrissage verticaux, 垂直離着陸機, *VTOL=vertical takeoff and landing aircraft*

ADBS Association des documentalistes et bibliothécaires spécialisés, 資料収集家専門司書協会

ADC accident de la circulation, 交通事故, *road accident*

ADCA —, (日本の)海外農業開発コンサルタンツ協会, *ADCA=Agricultural Development Consultants Association*

add. addition, 加法, *addition*

ADDE Association des dépôts dentaires européens, 欧州歯科デポ剤協会, *European Association of Dental Depots*

ADDES Association pour le développement de la documentation sur l'économie sociale, 社会経済学資料開発協会

ADDIM Association pour le développement et la diffusion de l'information militaire, 軍事情報開発普及協会

ADEA Association pour le développement de l'éducation en Afrique, アフリカ教育開発委員会

ADEAC Association pour le développement des échanges artistiques et culturels, 芸術文化交流開発協会

ADEC Association pour le développement éducatif et culturel, 教育文化開発協会

ADEF Agence d'évaluation financière, フランス金融格付機関:1986-1990年に存在した格付会社. 1990年3月にスタンダード&プアーズと合併, *French Rating Agency*

ADEIC Association d'éducation et d'information du consommateur, (FEN の)消費者教育情報協会

adél adresse électronique, (ケベックで)eメール, *e-mail*

ADELC Association d'aide au développement des librairies de création, 創作書店開発援助協会

ADELF Association des écrivains de langue française, フランス語作家協会, *Association of French-Language Writers*

ADELS Association pour la démocratie et l'éducation locale et sociale, 民主主義と地元社会教育協会

ADEME Agence de l'environnement et de la maîtrise de l'énergie, (AFME, AQA, ANRED を統括する)環境エネルギー制御局

adénop adénopathie, 腺症, *adenopathy*

ADEP Agence nationale pour le développement de l'éducation permanente, (フランス文部省)国立生涯教育開発協会

ADEPA Agence nationale pour le développement de la production automatisée, 国立自動化生産開発局

ADEPBA Association pour le développement des études portugaises, brésiliennes d'Afrique et d'Asie lusophones, ポルトガル語圏アフリカ・アジアのポルトガル・ブラジル研究開発協会

ADEPNM Association départementale d'entraide des parents de naissances multiples, 多重生児父母相互支援県協会

ADER Association d'études économiques et rurales, 経済農村研究協会

ADERLY Association pour le développement économique

de la région de Lyon, リヨン地方経済開発協会

ADESO Association pour le développement de l'électronique dans le Sud-Ouest, 南西部エレクトロニクス開発協会

ADETEM Association nationale pour le développement des techniques de marketing, 全国マーケティング技法開発協会

ADF radiogoniométrie automatique, (英語略語のままで)自動方向探知機, *ADF = automatic direction finding*

ADF Autoroutes de France, フランス高速道路公団, *French Highway*

ADF Association dentaire française, フランス歯科協会, *French Dental Association*

ADFE Association démocratique des Français à l'étranger, 在外フランス人民主協会, *Democratic Association of French Citizens Abroad*

ADFI Association pour la défense de la famille et de l'individu, 家族と個人を守る会

Adg° adagio, アダージョ, *adagio*

ADH Association pour la dignité de la personne humaine, 人間の威厳協会

adhés. adhésion, 加入, *adhesion*

ADI Agence de l'informatique, 情報科学局

ADIF Association des déportés, des internés et des familles de disparus, 強制収容所監禁経験者行方不明者協会

ADIL Association départementale pour l'information sur le logement, 県住宅情報協会

ADIM Association pour le développement de l'information médicale, 医学情報開発協会

ADIR Association nationale des anciennes déportées et internées de la résistance, 全国抵抗運動強制収容所監禁経験者婦人協会

ADIS analyse des dynamiques industrielles et sociales, 産業社会動態分析

adj. adjectif, 形容詞, *adjective*

adjt adjoint, 助手, *assistant*

adjud. adjudant, 曹長, *warrant officer*

adjudic. adjudication, 競売, *adjudication*

adjuv. adjuvant, 補助物, *adjuvant*

ADMD Association pour le droit de mourir dans la dignité, 尊厳死権協会

ADMICAL Association pour le développement du mécénat industriel et commercial, (1979年設立の)商工業メセナ促進協議会

admin. administration, 行政, *administration*

admir. admiration, 賛美, *admiration*

ADMP Association de droit minier et pétrolier, 鉱山石油法協会

ADMR Association d'aide à domicile en milieu rural, 農村地帯の在宅扶助協会

ADN Yémen du Sud, 南イエメン：国際自動車識別記号, *South Yemen*

ADN acide désoxyribonucléique, デオキシリボ核酸, *DNA = deoxyribonucleic acid*

adol. adolescent, 青年, *adolescent*

ADONET Amicale des offices nationaux étrangers de tourisme, 外国政府観光協会友の会

adouciss. adoucissement, 軽減, *softening*

ADP assembleur-désassembleur de paquets, (情報通信の)パケット組立分解機能, *PAD = packet assembler/disassembler*

ADP Aéroport de Paris, パリ空港, *Airport of Paris*

ADP action à dividende prioritaire, 優先配当株, *preferred dividend stock*

ADP peseta d'Andorre, (通貨単位で)アンドーラ・ペセタ, *Andorra peseta*

ADPC Association départementale de protection civile, 広域災害防止対策県協会

ADPICS aspects des droits de propriété industrielle qui touchent au commerce, 貿易関連知的所有権に関する面, *Trade-Related Aspects of Intellectual Property Rights*

adr. adresse, 住所, *address*

ADR titre américain représentatif des avoirs d'investisseurs américains dans une société étrangère, (英語略語のままで)米国預託証券, *ADR = American depositary receipt*

ADRAO Association pour le développement de la riziculture en Afrique de l'Ouest, 西アフリカ稲作開発協会, *WARDA = West Africa Rice Development Association*

adrén. adrénaline, アドレナリン, *adrenaline*

ADRI Agence pour le développement des relations interculturelles, 異文化間関係促進局

ADS adjoint de sécurité, 安全補佐官：若者雇用促進の一環

として警官補佐のために導入された制度

ADS action dynamique spécifique, （生理学の）特殊動的作用, *SDA＝specific dynamic action*

AdS Académie des Sciences, 科学アカデミー

ADSEA Association départementale de sauvegarde de l'enfance et de l'adolescence, 県青少年保護協会

ADSL ligne numérique à paire asymétrique (pour Internet à haut débit), （英語略語のままで）（高速インターネット用の）非対称型デジタル加入者線, *ADSL＝asymmetrical digital subscriber line*

ADT débit journalier moyen, （英語略語のままで）一日当たり平均交通量, *ADT＝average daily traffic*

ADTS ―, （日本の）海外技術者研修協会, *ADTS＝Association for Overseas Technical Scholarship (Japan)*

adv. adverbe, 副詞, *adverb*

AE affaires étrangères, 外務, *foreign affairs*

AE association européenne, 欧州組合, *European Association*

AEA Association européenne de l'asphalte, 欧州アスファルト協会, *EMAA＝European Mastic Asphalt Association*

AEA Association européenne des audioprothésistes, 欧州補聴器製造技士協会, *European Association of Hearing Aid Dispensers*

AEA Association des élèves avocats, 弁護士修習生団体

AEA Association européenne d'athlétisme, 欧州アスレチック協会, *EAA＝European Athletic Association*

AEAIC Académie européenne d'allergologie et immunologie clinique, 欧州アレルギー臨床免疫学会, *European Academy of Allergy and Clinical Immunology*

AEB Association européenne des industries et commerce de boyauderie, 欧州腸解体形成作業, *ENSCA＝European Natural Sausage Casings Association*

AEC Association européenne des contribuables, 欧州納税者協会, *ETA＝European Taxpayers Association*

AEC Association européenne des conservatoires, 欧州音楽院協会, *EAC＝European Association of Conservatories*

AEC Association européenne pour la coopération, 協力のための欧州団体, *EAC＝European Association for Cooperation*

AECA Association européenne des centres d'audiophonologie, 欧州聴覚音声学協会, *EAAC＝European Association of*

Audiophonological Centers

AECMA　Association européenne des constructeurs de matériel aérospatial, 欧州航空宇宙機材メーカー協会, *European Association of Aerospace Equipment Builders*

AED　dirham des Emirats arabes unis, (通貨単位で)アラブ首長国連邦ディルハム, *UAE dirham*

AEDEC　Association européenne des études chinoises, 欧州中国研究協会, *EACS＝European Association of Chinese Studies*

AEDH　Association européenne des directeurs d'hôpitaux, 欧州病院経営者協会, *EAHA＝European Association of Hospital Administrators*

AEE　Agence pour les économies d'énergie, 省エネルギー局

AEEA　Association européenne des éditeurs d'annuaires, 欧州年鑑編集者協会, *EADP＝European Association of Directory Publishers*

AEED　Association européenne pour l'étude des diabètes, 欧州糖尿病研究協会, *EASD＝European Association for the Study of Diabetes*

AEEF　Association européenne des exploitants frigorifiques, 欧州冷蔵業者協会, *European Association of Refrigeration Enterprises*

AEEN　Agence européenne pour l'énergie nucléaire, 欧州原子力機関, *ENEA＝European Nuclear Energy Agency*

AEF　Afrique-Equatoriale française, 旧仏領赤道アフリカ, *French Equatorial Africa*

AEFE　Association européenne des fabricants d'électronique grand public, 欧州コンシューマーエレクトロニクス製造業者協会, *EACEM＝European Association of Consumer Electronics Makers*

AEFM　Association européenne des festivals de musique, 欧州音楽祭協会, *EAMF＝European Association of Music Festivals*

AEGEE　Association des Etats généraux des étudiants de l'Europe, 欧州学生三部会協会

AEGPL　Association européenne des gaz de pétrole liquéfiés, 欧州LPガス協会, *AEGPL＝European Liquefied Petroleum Gas Association*

AEGRAFLEX　Association européenne des graveurs et des flexographes, 欧州彫版フレキソ印刷協会, *European Association of Engravers and Flexographers*

AEIC Agence européenne d'information sur la consommation, 欧州消費情報局

AEIH Association européenne des industries de l'habillement, 欧州衣料産業協会, *European Association of Clothing Industries*

AEIOU Austriae est imperare orbi universo, (ラテン語略語のままで)オーストリアは世界を支配せねばならない:王家の家訓

AEL Association européenne du laser, 欧州レーザー協会, *ELA = European Laser Association*

AELE Association européenne de libre-échange, 欧州自由貿易連合, *EFTA = European Free Trade Association*

AELT Association européenne de laboratoires de télédétection, 欧州リモートセンサー研究所協会, *EARSEL = European Association of Remote Sensing Laboratories*

AEM Association européenne du moulinage, 欧州撚り糸工協会, *ETA = European Throwsters Association*

AEM Amicale des étudiants en médecine, 医学生友の会

AEMO Action éducative en milieu ouvert, 社会内教育活動

AEN Agence pour l'énergie nucléaire, (経済協力開発機構の)原子力機関, *NEA = Nuclear Energy Agency*

AEP Agence européenne de productivité, 欧州生産性局

AEPE Association pour l'étude des problèmes de l'Europe, 欧州問題研究協会, *Association for the Study of European Problems*

aér. aération, 通気, *ventilation*

AER Association européenne de radiologie, 欧州放射線学協会, *EAR = European Association of Radiology*

aérodr. aérodrome, 飛行場, *aerodrome*

aérog. aérogare, 航空駅, *air terminal*

aérogr. aérographe, エアブラシ, *airbrush*

aérogr. aérogramme, アエログラム, *air mail bills*

aérol. aérologie, 高層気象学, *aerology*

aéromod. aéromodélisme, 模型飛行機作り, *model aircraft making*

aéron. aéronautique, 航空学, *aeronautics*

aéron. aéronavale, 海軍航空隊, *Naval Air Service*

aérop. aéroport, 飛行場, *airport*

aérosp. aérospatiale, 航空宇宙産業, *aerospace*

AES Association d'économie sociale, 社会的経済協会:フランスの学術団体

AES spectroscopie électronique Auger, (英語略語のままで)オージェ電子分光, *AES = Auger electron spectroscopy*

AES allocation d'éducation spéciale, 特殊教育手当

AESAL Académie européenne des sciences, des arts et des lettres, 欧州科学・芸術・文学アカデミー, *European Academy of Sciences, Arts and Literature*

AESCO Association européenne des écoles et collèges d'optométrie, 欧州検眼学校協会, *EASCO = European Association of Schools and Colleges of Optometry*

AESGP Association européenne des spécialistes pharmaceutiques grand public, 欧州専売薬品協会, *European Proprietary Association*

AETFAT Association pour l'étude taxonomique de la flore d'Afrique tropicale, 熱帯アフリカ植物群分類学協会, *Association for the Taxonomic Study of Tropical African Flora*

AETR Accord européen relatif au travail des équipages des véhicules effectuant des transports internationaux par route, 道路輸送を行う車両乗組員作業に関する欧州協定, *European Agreement concerning the Work of Crews of Vehicles engaged in International Road Transport*

AEVPC Association européenne de vente par correspondance, 欧州通信販売協会, *European Mail Order Traders Association*

AF allocations familiales, 家族手当

AF audiofréquence, 可聴周波数, *AF = audio frequency*

AF ancien franc, 旧フラン, *old franc*

AFA Association française d'arbitrage, フランス仲裁協会

AFA afghani, (アフガニスタンの通貨単位で)アフガニ, *afghani*

AFA Association française d'astronomie, フランス天文学協会

AFAA Association française d'action artistique, フランス芸術行動協会

AFAN Association pour les fouilles archéologiques nationales, 全国考古学発掘協会

AFAP Association française pour l'accroissement de la productivité, フランス生産性向上協会, *French Association for Increased Productivity*

AFAP Association française des artistes prestidigitateurs, フランス手品師協会

AFAQ Association française pour l'assurance de la qualité, フランス品質保険協会

AFAS Association française pour l'avancement des sciences, フランス科学振興協会

AFAS Association de formation et d'action sociale des écuries de courses, 競馬厩舎の職業訓練と社会福祉活動協会

AFAT Association française d'action touristique, フランス観光行動協会

AFAT Association française des agences de tourisme, フランス旅行代理店協会

AFB Association française des banques, フランス銀行協会, *French Bankers' Association*

AFC Agence française de codification, フランス統一証券識別手続協会, *French CUSIP (Committee on Uniform Securities Identification Procedures)*

AFC Association française de chirurgie, フランス外科協会

AFCA Association française pour la Communauté Atlantique, フランス大西洋共同体協会, *French Association for the Atlantic Community*

AFCAE Association française des cinémas d'art et d'essai, フランスアートシアター協会

AFCAL Association française du calcul, フランス計算協会, *French Computing Association*

AFCC Association française du commerce des cacaos, フランスカカオ貿易協会

AFCC Association française des conseillers conjugaux, フランス夫婦関係コンサルタント協会

AFCCC Association française des centres de consultation conjugale, フランス夫婦関係コンサルティングセンター協会

AFCET Association française pour la cybernétique économique et technique, フランス経済技術サイバネティックス協会, *French Association for Economic and Technical Cybernetics*

AFCIQ Association française pour le contrôle industriel et la qualité, フランス工業検査と品質協会

AFCMO Association française des constructeurs de machines outils, フランス工作機械メーカー協会

AFD Agence française de développement, フランス開発庁：1941年に「自由フランス中央金庫」として創立, *French Development Agency*

AFD allocation de fin de droits, (失業保険などが切れた後の)権利終了手当

AFD lyophilisation accélérée, (英語略語のままで)加速フリーズドライ, *AFD =accelerated freeze-drying*

AFDE Association française pour la défense de l'environnement contre la pollution et les nuisances, フランス汚染公害対策環境保護協会

AFDET Association française pour le développement de l'enseignement technique, フランス技術教育開発協会

AFDI annuaire français de droit international, フランス国際法年鑑

AFDI Agriculteurs français et développement international, フランス農業従事者と国際開発

AFDIN Association française de documentation et d'information nucléaires, フランス核資料情報協会, *French Association for Nuclear Documentation and Information*

AFDL Alliance des forces démocratiques pour la libération du Congo-Zaïre, (Laurent Kabilé の)コンゴザイール解放民主勢力同盟, *ADFL =Alliance of Democratic Forces for the Liberation of Congo Zaire*

AFDM Association française de droit maritime, フランス海洋法協会

AFDRAS Association française pour le développement du ramassage scolaire, フランス学童送迎促進協会

AFDU Association française de droit de l'urbanisme, フランス都市法学会

AFE Association française de l'éclairage, フランス照明協会

AFEC Association française pour l'étude du cancer, フランス癌研究協会, *French Association for the Study of Cancer*

AFEC Association française des établissements de crédit, フランス金融機関協会

AFEC Association francophone d'éducation comparée, フランス語圏比較教育協会, *FSCEA =French-Speaking Comparative Education Association*

AFECEI Association française des établissements de crédit et des entreprises d'investissement, フランス金融機関投資企業協会

AFECTI Association française d'experts de la coopération technique internationale, フランス国際技術協力専門家協会, *French Association of Experts Assigned to International Technical Cooperation*

AFED Association française des equity dealers, フランス

エクイティーディーラー協会, *French Equity Dealers Association*

AFEDEF Association des fabricants européens d'équipements ferroviaires, 欧州鉄道設備メーカー協会, *Association of European Railway Equipment Manufacturers*

AFEE Association française pour l'étude des eaux, フランス水資源研究協会

AFEEF Association française des entreprises et établissements financiers, フランス企業・金融機関協会

AFEF Association française des enseignants de français, フランス語教員協会

AFEI Association française des entreprises d'investissement, フランス投資企業協会

AFEP Association française des entreprises privées, フランス民間企業協会

AFERA Association des fabricants européens des rubans adhésifs, 欧州接着テープメーカー協会, *AEMSAT = Association of European Manufacturers of Self-Adhesive Tapes*

aff. affection, 愛情, *affection*

aff. affichage, 表示, *display*

Affett° affettuoso, 愛情を込めて

affl. affluent, 支流, *tributary*

affranchiss. affranchissement, 解放, *emancipation*

AFG Afghanistan, アフガニスタン：国際自動車識別記号；国際オリンピック委員会の国名表記(1936年承認), *Afghanistan*

Afghan. Afghanistan, アフガニスタン, *Afghanistan*

AFH Association française des hémophiles, フランス血友病協会

AFI agence femmes information, 婦人情報局

AFIE Association française des ingénieurs écologues, フランス環境エンジニア協会

AFIP Association de formation et d'information pour le développement d'initiatives rurales, 農村発案開発訓練・情報協会

AFIRAC Association française d'information et de recherche sur l'animal de compagnie, フランス愛玩動物情報研究協会

AFIREM Association française d'information et de recherche sur l'enfance maltraitée, フランス虐待幼児情報研究協会

AFIT Association française pour l'innovation et le transfert de technologie, フランス技術革新・技術移転協会

AFITE Association française des ingénieurs et techniciens de l'environnement, フランス環境エンジニア・技術者協会

AFJ Association des femmes journalistes, 女性記者協会

AFJA Association française des journalistes agricoles, フランス農業記者協会

AFJAM Association franco-japonaise des amis de la musique, 仏日音楽友好協会

AFL Associations familiales laïques, 一般信徒家庭協会

AFL Association française de lecture, フランス読書協会

AFLAT Association française des loueurs d'articles textiles, フランスアパレル製品レンタル業者協会

AFLUS Agence française de lutte contre le sida, フランスエイズ対策庁

AFME Agence française pour la maîtrise de l'énergie, フランスエネルギー制御局

AFMI Association française des magistrats chargés de l'instruction, フランス予審担当裁判官協会

AFN Afrique du Nord, 北アフリカ, *North Africa*

AFNOR Association française de normalisation, フランス規格化協会, *French Standardization Association*

AFOC Association force ouvrière des consommateurs, 消費者労働者の力協会

AFOCO Fédération asiatique des organisations pour les recherches de cancer, (英語略語のままで)癌研究対策アジア連合, *AFOCO=Asian Federation of Organizations for Cancer Research and Control*

AFP Agence France-Presse, AFP通信社, *AFP*

AFPA Association pour la formation professionnelle des adultes, 成人職業訓練協会, *Training Agency (France)*

AFPE Association française pour la protection des eaux, フランス水質保護協会

AFPF Association française des producteurs de films, フランス映画プロデューサー協会

AFPI Association française des professionnels d'Internet, フランスインターネット業者協会

AFPS Association française de génie parasismique, フランス耐震工学協会

AFPTA Association française des professionnels du tourisme d'affaires, フランスビジネス観光専門業者協会

afr. africain, アフリカの, *African*

Afr. Afrique, アフリカ, *Africa*

AFREP Association française des relations publiques, フランス広報協会

afro.-asiat. afro-asiatique, アジア・アフリカの, *Afro-Asian*

AFSB Association française des sociétés de Bourse, フランス証券市場会員会社協会, *French Association of Stock Exchange Member Firms*

AFSEA Association française pour la sauvegarde de l'enfance et de l'adolescence, フランス青少年保護協会

AFSSA Agence française de sécurité sanitaire des aliments, (フランス)食品衛生安全局

AFTA zone de libre commerce de l'ASEAN, (英語略語のままで)アセアン自由貿易地域, *AFTA = ASEAN Free Trade Area*

AFTEL Association française de télématique, フランステレマティック協会, *French Telematics Association*

AFTP Association française des techniciens du pétrole, フランス石油技師協会

AFTRP agence foncière et technique de la région parisienne, パリ地域不動産・技術局

AFU Association foncière urbaine, 市街地土地組合

AFUL Association foncière d'urbanisme libre, 自由都市計画地所協会

AFUTT Association française des utilisateurs du téléphone et des télécommunications, フランス電話電信利用者協会

AFV véhicule blindé de combat, (英語略語のままで)装甲戦斗車, *AFV = armored fighting vehicle*

AFVP Association française des volontaires du progrès, フランス進歩ボランティア協会, *French Association of Volunteers of Progress*

AG assemblée générale, 総会, *general meeting*

Ag argent, 銀, *silver*

ag. agence, エージェンシー, *agency*

AG attribution gratuite, 無償交付, *delivery without compensation*

ag. immob. agence immobilière, 不動産屋, *real estate agent*

Ag° agitato, アジタート

AGE assemblée générale extraordinaire, 臨時総会, *extraordinary meeting*

AGE acide gras essentiel, 必須脂肪酸, *EFA＝essential fatty acid*

AGE accords généraux d'emprunt, (IMFの)一般借入取極め, *GAB＝General Agreement to Borrow*

AGEFIPH Association nationale de gestion du fonds pour l'insertion professionnelle des personnes handicapées, (フランスの)障害者雇用促進基金運営全国協会

agenc. agencement, 配置, *arrangement*

AGETAC Accord général sur les tarifs douaniers et le commerce, 関税貿易一般協定(GATT), *GATT＝General Agreement on Tariffs and Trade*

AGF Assurance générale de France, (フランスの)AGF保険

AGFIS Association générale des fédérations internationales de sports, 国際スポーツ連盟機構, *GAISF＝General Association of International Sports Federation*

aggl. agglomération, 集落, *agglomeration*

agglo aggloméré, 人造建材, *fiber board*

aggrav. aggravation, 悪化, *aggravation*

AGI Alliance graphique internationale, 国際グラフィックデザイン連盟

AGI année géophysique internationale, 国際地球観測年：1957.7-1958.12, *IGY＝International Geophysical Year*

AGIEM Association générale des institutrices et instituteurs d'écoles et de classes maternelles, 小学校幼稚園教員総合協会

AGIRC Association générale des institutions de retraite des cadres, 管理職年金制度総連合：別名は幹部職員退職金制度総連合

agit. agitation, 騒乱, *agitation*

AGL acide gras libre, 遊離脂肪酸, *free fatty acid*

AGNU Assemblée générale des Nations unies, 国連総会, *United Nations General Assembly*

AGO assemblée générale ordinaire, 通常総会, *OGM＝ordinary general meeting*

AGPB Association générale des producteurs de blé, 小麦生産者総合協会

AGREF Association des grandes entreprises faisant appel à l'épargne, (フランスの)大手起債企業協会

agrég. agrégation, 大学教授資格
agress. agression, 攻撃, *aggression*
AGRH Association française de gestion des ressources humaines, フランス人的資源管理協会
agric. agriculture, 農業, *agriculture*
AGRIF Alliance générale contre le racisme et pour le respect de l'identité française, 反人種差別とフランスのアイデンティティー尊重総連合
AGRIMED Agriculture méditerranéenne, (EUの)地中海農業プログラム, *Mediterranean Agriculture*
agro agronomie, 農学, *agronomics*
agro.-alim. agro-alimentaire, 農産物加工業, *agribusiness*
agrochim. agrochimie, 農芸化学, *agro-chemistry*
agrol. agrologie, 応用土壌学, *agrology*
AGRR Association générale de retraites par répartition, 賦課方式退職年金総連合会
AGS Association pour la gestion du régime de créance des salariés, 給与所得者債務制度管理協会
AGS Assurance garantie des salaires, 給与支払保証
Ah ampère-heure, アンペア時, *ampere-hour*
AHA Association des historiens africains, アフリカ史研究協会, *Association of African History*
AHA alpha-hydroxy acides, アルファ・ヒドロキシ酸, *alpha-hydroxy acid*
AHC Association Henri Capitant, アンリ・カピタン協会, *Henri Capitant Association*
AHP Alpes-de-Haute-Provence, アルプ・ド・オート・プロヴァンス県 (04)
AIA Association des industries agro-alimentaires, 農業・食品業協会
AIA Association internationale d'allergologie, 国際アレルギー学会, *IAA = International Association of Allergology*
AIAC Association internationale d'archéologie classique, 国際古典考古学協会, *International Association for Classical Archaeology*
AIAI Agence internationale d'assurance des investissements, 国際投資保険機関, *IIIA = International Investment Insurance Agency*
AIAP Association internationale des arts plastiques, 国際造形美術協会, *International Association of Plastic Arts*
AIB Association internationale de bibliophilie, 国際ビブリ

オフィル協会, *IAB* = *International Association of Bibliophiles*

AIB Accord international sur le blé, 国際小麦協定, *IWA* = *International Wheat Agreement*

AIBA Association internationale de boxe amateur, 国際アマチュアボクシング協会, *IABA* = *International Amateur Boxing Association*

AIBM Association internationale des bibliothèques, archives et centres de documentation musicaux, 国際音楽資料情報協会, *IAML* = *International Association of Music Libraries, Archives and Documentation Centers*

AIC Association internationale de la couleur, 国際色彩学会, *ICA* = *International Color Association*

AIC Accord international sur le café, 国際コーヒー協定, *ICA* = *International Coffee Agreement*

AIC Société Airbus Intégrée, (英語略語のままで)エアバス統合会社, *AIC* = *Airbus Integrated Company*

AIC Association internationale de cybernétique, 国際サイバネティックス協会, *IAC* = *International Association for Cybernetics*

AICA Association internationale des critiques d'art, 国際美術評論家連盟, *International Association of Art Critics*

AICB Association internationale contre le bruit, 国際騒音防止協会, *International Association Against Noise*

AICCF Association internationale du congrès des chemins de fer, 国際鉄道会議協会, *IRCA* = *International Railway Congress Association*

AICF Action internationale contre la faim, 国際飢餓撲滅運動, *International Action against Hunger*

AICL Association internationale des critiques littéraires, 国際文芸評論家協会, *International Association of Literary Critics*

AICMR Association internationale des constructeurs de matériel roulant, 国際鉄道車両製造業者協会, *IARSB* = *International Association of Rolling Stock Builders*

AICR Association internationale de la Croix-Rouge, 国際赤十字協会, *International Red Cross Association*

AICT Association internationale contre la torture, 国際拷問防止協会, *International Association Against Torture*

AICT Association internationale des critiques de théâtre, 国際演劇評論家協会

AICVF Association des ingénieurs en climatique, ventilation et froid, 空調冷房エンジニア協会

AID Association internationale de développement, 国際開発協会, *IDA = International Development Association*

AID Association internationale de documentation, 国際資料協会

AIDA Association internationale de la distribution des produits alimentaires et des produits de grande consommation, 国際食品大衆消費製品流通協会, *International Association for the Distribution of Food Products and General Consumer Goods*

AIDA Association internationale de droit des assurances, 国際保険法学会, *International Association of Insurance Law*

AIDA Association internationale de droit africain, 国際アフリカ法協会, *IALA = International African Law Association*

AIDC Association internationale de droit constitutionnel, 国際憲法協会, *IACL = International Association of Constitutional Law*

AIDE Association internationale des dispatcheurs européens, 国際欧州海損精算人協会, *International Association of European General Average Adjusters*

AIDE Association internationale des distributions d'eau, 国際水道協会, *IWSA = International Water Supply Association*

AIDE Association internationale du droit des eaux, 国際水資源法協会, *IAWL = International Association for Water Law*

AIDEC Association internationale d'expertise chimique, 国際化学鑑定協会

AIDED Association internationale des étudiants dentaires, 国際歯学生協会, *IADS = International Association of Dental Students*

AIDES-France Association d'aide aux porteurs du virus du sida, (フランスの)エイズウイルス保菌者援助協会

AIDMA attention, intérêt, désir, mémoire, action, (購買心理の)アイドマ(の法則), *AIDMA (formula) = attention, interest, desire, memory, action*

AIDN Association internationale de droit nucléaire, 国際原子力法協会, *International Nuclear Law Association*

AIDP Association internationale de droit pénal, 国際刑法協会, *International Association of Penal Law*

AIE Accord international sur l'étain, 国際錫協定, *ITA = International Tin Agreement*

AIE Association internationale d'épidémiologie, 国際疫学協会, *IEA = International Epidemiological Association*

AIE Agence internationale de l'énergie, 国際エネルギー機関, *IEA = International Energy Agency*

AIE Association internationale de l'étanchéité, 国際防水協会, *International Waterproofing Association*

AIEA Association internationale des étudiants en agriculture, 国際農学生協会, *IAAS = International Association of Agricultural Students*

AIEA Agence internationale de l'énergie atomique, 国際原子力機関, *IAEA = International Atomic Energy Agency*

AIEAS Association internationale des études de l'Asie du Sud-Est, 国際東南アジア研究協会

AIEB Association internationale des études byzantines, 国際ビザンチン研究協会, *International Association for Byzantine Studies*

AIEB Association internationale pour l'étude des bronches, 国際気管支研究会, *International Association for Bronchial Study*

AIECE Association d'instituts européens de conjoncture économique, 欧州景気研究所協会, *Association of European Conjuncture Institutes*

AIECM Association internationale des civilisations méditerranéennes, 国際地中海文明研究協会, *International Association of Studies on Mediterranean Civilizations*

AIED Association internationale d'entreprises de dragage, 国際浚渫業協会, *IADC = International Association of Dredging Companies*

AIEE Association des instituts d'études européennes, 欧州学研究所協会, *Association of Institutes for European Studies*

AIEF Association internationale des études françaises, 国際フランス研究学会, *International Association of French Studies*

AIEGL Association internationale d'épigraphie grecque et latine, 国際ギリシャ・ラテン碑銘金石学協会, *International Association for Greek and Latin Epigraphy*

AIEI Association internationale pour l'éducation intégrative, 国際人種差別禁止教育協会, *IAIE = International As-*

sociation for Integrative Education

AIEJI Association internationale des éducateurs de jeunes inadaptés, 国際社会的適応不良児童教育者協会, *International Association of Workers for Maladjusted Children*

AIEL Association internationale d'épigraphie latine, 国際ラテン碑銘金石学協会, *International Association for Latin Epigraphy*

AIELLI Association internationale pour l'étude de la langue et la littérature italiennes, 国際イタリア語文学研究協会, *International Association for the Study of the Italian Language and Literature*

AIEMA Association internationale pour l'étude de la mosaïque antique, 国際古代モザイク研究協会, *International Association for the Study of Ancient Mosaics*

AIENL Association internationale des études néo-latines, 国際ネオラテン協会, *International Association for Neo-Latin Studies*

AIEP Association internationale d'études patristiques, 国際初期キリスト教教父学協会, *International Association for Patristic Studies*

AIERI Association internationale des études et recherches sur l'information, 国際マスコミュニケーション研究協会, *IAMCR=International Association for Mass Communication Research*

AIES Association internationale pour les études sanscrites, 国際サンスクリット研究会, *International Association of Sanskrit Studies*

AIESEC Association internationale des étudiants en sciences économiques et commerciales, 国際経済商科学生協会, *International Association of Students in Economics and Commerce*

AIESEE Association internationale d'études du Sud-Est européen, 国際東南欧州研究協会, *International Association for the Study of South-East Europe*

AIESI Association internationale des écoles des sciences de l'information, 国際情報科学学校協会, *International Association of Information Sciences Schools*

AIESS Association internationale des écoles de service social, 国際社会事業学校協会, *IASSW=International Association of Schools of Social Work*

AIEST Association internationale d'experts scientifiques du tourisme, 国際観光学会, *International Association of Scientific Experts in Tourism*

AIET Association internationale des études tamiles, 国際タミル研究協会, *International Association of Tamil Research*

AIF Association intergouvernementale de la francophonie, フランス語圏政府間機関

AIFE Association internationale des femmes écrivains, 国際女流作家協会

AIFM Association internationale des femmes médecins, 国際女医会, *MWIA＝Medical Women's International Association*

AIFTA accord anglo-irlandais de zone de libre échange, (英語略語のままで)英アイルランド自由貿易圏協定, *AIFTA ＝Anglo-Irish Free Trade Area Agreement*

AIG Association internationale de géodésie, 国際測地学協会, *IAG＝International Association of Geodesy*

AIGA Association internationale de géomagnétisme et d'aéronomie, 国際地球電磁気学超高層物理学協会, *IAGA＝International Association of Geomagnetism and Aeronomy*

AIGC Association internationale de géochimie et de cosmochimie, 国際地球化学・宇宙化学協会, *IAGC＝International Association of Geochemistry and Cosmochemistry*

AIGI Association internationale de géologie de l'ingénieur, 国際土木地質学協会, *IAEG＝International Association of Engineering Geology*

AIGM Association internationale des grands magasins, 国際デパート協会, *International Association of Department Stores*

AIH Association internationale des hydrogéologues, 国際水文地質学会, *IAH＝International Association of Hydrogeologists*

AIH Académie internationale d'héraldique, 国際紋章学アカデミー, *AIH＝International Academy of Heraldry*

AIHCE Association internationale d'histoire contemporaine de l'Europe, 国際欧州現代史協会, *International Association for Contemporary History of Europe*

AIHDI Association internationale d'histoire du droit et des institutions, 国際法制史協会, *International Association of the History of Law and Institutions*

AIHE Association internationale d'histoire économique,

国際経済史協会, *International Economic History Association*

AIHMNE Association internationale pour l'histoire des mers du Nord de l'Europe, 国際北海欧州史研究協会, *International Association of North Sea History of Europe*

AIHO Accord international sur l'huile d'olive, 国際オリーブ油協定, *IOOA=International Olive Oil Agreement*

AIHR Association internationale des historiens de la Renaissance, 国際ルネッサンス史協会, *International Association of Renaissance History*

AIIC Association internationale des interprètes de conférence, 国際会議通訳協会, *International Association of Conference Interpreters*

AIJA Association internationale des jeunes avocats, 国際青年弁護士協会, *Young Lawyers' International Association*

AIJD Association internationale des juristes démocrates, 国際民主法律家協会, *IADL=International Association of Democratic Lawyers*

AIL Association internationale de limnologie théorique et appliquée, 国際理論・応用陸水学会, *IAL=International Association of Theoretical and Applied Limnology*

AILA Association internationale de linguistique appliquée, 国際応用言語学会, *International Association of Applied Linguistics*

AILC Association internationale de littérature comparée, 国際比較文学会, *ICLA=International Comparative Literature Association*

AILE Association internationale des loteries d'Etat, 国際国営宝くじ協会, *International Association of State Lotteries*

AILLS Association internationale des langues et littératures slaves, 国際スラブ語文学協会, *International Association of Slavonic Languages and Literatures*

AIM Association internationale de mutualité, 国際共済協会

AIM Association internationale de la meunerie, 国際製粉協会, *IMA=International Milling Association*

aimant. aimantation, 磁力, *magnetization*

AIMBE Association internationale de médecine et de biologic de l'environnement, 国際環境医学・生物学協会, *IAMBE=International Association for Medicine and Biology of Environment*

AIMF Association internationale des maires francophones, 国際フランス語圏市長協会, *International Association of French-Speaking Mayors*

AIMM Association internationale des musées médicaux, 国際医学博物館協会, *International Association of Medical Museums*

AIMPA Association internationale de météorologie et de physique de l'atmosphère, 国際気象学・大気物理学協会, *IAMAP = International Association of Meteorology and Atmospheric Physics*

AINP Association internationale des numismates professionnels, 国際古銭貨幣専門家協会, *International Association of Professional Numismatists*

AIOB Association internationale d'océanographie biologique, 国際海洋生物学会, *IABO = International Association of Biological Oceanography*

AIOCC Association internationale des organisateurs de courses cyclistes, 国際自転車競技主催者協会, *International Association of Organizers of Cycle Competitions*

AIOP Association internationale d'océanographie physique, 国際海洋物理学協会, *IAPO = International Association of Physical Oceanography*

AIOSP Association internationale d'orientation scolaire et professionnelle, 国際教育就職ガイダンス協会, *IAEVG = International Association for Educational and Vocational Guidance*

AIP Association internationale de pédiatrie, 国際小児科学会, *IPA = International Pediatric Association*

AIP Association internationale de papyrologues, 国際パピルス紙学協会, *IAP = International Association of Papyrologists*

AIP Accord international de produits, 国際商品協定, *ICA = International Commodity Agreement*

AIP Association internationale de photobiologie, 国際光生物協会, *IPA = International Photobiology Association*

AIPA Association internationale de psychologie analytique, 国際分析心理学協会, *IAAP = International Association for Analytical Psychology*

AIPA Association internationale des passagers aériens, 国際旅客機乗客協会, *IAPA = International Airline Passengers Association*

AIPA Association internationale de la psychologie appliquée, 国際応用心理学会, *IAAP* = *International Association of Applied Psychology*

AIPA Association internationale de la psychologie adlérienne, 国際個体心理学協会, *IAIP* = *International Association of Individual Psychology*

AIPAC Comité d'action politique américano-israélien, (英語略語のままで)アメリカ・イスラエル公共問題委員会, *AIPAC* = *American Israeli Public Affairs Committee*

AIPART Association internationale pour l'avancement de la recherche et de la technologie aux hautes pressions, 国際高圧力科学技術協会, *International Association for the Advancement of High Pressure and Science Technology*

AIPC Association internationale des ponts et charpentes, 国際構造工学協会, *IABSE* = *International Association for Bridge and Structural Engineering*

AIPC Association internationale de prophylaxie de la cécité, 国際失明予防協会, *IAPB* = *International Agency for the Prevention of Blindness*

AIPC Association internationale des palais des congrès, 国際会議場協会, *International Association of Congress Centers*

AIPCN Association internationale permanente des congrès de navigation, 常設国際航空会議協会, *PIANC* = *Permanent International Association of Navigation Congresses*

AIPCR Association internationale permanente des congrès de la route, 常設国際道路会議協会, *PIARC* = *Permanent International Association of Road Congresses*

AIPE Association internationale de la presse échiquéenne, 国際チェス記者協会, *International Association of Chess Press*

AIPEA Association internationale pour l'étude des argiles, 国際粘土研究連合, *International Association for the Study of Clays*

AIPH Association internationale des producteurs d'horticulture, 国際園芸家協会, *International Horticulturists' Association*

AIPLF Association internationale des parlementaires de langue française, 国際フランス語議員協会, *International Association of French-Speaking Parliamentarians*

AIPPI Association internationale pour la protection de la propriété industrielle, 国際工業所有権保護協会, *IAPIP* =

International Association for the Protection of Industrial Property

AIPS Association internationale pour le progrès social, 国際社会進歩協会, *IASP = International Association for Social Progress*

AIPS Association internationale pour la prévention du suicide, 国際自殺防止協会, *IASP = International Association for Suicide Prevention*

AIPS Association internationale de la presse sportive, 国際スポーツ記者協会, *International Sports Press Association*

AIRE Association pour l'instauration d'un revenu d'existence, 生活所得創設協会

AIRE Association internationale des ressources en eau, 国際水資源協会, *IWRA = International Water Resources Association*

AIRH Association internationale des recherches hydrauliques, 国際水理学協会, *IAHR = International Association for Hydraulic Research*

AIRIT Association internationale de recherche en informatique toxicologique, 国際毒物学研究情報協会, *International Association of Toxicological Research and Information*

AIRMEC Association internationale pour la recherche médicale et les échanges culturels, 国際医学文化交流協会, *International Association for Medical Research and Cultural Exchange*

AIRP Association internationale de relations professionnelles, 国際労使関係研究協会, *IIRA = International Industrial Relations Association*

AIRPARIF Surveillance de la qualité de l'air Paris, Ile-de-France, パリ・イル・ド・フランス大気汚染監視機関

AIRPE Association internationale de la recherche sur la pollution de l'eau, 国際水の汚染研究協会

AIS Association internationale de la soie, 国際絹業協会, *ISA = International Silk Association*

AIS Accord international sur le sucre, 国際砂糖協定, *ISA = International Sugar Agreement*

AIS Association internationale de sociologie, 国際社会学会, *ISA = International Sociological Association*

AIS Association internationale de la savonnerie et de la détergence, 国際石鹸洗剤協会, *International Association*

of the Soap and Detergent Industry
AISA Association internationale pour le sport des aveugles, 国際盲人スポーツ協会, *International Blind Sports Association*
AISAM Association internationale des sociétés d'assurance mutuelle, 国際相互保険会社協会, *International Association of Mutual Insurance Companies*
AISE Association internationale des sciences économiques, 国際経済学協会, *IEA＝International Economic Association*
AISH Association internationale des sciences hydrologiques, 国際水文(すいもん)科学協会, *IAHS＝International Association of Hydrological Sciences*
AISJ Association internationale des sciences juridiques, 国際法学協会, *IALS＝International Association of Legal Science*
AISLF Association internationale des sociologues de langue française, 国際フランス語圏社会学協会, *International Association of French-Language Sociologists*
AISM Association internationale de signalisation maritime, 国際灯台協会, *IALA＝International Association of Lighthouse Authorities*
AISM Association internationale des sociétés de microbiologie, 国際微生物学協会連合, *IAMS＝International Association of Microbiological Societies*
AISP Association internationale de science politique, 世界政治学会, *IPSA＝International Political Science Association*
AISPIT Association internationale de séismologie et de physique de l'intérieur de la Terre, 国際地震学・地球内部物理学協会, *IASPEI＝International Association of Seismology and Physics of the Earth's Interior*
AISPO Association internationale des sciences physiques de l'océan, 国際海洋科学協会, *IAPSO＝International Association for the Physical Science of the Ocean*
AISRU Association internationale pour la statistique régionale et urbaine, 国際地方都市統計協会, *IARUS－International Association for Regional and Urban Statistics*
AISS Association internationale de la sécurité sociale, 国際社会保障協会, *ISSA＝International Social Security Association*

AISS Association internationale de sauvetage et de premiers secours en cas d'accidents, 国際救命救急医療学会, *International Association for Rescue and First Aid in Accidents*

AIT Association internationale du tourisme, 国際観光協会

AIT Association internationale des travailleurs, 国際労働者協会：第一インターナショナル, *IWA＝International Workingmen's Association*

AITA Association internationale du théâtre amateur, 国際アマチュア演劇協会, *IATA＝International Amateur Theater Association*

AITA Association internationale des transports aériens, 国際航空運送協会, *IATA＝International Air Transport Association*

AITES Association internationale des travaux en souterrain, 国際地下掘削協会, *ITA＝International Tunneling Association*

AITHA Association internationale de thalassothérapie, 国際海水療法協会, *International Association of Thalassotherapy*

AITIT Association internationale de la teinture et de l'impression textiles, 国際繊維染色プリント協会, *International Association of Textile Dyers and Printers*

AITV Association internationale d'images de télévision, 国際テレビ映像協会

AIU Alliance israélite universelle, イスラエル万国同盟

AIU Association internationale des universités, 国際大学協会, *IAU＝International Association of Universities*

AIU Association internationale des urbanistes, 国際都市地域計画学会, *ISoCaRP＝International Society of City and Regional Planners*

AIVA Association internationale des villes d'avenir, 国際未来都市協会, *Association of Cities of the Future*

AIVCIT Association internationale de volcanologie et de chimie de l'intérieur de la Terre, 国際火山学・地球内部化学協会, *IAVCEI＝International Association of Volcanology and Chemistry of the Earth's Interior*

AIVM Association internationale pour les voiles minces et les voiles spatiaux, 国際シェル構造協会, *IASS＝International Association for Shell and Spatial Structures*

AIVN Association internationale des villes nouvelles, 国際ニュータウン協会, *INTA＝International New Towns Asso-*

ciation

AIVPA Association internationale vétérinaire de production animale, 国際家畜増殖獣医学協会, *IVAAP＝International Veterinary Association for Animal Production*

AJ auberge de jeunesse, ユースホステル, *YH＝youth hostel*

AJAR Association jeunes actions recherches, 青年研究行動協会

AJCI Agence japonaise de coopération internationale, （日本の）国際協力事業団, *JICA＝Japan International Cooperation Agency*

AJDA Actualité juridique, Droit administratif, （雑誌の名称で）法律トピックス・行政法

AJE Association des journalistes de l'environnement, 環境記者協会

AJEF Association des journalistes économiques et financiers, 経済金融記者協会

AJIS Association des journalistes d'information sociale, 社会情報記者協会

ajourn. ajournement, 延期, *postponement*

AJSPI Association des journalistes scientifiques de la presse d'information, 情報誌科学記者協会

AJT Agence judiciaire du Trésor, 国庫司法局

ajust. ajustement, 適合, *adjustment*

AL Albanie, アルバニア：国際自動車識別記号, *Albania*

AL allocation logement, 住宅手当

al année lumière, 光年, *light year*

ALAD déshydrogénase de l'acide delta aminolévulinique, （英語略語のままで）アミノレブリン酸脱水素酵素, *ALAD＝delta aminolevulinic acid dehydrogenase*

ALADI Association latino-américaine de développement d'intégration, 中南米統合連合, *LAIA＝Latin American Integration Association*

ALALC Association latino-américaine de libre commerce, 中南米自由貿易連合, *LAFTA＝Latin American Free Trade Association*

ALAMO Atelier de littérature assistée par la mathématique et l'ordinateur, （コンピュータ利用で文学創作に挑む）数学コンピュータ支援文学創作アトリエ

ALAPC Association latino-américaine de philosophes catholiques, 中南米宗教哲学学会, *Latin American Association of Catholic Philosophy*

alban. albanais, アルバニアの, *Albanian*
alc. alcool, アルコール, *alcohol*
alchim. alchimie, 錬金術, *alchemy*
alcoolis. alcoolisation, アルコール化, *alcoholization*
alcoolo alcoolique, アルコール中毒者, *alcoholic*
ALECE Accord de libre-échange des pays d'Europe centrale, 中欧自由貿易協定, *CEFTA=Central European Free Trade Agreement*
ALECE Association de libre-échange des pays d'Europe centrale, 中欧自由貿易連合, *CEFTA=Central European Free Trade Association*
ALEFPA Association laïque pour l'éducation et la formation professionnelle des adolescents, 宗教色抜きの青年教育・職業訓練のための協会
além. alémanique, アレマニア語, *Alemmanic*
ALENA accord de libre-échange nord-américain, 北米自由貿易協定, *NAFTA=North American Free Trade Agreement*
ALF allocation logement familiale, 家族住宅手当
ALFA Association pour la lutte contre la fraude dans l'assurance, 保険詐欺撲滅協会
ALFI Association luxembourgeoise des fonds d'investissement, ルクセンブルク投資ファンド協会
alg. algèbre, 代数学, *algebra*
Algér. Algérie, アルジェリア, *Algeria*
algor. algorithme, アルゴリズム, *algorithm*
alién. aliénation, 譲渡, *alienation*
align. alignement, 列, *alignment*
alim. alimentation, 食物, *food*
ALL lek, (アルバニアの通貨単位で)レク, *lek*
All. Allemagne, ドイツ, *Germany*
all. allée, 小路, *path*
all. allemand, ドイツの, *German*
all. alliance, 同盟, *alliance*
All° allegro, アレグロ
allég. allégement, 軽減, *reduction*
allég. allégorie, アレゴリー, *allegory*
allergol. allergologie, アレルギー学, *allergology*
allitér. allitération, 頭韻, *alliteration*
ALLMAO Association de langue et littérature modernes d'Afrique occidentale, 西アフリカ近代語学文学協会, *WAMLLA=West African Modern Language and Literature Asso-*

ciation
alloc. allocation, 支給, *allowance*
Alltto allegretto, アレグレット
allum. allumettes, マッチ, *match*
allum. allumage, 点火, *lighting*
allus. allusion, 暗示, *allusion*
alluv. alluvion, 沖積土, *alluvium*
alman. almanach, 万用暦, *almanac*
ALN armée de libération nationale, 国民解放軍, *National Liberation Army*
ALO Association pour la libération des ondes, ラジオ放送自由化協会
ALPA Association de lutte contre la piraterie audio-visuelle, 視聴覚海賊版撲滅協会
ALPC arme légère et de petit calibre, 小型武器, *small arm*
alphab. alphabétique, アルファベットの, *alphabetical*
alphanum. alphanumérique, 英数字の, *alphanumeric*
alpin. alpinisme, 登山, *alpinism*
ALS allocation logement sociale, 福祉住宅手当
alsac. alsacien, アルザスの, *Alsatian*
alt. altitude, 高度, *altitude*
altér. altération, 変質, *change*
altim. altimètre, 高度計, *altimeter*
alu aluminium, アルミニウム, *aluminum*
AM Alpes-Maritimes, アルプ・マリティム県(06)
Am amiral, 提督, *admiral*
Am. Amérique, アメリカ, *America*
Am américium, アメリシウム, *Am=americium*
Am. du N. Amérique du Nord, 北米, *North America*
Am. du S. Amérique du Sud, 南米, *South America*
Am. lat. Amérique latine, 中南米, *Latin America*
AMA Agence mondiale d'antidopage, 世界ドーピング撲滅機関
amalgam. amalgamation, アマルガム化法, *amalgamation*
AMALRIC appareil de mesure automatique lançant appel dans réseau et intégrant un calculateur, アマルリック計測器
AMAPV Association mondiale pour l'avancement de la parasitologie vétérinaire, 世界獣医寄生虫学協会, *WAAVP =World Association for the Advancement of Veterinary Parasitology*

AMAS Agence monétaire d'Arabie Saoudite, サウジアラビア通貨庁, *SAMA =Saudi Arabian Monetary Authority*

AMAS Académie mondiale des arts et des sciences, 世界芸術科学アカデミー, *WAAS =World Academy of Art and Science*

AMAT Association des musées d'Afrique tropicale, 熱帯アフリカ博物館協会, *Museums Association of Tropical Africa*

amat. amateur, アマチュア, *amateur*

AMAV Association mondiale des anatomistes vétérinaires, 世界獣医解剖学協会, *WAVA =World Association of Veterinary Anatomists*

ambass. ambassadeur, 大使, *ambassador*

ambiv. ambivalence, 両面性, *ambivalence*

ambul. ambulance, 救急車, *ambulance*

AMC American Motors Corporation, エーエムシー(の車)

AMCSTI Association des musées et centres pour le développement de la culture scientifique, technologique et industrielle, 科学技術産業の教養開発の博物館センター協会

AMDG Ad majorem Dei gloriam, (ラテン語略語のままで) より大いなる神の栄光のために

AME Accord monétaire européen, 欧州通貨協定, *EMA = European Monetary Agreement*

AME accord multilatéral sur l'environnement, 環境に関する多数国間条約, *multilateral agreement on environment*

amélior. amélioration, 改善, *amelioration*

aménag. aménagement, 整備, *arrangement*

amend. amendement, 改正, *improvement*

AMEOP Association mondiale pour l'étude de l'opinion publique, 世界世論調査協会, *WAPOR =World Association for Public Opinion Research*

amér. américain, アメリカの, *American*

américanis. américanisation, アメリカ化, *Americanization*

amérind. amérindien, アメリカインディアン, *Amerindian*

ameubl. ameublement, 家具, *furnishing*

AMEXA assurance maladie des exploitants agricoles, 農業経営者疾病保険

AMF Association des maires de France, フランス市町村長協会

AMF accords multifibres, 繊維多国間取極め, *MFA =Multifibre Arrangement*

AMFM Association mondiale des fédéralistes mondiaux, 世界連邦主義者世界協会, *WAWF = World Association of World Federalists*

AMG assistance médicale gratuite, 無償医療援助

AMGI Agence multilatérale de garantie des investissements, 多国間投資保証機構：別名は国際投資保証機構, *MIGA = Multilateral Investment Guarantee Agency*

AMHMV Association mondiale pour l'histoire de médecine vétérinaire, 世界獣医学史協会, *WAHVM = World Association for the History of Veterinary Medicine*

AMI signal bipolaire alternant, (英語略語のままで)バイポーラ符号, *AMI = alternate mark inversion*

AMI agents des marchés interbancaires, インターバンク取引業者, *inter-bank transaction agents*

AMI accord multilatéral sur les investissements, 投資に関する多数国間協定, *multilateral agreement on investment*

amic. amicale, 友の会, *association*

AMIEV Association médicale internationale pour l'étude des conditions de vie et de la santé, 国際生活状態保健医学会, *International Medical Association for the Study of Living Conditions and of Health*

AMINA Association mondiale des inventeurs, 世界発明家協会, *World Association of Inventors and Researchers*

amir. amirauté, 海軍本部, *Admiralty*

AMJ Assemblée mondiale de la jeunesse, 世界青年会議, *WAY = World Assembly of Youth*

AML automitrailleuse légère, 軽装甲車, *light armored car*

AMM Association médicale mondiale, 世界医学協会：別名は世界医師会, *WMA = World Medical Association*

AMM autorisation de mise sur le marché (des médicaments), (医薬品の)市販許可

AMM adhérent mainteneur de marché, (MATIFの)マーケットメーカー会員, *market maker member*

ammon. ammoniac, アンモニア水, *ammonia*

amn. amnistie, 大赦, *amnesty*

AMNAED Association médicale nationale d'aide aux écoles contre la drogue, 麻薬撲滅向け学校援助全国医学協会

amnés. amnésie, 健忘, *amnesia*

amnio amniocentèse, 羊水穿刺, *amniocentesis*

amorç. amorçage, 開始, *priming*

AMORIT Association mondiale des organisations de recherche industrielle et technologique, 世界工学技術研究機構協会, *WAITRO = World Association of Industrial Technological Research Organization*

amortiss. amortissement, 償還, *redemption*

amov. amovible, 着脱可能な, *removable*

AMP Association mondiale de psychiatrie, 世界精神医学連合, *WPA = World Psychiatric Association*

amphi amphithéâtre, 階段教室, *amphitheater*

ampli amplificateur, アンプ, *amplifier*

amplif. amplification, 増幅, *amplification*

AMPRA Association pour les mutations professionnelles en agriculture, 農業転職促進協会

AMPS Association mondiale de prospective sociale, 世界社会展望研究協会, *World Social Prospects Study Association*

AMPV Association mondiale des pathologistes vétérinaires, 世界獣医病理学協会, *WAVP = World Association of Veterinary Pathologists*

AMRC accès multiple par répartition en code, 符号分割多元接続:別名はコード分割多重アクセス, *CDMA = code-division multiple access*

AMRF accès multiple par répartition en fréquence, 周波数分割多元接続:別名は周波数分割多重アクセス, *FDMA = frequency division multiple access*

AMRT accès multiple par répartition dans le temps, 時分割多元接続:別名は時分割多重アクセス, *TDMA = time-division multiple access*

AMS assistance médico-sociale, 社会医療事業

AMS Assemblée mondiale de la santé, 世界保健会議, *World Health Assembly*

AMSE Association mondiale des sciences de l'éducation, 世界教育研究促進協議会, *WAER = World Association for Educational Research*

AMT accord pour un marché transatlantique, 大西洋横断市場合意

AMT agents de maîtrise et techniciens, 職長と技術者, *supervisors and technicians*

AMV Association mondiale vétérinaire, 世界獣医学協会, *WVA = World Veterinary Association*

AMVMI Association mondiale des vétérinaires microbiologistes, immunologistes et spécialistes des maladies infectieuses, 世界獣医微生物学免疫学伝染病学協会, *WAVMI = World Association of Veterinary Microbiologists, Immunologists and Specialists in Infectious Diseases*

AMVPA Association mondiale vétérinaire de petits animaux, 世界小動物獣医学協会, *WSAVA = World Small Animal Veterinary Association*

AMVPPB Association mondiale des vétérinaires physiologistes, pharmacologistes et biochimistes, 世界獣医生理学薬理学生化学協会, *WAVPPB = World Association of Veterinary Physiologists, Pharmacologists and Biochemists*

AMVV Association mondiale vétérinaire de la volaille, 世界獣医家禽学協会, *WVPA = World Veterinary Poultry Association*

AMZ Association mondiale de zootechnie, 世界家畜生産学会, *WAAP = World Association for Animal Production*

an. anonyme, 匿名, *anonymous*

AN Assemblée nationale, 国民議会：フランスの下院

AN Archives nationales, 国立古文書館, *Record Office*

ANAAFA Association nationale d'assistance administrative et fiscale des avocats, 全国弁護士経営・財政アシスタンス協会

anabol. anabolisant, 同化促進物質, *anabolic steroid*

ANACEJ Association nationale des conseils d'enfants et de jeunes, 全国児童青年コンサルタント協会

anachron. anachronisme, 時代錯誤, *anachronism*

ANACJF Association nationale des anciens des chantiers de jeunesse français, 全国フランス青年奉仕活動参加経験者協会

ANACR Association nationale des anciens combattants de la résistance, 全国抵抗運動在郷軍人協会

ANACT Agence nationale pour l'amélioration des conditions de travail, 国立労働条件改善事務所

ANDAC Association nationale pour le développement des arts du cirque, 全国サーカス芸開発協会

ANAF Association nationale des actionnaires de France, 全国フランス株主協会, *French Stockholders' Association*

ANAH Agence nationale pour l'amélioration de l'habitat, 国立住宅改善局, *National Housing Agency (France)*

anal. analyse, 分析, *analysis*

anal. analogie, 類似, *analogy*

analept. analeptique, 興奮剤, *analeptic*

analgés. analgésique, 鎮静剤, *analgesic*

anar anarchiste, 無政府主義者, *anarchist*

anarch. anarchisme, 無政府主義, *anarchism*

ANAS Association nationale des assistants de service social, 全国社会保障サービスアシスタント協会, *National Association of Social Service Assistants*

ANASE Association des nations de l'Asie du Sud-Est, 東南アジア諸国連合:別名はアセアン, *ASEAN=Association of Southeast Asian Nations*

anast. anastigmat, アナスチグマート:別名はアナスチグマチックレンズ, *anastigmat*

anat. anatomie, 解剖学, *anatomy*

anatpathol. anatomopathologie, 病理解剖学, *anatomopathology*

anc. ancien, 古い, *old*

ANC Association fédérale des nouveaux consommateurs, 新消費者連合協会

ANC Congrès national africain, (英語略語のままで)(南アの)アフリカ民族会議, *ANC=African National Congress*

ANCE Association nationale des communautés éducatives, 全国教育共同体協会

ANCIC Association nationale des centres d'interruption volontaire de grossesse et de contraception, 全国妊娠中絶避妊センター協会

ANCJ Association nationale des conseillers juridiques, 全国法律顧問協会

ANCOL Association nationale des collectivités locales, 全国地方公共団体協会

ANCORA Association nationale pour la coordination et la compensation des retraites complémentaires agricoles, 農業非幹部職員退職年金制度

ANCRE Association nationale du complément de retraite et d'épargne, 全国年金貯蓄の補足協会

AND Andorre, アンドラ:国際自動車識別記号;国際オリンピック委員会の国名表記(1975年承認), *Andorra*

ANDA Association nationale pour le développement agricole, 全国農業開発協会

ANDAFAR Association nationale pour le développement de l'aménagement foncier agricole et rural, 全国農地農村整備促進協会:別名は全国耕作地農地整備開発協会

Andal. Andalousie, アンダルシア, *Andalusia*

andal. andalou, アンダルシアの, *Andalusian*

ANDCP Association nationale des directeurs et cadres de la fonction personnel, 全国人事担当部長幹部協会

ANDDOM Association nationale pour le développement des départements d'outre-mer, 全国海外県開発協会, *National Association for Developing the Overseas Departments*

ANDFPCRACM Association nationale pour le développement de la formation professionnelle dans le commerce et la réparation auto-cycles-moto, 全国自動車自転車バイク販売修理の職業訓練開発協会

ANDL Association nationale pour la démocratie locale, 全国地域デモクラシーのための協会

ANDLP Association nationale pour le développement local et les pays, 全国地域開発と故郷のための協会

Andn° andantino, アンダンティーノ

ANDRA Agence nationale pour la gestion des déchets radioactifs, 国立放射性廃棄物管理局

Andte andante, アンダンテ

ANECAH Association nationale d'éducation des chiens d'assistance pour les handicapés, 全国介助犬訓練協会

anecdot. anecdotique, 逸話的な, *anecdotal*

ANECR Association nationale des élus communistes régionaux, 全国地域圏共産党議員協会

ANEE Association nationale des élus écologiques, 全国環境派議員協会

ANEF Association nationale d'entraide féminine, 全国婦人助け合い協会

ANEJI Association nationale des éducateurs de jeunes et d'adultes inadaptés, 全国青年成人適応不良者教育者協会

ANEL Association nationale des élus du littoral, 全国沿岸地域議員協会

ANEM Association nationale des élus de montagne, 全国山岳地帯議員協会

ANEMF Association nationale des étudiants en médecine de France, 全国フランス医学生協会

anémom. anémomètre, 風速計, *anemometer*

ANENA Association nationale pour l'étude de la neige et des avalanches, 全国雪・雪崩研究協会, *National Association for the Study of Snow and Avalanches*

ANEP Association nationale d'entraide et de prévoyance, 全国互助・共済協会

ANEPF Association nationale des étudiants en pharmacie de France, 全国フランス薬学学生協会

ANER Association nationale des élus régionaux, 全国地域圏議員協会

anesthésiol. anesthésiologie, 麻酔学, *anesthesiology*

ANF Association d'entraide de la noblesse française, フランス貴族互助会

ANFASOCAF Association nationale et fédérale des anciens sous-officiers de carrière de l'armée française, 全国フランス軍退役下士官全国・連盟協会

ANFIDE Association nationale française des infirmiers et infirmières diplômés d'Etat, 全国国家認定看護師協会

ANFO nitrate d'ammonium et fuel-oil, (英語略語のままで)アンホ爆薬, *ANFO = ammonium nitrate fuel oil*

angiogr. angiographie, 血管造影, *angiography*

angl. anglais, 英語, *English*

anglic. anglicisme, 英語からの借用語, *Anglicism*

angloph. anglophone, 英語圏の, *English-speaking*

ANGOA Association nationale de gestion des œuvres audiovisuelles, 全国視聴覚作品管理協会

angul. angulaire, 角張った, *angular*

ANIA Association nationale de l'industrie agro-alimentaire, 全国食品加工産業協会

ANIFOM Agence nationale pour l'indemnisation des Français d'outre-mer, 国立海外フランス人補償局

ANIL Association nationale pour l'information sur le logement, 国立住宅情報協会

anim. animation, 活気, *animation*

anim. animal, 動物, *animal*

ANIM Association nationale pour l'information médicale, 全国医学情報協会

animx animaux, (複数で)動物, *animals*

ANMER Association nationale de migration et d'établissement rural, 全国農村移住・定着協会

ann. annexe, 付録, *appendix*

ann. annonce, 広告, *advertisement*

annex. annexion, 併合, *annexation*

anniv. anniversaire, 記念日, *anniversary*

annot. annotation, 注釈, *annotation*

annul. annulation, 取り消し, *canceling*

anom. anomalie, 異常, *anomaly*

ANORAA Association nationale des officiers de réserve de l'armée de l'air, 全国空軍予備役将校協会

anorm. anormal, 異常な, *abnormal*

ANOVA analyse de la variance, (英語略語のままで)分散分析, *ANOVA = analysis of variance*

ANP Assemblée nationale du peuple, (中国の)全国人民代表大会, *NPC = National People's Congress (China)*

ANPASE Association nationale des personnels et acteurs de l'action sociale en faveur de l'enfance et de l'adolescence, 児童青年福祉活動職員・行動員全国協会

ANPE Agence nationale pour l'emploi, 国立雇用局, *National Placement Agency (France)*

ANRED Agence nationale pour la récupération et l'élimination des déchets, 国立廃棄物再利用局

ANRS Agence nationale de recherche sur le sida, 国立エイズ研究機関, *National AIDS Research Agency*

ANRT Association nationale de la recherche technique, 全国技術研究協会, *Association for Technical Research*

ANSEA Association des nations du Sud-Est asiatique, アセアン：別名は東南アジア諸国連合, *ASEAN = Association of South-East Asian Nations*

ANSI Institut américain de normalisation, (英語略語のままで)米国規格協会, *ANSI = American National Standard Institute*

ANSTJ Association nationale sciences techniques jeunesse, 全国青年技術科学協会

ANT arme nucléaire tactique, 戦術的核兵器

ANT Agence nationale pour l'insertion et la promotion des travailleurs de l'outre-mer, 国立海外領土労働者就職準備向上センター

antagon. antagonisme, 対立, *antagonism*

antalg. antalgique, 鎮痛剤, *analgesic*

ANTE Association nationale du tourisme équestre, 全国乗馬観光協会

antér. antériorité, 先行, *precedence*

antér. antérieur, 以前の, *former*

anthol. anthologie, アンソロジー, *anthology*

anthropogr. anthropographie, 人類誌, *anthropography*

anthropol. anthropologie, 人類学, *anthropology*

anthropom. anthropométrie, 人体計測, *anthropometry*

antibio antibiotique, 抗生物質, *antibiotic*

antibr. antibruit, 防音の, *soundproof*

ANTIOPE acquisition numérique et télévisualisation d'images organisées en pages d'écriture, アンチオープ(テレテキスト)

antiq. antiquité, 古代, *antiquity*

antisept. antiseptique, 消毒剤, *antiseptic*

antonom. antonomase, 換称, *antonomasia*

ANU Association des Nations unies, 国連協会, *UNA = United Nations Association*

ANUAR Association nationale des usagers victimes d'accidents de la route, 全国交通事故犠牲者となった道路利用者協会

ANVAR Agence nationale de valorisation de la recherche, 国立研究有効化機関, *National Development Research Center (France)*

ANVIE Association nationale pour la valorisation interdisciplinaire des sciences de l'homme et de la société auprès des entreprises, 企業の元での人文科学と社会科学の学際的有効化全国委員会

ANVIT Association nationale interprofessionnelle des vins de table, 全国テーブルワイン関連業種協会

anxiolyt. anxiolytique, 抗不安剤, *anxiolytic*

AO adhérent ordinaire, (MATIFの)通常会員

AOAPC Association des organisations africaines de promotion commerciale, アフリカ貿易振興機関協会, *AATPO = Association of African Trade Promotion Organizations*

AOC appellation d'origine contrôlée, 原産地呼称統制, *registered designation of origin*

AOCPA Association pour l'objection de conscience à toute participation à l'avortement, 堕胎加担への良心的拒否協会

AOF Afrique-Occidentale française, 旧仏領西アフリカ, *French West Africa*

AOIP Association des ouvriers en instruments de précision, 精密測定器労働者協会

AOL —, アメリカンオンライン:情報サービス会社, *AOL = American Online*

AOM Air Outre-Mer, アーオーエム航空:2001年にエール・リブ航空会社と改名

AON nouveau kwanza, (アンゴラの通貨単位で)新クワンザ, *new kwanza*

AOP appellation d'origine protégée, 原産地呼称保護

AP avaries particulières, 単独海損
AP assistance publique, 公的扶助, *care*
ap. J.-C. après Jésus-Christ, 紀元後, *AD =anno Domini*
APA allocation personnalisée d'autonomie, (60歳以上の貧窮老人向け)要看護高齢者手当
APA Avenir et protection des animaux, (飼い主の死後の)愛犬世話役への一定額支払い保険
APAG Association européenne des producteurs d'acides gras, 欧州脂肪酸生産者協会, *European Association of Fatty Acid Producing Companies*
APAO Académie d'ophtalmologie pour l'Asie et le Pacifique, (英語略語のままで)アジア太平洋眼科学アカデミー, *APAO =Asia-Pacific Academy of Ophthalmology*
APARE Association pour la participation à l'action régionale, 地方改善運動参加協会
APAS Association paritaire d'action sociale, 労働福祉活動労使同数協会
APAVE Association des propriétaires d'appareil à vapeur électrique, 電気蒸気装置オーナー協会
APB Association professionnelle des banques, (旧)フランス銀行協会: AFB の前身
APC contrôle automatique de phase, (英語略語のままで)自動位相制御, *APC =automatic phase control*
APC Assemblée populaire communale, (アルジェリアの)市町村議会
APC Atelier de production et de création, (Jean Touiton のブランド)アーペーセー
APCA Assemblée permanente des chambres d'agriculture, 農事会議所常設会議
APCCI Assemblée permanente des chambres de commerce et d'industrie, 商工会議所常設会議
APCM Assemblée permanente des chambres de métiers, 恒久的ギルド総会
APCM Association pour la promotion des classes de mer, 海の学級促進協会
APCR Association des présidents de conseils régionaux, 地域圏議長協会
APD photodiode à avalanche, (英語略語のままで)アバランシェフォトダイオード, *APD =avalanche photodiode*
APD Journée d'appel et de préparation à la défense, 召集及び防衛準備の日: 兵役に代わる行事

APE activité principale exercée, (INSEE 統計で部門分けの) 主たる職業

APE Assemblée parlementaire européenne, 欧州議院会議: 欧州議会の旧称(1958-62年), *European Parliamentary Assembly*

APE allocation parentale d'éducation, 養育親手当

APEC Forum de coopération économique Asie-Pacifique, (英語略語のままで)アジア太平洋経済協力フォーラム, *APEC = Asia Pacific Economic Cooperation Forum*

APEC Conférence relative à la coopération économique dans la zone de l'Asie-Pacifique, (英語略語のままで)アジア太平洋経済協力閣僚会議, *APEC = Asia Pacific Economic Cooperation Conference*

APEC Association pour la promotion des échanges culturels, 文化交流促進協会

APEC Association pour l'emploi des cadres, 管理職雇用協会

APECITA Association pour l'emploi des cadres, ingénieurs et techniciens de l'agriculture, 農業幹部・エンジニア・技術者雇用協会

APECO 一, アジア太平洋経済協力機関, *APECO = Asian Pacific Economic Cooperation Organization*

APEF Association des pays exportateurs de minerai de fer, 鉄鉱石輸出国連合, *AIOEC = Association of Iron Ore Exporting Countries*

APEL Association des parents d'élèves de l'enseignement libre, ミッション系教育機関生徒父母協会

apes. apesanteur, 無重力, *weightlessness*

APG activités de petits groupes, (1960年代に始まった日本の)小集団活動, *small group activity*

APHG Association des professeurs d'histoire géographique, 地理・歴史教員協会

aphor. aphorisme, 警句, *aphorism*

API Association phonétique internationale, 国際音声学協会, *IPA = International Phonetic Association*

API allocation de parent isolé, 単親者手当

API autorisation préalable d'importation, 輸入事前承認

apic. apiculture, 養蜂, *apiculture*

APIC 一, (日本の)国際協力推進協会, *APIC = Association for Promotion of International Cooperation*

APJ agent de police judiciaire, 司法警察補助員

APL aide personnalisée au logement, 住宅個人援助, *indi-*

vidual housing assistance

APLPMR　Ligue de médecine physique et de réadaptation pour l'Asie et le Pacifique, （英語略語のままで）アジア太平洋物理医学リハビリテーション連盟, *APLPMR=Asian Pacific League of Physical Medicine and Rehabilitation*

APLS　Armée populaire de libération du Soudan, スーダン人民解放軍, *SPLA=Sudanese Popular Liberation Army*

APM　Association professionnelle des magistrats, 司法官職組合

APMER　Association pour le mieux-être des retraités, 退職者生活向上協会

APMS　Association des sociétés d'assurances pour la prévention en matière de santé, 健康面の予防のための保険会社協会

apocalypt.　apocalyptique, 黙示録の, *apocalyptic*

apolit.　apolitique, 非政治的な, *apolitical*

apostol.　apostolique, 使徒の, *apostolic*

app.　appareil, 装置, *apparatus*

app.　appétit, 食欲, *appetite*

APPA　Association pour la prévention de la pollution atmosphérique, 大気汚染予防協会, *Association for the Prevention of Atmospheric Pollution*

appar.　apparentement, （選挙の）名簿連合

appart.　appartement, アパルトマン, *apartment*

APPC　Association pan-pacifique de chirurgie, 汎太平洋外科学会, *PPSA=Pan-Pacific Surgical Association*

APPC　Association des pays producteurs de café, コーヒー生産国協会

APPCA　Assemblée permanente des présidents des chambres d'agriculture, 農業会議所議長常設会議

APPCN　Association des pays producteurs de caoutchouc naturel, 天然ゴム生産国協会, *Association of Natural Rubber-Producing Countries*

appell.　appellation, 呼称, *designation*

append.　appendice, 補遺, *appendix*

APPESL　Association des parents pour la promotion de l'enseignement supérieur libre, ミッション系高等教育促進父母協会

applic.　application, 実施, *application*

APPM　Association pour la promotion de la presse magazine, グラビア雑誌促進協会

appos. apposition, 同格, *apposition*
appréc. appréciation, 評価, *valuation*
apprivois. apprivoisable, 飼い慣らすことができる, *tamable*
approb. approbation, 同意, *approval*
approfondiss. approfondissement, 深化, *deepening*
appropr. appropriation, 獲得, *appropriation*
approvisionn. approvisionnement, 供給, *supplying*
approxim. approximation, 概数, *approximation*
APPT Association des personnes de petite taille, 低身長者協会
APR taux annualisé, (英語略語のままで)実質年率, *APR = annual percentage rate*
apr. après, 後, *after*
apr.-dem. après-demain, 明後日, *day after tomorrow*
apr.-g. après-guerre, 戦後, *post-war (period)*
apr.ras. après-rasage, 髭剃り後, *after shave*
APRCS Société de lutte contre les rongeurs pour l'Asie et le Pacifique, (英語略語のままで)アジア太平洋齧歯(げっし)類制御学会, *APRCS = Asia-Pacific Rodent Control Society*
APRIA Association pour la promotion industrie agriculture, 農業産業促進協会
APRONUC Autorité provisoire des Nations unies au Cambodge, 国連カンボジア暫定統治機構, *UNTAC = United Nations Transitional Authority in Cambodia*
APS Association professionnelle de solidarité des agents de voyages, 旅行エージェント連帯組合
APS Agence de presse sénégalaise, セネガル通信, *Senegal Press Service*
APS Algérie Presse-Service, アルジェリア・プレスサービス
APSAP Association des personnels sportifs des administrations parisiennes de la ville de Paris, パリ市パリ行政機関スポーツ職員協会
APSC Société cardiologique Asie-Pacifique, (英語略語のままで)アジア太平洋心臓学会, *APSC = Asian-Pacific Society of Cardiology*
APSH Société d'hématologie de l'Asie et du Pacifique, (英語略語のままで)アジア太平洋血液学会, *APSH = Asian and Pacific Society of Hematology*
APT théorie de l'évaluation d'arbitrage, (英語略語のままで)裁定価格決定理論, *APT = arbitrage pricing theory*

APT programme de commande automatique, (英語略語のままで)自動プログラムツール, *APT = automatic programming tool*

APTE Association audiovisuel pour tous dans l'éducation, 視聴覚教材の万人利用向け協会

aptit. aptitude, 素質, *aptitude*

APTR Association professionnelle de transports, 運送業者組合

APU administrations publiques, 官公庁

APUL administrations publiques locales, 地方行政機関, *local public service*

APUR atelier parisien d'urbanisme, パリ都市計画局

APW Assemblée populaire de la wilaya, (アルジェリアの)県人民議会

APWSS Société pour l'Asie et le Pacifique de recherche sur les mauvaises herbes, (英語略語のままで)アジア太平洋雑草学会, *APWSS = Asian-Pacific Weed Science Society*

AQA Agence pour la qualité de l'air, 大気質公団

aquac. aquaculture, 水産養殖, *aquiculture*

aquar. aquarelle, 水彩, *watercolor*

AR marche arrière, (車などの)後退, *rear*

AR accusé de réception, 配達証明, *acknowledgment*

AR accusé de réception, (コンピュータの)肯定応答文字, *ACK = acknowledge character*

AR aller et retour, 往復, *return (ticket)*

AR ascension droite, 赤経(せっけい), *right ascension*

ar. arabe, アラブの, *Arab*

Ar argon, アルゴン, *argon*

ARA austral, (アルゼンチンの通貨単位で)アウストラル, *austral*

arabis. arabisation, アラブ化, *arabization*

arabis. arabisant, アラブ研究家, *Arabist*

ARAC Association républicaine des anciens combattants et victimes de guerre, 在郷軍人・戦争犠牲者の共和主義協会

ARAPEJ Association réflexion action prison et justice, 牢獄司法改善運動を考える協会

arbitr. arbitrage, 仲裁, *arbitration*

arboric. arboriculture, 樹木栽培, *arboriculture*

arboris. arborisation, 樹枝状分岐, *arborization*

arc. arcade, アーチ開口, *archway*

ARC Association des responsables de la copropriété, 共同

所有権責任者協会

ARC Association pour la recherche contre le cancer, （多額の募金流用で騒がれた）癌対策研究協会アルク

ARC Action régionaliste corse, コルシカ地域主義行動

ARCAT Association de recherche, de communication et d'action pour le traitement du sida, （フランスの）エイズ治療のための研究連絡活動協会

arch. archives, 古文書, *archive*

archéol. archéologie, 考古学, *archeology*

archev. archevêque, 大司教, *archbishop*

archit. architecture, 建築, *architecture*

ARCO Association pour la reconversion civile des officiers, 士官民間転職協会

ardenn. ardennais, アルデンヌの, *of Ardennes*

ardt arrondissement, （大都市の）区, *administration district*

ARE Alliance radicale européenne, 欧州急進同盟：欧州議会の左派, *European Radical Alliance*

AREF Association régionale pour la formation continue du bâtiment et des travaux publics, 地方建築土木工事生涯教育協会

AREFO Association résidence foyers, 家庭住宅協会

aréop. aréopage, 審議会, *learned gathering*

AREPA Association des résidences pour personnes âgées, 高齢者住宅協会

ARES Association de réinsertion économique et sociale, 経済社会復帰団体

ARESER Association de réflexion sur les enseignements supérieurs et la recherche, 高等教育及び研究について考える協会

AREV Alliance rouge et verte, （フランスの政党で）赤と緑同盟

ARF Forum régional de l'ASEAN, （英語略語のままで）アセアン地域フォーラム, *ARF＝ASEAN Regional Forum*

arg. argot, 隠語, *slang*

argent. argenterie, 銀器, *silverware*

argent. argentin, アルゼンチンの, *Argentinian*

argum. argument, 論拠, *argument*

argument. argumentation, 論理構成, *argument*

ARIC Association pour la recherche interculturelle, 異文化間相互研究団体

ARIC Association régionale d'information communale, 市町村情報地方団体

ARIM Association de restauration immobilière, 不動産修復協会

ARIST Agence régionale d'information scientifique et technique, (フランスの)科学技術情報地方庁

aristocr. aristocratie, 貴族階級, *aristocracy*

ARISTOTE autocommutateur réalisant intégralement et systématiquement toutes les opérations de téléphone électronique, 電子電話全操作実行自動交換器

arithm. arithmétique, 算術, *arithmetic*

arm. armée, 軍隊, *army*

armén. arménien, アルメニアの, *Armenian*

armor. armoricain, アルモリカの, *Armorican*

armur. armurerie, 兵器製造業, *armory*

ARN acide ribonucléique, リボ核酸, *ribonucleic acid*

AROEVEN Association régionale des œuvres éducatives et de vacances de l'éducation nationale, 教育事業文部休暇地方団体

aromatis. aromatisation, 香り付け, *aromatization*

ARP Association des auteurs, réalisateurs et producteurs de films, 映画作家・監督・プロデューサー団体

ARPE Association de recherche en physiologie de l'environnement, 環境生理学研究団体

ARPE allocation de remplacement pour l'emploi, (フランスの)雇用促進新旧交代手当

ARPE Association pour la recherche permanente d'emplois, 雇用常時追求団体

ARPEJ Association régions, presse, enseignement jeunesse, 地方・報道・若者教育団体

ARPS action de préférence à taux variable, (英語略語のままで)配当率調整型優先株, *ARPS = adjustable rate preferred stock*

arr. arrêté, アレテ: 日本の条例／省令にあたる, *order*

arr. arrondissement, 郡: 県と小郡の間の行政単位, *administrative district*

arr. arrière, 後部, *behind*

arr.-c. arrière-cour, 裏庭, *backyard*

arr.-s. arrière-salle, 奥の広間, *back room*

ARRCO Association des régimes de retraite complémentaire, 付加年金組合: 別名は補足年金制度連合会, *Supple-*

mentary Retirement Regime Association
arrest. arrestation, 逮捕, *arrest*
ARS peso argentin, (通貨単位で)アルゼンチン・ペソ, *Argentine peso*
ARSTA Académie Thomas d'Aquin, トマス・アクィナス・ローマ学会, *Tommaso Aquino Academy*
ART Autorité de régulation des télécommunications, (フランスの)電信規制当局
art. article, 条, *article*
art. artère, 動脈, *artery*
ARTA Autorité de la route transafricaine, トランスアフリカンハイウェー当局, *Trans-African Highway Authority*
ARTE Association relative à la télévision européenne, 欧州テレビ関連団体
artériogr. artériographie, 動脈造影, *arteriography*
artérioscl. artériosclérose, 動脈硬化, *arteriosclerosis*
artés. artésien, アルトア地方の, *Artesian*
articul. articulation, 関節, *joint*
artif. artificiel, 人工の, *artificial*
artill. artillerie, 砲, *artillery*
ARTT aménagement et réduction du temps de travail, 労働時間整備短縮
AS Association sportive, アスレチック協会, *Athletic Association*
AS assurances sociales, 社会保険, *national insurance*
As arsenic, 砒素, *arsenic*
AS assurance sportive, スポーツ保険, *sport insurance*
AS aide sociale, 社会扶助, *welfare*
ASA artillerie sol-air, 高射砲, *anti-aircraft artillery*
ASA Association de l'Asie du Sud-Est, (英語略語のままで)東南アジア協会, *ASA＝Association of Southeast Asia*
ASA allocation supplémentaire d'attente, 待機補足手当
ASA Association syndicale autorisée, 認可労働組合団体
ASAFED Association africaine d'éducation pour le développement, 開発のための教育アフリカ協会, *African Association of Education for Development*
ASAP le plus tôt possible, (英語略語のままで)(携帯メールでの略語で)できるだけ早く, *ASAP＝as soon as possible*
ASAPRO Association africaine pour la promotion de main-d'œuvre, 労働力促進のためのアフリカ協会, *African Association for Manpower Advancement*

ASAVE Association sportive automobile des véhicules d'époque, クラシックカーモータースポーツ団体

ASAVPA Association des salariés de l'agriculture pour la vulgarisation des progrès agricoles, 農業進歩普及のための農業給与所得者団体

ASB Conseil de normes comptables, (英語略語のままで)(英国の)会計基準審議会, *ASB = Accounting Standard Board*

ASBL association sans but lucratif, 非営利団体, *non-profit-making association*

ascend. ascendance, 先祖, *ascent*

ascens. ascenseur, エレベーター, *lift*

ascét. ascétisme, 禁欲主義, *asceticism*

ASCII —, アスキー(コード), *ASCII = American Standard Code for Information Interchange*

ASCOFAM Association mondiale de lutte contre la faim, 世界飢餓撲滅協会

ASD accouchement sans douleur, 無痛分娩, *painless delivery*

ASDE assistante sociale diplômée d'Etat, 国家認定ソーシャルワーカー

ASE Agence spatiale européenne, 欧州宇宙機関, *ESA = European Space Agency*

ASE aide sociale à l'enfance, 児童向け社会扶助

ASECNA Agence pour la sécurité de la navigation aérienne en Afrique et à Madagascar, アフリカ・マダガスカル航空運行安全機関, *ASECNA = Agency for the Security of Aerial Navigation in Africa and Madagascar*

ASEM Sommet Asie-Europe/Forum Europe-Asie, (英語略語のままで)アジア欧州首脳会議, *ASEM = Asia-Europe summit meeting*

ASF Association française des sociétés financières, フランス金融会社協会

ASF allocation de soutien familial, (フランスの)家族支援手当

ASFA Association des sociétés françaises d'autoroutes, フランス高速道路会社団体

ASFA Association des sociétés françaises d'assurance, フランス保険会社団体

ASFO Association de formation professionnelle, 職業訓練団体

ASGA Association des services géologiques africains, アフ

リカ地質調査所協会, *ASGA*=*Association of African Geological Surveys*

ASH agent de service hospitalier, 病院用務員

ASI Association stomatologique internationale, 国際口腔病学会, *International Stomatological Association*

asiat. asiatique, アジアの, *Asian*

ASIC Association scientifique internationale du café, 国際コーヒー科学協会, *International Scientific Association of Coffee*

ASIC circuit spécifique à une application, (英語略語のままで)エイシック, *ASIC*=*application-specific integrated circuit*

ASIFA Association internationale du film d'animation, 国際アニメ映画協会, *International Animated Film Association*

ASIRGD assurance santé-invalidité-retraite et garantie-décès, 老齢者遺族廃疾者年金及び健康保険, *OASDHI*=*old age, survivors, disability and health insurance*

ASLV assurance sur la vie, 生命保険, *life insurance*

ASM anti-sous-marin, 対潜水艦

ASM Association sportive de médecine, (フランスの)スポーツ医学会, *Association of Sports Medicine*

ASN 1 notation de syntaxe abstraite numéro un, (英語略語のままで)抽象構文記法1, *ASN1*=*abstract syntax notation one*

ASNEMGE Association des sociétés nationales européennes et méditerranéennes de gastro-entérologie, 地中海欧州胃腸病学会, *Association of European and Mediterranean Societies of Gastroenterology*

ASP Association scientifique du Pacifique, 太平洋学術協会, *PSA*=*Pacific Science Association*

ASP agent de surveillance de Paris, パリ監視官

asp. aspirant, 志願者, *candidate*

ASPA aide sociale aux personnes âgées, 高齢者向け社会扶助

ASPAC Conseil de l'Asie et du Pacifique, (英語略語のままで)アジア太平洋協議会, *ASPAC*=*Asian and Pacific Council*

ASPAS Association pour la protection des animaux sauvages et du patrimoine naturel, 野生動物と自然遺産保護団体

aspir. aspiration, 吸気, *inhaling*

ASR Association de science régionale, 地域学会, *RSA*=*Regional Science Association*

ass. assemblée, 会議, *meeting*
ass. assurance, 保険, *insurance*
ASS allocation spécifique de solidarité, 連帯特定手当
assass. assassin, 殺人者, *murderer*
ASSECO Association études et consommation de la CFDT, フランス民主主義労働同盟研究消費団体
ASSEDIC Association pour l'emploi dans l'industrie et le commerce, 商工業雇用協会, *Commercial and Industrial Employment Association*
assign. assignation, 割当て, *assignment*
assimil. assimilation, 同化, *assimilation*
ASSINSEL Association internationale des sélectionneurs pour la protection des obtentions végétales, 国際植物新種保護育種者協会, *International Association of Plant Breeders for the Protection of Plant Varieties*
assist. assistance, 扶助, *care*
ASSITEJ Association internationale du théâtre pour l'enfance et la jeunesse, 国際青少年演劇協会, *International Association of Theater for Children and Youth*
assoc. association, 団体, *association*
assort. assortiment, ひとそろい, *assortment*
ASSU Association du sport scolaire et universitaire, 学校及び大学スポーツ協会
ASTE Association pour le développement des sciences et techniques de l'environnement, 環境科学技術開発協会
ASTEM Association scientifique et technique pour l'exploitation de la Méditerranée, 地中海開発科学技術協会, *Scientific and Technical Association for the Exploitation of the Mediterranean*
ASTEO Association scientifique et technique pour l'exploitation des océans, 海洋開発科学技術協会, *Scientific and Technical Association for the Exploitation of the Oceans*
ASTEVIM Association pour la sauvegarde des territoires viticoles mondiaux, 世界ワイン栽培地保護協会
asthm. asthmatique, 喘息の, *asthmatic*
ASTI Association de solidarité avec les travailleurs immigrés, 移民労働者との連帯団体
astigm. astigmatisme, 乱視, *astigmatism*
astrol. astrologie, 占星学, *astrology*
astron. astronomie, 天文学, *astronomy*
astronaut. astronautique, 宇宙航行学, *astronautics*

astrophys. astrophysique, 天体物理学, *astrophysics*

ASV âge, sexe, ville, (携帯メールでの略語で)年齢・性別・住んでいる町:パリに住む23歳の男性ならば23/M/Parisとなる, *age, sex, town*

ASV atterrissage sans visibilité, 無視界着陸, *blind landing*

at. atelier, アトリエ, *workshop*

AT Ancien Testament, 旧約聖書, *Old Testament*

At astate, アスタチン, *astatine*

ATAC Association technique pour l'animation culturelle, 文化イベント技術団体

ATB Association des trésoriers de banques et des professionnels de marchés, 銀行財務官市場専門家協会

ATC contrôle automatique des trains, (英語略語のままで)自動列車制御装置, *ATC=automatic train control*

ATD avis à tiers-détenteur, 第三者への差押通知

ATD aide à toute détresse, 困窮扶助

ATD analyse thermique différentielle, 示差熱分析, *DTA=differential thermal analysis*

ATE matériel de test automatique, (英語略語のままで)自動試験装置, *ATE=automatic test equipment*

ATEB Association nationale des techniques biologistes, 全国生物工学協会, *Association of Biological Techniques*

ATEN Association technique de l'énergie nucléaire, 核エネルギー技術協会

ATF accord de taux futur, 金利先渡し契約, *FRA=forward rate agreement*

ATG Association technique de l'industrie du gaz, ガス産業技術協会

ATI allocation temporaire d'invalidité, 廃疾一時手当

ATIC Association technique de l'importation charbonnière, 輸入石炭技術団体

ATICAM Association technique internationale des compagnies d'assurances maritimes et de transport, 海運・輸送保険会社国際技術協会

ATILH Association technique de l'industrie des liants hydrauliques, 水硬性結合材産業技術団体

ATIP Association technique de l'industrie papetière, 製紙業技術協会

ATITA Association technique des industries thermiques, 暖房機ベンチレーション産業技術協会

ATL libéralisation accélérée des tarifs, (英語略語のまま

atl. 64

で)加速関税自由化, *ATL=accelerated tariff liberalization*

atl. atlantique, 大西洋の, *Atlantic*

ATMA Association technique maritime et aéronautique, 海運・航空技術協会

atmosph. atmosphère, 大気, *atmosphere*

ATNUSO Administration transitoire des Nations unies pour la Slavonie orientale, la Baranja et le Srem occidental, 国連東スラボニア、バラニャ及び西スレム暫定機構, *UNTAES=United Nations Transitional Administration for Eastern Slavonia, Baranja and Western Sirmium*

ATNUTO Administration transitoire des Nations unies au Timor oriental, 国連東ティモール暫定統治機構, *UNTAET=United Nations Transitional Administration in East Timor*

ATO commande automatique des trains, (英語略語のままで)列車自動運転装置, *ATO=automatic train operation*

atom. atomique, 原子力, *atomic*

ATOP amplificateur à tube à ondes progressives, 進行波管増幅器, *TWTA=traveling wave tube amplifier*

ATP autorisation de transferts préalables, 事前転送許可

ATREM Association technique de la réfrigération et de l'équipement ménager, 冷房装置・家庭用設備技術協会

ATS schilling, (オーストリアの通貨単位で)シリング, *schilling*

ATS Association technique de la sidérurgie, 製鉄技術協会

ATSCAF Association touristique, sportive et culturelle des administrations financières, 金融行政機関観光スポーツ文化団体

ATSF avion de transport supersonique futur, 将来の超音速機:いわゆるスーパーコンコルド, *AST=advanced supersonic transport*

ATSSE Agence française de sécurité sanitaire environnementale, フランス環境保健安全局

ATTAC Action pour la taxe Tobin d'aide aux citoyens, 市民援助トービン税のための行動協会

atterr. atterrissage, 着陸, *landing*

attest. attestation, 証明, *attestation*

attn attention, 注意, *attention*

attract. attraction, 引力, *attraction*

attrib. attribution, 割当て, *allotment*

Au or, 金, *gold*

au f. et à mes. au fur et à mesure, 徐々に, *bit by bit*

AUA Association des universités africaines, アフリカ大学協会, *Association of African Universities*

AUA architecture unifiée d'application, (情報通信の)システムズアプリケーション体系, *SAA=systems application architecture*

AUAS Association universelle d'aviculture scientifique, 万国家禽学会, *WPSA=World's Poultry Science Association*

AUCM Association du Saint-Esprit pour l'unification du christianisme mondial, (文鮮明の)世界基督教統一神霊協会, *Unification Church*

AUD allocation unique dégressive, 単一逓減手当

AUD dollar australien, (通貨単位で)豪ドル, *Australian dollar*

AUDI Société internationale d'audiologie, (英語略語のまま)国際オージオロジー学会, *AUDI=International Society of Audiology*

audim. audimètre, オーディメーター

audio audiovisuel, 視聴覚, *audiovisual*

AUDIST Agence universitaire de documentation et d'information scientifique et technique, 大学科学技術文献及び情報局

auditor. auditorium, 公会堂, *auditorium*

AUE Acte unique européen, 欧州単一議定書, *SEA=Single European Act*

AUEF Association université-entreprise pour la formation, 大学＝企業職業訓練団体

augm. augmenté, 増加した, *increased*

augment. augmentation, 増加, *increase*

auj. aujourd'hui, 今日, *today*

aum. aumônier, 施設付き司祭, *chaplain*

auparav. auparavant, 以前に, *beforehand*

AUPELF Association des universités partiellement ou entièrement de langue française, フランス語圏大学連盟

auric. auriculaire, 耳の, *auricular*

AUS Australie, オーストラリア：国際自動車識別記号；国際オリンピック委員会の国名表記(1895年承認), *Australia*

austr. austral, 南の, *southern*

Austr. Australie, オーストラリア, *Australia*

austral. australien, オーストラリアの, *Australian*

authentif. authentification, 認証, *authentification*

auto

auto automobile, 自動車
auto-allum. auto-allumage, 自己点火, *self-ignition*
autobiogr. autobiographie, 自伝, *autobiography*
autocop. autocopiant, 複写の, *self-copying*
autocorr. autocorrection, 自己修正, *self-correction*
autodéf. autodéfense, 自衛, *self-defense*
autodétermin. autodétermination, 民族自決, *self-determination*
autogest. autogestion, 自主管理, *self-management*
autogr. autographe, (自筆の)サイン, *autograph*
autom. automobile, 自動車, *automobile*
autom. automatique, 自動の, *automatic*
auton. autonome, 自治の, *autonomous*
autoprop. autopropulsion, 自動推進, *self-propulsion*
autor. autorité, 権威, *authority*
autor. autoroute, 高速道路, *freeway*
autoris. autorisation, 許可, *authorization*
Autr. Autriche, オーストリア, *Austria*
autref. autrefois, 昔, *formerly*
autrich. autrichien, オーストリアの, *Austrian*
auxil. auxiliaire, 補助, *auxiliary*
AV avant, 前方, *front*
av. avant, 前, *before*
av. avec, 一緒, *with*
av. avenue, 大通り, *avenue*
av. avion, 飛行機, *airplane*
av. avocat, 弁護士, *lawyer*
av.-c. avion-cargo, 貨物輸送機, *cargoplane*
av.-cit. avion-citerne, 給油機, *tanker (aircraft)*
av.-g. avant-guerre, 戦前, *pre-war (period)*
av.-garde avant-garde, (軍の)前衛, *advance-guard*
av.-J.-C. avant Jésus-Christ, 紀元前, *BC = before Christ*
av.-poste avant-poste, 前哨, *outpost*
av.-pr. avant-propos, 前書き, *preface*
AVA allocation vieillesse agricole, 農業老齢保険年金
aval. avalanche, 雪崩, *avalanche*
avar. avarie, 損傷, *damage*
AVC Association ville campagne, 都市農村協会
avdp avoirdupoids, 常衡, *avoirdupois*
avent. aventure, 冒険, *adventure*
avertiss. avertissement, 警告, *warning*

AVFT Association européenne contre les violences faites aux femmes au travail, 欧州対女性職場暴力撲滅協会

AVI identification automatique des véhicules, (英語略語のままで)自動交通情報提供システム, *AVI = automatic vehicle identification*

avic. aviculture, 家禽業, *aviculture*

avic. aviculteur, 家禽業者, *poultryman*

avitam. avitaminose, ビタミン欠乏症, *avitaminosis*

AVMHA Association vétérinaire mondiale d'hygiène alimentaire, 世界畜産食品衛生学協会, *WAVFH = World Association of Veterinary Food Hygienists*

avoc. avocat, 弁護士, *lawyer*

AVOG Association des veuves et orphelins de guerre, 戦争未亡人戦争孤児協会

avr. avril, 四月, *April*

AVRE Association pour les victimes de la répression en exil, 亡命中の弾圧犠牲者団体

AVTNS allocation aux vieux travailleurs non salariés, 高齢非被用労働者手当

AVTS allocation aux vieux travailleurs salariés, 高齢被用労働者手当：別名は老齢労働者手当

AWG florin d'Aruba, (通貨単位で)アルーバ・ギルダー, *Aruba guilder*

AZI Association zen internationale, 国際禅協会, *IZA = International Zen Association*

AZT azidothymidine, アジドチミジン, *AZT = azidothymidine*

B

- **B** bel, ベル：10デシベル, *bel*
- **b** barn, バーン：核反応断面積の単位, *b=barn*
- **B** Baumé, ボーメ度
- **B** bore, ホウ酸, *boron*
- **b.** bémol, （音楽の）フラット, *flat*
- **B** Belgique, ベルギー：国際自動車識別記号, *Belgium*
- **b.** bande, 帯, *strip*
- **b.-à-b.** bouche-à-bouche, 口移し式人工呼吸, *mouth-to-mouth resuscitation*
- **b. à o.** billet à ordre, 約束手形, *promissory note*
- **b. à p.** billet à payer, 支払手形, *bill payable*
- **b. à r.** billet à recevoir, 受取手形, *bill receivable*
- **b.-ann.** bande-annonce, 予告編, *trailer*
- **b. d. c.** bas de casse, 小文字ケース, *lower case*
- **B.-du.-Rh.** Bouches-du-Rhône, ブーシュ・デュ・ローヌ県(13)
- **b.-f.** belle-fille, 義理の娘, *daughter-in-law*
- **b.-fam.** belle-famille, 妻の家族：または夫の家族, *wife's family*
- **b.-mar.** bain-marie, 湯煎, *bain-marie*
- **b.-mère** belle-mère, 義理の母, *mother-in-law*
- **b.-pet.-f.** belle-petite-fille, 義理の孫娘
- **B.-Rh.** Bas-Rhin, バ・ラン県(67)
- **b.-s.** belle-sœur, 義理の姉／妹, *sister-in-law*
- **b.-sitt.** baby-sitter, ベビーシッター, *baby-sitter*
- **b.-tr.** bouche-trou, 穴埋め, *stopgap*
- **b. v.** bain de vapeur, 蒸し風呂, *steam bath*
- **b.-vidéo** bande-vidéo, ビデオテープ, *video tape*
- **BA** balboa, （パナマの通貨単位で）バルボア, *balboa*
- **BA** bénéfices agricoles, 農業利益
- **BA** base aérienne, 航空基地, *air base*
- **BA** bonne action, 善行, *good deed*
- **Ba** baryum, バリウム, *Ba=barium*
- **BAA** brevet d'apprentissage agricole, 農業研修修了書

bâb. bâbord, 左舷, *port (side)*

BAB de bord à bord, 積込陸揚荷主負担, *FIO =free in and out*

BAC baccalauréat, 大学入学資格

BAC chromosome artificiel des bactéries, （英語略語のままで）細菌人工染色体, *BAC =bacterial artificial chromosome*

BAC brigade anti-criminalité de jour, （フランスの）犯罪撲滅班

bac+2 baccalauréat plus deux années d'études, 大学入学資格取得後2年間の高等教育終了

bac+3 baccalauréat plus trois années d'études, 大学入学資格取得後3年間の高等教育終了

bac+4 baccalauréat plus quatre années d'études, 大学入学資格取得後4年間の高等教育終了

bac+5 baccalauréat plus cinq années d'études, 大学入学資格取得後5年間の高等教育終了

BACH Banque de comptes harmonisés, 欧州調整会計データバンク：EU諸国企業の国際比較に使用

BACI Banque Atlantique de Côte-d'Ivoire, 象牙海岸大西洋銀行

bacill. bacillaire, 桿菌性の, *bacillary*

bactér. bactéricide, 殺菌剤, *bactericide*

bactér. bactérien, 細菌の, *bacterial*

bactériol. bactériologie, 細菌学, *bacteriology*

BAD Banque africaine de développement, アフリカ開発銀行, *AfDB =African Development Bank*

BAD Banque asiatique de développement, アジア開発銀行, *ADB =Asian Development Bank*

BADEA Banque arabe pour le développement économique en Afrique, アフリカ経済開発アラブ銀行, *ABEDA =Arab Bank for Economic Development in Africa*

BAFA brevet d'aptitude aux fonctions d'animateur dans les centres de vacances et de loisirs, 休暇村指導者職務適格証

BAFD brevet d'aptitude aux fonctions de directeur des centres de vacances et de loisirs, 休暇村所長職務適格証

BAFI base de données des agents financiers, 金融エージェント・データベース

BAII Banque arabe et internationale d'investissement, アラブ国際投資銀行

BAL boîte aux lettres, （情報通信の）メールボックス, *MB =mail box*

bal. balance, 秤, *weighting machine*
balc. balcon, バルコニー, *balcony*
balist. balistique, 弾道の, *ballistic*
balkanis. balkanisation, 小国分割, *Balkanization*
ball. ballottage, 当選未確定
ballast. ballastage, バラスト積込み
baln. balnéaire, 海水浴の
BALO Bulletin des annonces légales obligatoires, 法定公告公報, *bulletin where French quoted companies disclose financial information*
BAN bon de financement anticipé, (英語略語のままで)長期借換予定債券, *BAN = bond anticipation note*
banalis. banalisation, 一般化
banc. bancaire, 銀行の, *banking*
bancar. bancarisation, 銀行利用率, *spread of the use of banking*
bandit. banditisme, 犯罪行為, *crime*
banl. banlieue, 郊外, *suburbs*
banlieus. banlieusard, 郊外居住者, *suburbanite*
banq. banque, 銀行, *bank*
BAP billet à payer, 支払手形, *bill payable*
BAPSA budget annexe des prestations sociales agricoles, 農業社会保障給付付属予算
BAR billet à recevoir, 受取手形, *bill receivable*
baraq. baraquement, 仮宿舎, *camp*
barbar. barbarisme, 誤用, *barbarism*
barbit. barbiturique, バルビツル酸剤, *barbiturate*
baronn. baronnie, 男爵領, *barony*
barr. barrière, 柵, *barrier*
barr. barrage, ダム, *dam*
barr.-p. barrage-poids, 重力ダム, *gravity dam*
barr.-v. barrage-voûte, アーチダム, *arch dam*
BAS Bureau d'aide sociale, 社会扶助事務局：CCASの旧称, *social assistance office*
BASE brevet d'aptitude à l'animation socio-éducative, 社会教育指導者適格証
basq. basque, バスクの, *Basque*
bass. bassiste, コントラバス奏者, *bass player*
bass. bassin, 盆地, *basin*
bass. basson, バスーン, *bassoon*
BAT Bureau de l'assistance technique, (国連)技術援助評

議会, *TAB =Technical Assistance Board*
BAT bon à tirer, 校了刷り, *final proof*
bât. bâtiment, ビル, *building*
bat. bateau, 船, *ship*
bat. bataillon, 大隊, *battalion*
bat.-cit. bateau-citerne, タンカー, *tanker*
bat.-feu bateau-feu, 灯船, *lightship*
bat.-lav. bateau-lavoir, 洗濯船, *wash-house*
bat.-m. bateau-mouche, バトームーシュ：セーヌ川観光船, *river boat*
bat.-p. bateau-pompe, 消火船, *fire boat*
bat.-ph. bateau-phare, 灯船, *lightship*
bat.-pil. bateau-pilote, 水先船, *pilot boat*
BATRAL bâtiment de transport léger, 軽輸送艦
batt. batterie, 砲兵中隊, *battery*
bavar. bavarois, バイエルンの, *Bavarian*
BBD dispositif de transfert à la chaîne, (英語略語のままで)バケツリレー素子, *BBD =bucket brigade device*
BBD dollar barbadien, (通貨単位で)バルバドス・ドル, *Barbadian dollar*
BBS messagerie, (英語略語のままで)公開電子掲示板, *BBS =bulletin board system*
BBZ budget (à) base zéro, ゼロベース型予算, *ZBB =zero-based budget*
BCA Banque commerciale africaine, アフリカ商業銀行
BCBG bon chic bon genre, (ファッションが)プレッピーな, *preppy*
BCDA Bureau communautaire de développement agricole, (CEAOの)共同体農業開発局
BCDI Bureau communautaire de développement industriel, (CEAOの)共同体工業開発局
BCE Banque centrale européenne, 欧州中央銀行, *European Central Bank*
BCEAEC Banque centrale des Etats de l'Afrique équatoriale et du Cameroun, 赤道アフリカ諸国カメルーン中央銀行
BCEAO Banque centrale des Etats de l'Afrique de l'Ouest, 西アフリカ諸国中央銀行
BCG bacille Calmette-Guérin, BCG(ビーシージー), *BCG*
bche bouche, 口, *mouth*
BCIE Banque centraméricaine d'intégration économique, 中米経済統合銀行, *CABEI =Central American Bank for*

Economic Integration

BCN banque centrale nationale, 各国中央銀行, *NCB = national central bank*

BCPP Bureau communautaire des produits de la pêche, (CEAOの)共同体水産物局

BCR Bureau central de la radiotélégraphie, 無線電信中央事務局

BCRD budget civil de recherche et développement, 民生用研究開発費

BCU très gros plan, (英語略語のままで)大写し, *BCU = big close up*

bd boulevard, 大通り, *boulevard*

BD Bangladesh, バングラデシュ:国際自動車識別記号, *Bangladesh*

BD bande dessinée, コマ割り漫画, *comic strip*

BDC bâtiment de débarquement de chars, 戦車揚陸艦

BDC Banque de développement des Caraïbes, カリブ開発銀行, *CDB = Caribbean Development Bank*

BDF Banque de France, フランス銀行, *Bank of France*

BDP Bureau de la dette publique, (フランスの)公的債務課

BDPA Bureau pour le développement de la production agricole, 農業生産開発事務局

BDPME Banque de développement des petites et moyennes entreprises, (フランスの)中小企業開発銀行

BDR base de données relationnelles, リレーショナルデータベース, *RDB = relational database*

BDS Barbade, バルバドス:国際自動車識別記号, *Barbados*

BDT taka, (バングラデシュの通貨単位で)タカ, *taka*

BDV bidonville, スラム街, *shantytown*

BE brevet élémentaire, 初等証書

Be béryllium, ベリリウム, *Be = beryllium*

BEAC Banque des Etats de l'Afrique Centrale, 中部アフリカ諸国銀行, *BEAC = Bank of Central African States*

BEAE Banque des Etats de l'Afrique équatoriale, 赤道アフリカ諸国銀行, *Bank of Equatorial African States*

béarn. béarnais, ベアルン地方の, *Béarn*

béatif. béatification, 列福, *beatification*

beauj. beaujolais, ボージョレ

BEC brevet d'enseignement commercial, 商業教育修了証

BEE Bureau européen de l'environnement, 欧州環境事務局

BEF franc belge, (通貨単位で)ベルギー・フラン, *Belgian*

Franc
BEI Banque européenne d'investissements, 欧州投資銀行, *EIB = European Investment Bank*
BEI brevet d'enseignement industriel, 工業教育修了証
BEICIP Bureau d'études industrielles et de coopération de l'Institut français du pétrole, フランス石油研究所産業研究・協力事務局
bel c. bel canto, ベルカント, *bel canto*
BELC Bureau pour l'enseignement de la langue et de la civilisation françaises à l'étranger, 海外フランス語・フランス文化教育事務局
BELFOX —, ベルギー先物オプション取引所, *BELFOX = Belgian Futures and Options Exchange*
Belg. Belgique, ベルギー, *Belgium*
belg. belgicisme, ベルギー特有のフランス語語法, *Belgian-French expressions*
bélino bélinogramme, ベラン式電送写真
BEMS brevet d'études militaires supérieures, 上級軍事教育修了証
bénéf. bénéfice, 利益, *profit*
bénév. bénévole, ボランティアの, *voluntary*
BEP brevet d'études professionnelles, 職業教育免状
BEPA brevet d'études professionnelles agricoles, 農業職業教育免状
BEPC brevet d'études du premier cycle, 中等教育第一課程修了証
BEPTOM Bureau d'études des postes et télécommunications d'outre-mer, 海外郵便通信研究所
BERD Banque européenne pour la reconstruction et le développement, 欧州復興開発銀行, *EBRD = European Bank for Reconstruction and Development*
BES plan d'expansion économique, (英語略語のままで)事業拡大制度, *BES = business expansion scheme / enterprise investment scheme*
best.-sell. best-seller, ベストセラー, *best-seller*
BETURE Bureau d'études techniques pour l'urbanisme et l'équipement, 都市計画設備技術研究所
BEUC Bureau européen des unions de consommateurs, 欧州消費者団体連合会, *BEUC = European Bureau of Consumers' Unions*
BF basse fréquence, 低周波, *LF = low frequency*

BF Banque de France, フランス銀行, *Bank of France*
BFA brigade franco-allemande, 仏独合同軍
BFCE Banque française du commerce extérieur, フランス貿易銀行
BFM besoins financiers maximaux, 最高資金需要, *MFR＝maximum financial requirements*
BFM Bibliothèque François-Mitterrand, フランソワ・ミッテラン新国立図書館
BFO oscillateur à battements, (英語略語のままで)うなり周波発振器, *BFO＝beat frequency oscillator*
BFR besoin en fonds de roulement, 運転資金需要, *working capital needs*
BFRE besoin en fonds de roulement d'exploitation, 事業運転資金需要
BFRHE besoin en fonds de roulement hors exploitation, 事業外運転資金需要
BG Bulgarie, ブルガリア：国際自動車識別記号, *Bulgaria*
BGD Bangladesh, バングラデシュ, *Bangladesh*
BGI Bureau gravimétrique international, 国際重力測定委員会, *BGI＝International Gravimetric Bureau*
BGL lev, (ブルガリアの通貨単位で)レフ, *lev*
BH Belize, ベリーズ：国際自動車識別記号, *Belize*
BHA hydroxyanisol butylé, (英語略語のままで)臭化水酸化アニソール, *BHA＝butylated hydroxyanisole*
BHD dinar de Bahreïn, (通貨単位で)バーレーン・ディナール, *Bahrein dinar*
BHG Bureau de l'hygiène générale, (フランスの)公衆衛生局, *Office of General Hygiene (France)*
BHL Bernard-Henri Lévi, ベルナール・アンリ・レヴィ：フランスの作家, *Bernard-Henri Lévi*
BHP cheval effectif, (英語略語のままで)軸馬力, *BHP＝brake horsepower*
BHS Bahamas, バハマ, *Bahamas*
BHT hydroxytoluène butylé, (英語略語のままで)ブチルヒドロキシトルエン, *BHT＝butylated hydroxytoluene*
BHU Bhoutan, ブータン：国際オリンピック委員会の国名表記(1983年承認), *Bhutan*
Bi bismuth, ビスマス, *bismuth*
BIAC Comité consultatif économique et industriel, (英語略語のままで)経済産業諮問委員会：OECD所属の民間機関, *BIAC＝Business and Industry Advisory Committee*

BIAD Bureau international d'anthropologie différentielle, 国際分化差異人類学協会, *BIAD = International Bureau of Differential Anthropology*

BIAD Banque interaméricaine de développement, 米州開発銀行, *IADB = Inter-American Development Bank*

BIAO Banque internationale pour l'Afrique occidentale, 西アフリカ国際銀行

bib. bibelot, 民芸品, *curio*

bibl. bibliothèque, 図書館, *library*

bibli. biblique, 聖書の, *biblical*

biblio bibliographie, 書誌学, *bibliography*

BIBM Bureau international du béton manufacturé, 国際プレキャストコンクリート学会, *BIBM = International Bureau for Precast Concrete*

BIC bénéfices industriels et commerciaux, 商工業収益, *industrial and commercial benefit*

BIC Bureau international de containers, 国際コンテナ事務局, *ICB = International Container Bureau*

BICC Bureau international des chambres de commerce, 国際商業会議所事務局, *IBCC = International Bureau of Chambers of Commerce*

BICE Banque internationale de coopération économique, (東欧の)経済協力国際銀行

BICE Bureau international catholique de l'enfance, 国際カトリック児童局, *BICE = International Catholic Child Bureau*

bicent. bicentenaire, 二百周年の, *bicentennial*

bichrom. bichromate, 重クロム酸塩, *bichromate*

BICICI Banque internationale pour le commerce et l'industrie en Côte-d'Ivoire, 象牙海岸国際商工銀行

bicultur. biculturalisme, 二文化共存, *biculturalism*

BID Banque interaméricaine de développement, 米州開発銀行, *IDB = Inter-American Development Bank*

BIE Bureau international des expositions, 博覧会国際事務局:別名は万国博覧会事務局と国際博覧会事務局, *BIE = International Exhibition Bureau*

BIE Bureau international d'éducation, (ユネスコの)国際教育局, *IBE = International Bureau of Education (UNESCO)*

BIEM Bureau international des sociétés gérant les droits d'enregistrement et de reproduction mécanique, 国際レ

コード著作権協会事務局, *IBMR =International Bureau for Mechanical Reproduction*

BIF franc du Burundi, (通貨単位で)ブルンジ・フラン, *Burundian franc*

BIFA Biennale internationale du film sur l'art, 国際美術映画ビエンナーレ

BIFI bibliothèque de l'image-filmothèque, 映画映像図書館

BIFS bons des institutions financières spécialisées, 特殊金融機関債:現在は BISF と呼ばれる, *notes issued by certain financial institutions*

bifurc. bifurcation, 分岐点, *junction*

BIH Bureau international de l'heure, 国際時(とき)委員会, *BIH =International Time Bureau*

bihebdo bihebdomadaire, 週二回発行の, *biweekly*

BII Bureau international d'investissement, 国際投資事務局

BIJ Bureau d'information jeunesse, 青年情報事務局

BIJ Bureau d'information du justiciable, (フランスの)被審判者情報事務局

bij. bijou, 宝飾品, *jewel*

bijout. bijouterie, 宝飾品店, *jeweler's shop*

BIL Bureau d'information logement, 住宅情報センター

bil. bilingue, 二言語の, *bilingual*

bilharz. bilharziose, 住血吸虫症, *bilharziasis*

bill. billet, 手形, *note*

BIM bons à intérêts mensuels, 金利月払い債券, *bond with monthly-paid interest*

BIMA Bulletin d'information du ministère de l'Agriculture, 農業省広報誌

bimbelot. bimbeloterie, 雑貨, *fancy goods*

bimens. bimensuel, 月二回の, *semimonthly*

bimestr. bimestriel, 二カ月毎の, *bimonthly*

bimétall. bimétallique, 複本位制の, *bimetallic*

bio. biologique, (農作物が)有機栽培の, *organic*

biochim. biochimie, 生化学, *biochemistry*

biodégr. biodégradable, 生分解性の, *biodegradable*

bioén. bioénergie, 生体エネルギー, *bioenergy*

biogéogr. biogéographie, 生物地理学, *biogeography*

biogr. biographie, 伝記, *biography*

biol. biologie, 生物学, *biology*

bioméd. biomédical, 生物医学的な, *biomedical*

BIOS système d'exploitation des entrées / sorties, (英語略

語のままで)(コンピュータの)基本入出力システム, *BIOS* = *basic input/output operating system*

biotech biotechnique, 生物工学, *biotechnology*
biotechn. biotechnique, 生物工学の, *biotechnological*
biotechnol. biotechnologie, 生物工学, *biotechnology*
BIP parité d'entrelacement des bits, (英語略語のままで)(デジタル交換網で)ビットインターリーブドパリティー, *BIP* = *bit interleaved parity*
BIP bon d'épargne à intérêt progressif, 逓増金利郵貯債
BIPA Banque d'information politique et d'actualité, (Documentation française の)政治時事データバンク
BIPA bon à intérêts payés d'avance, 金利先払い債券, *bond with interest paid in advance*
BIPAR Bureau international des producteurs d'assurances et de réassurances, 国際保険再保険外野協会, *International Association of Insurance and Reinsurance Intermediaries*
bipart. bipartisme, 二党制, *bipartite system*
BIPE Bureau d'information et de prévisions économiques, 経済情報予測事務局
BIPM Bureau international des poids et mesures, 国際度量衡局, *International Bureau of Weights and Measures*
bipolaris. bipolarisation, 二極化, *separation into two blocks*
biquot. biquotidien, 日に二回の, *twice-daily*
BIRD Banque internationale pour la reconstruction et le développement, 国際復興開発銀行, *IBRD* = *International Bank for Reconstruction and Development*
BIRP Bureau international des relations publiques, 国際広報事務局
BIRPI Bureaux internationaux réunis pour la protection de la propriété intellectuelle, 知的所有権保護国際合同事務局, *BIRPI* = *United International Bureaux for the Protection of Intellectual Property*
BIRS Bureau international de recherches sur la sauvagine, 国際水禽・湿地調査局, *IWRB* = *International Waterfowl and Wetland Research Bureau*
bisann. bisannuel, 二年毎の, *biennial*
BIsD Banque islamique de développement, イスラム開発銀行, *IsDB* = *Islamic Development Bank*
bisex. bisexualité, 両性生殖性, *bisexuality*

BISF bons des institutions et sociétés financières, 金融機関金融会社債

bissext. bissextile, 閏年の, *leap year*

BISYNC transmission binaire synchrone, (英語略語のまま)バイナリー周期, *BISYNC = binary synchronous communication*

BIT Bureau international du travail, 国際労働事務局, *International Labor Office*

BITD Bureau international des tarifs douaniers, 国際関税率事務局, *ICTB = International Customs Tariffs Bureau*

biterr. biterrois, ベジエの, *of Béziers*

BITS Bureau international du tourisme social, 国際社会観光事務局

biv. bivalence, 両義性, *bivalence*

Bk berkélium, バークリウム, *Bk = berkelium*

BK bacille de Koch, コッホ桿菌, *Koch's bacillus*

BL belles lettres, 文芸

bl. bloc, ブロック, *block*

bl.-cyl. bloc-cylindres, シリンダーブロック, *cylinder block*

bl.-diagr. bloc-diagramme, ブロックダイアグラム, *block diagram*

bl.-év. bloc-évier, 流し台ユニット, *sink unit*

bl.-jean blue-jean, ブルージーンズ, *blue jeans*

bl.-mot. bloc-moteur, パワーユニット, *engine block*

bl.-n. bloc-notes, メモ用ノート, *notepad*

bl.-s. bloc-sièges, 椅子のブロック, *block of seats*

blanch. blanchiment, 漂白, *bleaching*

blanchiss. blanchisserie, クリーニング店, *whitening*

blas. blason, 紋章, *coat of arms*

bléno blennorragie, 淋病, *gonorrhea*

BLIC Bureau de liaison de l'industrie cinématographique, 映画産業連絡事務局

BLOC Bureau de liaison des organisations cinématographiques, 映画機関連絡事務局

BLS Botswana, Lesotho, Swaziland, ボツワナ、レソト、スワジランド, *Botswana, Lesotho, Swaziland*

BLU bande latérale unique, 単側波帯：別名は単一側波帯, *SSB = single sideband*

BMD dollar bermudien, (通貨単位で)バミューダ・ドル, *Bermudian dollar*

BMH Bureau municipal d'hygiène, 市町村衛生事務局

BML Bourse des métaux de Londres, ロンドン金属取引所, *LME = London Metal Exchange*

BMN banque multinationale, 多国籍銀行, *multinational bank*

BMT bons des maisons de titres, 証券会社債, *securities houses bonds*

BMTN bons à moyen terme négociables, (1992年開始のフランス版)中期ノート, *medium-term note (France)*

bn bon, 良い, *good*

bn bain, 浴室, *bath*

BN Bibliothèque nationale, 国立図書館, *National Library*

BNC bénéfices non commerciaux, 非商業利益, *non trading profits*

BNC bénéfice des professions non commerciales, 自由業利潤, *income from personal and professional services*

BNCI Banque nationale pour le commerce et l'industrie, 国民商工銀行: 1966.7にBNPとなった

BNCU bischloroéthyl nitrosourée, 二-クロロエチルニトロ尿素: 発癌性の化学物質, *bischloroethyl nitrosourea*

BND dollar du Brunei, (通貨単位で)ブルネイ・ドル, *Bruneian dollar*

bne bonne, 良い, *good*

BNF Bibliothèque nationale de France, フランス国立図書館: BNとTGBを統合, *French National Library*

BNG Bureau de normalisation des appareils d'utilisation des combustibles gazeux, ガス燃料利用器具標準化事務局

BNI Banque nordique d'investissement, 北欧投資銀行, *NIB = Nordic Investment Bank*

BNIC Bureau national interprofessionnel du cognac, コニャック関連業種全国事務局

BNIST Bureau national d'information scientifique et technique, 科学技術情報全国事務局

BNM Bureau national de météorologie, 気象全国事務局

BNP Banque Nationale de Paris, パリ国立銀行

BNU Banque nationale d'Ukraine, ウクライナ国立銀行, *National Bank of Ukraine*

BO bulletin officiel, 公報, *Official Bulletin*

BOAD Bulletin officiel d'annonces des domaines, (競売品を紹介する)国有財産管理局公報

BOB boliviano, (ボリビアの通貨単位で)ボリビアノ, *B = boliviano*

bobo bourgeois-bohème, カウンターカルチャー的資本主義者, *BOBO＝Bohemian Bourgeois*

BOC compagnie opératrice Bell, （英語略語のままで）ベル電話交換業務会社, *BOC＝Bell operating company*

BOCB Bulletin officiel des cours de la Bourse, 株式取引所公報, *SEDOL＝Stock Exchange Daily Official List*

BOCD Bulletin officiel des contributions directes, 直接税公報

BOE baril équivalent pétrole, （英語略語のままで）石油1バレル換算, *BOE＝barrel oil equivalent*

bohém. bohémien, ボヘミアン, *Bohemian*

bolchev. bolchevique, ボルシェヴィキ, *Bolshevik*

BOLV bolivar, （ベネズエラの通貨単位で）ボリバル, *bolivar (Venezuela)*

BOM début de message, （英語略語のままで）メッセージの頭, *BOM＝beginning of message*

BOMAP base opérationnelle mobile aéroportée, 移動式空挺作戦基地

bombard. bombardement, 爆撃, *bombardment*

BON billet à ordre négociable, 譲渡可能約束手形, *tradable promissory note*

bonif. bonification, 価格の割引き, *bonus*

bonnet. bonneterie, メリヤス工業, *hosiery*

BOP bloc obturateur de puits, 噴出防止ブロック, *BOP＝blowout preventer*

BOR billet à ordre-relevé, 計算書約束手形：記憶媒体上に手形を作成し、相互の取引銀行間で電子決済する

bord. bordelais, ボルドーの, *of Bordeaux*

bord. bordereau, 明細書, *form*

BOSP Bulletin officiel des services de prix, 物価サービス局公報

BOT début de bande, （英語略語のままで）磁気テープ開始位置記号, *BOT＝beginning of tape*

bouddh. bouddhisme, 仏教, *Buddhism*

boul. boulevard, 大通り, *boulevard*

boulang. boulangerie, パン屋, *bakery*

bouq. bouquin, 本, *book*

bourbonn. bourbonnais, ブルボネ地方の, *of Bourbonnais*

bourg. bourgade, 村落, *village*

bourrell. bourrellerie, 馬具製造, *saddlery*

bout. boutique, 店, *shop*

bout. bouteille, 瓶, *bottle*
bout.-press. bouton-pression, スナップ, *snap fastener*
bov. bovin, 牛の, *bovine*
boycott. boycottage, ボイコット, *boycott*
BP brevet professionnel, 職業証書
BP basse pression, 低圧
BP boîte postale, 私書箱, *POB = post-office box*
BP Botswana, ボツワナ：国際自動車識別記号, *Botswana*
BPA bénéfices par action, 一株当たり収益, *EPS = earnings per share*
BPAL base de plein air et de loisirs, 野外・レジャー基地
BPF bon pour francs, 但しフランとして：小切手上の文言
BPICA Bureau permanent international des constructeurs d'automobiles, 国際自動車会議所
BPS bits par seconde, ビット毎秒, *BPS = bits per second*
BPSCE Bureau du Pacifique Sud pour la coopération économique, 南太平洋経済協力機関, *SPEC = South Pacific Bureau for Economic Cooperation*
Bq becquerel, ベクレル：放射能のSI単位, *becquerel*
br. broché, ブロケード, *brocade*
BR Brésil, ブラジル：国際自動車識別記号, *Brazil*
Br brome, 臭素, *bromine*
br.-béton brise-béton, コンクリートブレーカ, *concrete breaker*
br.-glace brise-glace, 砕氷船, *ice breaker*
br.-jet brise-jet, (水はね防止の)活栓, *faucet nozzle*
br.-lames brise-lames, 防波堤, *breakwater*
br.-pneum. broncho-pneumonie, 気管支肺炎, *bronchopneumonia*
BRA accès au début de base, (英語略語のままで)(デジタル通信の)基本レートアクセス, *BRA = basic rate access*
brad. braderie, 大安売り, *jumble sale*
branc. brancard, 担架, *stretcher*
brancard. brancardier, 担架兵, *stretcher bearer*
brandebourg. brandebourgeois, ブランデンブルクの, *of Brandenburg*
brass. brasserie, ビール醸造所, *brewery*
BRB Brigade de répression du banditisme, 武装強盗鎮圧班
BRE Bureau de rapprochement des entreprises (de la Communauté), (欧州共同体)ビジネス協力センター, *Business Cooperation Center*

Brés. Brésil, ブラジル, *Brazil*
brésil. brésilien, ブラジルの, *Brazilian*
bret. breton, ブルターニュの, *Breton*
brév. bréviaire, 聖務日課書, *breviary*
brev. brevet, 修了証書, *diploma*
BRGM Bureau de recherches géologiques et minières, (フランス産業省)鉱山地質学研究所
BRI Banque des règlements internationaux, 国際決済銀行, *BIS =Bank for International Settlements*
bricol. bricolage, 日曜大工, *DIY =do-it-yourself*
brig. brigade, 旅団, *brigade*
brit. britannique, 英国の, *British*
BRN cruzado, (ブラジルの旧通貨単位で)クルザード, *cruzado*
broc. brocante, 古物売買商, *secondhand shop*
brocant. brocanteur, 古物商, *secondhand dealer*
broch. brochure, 小冊子, *pamphlet*
brod. broderie, 刺繍, *embroidery*
brom. bromure, 臭化物, *bromide*
bronchosc. bronchoscopie, 気管支鏡法, *bronchoscopy*
BRP Bureau de recherche des pétroles, 石油研究局
BRR cruzeiro réal, (ブラジルの通貨単位で)クルゼイロ・レアル
brucell. brucellose, ブルセラ症, *brucellosis*
bruxell. bruxellois, ブリュッセルの, *of Bruxelles*
bs bas, 低い, *low*
BS brevet supérieur, 高等証書
BS Société internationale de biométrie, (英語略語のままで)生物測定学会, *BS =Biometric Society*
BS espace arrière, (コンピュータの)バックスペース, *BS =backspace*
BS Bahamas, バハマ:国際自動車識別記号, *Bahamas*
bs-rel. bas-relief, 薄肉彫り, *low relief*
BSAR bons de souscription d'actions remboursables ou rachetables, 返済可能買戻可能ワラント, *reimbursable and redeemable warrants*
BSC transmission binaire synchrone, (英語略語のままで)バイナリー同期通信, *BSC =binary synchronous communication*
BSD dollar bahamien, (通貨単位で)バハマ・ドル, *Bahamian dollar*

Bse Bourse, 証券取引所, *Stock Exchange*

BSE encéphalopathie spongiforme bovine, (英語略語のままで)(狂牛病の正式名)牛海綿状脳症, *BSE = Bovine Spongiform Encephalopathy*

BSEC Organisation de coopération économique de la mer Noire, (英語略語のままで)黒海経済協力機構, *BSEC = Organization of the Black Sea Economic Cooperation*

BSF bons des sociétés financières, 金融会社債券

BSFE Banque de la société financière européenne, 欧州金融会社銀行

BSISER Société Barany, 国際平衡神経科学会(バラニー協会), *BSISER = Barany Society*

BSL bâtiment de soutien logistique, ロジスティック支援艦

BSLP Bulletin de la société de linguistique de Paris, パリ言語学会会報

BSO bon de souscription d'obligation, (債券の)ワラント, *warrant*

BSP brigade des stupéfiants et du proxénétisme, 麻薬・売春斡旋対策班

BSP brigade des sapeurs pompiers, 消防隊, *fire brigade*

BSPCE bons de souscription de parts de créateurs d'entreprises, 企業創設者株申込権:創立後15年で未上場企業のストックオプション

BT brevet de technicien, 技術者免状, *technician license*

BT justifié à droite et à gauche, (英語略語のままで)左右ジャスティフィケーションありの, *BT = both justified*

BT basse tension, 低電圧, *low tension*

BTA brevet de technicien agricole, 農業技術者免状

BTAN bon à taux annuel normalisé, 中期利付国債

Btemp. basse température, 低温, *low temperature*

BTF bon du Trésor à taux fixe et intérêts précomptés, 短期割引国債, *discount treasury bill*

BTI Bureau télégraphique international, 国際電報事務局

BTN ngultrum, (ブータンの通貨単位で)ニュウルタム, *nultrum*

BTN bon du Trésor négociable, 短中期国債, *negotiable treasury bill*

BTP bâtiments et travaux publics, 建設・公共工事

BTS brevet de technicien supérieur, (フランスの)上級技術者免状, *superior technician license (France)*

BTSA brevet de technicien supérieur agricole, 上級農業技

術者免状
BTV bons à taux variable, 変動利付債, *floating rate notes*
budg. budget, 予算, *budget*
budgétis. budgétisation, 予算化, *inclusion in the budget*
BUE Banque de l'Union européenne, 欧州連合銀行
BUK kyat, (ミャンマーの通貨単位で)チャット, *kyat*
bulg. bulgare, ブルガリアの, *Bulgarian*
bull. bulletin, 公報, *form*
bull bulldozer, ブルドーザー, *bulldozer*
bull.-rép. bulletin-réponse, 返信券, *reply coupon*
BUMIDOM Bureau pour le développement des migrations pour les départements d'outre-mer, 海外県移住開発事務局
bur. bureau, 事務所, *office*
BUR Myanmar, ミャンマー：国際自動車識別記号, *Myanmar*
bureaucr. bureaucratie, 官僚主義, *bureaucracy*
bureaut. bureautique, ＯＡ：オフィスオートメーション, *office automation*
burx. bureaux, (複数で)事務所, *offices*
BUS Bureau universitaire des statistiques, 大学統計事務局
but. butane, ブタン, *butane*
buv. buvard, 吸い取り紙, *blotting paper*
buv. buvette, 軽食堂, *refreshment bar*
BVP Bureau de vérification de la publicité, 広告審査事務局, *ASA = Advertising Standards Authority*
BWP pula, (ボツワナの通貨単位で)プラ, *pula*
Bx-A. beaux-arts, 美術, *fine arts*
bx-par. beaux-parents, 義理の両親, *parents-in-law*
byz. byzantin, ビザンチンの, *Byzantine*
BZD dollar de Belize, (通貨単位で)ベリーズ・ドル, *Belizean dollar*
BZD benzodiazépine, ベンゾジアゼピン, *benzodiazepine*
BZH Bretagne libre, 自由ブルターニュ：自動車識別記号としては違法だが独立派が使う

C

- **C** Celsius, 摂氏, *C＝Celsius*
- **C** complémentarité, (数学で)補完性, *complementarity*
- **C** consulat, 領事館：フランスの自動車のナンバープレートの一部を構成するアルファベット記号, *consulate*
- **c.** centre, センター, *center*
- **C** Cuba, キューバ：国際自動車識別記号, *Cuba*
- **c** centi-, センチ：1/100, *c＝centi-*
- **c** coulomb, クーロン：電荷の単位, *c＝coulomb*
- **C** cent, 百, *cent*
- **C** carbone, 炭素, *carbon*
- **C. & A.** coût et assurance, 運賃と保険, *cost and insurance*
- **c.-à-d.** c'est-à-dire, すなわち, *that is*
- **c.-bouill.** court-bouillon, クールブイヨン
- **c.-circ.** court-circuit, (電気の)ショート, *short circuit*
- **c. civ.** code civil, 民法典, *Civil Code*
- **c. com.** code commercial, 商法典, *commercial law*
- **c. comm.** centre commercial, 商業センター, *commercial center*
- **c.-courr.** court-courrier, 短距離輸送機, *short-haul plane*
- **c.-cr.** casse-croûte, スナック, *snack*
- **C.-d'Arm.** Côtes-d'Armor, コート・ダルモール県(22)
- **C.-d'Or** Côte-d'Or, コート・ドール県(21)
- **C.-du-S.** Corse-du-Sud, コルス・デュ・シュッド県(2A)
- **c.-entr.** cache-entrée, 鍵穴隠し
- **c.-flow** cash-flow, キャッシュフロー, *cash flow*
- **c.-forest.** code forestier, 森林法典, *forest law*
- **c.-fort** coffre-fort, 金庫, *safe*
- **c.-fy** car-ferry, カーフェリー, *car ferry*
- **c. i. crim.** code d'instruction criminelle, 治罪法典
- **c. just. mil.** code de justice militaire, 軍事裁判法典, *military law*
- **c.-le-feu** cessez-le-feu, 停戦, *cease-fire*
- **c.-lettre** carte-lettre, 簡易書簡, *letter-card*

C moa C'est moi, (携帯メールでの略語で)私です, *It's me*
c. Nap. code Napoléon, ナポレオン法典, *Napoléon Code*
c. nat. code de la nationalité, 国籍法典, *nationality law*
c.-nois. casse-noisettes, はしばみ割り, *nutcrackers*
c. pén. code pénal, 刑法典, *Penal Code*
c.-pot cache-pot, 鉢カバー, *cache-pot*
c.-pouss. cache-poussière, ダスターコート, *duster*
c.-prise cache-prise, コンセントカバー, *socket cover*
c. proc. civ. code de procédure civile, 民事訴訟法典, *Code of Civil Procedure*
c. proc. pén. code de procédure pénale, 刑事訴訟法典, *Code of Criminal Procedure*
c.-rad. cache-radiateur, ラジエターカバー, *radiator cover*
c.-rép. carte-réponse, 返信葉書, *reply card*
c. rur. code rural, 農事法典, *agricultural law*
c.-t. casse-tête, 難問, *headache*
c.-tamp. cache-tampon, 探し物ゲーム, *hunt-the-thimble*
c. trav. code du travail, 労働法典, *labor law*
C 3 D Caisse des dépôts-développement, 預金開発金庫
C/kg coulomb par kilogramme, クーロン毎キログラム, *coulomb per kilogram*
c/o aux bons soins de, (英語略語のままで)気付け, *c/o = care of*
Ca calcium, カルシウム, *Ca = calcium*
CA certificat d'aptitude, 適性証
CA corps d'armée, 軍団, *army corps*
ca centiare, センチアール, *centare*
ca circa, (ラテン語略語のままで)およそ, *circa*
CA chiffre d'affaires, 総売上げ, *turnover*
CAA convention sur l'aide alimentaire, 食糧援助規約, *FAC = Food Aid Convention*
CAAE certificat d'aptitude à l'administration des entreprises, 企業経営適性証
CAAM Centre administratif des affaires maritimes, 海事管理センター
cab. cabinet, 小部屋, *cabinet*
CAB Confédération asiatique du billard, アジア・ビリヤード連盟, *ABC = Asian Billiards Confederation*
câblogr. câblogramme, 海底電信, *cablegram*
CAC centre anti-cancéreux, 癌対策センター
CAC Comité administratif de coordination, (国連の)行政

調整委員会, *Administrative Committee on Coordination*
- **CAC** cotation assistée en continu, コンピュータ支援継続相場付け, *computer-aided continuous quotation*
- **CAC** Compagnie des agents de change, (旧)公認仲買人組合, *French Stockbrokers' Association*
- **CAC** centre d'action culturelle, 文化行動センター
- **CAC 40** Cotation assistée en continu quarante, CAC40種(指数):1987年12月31日の基準日を1000としたフランスの主要銘柄株価指数, *CAC 40 (Index)*
- **CACE** Caisse d'allocations complémentaires de l'édition, 出版業付加年金手当金庫
- **cachect.** cachectique, 悪液質患者, *cachectic*
- **CACOM** Caisse de consolidation et de mobilisation de crédits à moyen terme, 中期信用統合流動化金庫
- **CAD** coefficient d'adaptation départemental, 県適応係数
- **CAD** Comité d'aide au développement, (OECDの)開発援助委員会, *DAC=Development Assistance Committee*
- **CAD** dollar canadien, (通貨単位で)カナダ・ドル, *Canadian dollar*
- **CADA** Commission d'accès aux documents administratifs, 行政文書開示請求審査委員会
- **CADES** Caisse d'amortissement de la dette sociale, 社会保障赤字償却金庫:別名は社会保障負債償還金庫
- **CAE** Conseil d'analyse économique, 経済分析評議会
- **CAE** Communauté de l'Afrique de l'Est, (1967-1977年の)東アフリカ共同体, *EAC=East African Community*
- **CAE** Compagnie aéronautique européenne, 欧州航空会社:地方航空会社
- **CAECET** certificat d'aptitude à l'enseignement dans les collèges d'enseignement technique, 技術教育コレージュ教員適性証
- **CAECL** Caisse d'aide à l'équipement des collectivités locales, 地方公共団体設備援助基金
- **CAEF** Comité des associations européennes de fonderie, 欧州鋳造協会委員会, *Committee of European Foundry Associations*
- **CAEI** certificat d'aptitude à l'éducation de l'enfance inadaptée, 不適応児教員適性証
- **CAEM** Conseil d'assistance économique mutuelle, 東欧経済相互援助会議:別名はコメコン, *Council for Mutual Economic Assistance*

CAET certificat d'aptitude à l'enseignement technique, 技術教員適性証

CAF coût, assurance, fret, 運賃保険料込(CIF)で, *CIF = cost, insurance and freight*

CAF contrôle automatique de fréquence, 自動周波数制御, *AFC = automatic frequency control*

CAF Caisse d'allocations familiales, 家族手当金庫

CAF capacité d'autofinancement, キャッシュフロー, *cash flow*

caf et c. coût, assurance, fret et change, 運賃保険料為替費用込値段, *CIFE = cost, insurance, freight and exchange*

CAFAC Commission africaine de l'aviation civile, アフリカ民間航空委員会, *AFCAC = African Civil Aviation Commission*

CAFAS certificat d'aptitude à une formation artistique supérieure, 高等芸術訓練適性証

caf'conc' café-concert, カフェコンセール, *cabaret*

cafét. cafétéria, カフェテリア, *cafeteria*

CAFOC Centre académique de formation continue, 生涯教育アカデミーセンター

CAG contrôle automatique de gain, 自動利得制御, *AGC = automatic gain control*

CAI Comité arctique international, 国際北極委員会, *International Arctic Committee*

CAIF Conseil des associations des immigrés en France, フランス移民団体評議会

CAINAGOD Caisse nationale de garantie des ouvriers dockers, ドック労働者保証全国金庫

CAIRVS Caisse artisanale interprofessionnelle de retraite vieillesse de la Seine, セーヌ川老齢年金手工業関連金庫

cal. calandre, 光沢機, *calender*

CAL centre d'amélioration du logement, 住宅改善センター

cal calorie, カロリー, *calorie*

calandr. calandrage, 光沢機にかけること, *calendering*

calc. calcémie, 血中カルシウム濃度

calcul. calculateur, 計算機, *calculator*

caléd. calédonien, カレドニアの, *Caledonian*

calemb. calembour, 言葉遊び, *pun*

calendr. calendrier, カレンダー, *calendar*

calibr. calibrage, 口径測定, *gauging*

Calif. Californie, カリフォルニア, *California*

californ. californien, カリフォルニアの, *Californian*
calligr. calligraphie, 書道, *calligraphy*
calorif. calorifère, 暖房装置, *stove*
calorim. calorimétrie, 熱量測定, *calorimetry*
CAM Crédit agricole mutuel, 農業相互銀行
CAM Cameroun, カメルーン：国際自動車識別記号, *Cameroon*
CAM coefficients d'ajustement monétaire, 通貨変動課徴金, *CAF=currency adjustment factors*
CAM corde aérodynamique moyenne, 空力平均翼弦, *MAC=mean aerodynamic chord*
cam. caméra, カメラ, *camera*
camar. camaraderie, 仲間関係, *camaraderie*
CAMARCA Caisse mutuelle autonome de retraites complémentaires agricoles, 農業付加年金自立相互金庫
camarg. camarguais, カマルグの, *of Camargue*
cambodg. cambodgien, カンボジアの, *Cambodian*
cambriol. cambriolage, 空き巣, *burglary*
camemb. camembert, カマンベール, *Camembert*
camer. cameraman, カメラマン, *cameraman*
CAMES Conseil africain et malgache pour l'enseignement supérieur, アフリカ・マダガスカル高等教育評議会
camp. camping, キャンプ場, *camp site*
CAMR Conférence administrative mondiale des radiocommunications, 無線通信世界行政会議
can. canal, 運河, *canal*
Can. Canada, カナダ, *Canada*
CAN convertisseur analogique-numérique, アナログデジタル変換器, *ADC=analog-digital converter*
canad. canadien, カナダの, *Canadian*
CANAM Caisse nationale d'assurance maladie et maternité des travailleurs non salariés des professions non agricoles, 非農業非被傭者疾病出産保険全国金庫
CANAREP Caisse nationale des retraites de l'enseignement privé, 私立教育年金全国金庫
CANCAVA Caisse autonome nationale de compensation de l'assurance vieillesse artisanale, 手工業者老齢保険補償独立全国金庫
cancér. cancéreux, 癌の, *cancerous*
cancéris. cancérisation, 癌発生
cancérol. cancérologie, 癌学, *cancerology*

candid. candidature, 立候補, *candidature*
canonis. canonisation, 列聖, *canonization*
CANOU Centre d'animation naturelle tirée d'occupations utiles, 有益活動自然推進センター
CANSSM Caisse autonome nationale de la sécurité sociale dans les mines, 鉱業社会保障独立全国金庫
cant. cantatrice, 歌姫, *opera singer*
cant. canton, 小郡, *canton*
cantonn. cantonnement, 宿営, *quartering*
CAO conception assistée par ordinateur, コンピュータ設計支援技術, *CAD = computer-aided design*
CAO certificat d'appellation contrôlée, （ワインの）原産地表示証明書, *certificate of designation of origin*
caoutch. caoutchouc, ゴム, *rubber*
CAP commission administrative paritaire, 同数行政委員会
CAP Convention pour une alternative progressiste, （フランスの政党で）進歩的第三の道会議
CAP capacité d'absorption des protons, 陽子吸収能力, *proton absorptive capacity*
CAP certificat d'aptitude pédagogique, （初等教育）教員適性証, *teaching certificate (primary school)*
CAP certificat d'aptitude professionnelle, 職業適性証, *certificate of professional competence*
cap. capital, 資本, *capital*
cap. capitale, 首都, *capital*
CAPA certificat d'aptitude à la profession d'avocat, 弁護士資格検定証
CAPAFE comptes à payer à la fin de l'exercice, 年末支払勘定, *payable at year-end*
CAPASE certificat d'aptitude à la promotion des activités socio-éducatives et à l'exercice des professions socio-éducatives, 社会教育的活動推進・社会教育的職業遂行適格証
CAPC Centre d'arts plastiques contemporains, 現代造形美術センター
CAPCEG certificat d'aptitude pédagogique pour les collèges d'enseignement général, 一般教育コレージュ教員適性証
CAPE Centre d'accueil pour la presse étrangère, （パリの）フォーリンプレスセンター, *Foreign Press Center (Paris)*
CAPEGC certificat d'aptitude au professorat d'enseignement général des collèges, 一般教育コレージュ教員適性証

CAPEPS certificat d'aptitude au professorat de l'éducation physique et sportive, 体育教員適性証

CAPES certificat d'aptitude au professorat de l'enseignement secondaire, 中等教育教員適性証, *postgraduate teaching certificate*

capés. capésien, 中等教育教員適性証取得者, *graduate teacher*

CAPET certificat d'aptitude au professorat de l'enseignement technique, 技術教育教員適性証, *postgraduate technical teaching certificate*

capillic. capilliculture, ヘアケア, *hair care*

capit. capitulation, 降伏, *capitulation*

capo caporal, 伍長, *private first class*

CAPS actions préférentielles à taux variable convertibles en actions ordinaires, (英語略語のままで)転換調整可能優先株, *CAPS = convertible adjustable preferred stocks*

capt. captivité, 捕虜の生活, *captivity*

capt. captation, だまし取ること, *inveigling of an inheritance*

CAR Caisse autonome de refinancement, 融資債権証券化金庫

CAR Conférence administrative régionale, 地方圏行政協議会

car. caraïbe, カリブの, *Caribbean*

CAR circonscription administrative régionale, 地域圏行政区画

caract. caractère, 文字, *character*

caractér. caractéristique, 特性, *characteristic*

caractérol. caractérologie, 性格学, *characterology*

caravan. caravaning, オートキャンプ, *caravanning*

carbur. carburation, 浸炭, *carburization*

CARCEPT Caisse autonome de retraites complémentaires et de prévoyance du transport, 運輸産業補足退職年金共済独立金庫

CARCO Caisse de retraite complémentaire des clercs et employés des huissiers, 法廷執行吏職員付加年金金庫

card. cardinal, 基本の, *cardinal*

CARDE Coordination des associations régionales de défense de l'environnement, 環境保護地方団体連絡会

cardiogr. cardiogramme, 心拍曲線, *cardiogram*

cardiol. cardiologie, 心臓学, *cardiology*

CARDS certificat de dette renouvelable amortie, (英語略

CARE contrat d'aide au retour à l'emploi, 再就職援助契約

CAREC Caisse autonome de la reconstruction, (フランスの)復興金庫, *National Reconstruction Agency (France)*

CAREX base de données sur l'exposition aux agents cancérogènes, (英語略語のままで)発癌性物質への曝露に関するデータベース, *CAREX = Carcinogen Exposure*

caricat. caricature, 戯画, *caricature*

CARICOM Communauté des Caraïbes, (英語略語のままで)カリブ共同体, *CARICOM = Caribbean Community*

CARICOM Marché commun des Caraïbes, (英語略語のままで)カリブ共同市場, *CARICOM = Caribbean Common Market*

CARIFTA Association de libre échange des Caraïbes, (英語略語のままで)カリブ自由貿易連合:カリブ共同体の前身, *CARIFTA = Caribbean Free Trade Association*

carit. caritatif, 慈悲深い, *charitable*

CARM matériel résistant aux produits chimiques, (英語略語のままで)化学物質耐久素材, *CARM = chemical agent resisting material*

CARMF Caisse autonome de retraite des médecins français, フランス医師年金自治金庫

carn. carnaval, カーニバル, *carnival*

carott. carottage, コア掘り, *taking of cores*

CARPA Caisse autonome des règlements pécuniaires des avocats, 弁護士決済独立金庫

carr. carrière, キャリア, *career*

carref. carrefour, 十字路, *crossing*

carrel. carrelage, タイルを貼ること, *tiling*

carross. carrosserie, 車体, *body*

cart. cartonnage, ボール紙製品, *cardboard articles*

cart. carton, ボール紙, *cardboard*

cart. cartonné, ハードカバー(の本), *hardcover (book)*

cart. n. r. cartonné non rogné, 本の縁を断裁していないハードカバー

cart.-p. carton-pâte, 張り子材料, *pasteboard*

Carte MNEF carte Mutuelle Nationale des Etudiants de France, (フランス版)キャンパスカード

cartellis. cartellisation, カルテル化, *cartelization*

cartogr. cartographie, 地図作成法, *cartography*

cartouch. cartoucherie, 薬莢製造所, *cartridge factory*

CARV Caisse artisanale de retraite vieillesse, 老齢年金手工業金庫

cas. caserne, 兵舎, *barracks*

CAS Comité d'action pour le solaire, 太陽エネルギー・アクション委員会

CASA Caisse d'assurances sociales agricoles, 農業社会保険金庫

CASODOM Comité d'action sociale en faveur des originaires des D.O.M. en métropole, 本土における海外県出身者向け社会福祉委員会

Cass. Civ. Cour de cassation, chambre civile, 破毀院民事部

Cass. Crim. Cour de cassation, chambre criminelle, 破毀院刑事部

Cass. Soc. Cour de cassation, chambre sociale, 破毀院社会部

castill. castillan, カスティーリャの, *Castilian*

casuist. casuistique, 決疑論, *casuistry*

cat. catégorie, 範疇, *category*

CAT centre d'aide par le travail, 障害者労働援助センター

CAT Comité de l'assistance technique, (国連の)技術援助委員会, *TAC = Technical Assistance Committee (UN)*

CAT vérification assistée par ordinateur, (英語略語のままで)コンピュータによる製品検査, *CAT = computer-aided testing*

CAT compte à terme, 定期預金, *time deposit*

catabol. catabolisme, 異化, *catabolism*

catacl. cataclysme, 大異変, *cataclysm*

cataf. catafalque, 棺台, *catafalque*

catal. catalogue, カタログ, *catalogue*

catam. catamaran, カタマラン:双胴ヨット, *catamaran*

catastr. catastrophe, 大惨事, *catastrophe*

caté catéchisme, カテキスム, *catechism*

CATED Centre d'assistance technique et de documentation catholique, 技術援助とカトリック文献センター

cathédr. cathédrale, 大聖堂, *cathedral*

catho catholique, カトリック教の, *catholic*

CATIF contrat à terme d'instruments financiers, 金融先物取引, *financial futures contract*

CAUE Conseil d'architecture, d'urbanisme et d'environnement, 建築都市計画環境評議会

causal. causalité, 因果関係, *causality*

cautéris. cautérisation, 焼灼, *cauterization*

CAV commande automatique de volume, 自動音量調節, *AVC = automatic volume control*

CAV vitesse angulaire constante, (英語略語のままで)角速度一定型：ビデオディスクの記録方式, *CAV = constant angular velocity*

caval. cavalerie, 騎兵隊, *cavalry*

CAVMU Caisse d'allocation vieillesse des professeurs de musique, 音楽教員老齢手当金庫

CAW mot d'adresse de canal, (英語略語のままで)(データ通信の)チャンネルアドレスワード, *CAW = channel address word*

CB bande de fréquence banalisée, (英語略語のままで)市民バンド, *CB = citizen's band*

CBAT Bureau central des télégrammes astronomiques, (英語略語のままで)天文学電報中央事務局, *CBAT = Central Bureau for Astronomical Telegrams*

CBC Convention sur le brevet communautaire, 欧州特許条約, *EPC = European Patent Convention*

CBI Commission baleinière internationale, 国際捕鯨委員会, *International Whaling Commission*

CBO Bureau du budget du Congrès, (英語略語のままで)(米国の)連邦議会予算事務局, *CBO = Congressional Budget Office (USA)*

CBR essai de poinçonnement, (英語略語のままで)シービーアール試験：道路強度試験, *CBR = California Bearing Ratio*

CBV Conseil des Bourses de valeurs, (フランスの)証券取引所理事会, *regulatory body of the Paris Stock Exchange*

Cc cirro-cumulus, 巻積雲, *Cc = cirrocumulus*

CC courant continu, 直流, *DC = direct current*

CC code civil, 民法典, *Civil Code*

CC compte courant, 当座預金, *current account*

CC comité central, 中央委員会, *central committee*

CC corps consulaire, 領事団, *consular corps*

CC Conseil constitutionnel, 憲法評議会

CCA Comités communistes pour l'autogestion, 自主管理共産主義委員会, *Communist Committees for Self-Management*

CCA cadre communautaire d'appui, EU支援フレームワーク, *CSF = Community Support Framework*

CCAF Comité central des armateurs de France, フランス

船主中央委員会

CCAF Caisse centrale d'allocations familiales, 家族手当中央金庫

CCAG cahier des clauses administratives générales, 一般行政条項覚書

CCAMLR Commission pour la conservation de la faune et la flore marines de l'Antarctique, (英語略語のままで)南極海洋動植物保存委員会, *CCAMLR = Commission for the Conservation of Antarctic Marine Living Resources*

CCAS Centre communal d'action sociale, 地方自治体社会福祉センター

CCAVMA Caisse centrale d'assurance vieillesse mutuelle agricole, 農業共済老齢保険中央金庫

CCBE Commission consultative des barreaux de la Communauté européenne, 欧州共同体弁護士会諮問委員会, *Consultative Committee of the Bars and Law Societies of the European Community*

CCC Comité de coordination pour les collectivités, 自治体調整委員会

CCCE Caisse centrale de coopération économique, (フランスの)経済協力中央金庫

CCD Conseil de coopération douanière, 関税協力理事会, *CCC = Customs Cooperation Council*

CCD Conseil du commerce et du développement, (UNCTADの)貿易開発理事会, *TDB = Trade and Development Board*

CCD dispositif à couplage de charge, (英語略語のままで)電荷結合素子, *CCD = charge-coupled device*

CCDA Commission de coordination de la documentation administrative, 行政文書調整委員会

CCDAA Conférence pour la coordination du développement de l'Afrique australe, 南部アフリカ開発調整会議, *SADCC = Southern African Development Coordination Conference*

CCDS Commission centrale d'aide sociale, 中央社会扶助委員会

CCDVT Caisse centrale de dépôts et de virements de titres, 証券寄託振替中央金庫

CCE Commission des Communautés européennes, 欧州共同体委員会, *CEC = Commission of the European Communities*

CCE Comité central d'entreprise, 中央企業委員会

CCE Conseil des communes d'Europe, 欧州市町村評議会

CCEI Conférence sur la coopération économique internationale, 国際経済協力会議, *CIEC = Conference on International Economic Cooperation*

CCETT Centre commun d'études de télédiffusion et de télécommunication, テレビ電気通信研究協同センター

CCF Crédit commercial de France, フランス商業銀行

CCFD Comité catholique contre la faim et pour le développement, 飢餓撲滅開発援助カトリック委員会

CCFFA commandant en chef des forces françaises en Allemagne, 在独仏軍総司令官

CCFP Commission nationale des comptes de campagne et des financements politiques, 選挙運動費用収支報告及び政治資金全国委員会

CCG Conseil de coopération du Golfe, 湾岸協力会議, *GCC = Gulf Cooperation Council*

CCGM Commission de la carte géologique du monde, 世界地質図委員会, *CGMW = Commission for the Geological Map of the World*

CCH code de la construction et de l'habitation, 建築・住宅法典

CCI Chambre de commerce et d'industrie, 商工会議所, *Chamber of Commerce and Industry*

CCI certificats coopératifs d'investissement, 投資協同組合証券

CCI Chambre de commerce internationale, 国際商業会議所, *ICC = International Chamber of Commerce*

CCI Centre de la création de l'industrie, (ポンピドゥーセンターの)産業創作センター

ccial commercial, 商業の, *commercial*

cciaux commerciaux, (複数で)商業の, *commercial*

CCIC Comité consultatif international du coton, 国際綿花諮問委員会, *ICAC = International Cotton Advisory Committee*

CCIF Comité consultatif international téléphonique des fréquences, 国際電話諮問委員会, *International Telephone Consultative Committee*

CCIFP Chambre de compensation des instruments financiers de Paris, パリ先物オプション清算機関, *clearing house for financial instruments in Paris*

CCIP Commission du commerce international des produits de base, 国際商品取引委員会, *Commission on International*

Commodity Trade
CCIP Chambre de commerce et d'industrie de Paris, パリ商工会議所, *Paris chamber of commerce and industry*
CCIR Comité consultatif international des radiocommunications, 国際無線通信諮問委員会, *CCIR＝International Radio Consultative Committee*
CCITT Comité consultatif international télégraphique et téléphonique, 国際電信電話諮問委員会, *International Telegraph and Telephone Consultative Committee*
CCM Compagnie Corse-Méditerranée, コルシカ地中海会社：地方航空会社
CCMA Caisse centrale des mutuelles agricoles, 農業共済組合中央金庫
CCMP Comité de coordination pour la lune et les planètes, 月と惑星研究調整委員会, *CCMP＝Coordinating Committee for the Moon and Planets*
CCNE Comité consultatif national d'éthique, （フランスの生命科学と健康に関する）全国倫理諮問委員会
CCO copie conforme à l'original, 謄本, *certified copy*
CCO catalogues collectifs, （CNRSのデータベース）総合目録
CCOMCEN Comité de coordination des œuvres mutualistes et coopératives de l'éducation nationale, 文部共済事業・協同組合調整委員会
CCP compte chèque postal, 郵便小切手口座, *post office check account*
CCP compte courant postal, 郵便振替口座, *Giro account*
CCPF Comité central de la propriété forestière, （欧州共同体の）山林保有中央委員会, *Central Committee for Forest Ownership*
CCPM Comité central des pêches maritimes, 海洋漁業中央委員会
CCPR Comité consultatif de photométrie et radiométrie, 放射測光諮問委員会
CCR Commission centrale pour la navigation du Rhin, ライン川の航行のための中央委員会, *CCNR＝Central Commission for the Navigation of the Rhine*
CCR Centre commun de recherche, （欧州連合の）共通研究センター, *JRC＝Joint Research Center*
CCR coefficient de capitalisation des résultats, 株価収益率, *PER＝price earning ratio*
CCRIA Comité consultatif de la recherche en informatique

et en automatique, 情報科学・自動化諮問委員会

CCSMA Caisse centrale de secours mutuels agricoles, 農業相互救済中央金庫

CCSS Caisse centrale de la sécurité sociale, 社会保障中央金庫

CCST Commission consultative des services de télécommunication, (フランスの)電気通信サービス諮問委員会

CCSVI Comité de coordination du service volontaire international, 国際ボランティアサービス調整委員会, *CCIVS = Coordinating Committee for International Voluntary Service*

CCT Comité de coordination des télécommunications, 電気通信調整委員会, *Coordinating Committee for Communications*

CCTC Confédération chrétienne des travailleurs de Centrafrique, 中央アフリカ勤労者キリスト教連合

CCTG cahier des clauses techniques générales, 一般技術条項覚書

CCTV télévision en circuit fermé, (英語略語のままで)閉回路テレビ, *CCTV = closed-circuit television*

cd candela, カンデラ:光度の単位, *candela*

CD corps diplomatique, 外交団, *diplomatic corps*

CD compact disque, コンパクトディスク, *CD = compact disk*

CD certificat de dépôt, CD:別名は譲渡証書, *CD = certificate of deposit*

Cd cadmium, カドミウム, *Cd = cadmium*

CD-I disque compact interactif, (英語略語のままで)対話式コンパクトディスク, *CD-I = compact disc-interactive*

CD-ROM ―, シーディー・ロム, *CD-ROM = compact disc read only memory*

CD-RW disque compact réinscriptible, (英語略語のままで)書換え可能なCD, *CD-RW = compact disc rewritable*

cd/cm^2 candela par centimètre carré, カンデラ毎平方センチメートル, *candela per square centimeter*

cd/m^2 candela par mètre carré, カンデラ毎平方メートル, *candela par square meter*

CDA couche de demi-atténuation, 半値層, *HVL = half value layer*

CDA loi sur la décence des communications, (英語略語のままで)(米国の)通信品位法, *CDA = Communications Decency Act (USA)*

CDAD Conseil départemental de l'accès au droit, 県立・

法へのアクセス評議会：県立裁判援助評議会の新名称
CDAG　Centre de dépistage anonyme et gratuit, 匿名無料検診センター
CDAJ　Conseil départemental de l'aide juridique, 県立裁判援助評議会
CDAS　Comité départemental des affaires sociales, 県社会扶助委員会
CDAT　Commission départementale de l'action touristique, 県観光アクション委員会
CDB　commandant de bord, 機長, *captain (Aviation)*
CDC　Caisse des dépôts et consignations, 預金供託公庫
CDCAPK　Centre de développement culturel et des arts populaires khmers, クメール大衆文化芸術発展センター
CDCI　Commission départementale de la coopération intercommunale, 市町村協力県委員会
CDD　contrat à durée déterminée, 期限付き雇用契約
CDDS　Centre de documentation sur les déchets solides, 固体廃棄物資料センター
CDE　Centre de documentation et d'évaluation, 資料・評価センター
CDE　Centre de documentation européenne, 欧州資料センター, *EDC＝European Documentation Center*
CDE　Centre du droit de l'environnement, 環境法センター
cde　commande, 注文, *order*
CDE　Comité départemental de l'emploi, 県雇用委員会
CDEAO　Communauté des Etats d'Afrique de l'Ouest, 西アフリカ諸国共同体
CDES　Commission départementale de l'éducation spéciale, 特殊教育県委員会
CDF　Charbonnages de France, フランス石炭公社
CDHR　Comité départemental d'habitat rural, 県農村住宅委員会
CDI　centre des impôts, 税務署, *tax center*
CDI　centre de documentation et d'information, 資料情報提供センター
CDI　Conseil départemental d'insertion, 県参入評議会
CDI　contrat à durée indéterminée, 無期雇用契約, *permanent contract*
CDIA　Centre de documentation et d'information de l'assurance, 保険資料情報提供センター
CDJA　Centre départemental des jeunes agriculteurs, 青

年農業者県センター

CDLI Commission départementale pour le logement des immigrés, 県移民住宅委員会

CDM centre de modulation, (情報通信の)モジュレーションセンター, *MC＝modulation center*

CDM contrat à durée maximale, (8カ月から5年までの)最長期限契約：Medefが提唱

CDM Convention sur le droit de la mer, 海洋法条約, *Convention on the Law of the Sea*

CDN Canada, カナダ：国際自動車識別記号, *Canada*

CDN certificat de dépôt négociable, 譲渡可能CD, *NCD＝negotiable certificate of deposit*

CDOIA Commission départementale des opérations immobilières et de l'architecture, 県不動産事業・建築委員会

CDR Conseils des résistants, レジスタンス闘士評議会

CDR Consortium de réalisation, 資産売却連合会社：クレディリヨネ銀行の債権処理専門会社

CDS Centre des démocrates sociaux, (フランスの政党で)社会民主中道派：民主社会中道派とも訳すが、今はForce démocratiqueの党名を使う, *Center of Social Democrats*

CDS Centre de documentation sidérurgique, 製鉄文献センター

CDT Comité départemental du tourisme, 県観光委員会

Cdt commandant, 指揮官, *commander*

CDTN coefficient départemental des travaux neufs, 県新規工事係数

CDU classification décimale universelle, 国際十進分類法, *UDC＝Universal Decimal Classification*

CDUC Commission départementale d'urbanisme commercial, 商業都市計画県委員会

CDUCEE Centre d'études et de documentation sur l'URSS, la Chine et l'Europe de l'Est, (Documentation française の)ソ連中国東欧調査資料センター

CDV carte de visite, 名刺, *visiting card*

CDV certificat de droits de vote, 議決権証券

CE Conseil de l'Entente, (アフリカ5カ国の)協商会議

Ce cérium, セリウム, *Ce＝cerium*

CE cours élémentaire, (小学校の)初級科, *primary classes*

CE Communautés européennes, 欧州共同体, *European Communities*

CE Conseil de l'Europe, 欧州会議, *Council of Europe*

CE Conseil d'Etat, コンセイユデタ, *Council of State*
CE comité d'entreprise, 企業委員会, *company council*
CE 1 cours élémentaire 1, (小学校の)初等科第1学年:日本の小学2年
CE 2 cours élémentaire 2, (小学校の)初等科第2学年:日本の小学3年
CEA Communauté économique africaine, アフリカ経済共同体, *AEC = African Economic Community*
CEA Commission économique (des Nations unies) pour l'Afrique, (国連)アフリカ経済委員会, *ECA = (United Nations) Economic Commission for Africa*
CEA Commissariat à l'énergie atomique, (フランスの)原子力庁, *Atomic Energy Commission*
CEA Comité européen des assurances, 欧州保険委員会, *EIC = European Insurance Committee*
CEA compte d'épargne en actions, 株目的普通預金:1983-1988年まで、フランス株購入促進目的で税制上の優遇があった預金, *equity savings account*
CEAC Commission européenne de l'aviation civile, 欧州民間航空会議, *ECAC = European Civil Aviation Conference*
CEAE Communauté économique de l'Afrique de l'Est, 東アフリカ経済共同体
CEAEO Commission économique (des Nations unies) pour l'Asie et l'Extrême-Orient, (国連)アジア極東経済委員会:ESCAPの前身, *ECAFE = (United Nations) Economic Commission for Asia and the Far East*
CEAO Communauté économique de l'Afrique de l'Ouest, 西アフリカ経済共同体, *WAEC = West African Economic Community*
CEAO Commission économique (des Nations unies) pour l'Asie occidentale, (国連)西アジア経済委員会, *ECWA = (United Nations) Economic Commission for Western Asia*
CEAS Centre d'études et d'actions sociales, 社会研究・行動センター
CEASM Centre d'étude et d'action sociales maritimes, 海洋関連社会福祉研究改善運動センター
CEAT Conférence européenne des administrations des télécommunications, 電気通信行政府欧州会議
CEB Comité européen du béton, 欧州コンクリート委員会, *CEB = European Committee for Concrete*
CEB Commission de l'enseignement en biologie, 生物学教

育委員会, *CEB* =*Commission on Education in Biology*
CEB Comité européen des constructeurs de brûleurs, 欧州バーナー製造業者協会, *European Committee of Manufacturers of Burners*
CEC contrat emploi consolidé, 強化雇用契約
CEC Commission européenne de la corsetterie, 欧州コルセット委員会, *ECC* =*European Corsetry Commission*
CEC Comité des établissements de crédit, (フランスの)金融機関委員会
CECA Communauté européenne du charbon et de l'acier, 欧州石炭鉄鋼共同体, *ECSC* =*European Coal and Steel Community*
CECAM Centre européen de calculs atomiques et moléculaires, 欧州原子・分子計算センター
CECAR Centre d'études et de recherches sur le cadre de vie et l'aménagement, 生活環境・整備研究調査センター
CECD Confédération européenne du commerce de détail, 欧州小売業者連合, *ECRT* =*European Confederation of Retail Trades*
CECEI Comité des établissements de crédit et des entreprises d'investissement, (仏金融監督機関の)金融機関・投資企業評議会
CECH Comité européen de la culture du houblon, 欧州ホップ栽培委員会, *European Hop Growers Committee*
CECIP Comité européen des constructeurs d'instruments de pesage, 欧州計量機器製造者委員会, *ECIM* =*European Committee of Weighing Instrument Manufacturers*
CECLB Comité européen de contrôle laitier beurrier, 欧州乳製品バター監視委員会
CECLES Centre européen pour la construction de lanceurs d'engins spatiaux, 欧州宇宙ロケット開発機構, *ELDO* =*European Launcher Development Organization*
CECN Comité européen de coordination des normes, 欧州規格調整委員会, *European Committee for Coordination of Standards*
CECOD Centre d'études de la commercialisation et de la distribution, 商品化流通研究センター
CECOMAF Comité européen des constructeurs de matériel frigorifique, 欧州冷凍設備製造業者委員会, *European Committee of Manufacturers of Refrigeration Equipment*
CECOS Centre d'études et de conservation des œufs et du

sperme humains, 人卵子精子研究保存センター
CECPA Comité européen du commerce des produits amylacés et dérivés, 欧州澱粉製品取引委員会, *European Center for Trade in Starch Products and Derivatives*
CECT Comité européen de la chaudronnerie et de la tôlerie, 欧州ボイラー製造・鋼板製造業委員会, *European Committee for Boilermaking and Kindred Steel Structures*
CED Communauté européenne de défense, 欧州防衛共同体, *EDC=European Defense Community*
CEDEAO Communauté économique des Etats de l'Afrique de l'Ouest, 西アフリカ諸国経済共同体, *ECOWAS=Economic Community of West African States*
CEDEFOP Centre européen pour le développement de la formation professionnelle, 欧州職業訓練開発センター
CEDEL Centrale de livraison de valeurs mobilières, セデル(ユーロ債決済機構), *CEDEL*
cédét. cédétiste, フランス民主主義労働同盟メンバー, *member of the CFDT*
CEDEX courrier d'entreprise à distribution exceptionnelle, 大口配達郵便番号, *special postal service for companies (France)*
CEDH Commission européenne des droits de l'homme, 欧州人権委員会, *ECHR=European Commission of Human Rights*
CEDIAS Centre d'études de documentation et d'information de l'action sociale, 社会福祉資料情報研究センター
CEDIM Comité européen des fédérations nationales de la maroquinerie, articles de voyage et industries connexes, 欧州皮革・旅行用品全国連盟委員会, *European Committee of National Federations of the Leather, Travel Goods and Allied Industries*
CEDORECK Centre de documentation et de recherche sur la civilisation khmère, クメール文明資料研究センター
CEE Centre d'études de l'emploi, 雇用調査センター
CEE comité d'entreprise européen, 欧州労使協議会, *European Works Council*
CEE Commission économique (des Nations unies) pour l'Europe, (国連)欧州経済委員会, *ECE=(United Nations) Economic Commission for Europe*
CEE Communauté économique européenne, 欧州経済共同体, *EEC=European Economic Community*

CEEA Communauté européenne de l'énergie atomique, 欧州原子力共同体：別名はユーラトム, *European Atomic Energy Community*

CEEAC Communauté économique des Etats de l'Afrique centrale, 中部アフリカ諸国経済共同体, *Economic Community of Central African States*

CEEC Comité européen des économistes de la construction, 欧州建築エコノミスト委員会, *Construction Economics European Committee*

CEEC Comité européen de l'enseignement catholique, 欧州カトリック教育委員会, *European Committee for Catholic Education*

CEEMAT Centre d'études et d'expérimentation du machinisme agricole tropical, 熱帯農業機械研究実験センター

CEEP Centre européen des entreprises publiques, 欧州公企業センター, *CEEP＝European Center of Public Enterprises*

CEES Comité européen d'études du sel, 欧州塩研究委員会, *European Committee for the Study of Salt*

CEETB Comité européen des équipements techniques du bâtiment, 欧州建築技術設備委員会, *ECBTE＝European Committee for Building Technical Equipment*

CEF Commission européenne des forêts, 欧州森林委員会, *European Forest Commission*

CEFAC Centre de formation des assistants techniques du commerce et des consultants, 商業専門アシスタント・コンサルタント養成センター

CEFACD Comité européen des fabricants d'appareils de chauffage et de cuisine domestiques, 欧州家庭用暖房・調理装置製造業者委員会, *European Committee of Manufacturers of Domestic Heating and Cooking Appliances*

CEFE Centre d'expansion française et européenne, フランス世界貿易センター

CEFEB Centre d'études financières, économiques et bancaires, 財政・経済・銀行研究センター

CEFIC Centre européen des fédérations de l'industrie chimique, 化学製造業者連盟欧州理事会

CEFICEM Centre national d'études et de formation des industries de carrières et matériaux de construction, 石切場建築材産業研究訓練全国センター

CEFIGRE Centre de formation internationale à la ges-

tion des ressources en eau, 水資源管理国際訓練センター
CEFS Comité européen des fabricants de sucre, 欧州製糖業者委員会, *European Committee of Sugar Manufacturers*
CEG collège d'enseignement général, 一般教育中学
CEGERNA Centre d'études pour la gestion des ressources naturelles, 自然資源管理研究センター
CEGETI Centre électronique de gestion et de traitement de l'informatique, 情報科学管理・処理電子センター
CEI Communauté d'Etats indépendants, 独立国家共同体, *CIS = Commonwealth of Independent States*
CEI Commission électrotechnique internationale, 国際電気標準委員会, *IEC = International Electrotechnical Commission*
CEIA coopérative d'élevage et d'insémination artificielle, 牧畜人工授精協同組合
CEIPO Centre européen d'information sur les programmes pour ordinateurs, 欧州コンピュータプログラム情報センター, *ECPIC = European Computer Program Information Center*
CEJ Centre européen de la jeunesse, 欧州青年センター, *EYC = European Youth Center*
CEL Centre d'essais des Landes, ランド地方実験センター
CELCAA Comité européen de liaison des commerces agro-alimentaires, 欧州農作物食品取引連絡委員会, *European Liaison Committee for Agricultural and Food Trades*
célébr. célébrité, 有名, *fame*
célébr. célébration, 挙式, *celebration*
CELF Collectif des étudiants libéraux de France, フランスリベラル派学生集団
CELIB Comité d'études et de liaison des intérêts bretons, ブルターニュ権益研究・連絡委員会
célib. célibat, 独身生活, *single life*
célib. célibataire, 独身者, *single*
CELIBRIDE Comité de liaison international des broderies, rideaux et dentelles, 国際刺繍・カーテン・レース連絡委員会, *International Liaison Committee for Embroideries, Curtains and Laces*
CELIMAC Comité européen de liaison des industries de la machine à coudre, 欧州ミシン産業連絡委員会, *ELCSM = European Liaison Committee for the Sewing Machine Industries*
cell. cellule, 細胞, *cell*

Cello Cellophane, セロハン, *cellophane*
cellul. cellulaire, 細胞の, *cellular*
CELNUCO Comité européen de liaison des négociants et utilisateurs de combustibles, 欧州燃料業者・ユーザー連絡委員会, *European Liaison Committee of Fuel Merchants and Users*
CELSA Centre d'études littéraires supérieures appliquées, 上級実践文学研究センター
CELT compte d'épargne à long terme, 長期貯蓄口座
celt. celtique, ケルトの, *Celtic*
CELTE Centre d'économie des loisirs, du tourisme et de l'environnement, レジャー観光環境経済センター
CEM Centre d'essais de la Méditerranée, 地中海実験センター
CEMA chef d'état-major des armées, 統合参謀長
CEMA Comité européen des groupements de constructeurs du machinisme agricole, 欧州農業機械製造業者協会委員会, *European Committee of Associations of Manufacturers of Agricultural Machinery*
CEMAA chef d'état-major de l'armée de l'air, 空軍参謀長
CEMAC Communauté économique et monétaire de l'Afrique centrale, 中部アフリカ経済通貨共同体
CEMAFON Comité européen des matériels et produits pour la fonderie, 欧州鋳造機材製品委員会, *European Committee of Foundry Materials and Products*
CEMAGREF Centre national du machinisme agricole, du génie rural, des eaux et des forêts, 農業機械農業工学水資源農林全国センター
CEMAT chef d'état-major de l'armée de terre, 陸軍参謀長
CEMEA Centre d'entraînement aux méthodes d'éducation active, 能動的教育方法訓練センター
cément. cémentation, セメント結合, *cementation*
CEMGC Comité européen des matériels de génie civil, 欧州土木機器委員会, *CECE = Committee for European Construction Equipment*
CEMM chef d'état-major de la Marine, 海軍参謀長
CEMP Centre d'études des matières plastiques, プラスチック素材研究センター
CEMT Conférence européenne des ministres des transports, 欧州運輸閣僚会議, *ECMT = European Conference of Ministers of Transport*

CEN Comité européen de normalisation, 欧州標準化委員会, *CEN ＝European Committee for Standardization*

CEN Centre d'études nucléaires, 原子力研究センター

CENA Comité de l'examen national d'activité, 業務国家審査委員会

CENAST Centre national de la sous-traitance, 下請全国センター

CENCEP Centre national des Caisses d'épargne et de prévoyance, 貯蓄金庫簡易保険全国センター

CENEFOSA Centre national d'études et de formation des salariés de l'agro-alimentaire et de l'agriculture, 国立食品加工農業給与所得者研究訓練センター

CENELEC Comité européen de normalisation électrotechnique, 欧州電気標準化委員会, *CENELEC ＝European Committee for Electrotechnical Standardization*

cens. censeur, 検閲官, *censor*

censit. censitaire, 納税有権者, *eligible voter*

censur. censurable, 検閲を要する, *censurable*

centen. centenaire, 百周年, *centennial*

CENTO 一, 中央条約機構：バグダード条約機構を1959年にこう改称したが1979年に消滅, *CENTO ＝Central Treaty Organization*

centr. centrisme, 中道主義, *centrism*

centr. central, 中央の, *central*

centrafr. centrafricain, 中央アフリカの, *Central African*

central. centralien, 国立高等工芸学校の学生, *student of the Ecole centrale*

centralis. centralisation, 中央集権化, *centralization*

centramér. centraméricain, 中央アメリカの, *Central American*

centrifug. centrifugation, 遠心分離, *centrifugation*

CEO directeur général, （英語略語のままで）経営最高責任者：別名は最高経営責任者, *CEO ＝chief executive officer*

CEO Centre d'observation économique, （フランスの）経済観察センター

CEO Comité européen de l'outillage, 欧州工具委員会, *ETC ＝European Tool Committee*

CEOAH Comité européen de l'outillage agricole et horticole, 欧州農業園芸道具委員会, *ECAHTI ＝European Committee for Agricultural and Horticultural Tools and Implements*

CEOCOR Comité d'études de la corrosion et de la protection des canalisations, 配管腐食保護研究委員会, *Committee for the Study of Pipe Corrosion and Protection*

CEP certificat d'études primaires, 初等教育修了証

CEP Caisse d'épargne de Paris, パリ貯蓄金庫

CEP Confédération européenne d'études phytosanitaires, 欧州植物保護連盟, *European Federation of Plant Protection*

CEP Centre d'expérimentation nucléaire du Pacifique, 太平洋核実験センター

CEP certificat d'éducation professionnelle, 職業教育修了証

CEPAL Commission économique (des Nations unies) pour l'Amérique latine, (国連)ラテンアメリカ経済委員会, *ECLA=(United Nations) Economic Commission for Latin America*

CEPC Comité européen pour les problèmes criminels, 刑事問題欧州委員会, *ECCP=European Committee on Crime Problems*

CEPCEO Comité d'études de producteurs de charbon d'Europe occidentale, 西欧石炭生産者協会, *WECPA=Western European Coal Producers' Association*

CEPE certificat d'études primaires et élémentaires, 初等・基礎教育修了証

CEPE Comité européen des associations des fabricants de peinture, d'encre d'imprimerie et de couleurs, 欧州ペンキ・印刷インキ・顔料協会委員会, *European Committee of Paint, Printing Ink and Artists' Colors Manufacturers Associations*

CEPES Comité européen pour le progrès économique et social, 欧州経済社会開発委員会, *European Committee for Economic and Social Progress*

CEPFAR Centre européen pour la promotion et la formation dans le milieu agricole et rural, 農業・農村地帯の促進・訓練欧州センター

CEPGL Communauté économique des pays des Grands Lacs, 大湖諸国経済共同体, *CEPGL=Economic Community of Great Lakes States*

CEPH Centre d'études du polymorphisme humain, ヒト多形解析センター

CEPII Centre d'études prospectives et d'informations internationales, (フランスの)予測研究国際情報センター

CEPL Conférence européenne des pouvoirs locaux, 地方権力欧州会議

CEPME Crédit d'équipement des petites et moyennes entreprises, 中小企業設備投資信用金庫

CEPMMT Centre européen de prévision météorologique à moyen terme, 中期気象予報欧州センター, *ECMWF = European Center for Medium-Range Weather Forecasts*

CEPRA comité de l'examen pluri-régional d'activité, 諸地方業務審査委員会

CEPREM Centre de promotion et de recherche pour la monnaie européenne, 欧州通貨推進研究センター

CEPREMAP Centre d'études prospectives d'économie et mathématiques appliquées à la planification, 計画立案用数理経済予測研究センター

CEPT Conférence européenne des administrations postes et télécommunications, 欧州郵便電気通信主管庁会議, *ECPTA = European Conference of Postal and Telecommunications Administrations*

cér.-spin. cérébro-spinal, 脳脊髄の, *cerebro-spinal*

céréalic. céréaliculture, 穀物栽培

céram. céramique, 陶芸, *ceramic*

CERAP Centre d'étude et de réflexion pour l'action politique, 政治行動研究考察センター

CERBOM Centre d'études et de recherches de biologie marine et d'océanographie médicale, 海洋生物学・海洋医学研究調査センター

CERC Conseil international d'ingénierie côtière, (英語略語のままで)海岸工学研究協議会：本来は米国の団体であるが、事実上国際的性格を持つ, *CERC = Coastal Engineering Research Council*

CERC Centre d'études des revenus et des coûts, (フランスの)所得費用研究センター

CERC Centre d'étude et de recherche de la consommation, 消費生活研究センター

CERCHAR Centre d'études et de recherches des charbonnages de France, フランス石炭公社研究調査センター

cercl. cerclage, 輪(たが)をはめること, *hooping*

CEREBE Centre de recherche sur le bien-être, 充足研究センター

CEREDE Centre d'essais et de recherches sur les équipements, 設備実験研究センター

cérém. cérémonie, セレモニー, *ceremony*

CEREQ Centre d'études et de recherches sur les qualifications, 資格研究調査センター

CERES Comité d'études, de recherches et d'éducation socialiste, 社会主義研究・調査・教育センター

CERFA Centre d'enregistrement et de révision des formulaires administratifs, 行政書式登記審査センター

CERH Comité européen de Rink Hockey, 欧州リンクホッケー委員会, *ECRH = European Committee for Rink Hockey*

CERI Centre d'études pour la recherche et l'innovation dans l'enseignement, (OECDの)教育研究革新センター, *CERI = Center for Educational Research and Innovation*

CERIB Centre d'études et de recherches de l'industrie de béton manufacturé, コンクリート産業研究調査センター

CERM Coopération économique régionale de la Mer Noire, 黒海地域経済協力

CERMO Centre d'études et de recherches de la machine-outil, 工作機械研究調査センター

CERN Organisation européenne pour la recherche nucléaire, 欧州原子核共同研究機関, *European Organization for Nuclear Research*

CERN Conseil (ou Centre) européen pour la recherche nucléaire, 欧州共同原子核研究会議:別名は欧州原子核研究センターで、その後欧州原子核共同研究機関と名称変更された。しかしもう一つのCERNという見出し語で示した通り、新名称についても従来通りのCERNが略称となっている, *CERN = European Council (or Center) for Nuclear Research*

CERS Centre européen de recherche spatiale, 欧州宇宙研究機構, *ESRO = European Space Research Organization*

cert. certain, 確実な, *certain*

CERTIA Centre d'études et de recherches technologiques des industries alimentaires, 食品産業テクノロジー研究調査センター

certif. certification, 保証, *certification*

certif. certificat, 証書, *certificate*

CERVL Centre d'études et de recherches sur la vie locale, 地域生活研究リサーチセンター

CES Conseil économique et social, (フランスの)経済社会評議会, *Economic and Social Council (France)*

CES Confédération européenne des syndicats, 欧州労働組合連合:略称は欧州労連, *ETUC = European Trade Union*

Confederation
- **CES** contrat emploi-solidarité, 連帯雇用契約, *youth training scheme (France)*
- **CES** Comité économique et social, (EUの)経済社会委員会, *ESC = Economic and Social Committee (EU)*
- **CES** Centre d'études sociologiques, 社会学研究センター
- **CES** collège d'enseignement secondaire, 中学校
- **CES** certificat d'études supérieures, 高等教育修了証
- **CESA** Comité européen des syndicats de l'alimentation, du tabac et de l'industrie hôtelière, 欧州食品・タバコ・ホテル業労働組合委員会, *European Trade Union Committee of Food and Allied Workers*
- **CESA** Centre d'études supérieures des affaires, ビジネス高等教育センター
- **CESAO** Commission économique et sociale pour l'Asie occidentale, 西アジア経済社会委員会, *ESCWA = Economic and Social Commission for Western Asia*
- **CESAP** Commission économique et sociale (des Nations unies) pour l'Asie et le Pacifique, (国連)アジア太平洋経済社会委員会, *ESCAP = (United Nations) Economic and Social Commission for Asia and the Pacific*
- **CESCE** Comité européen des services de conseillers d'entreprise, 欧州企業コンサルタントサービス委員会, *ECCS = European Committee for Consultant Services*
- **CESCE** Centre d'études supérieures de la communication d'entreprise, 企業コミュニケーション高等研究センター
- **CESDIP** Centre d'études sociologiques sur le droit et les institutions pénales, 法律及び刑法機関社会学研究センター
- **CESE** Société d'éducation comparée pour l'Europe, (英語略語のままで)欧州比較教育学会, *CESE = Comparative Education Society in Europe*
- **CESI** Centre d'études supérieures industrielles, 工業高等教育センター
- **CESMI** certificat d'études supérieures de management international, 国際経営高等教育修了証
- **CESMI** Centre d'études supérieures de management international, 国際経営高等教育センター
- **CESP** Centre d'études des supports de publicités, 広告媒体研究センター
- **CEST** Centre d'études supérieures du tourisme, 観光高等教育センター

CESTA Centre d'études des systèmes et technologies avancées, システム先端テクノロジー研究センター

cés. césure, 句切り, *caesura*

CET Construction, Exploitation, Transfert, (経済援助の)BOT方式：別名は民活インフラ方式, *BOT =Build, Operate and Transfer Scheme*

CET compte-épargne temps, (数カ年に渉る)未消化有給休暇蓄積制度

CET Commission européenne de tourisme, 欧州旅行委員会, *ETC =European Travel Commission*

CET collège d'enseignement technique, 技術教育コレージュ, *technical college*

CETA Centre d'études techniques agricoles, 農業技術研究センター

CETCE Centre d'études des transports des communautés européennes, 欧州共同体輸送研究センター

CETE Centre d'études techniques de l'équipement, 設備技術研究センター

CETEHOR Centre technique de l'industrie horlogère, 時計産業技術センター

CETI contrat d'échange de taux d'intérêts, 金利スワップ契約, *interest rate swap contract*

CETIA Centre technique des industries aérauliques, ベンチレーション産業技術センター

CETIAT Centre technique des industries aérauliques et thermiques, ベンチレーション・暖房装置産業技術センター

CETIH Centre d'études techniques des industries de l'habillement, アパレル産業技術研究センター

CETIM Centre technique des industries mécaniques, 機械産業技術センター

CETM collège d'enseignement technique maritime, 海洋技術教育コレージュ

CETS Conférence européenne des télécommunications par satellites, 衛星通信欧州会議

CETUR Centre d'études des transports urbains, 都市交通調査センター

CEV centre d'essais en vol, フライトテストセンター

CEVIPOF Centre d'étude de la vie politique française, フランス政治活動研究センター

Cf californium, カリホルニウム, *Cf =californium*

cf. confer, (ラテン語略語のままで)参照せよ

CFA Centre de formation des apprentis, (フランスの)見習養成センター

CFA Communauté financière africaine, アフリカ金融共同体, *African Financial Community*

CFA Coopération financière en Afrique centrale, 中部アフリカ財政協力

CFAO conception et fabrication assistées par ordinateur, コンピュータ援用設計製造, *CAD/CAM =computer-aided design/computer-aided manufacturing*

CFAO Compagnie française de l'Afrique occidentale, 西アフリカ・フランス会社

CFC cubique à faces centrées, 面方立方格子, *FCC =face-centered cubic*

CFC chlorofluorocarbone, フロンガス, *chlorofluorocarbon*

CFCE Centre français du commerce extérieur, フランス貿易センター, *French Center for Foreign Commerce*

CFDE Centre de formation et de documentation sur l'environnement, 環境に関する訓練・資料センター

CFDT Confédération française démocratique du travail, フランス民主主義労働同盟, *French Confederation of Democratic Workers*

CFE centre de formalités des entreprises, 企業登記手続事務所, *center for registering new businesses*

CFECGC Confédération française de l'encadrement, Confédération générale des cadres, フランス管理職同盟幹部総同盟

CFEI Centre féminin d'études et d'information, 研究・情報婦人センター

CFES Comité français d'éducation pour la santé, フランス健康教育委員会

CFF Chemins de fer fédéraux suisses, スイス国有鉄道, *Swiss National Railway*

CFF Crédit foncier de France, フランス住宅金融公庫

CFI crédit formation individualisé, (フランスの)職業教育個人融資

CFME Comité français des manifestations économiques à l'étranger, フランス海外経済イベント委員会

CFMT concours financier à moyen terme, 中期財政支援, *middle-term financial assistance*

CFNL Comité français de libération nationale, フランス国民解放委員会

CFP colonies françaises du Pacifique, 仏領太平洋植民地
CFP communauté financière du Pacifique, 太平洋金融共同体
CFP communauté française du Pacifique, 仏領太平洋共同体
CFP centre de formation professionnelle, 職業訓練センター
CFP Compagnie française des pétroles, フランス石油, *CFP＝French Petroleum Company*
CFPC centre de formation des personnels communaux, 市町村職員訓練センター
CFPPA centre de formation professionnelle de promotion agricole, 農業促進職業訓練センター
CFR contrat formation-reclassement, (フランスの)再就職研修協約, *training-rehabilitating contract (France)*
CFRES centre de formation et de recherche de l'éducation surveillée, 観護訓練調査センター
CFT Confédération française du travail, フランス労働同盟
cft confort, 快適さ, *comfort*
CFTC Confédération française des travailleurs chrétiens, フランスキリスト教労働者同盟, *French Confederation of Christian Workers*
cg centigramme, センチグラム, *centigram*
CGA Confédération générale de l'agriculture, 農業総連合
CGA contrôle général des armées, 三軍総合監督
CGA Compagnie générale d'affacturage, セー・ジェー・アー：ソシエテ・ジェネラル系ファクタリング会社
CGA carte graphique couleur, (英語略語のままで)カラーグラフィックアダプター, *CGA＝color graphic adaptor*
CGAF compte général de l'administration des finances, 財政事務一般会計報告
CGAF Confédération générale d'artisanat français, フランス職人総同盟
CGC Confédération générale des cadres, (フランスの)幹部総同盟：CFECGCの旧称, *General Confederation of Cadres*
CGE Compagnie générale d'électricité, コンパニー・ジェネラル・デレクトリシテ社
CGI Compagnie générale d'informatique, コンパニー・ジェネラル・ダンフォルマティック：コンピュータソフト会社
CGI Code général des impôts, 一般租税法典, *General Tax Code*

CGIS Caisse générale interprofessionnelle de retraite pour salariés, 労働者退職年金全産業統括金庫

CGL chromatographie gaz-liquide, 気体・液体クロマトグラフィー, *GLC = gas liquid chromatography*

CGL Confédération générale du logement, 住宅総合連盟

CGLS Caisse de garantie du logement social, 社会福祉住宅保証金庫

CGM Compagnie générale maritime, コンパニー・ジェネラル・マリティム社

CGMF Compagnie générale maritime et financière, コンパニー・ジェネラル・マリティム・エ・フィナンシエール社

CGP Caisse générale de prévoyance, 一般共済金庫

CGPC Conseil général des ponts et chaussées, 土木評議会

CGPF Confédération générale de la production française, フランス生産総連合：CNPFの旧称

CGPM Conférence générale des poids et mesures, 国際度量衡総会, *General Conference of Weights and Measures*

CGPME Confédération générale des petites et moyennes entreprises et du patronat réel, (フランスの)中小企業総連合

cgr centigrade, センチグラード, *centigrade*

CGS Cap Gemini Sogeti, カップ・ジェミニ・ソジェティ：コンピュータ管理運営会社

CGS centimètre, gramme, seconde, センチメートル・グラム・秒単位系の, *CGS = centimeter-gram-second*

CGT Confédération générale du travail, (フランスの)労働総同盟, *General Confederation of Labor (France)*

CGTU Confédération générale du travail unitaire, (フランスの)統一労働総同盟, *General Confederation of United Labor (France)*

ch cosinus hyperbolique, 双曲余弦, *cosh = hyperbolic cosine*

CH Confédération helvétique, スイス連邦：国際自動車識別記号, *Swiss Confederation*

ch. cheval, 馬力, *horsepower*

ch. chambre, 部屋, *room*

ch. charges, 費用, *expenses*

ch. chapitre, 章, *chapter*

ch.-bain chauffe-bain, 瞬間湯沸かし器, *water heater*

ch.-bib. chauffe-biberon, 哺乳瓶温め器, *bottle-warmer*

ch. c. charges comprises, 管理費込み

ch. de f. chemin de fer, 鉄道, *railway*

ch.-d'œuvre chef-d'œuvre, 傑作, *masterpiece*
ch.-eau chauffe-eau, 温水器, *water heater*
ch.-l. chef-lieu, (地域の)行政中心地, *chief town*
Ch.-M. Charente-Maritime, シャラント・マリティム県(17)
ch.-part. charte-partie, チャーター契約
Ch. réun. chambres réunies, (破毀院の)連合部
cha. chasse, 戦闘機隊, *fighters*
cha.-plat chauffe-plat, (食卓で料理を載せる)保温器, *hot plate*
CHAA Centre d'hygiène alimentaire et d'alcoologie, 食品衛生アルコール学センター
chac. chacun, それぞれ, *each*
chal. chaland, 平底船, *barge*
chal. chaleur, 熱, *heat*
chalcogr. chalcographie, 銅版彫刻術, *chalcography*
champ. championnat, 選手権, *championship*
champ. champion, チャンピオン, *champion*
champ. champagne, シャンペン, *champagne*
chan. chanoine, 参事会員, *canon*
chancell. chancellerie, 大使館事務局, *chancery*
chang. changement, 変化, *change*
chans. chanson, 歌, *song*
chap. chapitre, (法典などの)節
chap. chapelle, 礼拝堂, *chapel*
chapell. chapellerie, 帽子屋, *hatshop*
chaptalis. chaptalisation, 補糖, *chaptalization*
char. charité, 思いやり, *charity*
char. charisme, カリスマ, *charisma*
charb. charbon, 石炭, *coal*
charb. charbonnage, 炭坑開発, *coal mining*
charcut. charcuterie, 豚肉屋, *pork butchery*
charent. charentaise, シャラントスリッパ, *slipper*
charism. charismatique, カリスマの, *charismatic*
charp. charpente, フレーム, *frame*
charpent. charpenterie, 大工仕事, *carpentry*
charronn. charronnerie, 車大工の仕事場
chart. chartiste, 古文書学校の学生, *student of the Ecole des chartes*
chartr. chartreux, シャルトル会修道士, *Carthusian Monk*
châss.-pr. châssis-presse, 焼き枠, *printing frame*
chât. château, 城, *castle*

chaudronn. chaudronnerie, ボイラー製造業, *boiler-making*
chauff. chauffeur, 運転手, *driver*
chauss. chaussures, 靴, *shoes*
CHEA Centre des hautes études administratives, 高等行政研究センター
CHEAM Centre des hautes études administratives sur l'Afrique et l'Asie modernes, 現代アフリカ・アジア高等行政研究センター
CHEAR Centre des hautes études de l'armement, 高等軍備研究センター
chem. chemin, 道, *way*
chem. cheminot, 鉄道員, *railwayman*
CHEM Centre des hautes études militaires, 高等軍事研究センター
chèq. chèque, 小切手, *check*
CHET Centre des hautes études touristiques, 高等観光研究センター
cheval. chevalerie, 騎士制度, *chivalry*
CHF franc suisse, (通貨単位で)スイス・フラン, *Swiss franc*
chff. centr. chauffage central, セントラルヒーティング, *central heating*
chil. chilien, チリの, *Chilean*
chim. chimie, 化学, *chemistry*
chim. org. chimie organique, 有機化学, *organic chemistry*
chimio chimiothérapie, 化学療法, *chemotherapy*
chin. chinois, 中国の, *Chinese*
CHIPS système de paiement interbancaire par chambre de compensation à New York, (英語略語のままで)ニューヨーク手形交換所銀行間決済システム, *CHIPS=Clearing House Interbank Payment System*
chir. chirurgie, 外科, *surgery*
chir. dent. chirurgie dentaire, 歯科外科, *dental surgery*
chirogr. chirographaire, 無担保の, *unsecured*
chirom. chiromancie, 手相術, *chiromancy*
chlor. chlorure, 塩化物, *chloride*
chlor. chloration, 塩素処理, *chlorination*
chloroph. chlorophylle, クロロフィル, *chlorophyl*
choc. chocolat, チョコレート, *chocolate*
chocol. chocolaterie, チョコレート工場, *chocolate factory*
cholest. cholestérol, コレステロール, *cholesterol*

cholestérol. cholestérolémie, コレステロール値, *cholesterol level*

chôm. chômage, 失業, *unemployment*

chorégr. chorégraphie, 振り付け, *choreography*

choucr. choucroute, 塩漬け発酵キャベツ, *sauerkraut*

CHR centre hospitalier régional, 地方病院センター

CHR Centre hospitalier de réanimation, (救急病院の)蘇生センター, *Resuscitation Center*

chrét. chrétien, キリスト教徒, *Christian*

christian. christianisme, キリスト教, *Christianity*

chromatogr. chromatogramme, クロマトグラム, *chromatogram*

chromis. chromisation, クロマイジング, *chromium plating*

chromos. chromosome, 染色体, *chromosome*

chron. chronique, 慢性の, *chronic*

chronol. chronologie, 年表, *chronology*

chronom. chronomètre, ストップウォッチ, *stopwatch*

CHRS Centre d'hébergement et de réadaptation sociale, 宿泊・社会復帰センター

Chs chaussée, 車道, *roadway*

CHS Comité spécial d'hygiène et de sécurité, 衛生安全特別委員会

CHS centre hospitalier spécialisé, 専門病院センター

CHSCT Comité d'hygiène, de sécurité et des conditions de travail, (フランスの)労働条件衛生安全委員会

CHU Centre hospitalo-universitaire, 大学病院センター

CI certificat d'investissement, (無議決権優先株の一種)投資証券, *investment certificate*

Ci curie, キューリー：放射性物質の量の単位, *Ci＝curie*

Ci cirrus, 積雲, *Ci＝cirrus*

CI contributions indirectes, 間接税

CI Côte-d'Ivoire, 象牙海岸：国際自動車識別記号, *Ivory Coast*

CIA Conseil international des Archives, 国際公文書館協議会, *ICA＝International Council on Archives*

CIA Comité international d'Auschwitz, 国際アウシュビッツ委員会, *International Auschwitz Committee*

CIA Collegium Internationale Allergologicum, (ラテン語略語のままで)国際アレルギー協会, *CIA＝International College of Allergology*

CIAD Comité interministériel de l'aide au développement, ODA省際委員会

CIAL Crédit industriel d'Alsace et de Lorraine, アルザスロレーヌ産業銀行

CIAM Congrès internationaux d'architecture moderne, 近代建築国際会議

CIANE Comité interministériel d'aménagement pour la nature et l'environnement, 自然環境整備省際委員会

CIASI Comité interministériel pour l'aménagement des structures industrielles, 産業構造整備省際委員会

CIAT Comité interministériel d'aménagement du territoire, 国土整備関係省庁連絡会議

CIATF Comité international des associations techniques de fonderie, 国際鋳造技術協会委員会, *International Committee of Foundry Technical Associations*

CIB Conseil international du blé, 国際小麦理事会, *IWC = International Wheat Council*

CIB Conseil international du bâtiment pour la recherche, l'étude et la documentation, 国際建築研究・資料会議, *CIB = International Council for Building Research, Studies and Documentation*

CIBSA certificats d'investissement à bons de souscriptions d'actions, ワラント付投資証券, *investment certificates with warrants*

CIC Crédit industriel et commercial, フランス産業商業銀行

CIC centre d'information civique, 市民情報センター

CIC Confédération internationale des cadres, 国際管理職連盟

CIC Centre international de calcul, 国際計算センター, *ICC = International Computation Center*

CICAS Comité d'information et de coordination de l'action sociale, 社会福祉情報・連絡委員会

CICCE Comité des industries cinématographiques des Communautés européennes, 欧州共同体映画産業委員会, *Committee of the Cinematography Industries in the European Communities*

CICD Collegium Internationale Chirurgiae Digestivae, (ラテン語略語のままで)国際消化器外科学会, *CICD = International College of Digestive Surgery*

CICH Comité international de la culture du houblon, 国際ホップ栽培委員会, *IHGC = International Hop Growers Convention*

CICP Confédération internationale du crédit populaire,

国際中小企業金融連盟

CICPLB Comité international pour le contrôle de la productivité laitière du bétail, 国際乳牛生産記録委員会, *ICRPMA = International Committee for Recording the Productivity of Milk Animals*

CICR Comité international de la Croix-Rouge, 赤十字国際委員会, *ICRC = International Committee of the Red Cross*

CICTA Commission internationale pour la conservation des thonidés de l'Atlantique, 大西洋まぐろ保存国際委員会, *ICCAT = International Commission for the Conservation of Atlantic Tunas*

CID Comité international des dérivés tensioactifs, 国際界面活性剤研究委員会, *CID = International Committee on Surface Active Agents*

CID Commission internationale de diplomatique, 外交史国際委員会, *CID = International Commission of Diplomacy*

CID dispositif à injection de charge, (英語略語のままで)電荷注入デバイス, *CID = charge injection device*

CIDA Centre international de documentation arachnologique, 国際蜘蛛学資料センター, *CIDA = International Center for Arachnological Documentation*

CIDA Comité intergouvernemental du droit d'auteur, 政府間著作権委員会, *IGCC = Intergovernmental Copyright Committee*

CIDB Centre d'information et de documentation sur le bruit, 騒音に関する情報資料センター

CIDE Conseil international pour le droit de l'environnement, 国際環境法会議, *ICEL = International Council of Environmental Law*

CIDE Convention internationale des droits de l'enfant, 児童の権利国際条約, *International Convention on the Right of the Child*

CIDEX courrier individuel à distribution exceptionnelle, 特別配達個人郵便

CIDF Centre d'information sur les droits de la femme, 婦人の権利に関する情報センター

CIDH Commission internationale de démographie historique, 国際人口統計史委員会, *CIDH = International Commission of Historical Demography*

CIDJ Centre d'information et de documentation de la jeunesse, 青少年情報文書センター

CIDRE convention d'indemnisation directe et recours dégât des eaux, 水害直接賠償救援協定

CIDSS Comité international pour la documentation et l'information en sciences sociales, 国際社会科学ドキュメンテーション委員会, *ICSSD = International Committee for Social Sciences Documentation*

CIDST Comité de l'information et de la documentation scientifique et technique, (EUの)科学技術情報資料委員会, *CSTID = Committee for Scientific and Technical Information and Documentation*

CIE Centre international de l'enfance, 国際子供センター, *International Children's Center*

CIE Contrat initiative-emploi, (フランスの)雇用対策契約

Cie compagnie, 会社, *company*

CIE Commission internationale de l'éclairage, 国際照明委員会, *CIE = International Commission on Illumination*

CIECA Commission internationale des examens de conduite automobile, 国際自動車運転テスト委員会, *IDTC = International Driving Tests Committee*

CIEL Centre international d'étude du loisir, 余暇研究国際センター

CIEM Conseil international pour l'exploration de la mer, 国際海洋探査協議会, *ICES = International Council for the Exploration of the Sea*

CIEM Commission internationale pour l'enseignement des mathématiques, 国際数学教育委員会, *ICMI = International Commission on Mathematical Instruction*

CIEP Centre international d'études pédagogiques, 教育学研究国際センター

CIEP Commission internationale de l'enseignement de la physique, 国際物理学教育委員会, *ICPE = International Commission on Physics Education*

CIEPS Conseil international pour l'éducation physique et le sport, 国際スポーツ体育学会, *ICSPE = International Council of Sport and Physical Education*

CIES Comité international des entreprises à succursales, 国際チェーンストアー協会委員会, *International Association of Chain Stores*

CIES Commission internationale des études slaves, 国際スラブ研究委員会, *CIES = International Commission for Slavic Studies*

CIES Centre international des étudiants et stagiaires, 学生研修生国際センター
CIEST Centre international d'études supérieures de tourisme, 高等観光研究国際センター
CIF Conseil international des femmes, 国際婦人連合, *ICW = International Council of Women*
CIFE Centre international de formation européenne, 国際欧州職業訓練センター, *CIFE = International Center of European Training*
CIFEN Compagnie internationale pour le financement de l'énergie nucléaire, 国際原子力融資会社
CIFP Comité international pour le Fair Play, 国際フェアプレイ委員会, *International Fair Play Committee*
cig. cigarette, 紙巻きタバコ, *cigarette*
CIG Conférence intergouvernementale, (EUの)政府間会議, *Inter-Governmental Conference*
CIG Comité international de géophysique, 国際地球物理学委員会, *International Geophysical Committee*
CIG Congrès international géologique, 万国地質会議, *IGC = International Geological Congress*
CIGB Commission internationale des grands barrages, 国際大ダム委員会, *ICOLD = International Commission on Large Dams*
CIGR Commission internationale du génie rural, 国際農業工学委員会, *ICAE = International Commission of Agricultural Engineering*
CIGRE Conférence internationale des grands réseaux électriques à haute tension, 国際送電網会議, *CIGRE = International Conference on Large High Voltage Electric System*
CIHA Comité international d'histoire de l'art, 国際美術史委員会, *CIHA = International Committee on the History of Art*
CIHDGM Comité international d'histoire de la deuxième guerre mondiale, 第二次世界大戦史国際委員会, *CIHDM = International Committee on the History of the Second World War*
CIHEC Commission internationale d'histoire ecclésiastique comparée, 国際比較教会史委員会, *CIHEC = International Commission of Comparative Ecclesiastical History*
CIHM Commission internationale d'histoire maritime, 国

際海事史委員会, *CIHM* = *International Commission of Maritime History*

CIHMA Commission internationale d'histoire maritime arctique, 国際北海史研究センター, *CIHMA* = *International Commission of History of Maritime Arctic*

CIHMC Commission internationale d'histoire militaire comparée, 国際比較軍事史委員会, *CIHMC* = *International Commission for Comparative Military History*

CIHMSSS Commission internationale d'histoire des mouvements sociaux et des structures sociales, 国際労働運動史社会構成史委員会, *CIHMSSS* = *International Commission for the History of Social Movements and Social Structures*

CIHRF Commission internationale d'histoire de la Révolution française, 国際フランス革命史委員会, *CIHRF* = *International Commission of France Revolution History*

CIHU Commission internationale pour l'histoire des universités, 国際大学史委員会, *CIHU* = *International Commission for the History of Universities*

CIHV Commission internationale pour l'histoire des villes, 国際都市史委員会, *CIHV* = *International Commission of Villes History*

CII Conseil international des infirmières, 国際看護婦協議会, *ICN* = *International Council of Nurses*

CII crédit d'impôt à l'investissement, 投資税額控除, *ITC* = *investment tax credit*

CIIA Commission internationale des industries agricoles, 国際農業委員会, *International Commission of Agricultural Industries*

CIIBA Comité interministériel de l'informatique et de la bureautique dans l'administration, 行政官庁情報処理・事務処理関係閣僚会議

CIID Commission internationale des irrigations et du drainage, 国際灌漑排水委員会, *ICID* = *International Commission on Irrigation and Drainage*

CIJ Commission internationale des juristes, 国際法律家委員会, *ICJ* = *International Commission of Jurists*

CIJ Cour internationale de justice, 国際司法裁判所, *ICJ* = *International Court of Justice*

CIK Caisse interprofessionnelle de dépôts et de virement de titres, (フラマン語略語のままで)証券預託振替金庫, *Securities Deposit and Clearing Office of the Financial Sector*

(Belgium)

CIL Comité interprofessionnel du logement, 住宅関連業種委員会

CILAF Comité international de liaison des associations féminines, 婦人団体国際連絡委員会

CILAT Comité interministériel de lutte antiterroriste, (フランスの)テロ対策省間委員会

CILSS Comité permanent inter-Etats pour la lutte contre la sécheresse dans le Sahel, サヘル旱魃対策各国連合委員会：別名はサヘル旱魃対策委員会, *ICDCS = Interstate Permanent Committee for Drought Control in the Sahel*

CIM productique intégrée, (英語略語のままで)コンピュータ統合生産, *CIM = computer-integrated manufacturing*

CIM Conseil international de la musique, 国際音楽評議会, *IMC = International Music Council*

CIMAC Conseil international des machines à combustion, 国際燃料機関会議, *CIMAC = International Council on Combustion Engines*

CIMADE Comité intermouvement auprès des évacués, 退避者相互活動委員会

CIMCEE Comité des industries de la moutarde de la Communauté économique européenne, 欧州経済共同体辛子産業委員会, *Committee for the Mustard Industries of the European Economic Community*

CIME Conseil international des moyens du film d'enseignement, 国際教育フィルム協議会, *ICEM = International Council for Educational Media*

CIME Comité intergouvernemental pour les migrations européennes, 欧州移住政府間委員会, *ICEM = Intergovernmental Committee for European Migration*

CIMH Comité international pour la métrologie historique, 国際歴史度量衡委員会, *CIMH = International Committee for Historical Metrology*

CIMMYT Centre international d'amélioration du maïs et du blé, (スペイン語略語のままで)国際トウモロコシ小麦改善センター, *International Center for Maize and Wheat Improvement*

CIMP Conseil international de la musique populaire, 国際民族音楽協議会, *IFMC = International Folk Music Council*

CIMPM Comité international de médecine et de pharmacie militaires, 国際軍事医薬委員会, *ICMMP = Interna-*

tional Committee of Military Medicine and Pharmacy

CIMSCEE Comité des industries des mayonnaises et sauces condimentaires de la Communauté économique européenne, 欧州経済共同体マヨネーズ・テーブルソース産業委員会, *Committee of the Industries of Mayonnaises and Table Sauces of the European Economic Community*

CIMT Commission internationale de la médecine du travail, 国際労働衛生委員会, *ICOH = International Commission of Occupational Health*

CIMTP Congrès international de médecine tropicale et de paludisme, 国際熱帯医学マラリア会議, *ICTMM = International Congress on Tropical Medicine and Malaria*

CIN Commission internationale de numismatique, 国際古銭貨幣研究委員会, *CIN = International Numismatic Commission*

CINA Commission internationale de la navigation aérienne, 国際航空委員会, *International Air Navigation Commission*

ciné cinéma, 映画館, *cinema*

cinémath. cinémathèque, シネマテック, *film library*

cinématogr. cinématographie, 映画技術, *cinematography*

cinéph. cinéphile, 映画好きの, *film-loving*

cinét. cinétique, 運動の, *kinetic*

CINP Collegium Neuro-Psychopharmacologicum, (ラテン語略語のままで)国際神経精神薬理学会, *CINP = International College of Neuro-Psychopharmacology*

CIO Centre d'information et d'orientation, 就職情報進路指導センター

CIO Comité international olympique, 国際オリンピック委員会, *IOC = International Olympic Committee*

CIO Commission internationale d'optique, 国際光学委員会, *ICO = International Commission for Optics*

CIOCMM Comité international d'organisation des congrès minier mondial, 世界鉱業会議国際組織委員会, *WMC = International Organization Committee World Mining Congress*

CIOMS Conseil des organisations internationales des sciences médicales, (英語略語のままで)国際医学団体協議会, *CIOMS = Council for International Organizations of Medical Sciences*

CIOS Conseil international pour l'organisation scientifique, 国際科学的経営管理協議会, *International Council for Scientific Management*

CIOS Conseil mondial de management (旧称:Conseil international pour l'organisation scientifique), 世界経営協議会(旧称:国際科学的経営管理協議会), *CIOS = World Council of Management*

CIOSTA Commission internationale pour l'organisation scientifique du travail en agriculture, 国際農業科学的管理委員会, *International Committee of Scientific Management in Agriculture*

CIP port payé, assurance comprise jusqu'à, (英語略語のままで)(インコタームで)輸送費保険料込み値段, *carriage and insurance paid*

CIP certificat d'investissement privilégié, 優先投資証券

CIP Commission internationale du peuplier, 国際ポプラ委員会, *International Poplar Commission*

CIP contrat d'insertion professionnelle, 職業研修契約制度, *integration system into the job market*

CIP Collège international de podologie, 国際脚足学会, *CIP = International College of Podology*

CIP Comité international de photobiologie, 国際光生物学委員会, *International Committee of Photobiology*

CIPA Comité international de prévention des accidents du travail de la navigation intérieure, 国際内водに航海労働事故防止委員会, *ICPA = International Committee for the Prevention of Work Accidents in Inland Navigation*

cipal garde municipale, (19世紀の)パリ警察隊員

CIPAT Conseil international sur les problèmes de l'alcoolisme et des toxicomanies, 国際アルコール薬物依存協議会, *ICAA = International Council on Alcohol and Addictions*

CIPC Comité international permanent de la conserve, (英語略語のままで)国際缶詰食品常置委員会, *CIPC = International Permanent Committee on Canned Foods*

CIPC Conférence internationale de Paris sur le Cambodge, カンボジアに関するパリ国際会議

CIPD Conférence internationale sur la population et le développement, 人口・開発に関する国際会議

CIPE Collège international de phonologie expérimentale, 国際実験音声学会, *CIPE = International College of Experi-*

mental Phonology

CIPEC Conseil intergouvernemental des pays exportateurs de cuivre, 銅輸出国政府間協議会, *CIPEC =Intergovernmental Council of Copper Exporting Countries*

CIPEM Comité international pour les études mycéniennes, 国際ミケーネ研究委員会, *Standing International Committee for Mycenaean Studies*

CIPL Comité international permanent des linguistes, 常設国際言語学者委員会

CIPM Comité international des poids et mesures, 国際度量衡委員会, *International Committee of Weights and Measures*

CIPMP Commission internationale pour la protection de la Moselle contre la pollution, モーゼル川を汚染から保護するための国際委員会, *ICPMP =International Commission for the Protection of the Moselle against Pollution*

CIPO Conseil international pour la protection des oiseaux, 国際鳥類保護会議, *ICBP =International Council for Bird Preservation*

CIPP Commission indo-pacifique des pêches, インドパシフィック漁業委員会, *IPFC =Indo-Pacific Fishery Commission*

CIPR Commission internationale pour la protection radiologique, 国際放射線防護委員会, *ICRP =International Commission on Radiological Protection*

CIPSH Conseil international de la philosophie et des sciences humaines, 国際哲学人文科学協議会, *ICPHS =International Council for Philosophy and Humanistic Studies*

CIQV Conseil interministériel de la qualité de la vie, 生活の質省際評議会

CIR Convention des institutions républicaines, (フランスの政党で)共和制度会議

CIRA Centre interministériel de renseignements administratifs, 行政情報省際センター

CIRA Commission internationale pour la réglementation des ascenseurs et monte-charge, 国際エレベーター昇降機規制委員会, *ICLR =International Committee for Lift Regulations*

CIRAD Centre de coopération internationale en recherche agronomique pour le développement, 国際農業開発研究センター

CIRC Centre international de recherche sur le cancer, 国際癌研究機構, *IARC =International Agency for Research*

on Cancer
circ. circonscription, 区分, *division*
circ. circuit, 周囲, *circuit*
CIRC Collectif d'information et de recherche cannabiques, (フランスの)大麻情報研究集団
circonf. circonférence, 円周, *circumference*
circonloc. circonlocution, 遠回しな言い方, *circumlocution*
circonst. circonstance, 状況, *circumstance*
circonvol. circonvolution, 旋回, *circumvolution*
CIRCOSC Centre interrégional de coordination opérationnelle de la sécurité civile, 市民防衛作業調整地域圏相互センター
circul. circulaire, 円形の, *circular*
circul. circulation, 通行, *circulation*
CIRD code d'identification de réseau de données, データ網識別符号, *DNIC = data network identification code*
CIRDI Centre international pour le règlement des différends relatifs aux investissements, 投資紛争解決国際センター, *ICSID = International Center for Settlement of Investment Disputes*
CIREA Commission interministérielle des radioéléments artificiels, 人工放射性元素省際委員会
CIRED Centre international de recherche sur l'environnement et le développement, 環境・開発調査国際センター
CIREE Centre international de recherche sur l'eau et l'environnement, 水と環境に関する研究国際センター
CIRFS Comité international de la rayonne et des fibres synthétiques, 国際レーヨン合繊委員会, *IRSFC = International Rayon and Synthetic Fibers Committee*
CIRI Comité interministériel pour les restructurations industrielles, 産業再編各省調整委員会
CIRIEC Centre international de recherches et d'information sur l'économie publique, sociale et coopérative, 国際公共経済学会, *International Center of Research and Information on Public, Social and Cooperative Economics*
CIRIEP Centre international de recherches et informations sur l'économie politique, 国際経済研究情報センター, *International Center of Research and Information on Political Economy*
CIRIT Comité interprofessionnel de rénovation de l'industrie textile, 繊維産業改革関連業種委員会

CIRM Comité international de radio maritime, 国際海上無線委員会, *International Maritime Radio Association*

CIRP Collège international pour l'étude scientifique des techniques de production mécanique, 国際生産工学研究協会, *International Institution for Production Engineering Research*

CIRPES Centre interdisciplinaire de recherches sur la paix et d'études stratégiques, (フランスの)平和戦略学際研究所

CIRPHO Cercle international de recherches philosophiques par ordinateur, 国際哲学研究コンピュータ利用協会, *CIRPHO = International Circle of Philosophical Research Computer*

CIRST Comité interministériel de la recherche scientifique et technique, 科学技術研究省際委員会

CIRT code d'identification de réseau télex, テレックス網識別コード, *telex network identification code*

CIS Centre international d'information de sécurité et d'hygiène du travail, 国際労働安全衛生情報センター, *CIS = International Occupational Safety Health and Information Center*

CISA Commission internationale pour le sauvetage alpin, 国際アルプス救助委員会, *International Commission for Alpine Rescue*

CISAC Confédération internationale des sociétés d'auteurs et compositeurs, 作詞作曲家協会国際連合会：別名はシザック

CISAF Conseil international des services d'aide familiale, 国際ホームヘルプサービス評議会, *ICHS = International Council of Home Help Services*

CISBH Comité international de standardisation en biologie humaine, 国際人類生物学標準化委員会, *ICSHB = International Committee for Standardization in Human Biology*

CISC ordinateur à jeu d'instructions complexe, (英語略語のままで)コンプレックス命令セットコンピュータ, *CISC = complex instruction set computer*

CISC Confédération internationale des syndicats chrétiens, 国際キリスト教労働組合連合, *IFCTU = International Federation of Christian Trade Unions*

CISC Comité international de sociologie clinique, 国際臨床社会学委員会, *ICCS = International Committee on Clini-*

cal Sociology
CISCE Comité international pour la sécurité et la coopération européennes, 国際欧州安全保障協力委員会, *ICESC =International Committee for European Security and Cooperation*
CISCL Comité international de sauvegarde du cèdre du Liban, レバノン杉保護国際センター
CISH Comité international des sciences historiques, 国際歴史学委員会, *ICHS =International Committee for Historical Science*
CISI Compagnie internationale de services en informatique, 情報科学サービス国際会社
CISL Confédération internationale des syndicats libres, 国際自由労働組合連盟:世界労連から分かれたもので、略称は国際自由労連, *ICFTU =International Confederation of Free Trade Unions*
CISM Centre international des sciences mécaniques, 国際力学センター, *CISM =International Center for Mechanical Sciences*
CISO Comité international des sciences onomastiques, 国際名称研究委員会, *ICOS =International Committee of Onomastics Sciences*
CISP Centre international de séjour de Paris, パリ滞在国際センター
CISPCI Commission internationale pour la sauvegarde du patrimoine culturel islamique, 国際イスラム文化遺産保護委員会, *ICPICH =International Commission for the Preservation of Islamic Cultural Heritage*
CISPR Comité international spécial sur les perturbations radioélectriques, 国際無線障害特別委員会, *International Special Committee on Radio Interference*
CISR Comité interministériel de la sécurité routière, 道路安全省際委員会
CISR Conférence internationale de sociologie des religions, 国際宗教社会学会, *CISR =International Conference of Sociology of Religion*
CISS Conseil international des sciences sociales, 国際社会科学協議会, *ISSC =International Social Science Council*
CISS Comité international des sports silencieux, 国際聴覚障害者スポーツ委員会, *International Committee of the Silent Sports*

CISTD Comité intergouvernemental sur la science et la technique au service du développement, 開発のための科学技術政府間委員会, *ICSTD＝Intergovernmental Committee for Science and Technology for Development*

cit. citation, 引用, *citation*

CIT Comité international des transports par chemins de fer, 国際鉄道運輸委員会, *International Rail Transport Committee*

CIT Comité international de télévision, 国際テレビ委員会, *International Television Committee*

citad. citadelle, 城塞, *citadel*

cité-jard. cité-jardin, 田園都市, *garden city*

CITEN Comité international de la teinture et du nettoyage, 国際染色ドライクリーニング委員会, *International Committee for Dyeing and Dry Cleaning*

CITEPA Centre interprofessionnel technique d'études de la pollution atmosphérique, 大気汚染研究関連業界技術センター

CITES Convention internationale sur le commerce international des espèces de faune et flore sauvages en danger d'extinction, (英語略語のままで)絶滅のおそれのある野生動植物の国際取引に関する(国際)条約, *CITES＝Convention on International Trade in Endangered Species of Wild Fauna and Flora*

CITGV circuit intégré très grande vitesse, 超高速集積回路, *VHSIC＝very high speed integrated circuit*

CITI Confédération internationale des travailleurs intellectuels, 国際知的労働者連盟

CITI classification internationale type, par industrie, de toutes les branches d'activité économique, 国際標準産業分類, *ISIC＝International Standard Industrial Classification of all Economic Activities*

CITP Comité international des télécommunications de presse, 国際新聞通信委員会, *IPTC＝International Press Telecommunications Council*

CITP classification internationale type des professions, 国際標準職業分類, *ISCO＝International Standard Classification of Occupation*

CITRON Centre international de traitement et de recyclage des ordures nocives, 国際毒性廃棄物処理・リサイクルセンター：私企業の名称

CITS Commission internationale technique de sucrerie, 国際砂糖技術委員会, *CITS = International Commission of Sugar Technology*

CITT Commission interaméricaine du thon des tropiques, 全米熱帯まぐろ類委員会, *IATTC = Inter-American Tropical Tuna Commission*

CIUS Conseil international des unions scientifiques, 国際学術連合会議, *ICSU = International Council of Scientific Unions*

CIV Côte-d'Ivoire, 象牙海岸:国際オリンピック委員会の国名表記(1963年承認), *Ivory Coast*

CIV Commission internationale du verre, 国際ガラス委員会, *ICG = International Commission on Glass Status*

civ. civil, 民事の, *civil*

civilis. civilisation, 文化, *civilization*

CJCE Cour de justice des Communautés européennes, 欧州司法裁判所, *Court of Justice of the European Communities*

CJD Centre des jeunes dirigeants d'entreprise, 企業青年幹部センター

CJF Conseils juridiques et fiscaux, 法律税務顧問団体

CJM Congrès juif mondial, 世界ユダヤ人会議, *WJC = World Jewish Congress*

CJP Centre des jeunes patrons, 青年経営者センター

CL en mode non connecté, (英語略語のままで)コネクションレス型, *CL = connectionless*

Cl chlore, 塩素, *chlorine*

cl centilitre, センチリットル, *centiliter*

CL Crédit lyonnais, クレディリヨネ銀行

CL Sri Lanka, スリランカ:国際自動車識別記号, *Sri Lanka*

cl.-comb. close-combat, 白兵戦, *close-combat*

CLAM Comité de liaison de l'agrumiculture méditerranéenne, 地中海柑橘類栽培連絡委員会, *LCMCFC = Liaison Committee for Mediterranean Citrus Fruit Culture*

cland. clandestin, 非合法の, *clandestine*

CLAP Comité de liaison pour l'alphabétisation et la promotion, 非文盲化と促進のための連絡委員会

clarif. clarification, 解明, *clarification*

class. classique, 古典の, *classical*

classic. classicisme, 古典主義, *classicism*

CLB cavalerie légère blindée, 機甲軽騎兵隊

CLD chômeurs de longue durée, 長期失業者, *unemployed person for the long period*

CLEO Comité de liaison européen des ostéopathes, 欧州整骨療法家連絡委員会, *European Liaison Committee for Osteopaths*

cléric. cléricalisme, 教権拡張主義, *clericalism*

clermont. clermontois, クレルモン・フェランの, *of Clermont-Ferrand*

CLF combustion sur lit fluidisé, 流動床燃焼, *fluidized bed combustion*

CLF Crédit local de France, フランス地方金融公庫

CLHP chromatographie liquide à haute pression, 高性能液体クロマトグラフィー, *HPLC = high-pressure liquid chromatography*

CLI commission locale d'insertion, 地域参入委員会

CLICEC Comité de liaison international des coopératives d'épargne et de crédit, 国際貯蓄貸付協同組合連絡委員会, *ILCCTC = International Liaison Committee on Cooperative Thrift and Credit*

client. clientèle, 顧客, *customers*

CLIETA Comité de liaison de l'industrie européenne des tubes d'acier, 欧州スチール管産業連絡委員会, *Liaison Committee of the European Economic Community Steel Tube Industry*

clim. climat, 気候, *climate*

climat. climatisation, 空気調整, *air conditioning*

climatol. climatologie, 気候学, *climatology*

clip vidéoclip, ビデオクリップ, *video*

CLNP protocole de couche réseau sans connexion, (英語略語のままで)コネクションレス型ネットワーク, *CLNP = connectionless network protocol*

cloch. clochard, 浮浪者, *hobo*

clochardis. clochardisation, 浮浪者化, *destitution*

CLOSI Comité de liaison des organismes de solidarité internationale, 国際連帯機関連絡委員会

clôt. clôture, 囲い込み, *enclosure*

CLP priorité de perte de cellule, (英語略語のままで)セル損失優先表示, *CLP = cell loss priority*

CLP peso chilien, (通貨単位で)チリ・ペソ, *Chilean peso*

CLS serveur en mode non connecté, (英語略語のままで)コネクションレス型サーバー, *CLS = connectionless server*

CLSF fonction de service sans connexion, (英語略語のままで)コネクションレス型サービス機能, *CLSF = connectionless service function*

CLSH centre de loisirs sans hébergement, 宿泊施設なしの余暇センター

CLT Compagnie luxembourgeoise de télévision, ルクセンブルクテレビ会社

CLUF clauses fixées par la licence utilisateur / contrat de licence utilisateur, (コンピュータの)ユーザーライセンスに定められている条項

CLUSIF Club de la sécurité des systèmes d'information français, フランス情報システム安全クラブ

CLV vitesse linéaire constante, (英語略語のままで)線速度一定, *CLV = constant linear velocity*

CM Chambre des métiers, 手工業会議所

Cm curium, キュリウム, *Cm = curium*

cm centimètre, センチメートル, *centimeter*

CM matrice de connexion, (英語略語のままで)コネクションマトリクス, *CM = connection matrix*

CM cours moyen, (小学校の)中級科, *intermediate classes*

CM 1 cours moyen 1, (小学校の)中等科第1学年：日本の小学4年

CM 2 cours moyen 2, (小学校の)中等科第2学年：日本の小学5年

cm² centimètre carré, 平方センチメートル, *square centimeter*

CMA Conseil mondial de l'alimentation, 世界食糧理事会, *WFC = World Food Council*

CMA Coalition mondiale pour l'Afrique, 対アフリカ支援国会議, *GCA = Global Coalition for Africa*

CMA compte de gestion des fonds, (英語略語のままで)キャッシュマネージメントアカウント：投資信託に各種機能をつけた総合金融サービス商品, *CMA = Cash Management Account*

CMA concentration maximum admissible, 最大許容濃度, *MAC = maximum allowable concentration*

CMC carboxyméthylcellulose, カルボキシメチルセルロース, *CMC = carboxy methyl cellulose*

CMC 7 caractère magnétique codé à 7 barres, 7単位磁気記録符号：小切手識別用

CMCA compagnie médicale des corps d'armée, 軍団直轄衛

生中隊
CMCC crédit de mobilisation des créances commerciales, 一括割引融資, *rediscounting of commercial paper in bulk*

CMD Centre mondial de données, 世界資料センター, *WDC = World Data Center*

CMD chef de mission diplomatique, 外交使節団長：フランスの自動車のナンバープレートの一部を構成するアルファベット記号

CME Conseil mondial d'éducation, 教育課程教育方法世界協議会, *WCCI = World Council for Curriculum and Instruction*

CME Conférence mondiale de l'énergie, 世界エネルギー会議, *WEC = World Energy Conference*

CME capitalisme monopoliste d'Etat, 国家独占資本主義, *state monopoly capitalism*

CMED Commission mondiale sur l'environnement et le développement, 環境と開発に関する世界委員会, *WCED = World Commission on Environment and Development*

CMER Conseil mondial pour l'environnement et les ressources, 世界環境資源会議, *WERC = World Environment Resources Council*

CMF Conseil des marchés financiers, 金融市場委員会

CMH complexe majeur d'histocompatibilité, （ヒトの）主要組織適合複合体, *MHC = major histocompatibility complex*

CMI code CMI, （英語略語のままで）符号化マーク反転, *CMI = coded mark inversion*

CMI Comité maritime international, 万国海法会, *IMC = International Maritime Committee*

CMI Comité météorologique international, 国際気象委員会

CMIP protocole commun d'information de gestion, （英語略語のままで）共通管理情報プロトコル, *CMIP = common management information protocol*

CMIR cellule mobile d'intervention radiologique, （消防の）無線介入移動対策室

CMIS service commun d'information de gestion, （英語略語のままで）共通管理情報サービス, *CMIS = common management information service*

CMNE crédit de mobilisation des créances nées à l'exportation, 輸出債権割引融資

CMOPE Confédération mondiale des organisations de la profession enseignante, 世界教員団体総連合, *WCOTP =*

World Confederation of Organizations of Teaching Profession

CMOS semi-conducteur à oxyde métallique complémentaire, (英語略語のままで)相補型金属酸化膜半導体, *CMOS = complementary metal-oxide semiconductor*

CMP Centre de médecine préventive, (フランスの)予防医学センター, *Center of Preventive Medicine*

CMP Confédération mondiale de physiothérapie, 世界物理療法学会, *WCPT = World Confederation for Physical Therapy*

CMP Commission mixte paritaire, (フランスの)両院合同委員会

CMP Congrès mondial du pétrole, 世界石油会議, *WPC = World Petroleum Congress*

CMPP centre médico-psycho-pédagogique, 心理治療教育センター

CMPR coût moyen pondéré des ressources, 資本コスト

CMR Chrétiens dans le monde rural, 農村世界のキリスト教徒団体

CMS composant monté en surface, 表面実装部分, *SMC = surface-mounted component*

CMSA Caisse de mutualité sociale agricole, 農業社会共済組合金庫

CMSH Congrès mondial des sciences humaines, 世界人文科学学会, *WCH = World Congress of the Humanities*

CMT Conseil des marchés à terme, 先物取引評議会, *futures exchange council*

CMT Confédération mondiale du travail, 国際労働組合連合：略称は国際労連, *WCL = World Confederation of Labor*

CMU couverture maladie universelle, (社会保険適用外者をカバーする)全医療保障制度

CN commande numérique, 数値制御, *NC = numerical control*

CN/PS Commission française de normalisation des règles de construction parasismique, フランス耐震建築規則標準化委員会

CNA Caisse nationale des autoroutes, 高速道路金融公庫, *National Highway Fund (France)*

CNA convertisseur numérique-analogique, デジタルアナログ変換器, *DAC = digital-analog converter*

CNAC Centre national d'art et de culture Georges-Pompidou, ポンピドゥーセンター, *Pompidou Center*

CNAC Centre national d'art contemporain, 国立現代美術

センター
CNAF Caisse nationale d'allocations familiales, 家族手当全国金庫
CNAFAL Conseil national des associations familiales laïques, 一般信徒家庭協会全国評議会
CNAH Centre national pour l'amélioration de l'habitat, 国立住宅改善センター
CNAJEP Comité pour les relations nationales et internationales des associations de jeunesse et d'éducation populaire, フランス青少年団体連絡協議会
CNAM Conservatoire national des arts et métiers, 国立工芸院
CNAM Caisse nationale d'assurance maladie, 疾病保険全国金庫
CNAMTS Caisse nationale d'assurance maladie des travailleurs salariés, 被傭者疾病保険全国金庫
CNAP Centre national des arts plastiques, 国立造形美術センター
CNAR Confédération nationale pour l'aménagement rural, 農村整備全国連合
CNASEA Centre national pour l'aménagement des structures des exploitations agricoles, 国立農業経営構造整備センター
CNAT Commission nationale pour l'aménagement du territoire, 国土整備全国委員会
CNAV Caisse nationale assurance vieillesse, 老齢年金保険全国金庫
CNAVPL Caisse nationale d'assurance vieillesse des professions libérales, 自由業老齢年金保険全国金庫
CNAVTS Caisse nationale d'assurance vieillesse des travailleurs salariés, 被雇用者老齢年金保険全国金庫
CNBA Chambre nationale de la batellerie artisanale, 国立河川輸送会議
CNBF Caisse nationale des barreaux français, フランス弁護士会全国金庫
CNBPF Confédération nationale de la boulangerie et boulangerie-pâtisserie française, フランス全国製パン製菓連盟
CNC Centre national de la cinématographie, 国立映画センター, *National Cinematographic Center*
CNC Commission nationale de conciliation, 全国和解委員会, *National Conciliation Committee (France)*

CNC concentration numérique des conversations, デジタル音声挿入, *DSI = digital speech interpolation*

CNC Caisse nationale de la consommation, 消費全国金庫

CNC Conseil national de la comptabilité, 国家会計審議会, *NCA = National Council of Accountancy (France)*

CNCA Conseil national de la commission audiovisuelle, ラジオテレビ委員会全国評議会

CNCA Caisse nationale de crédit agricole, 全国農業信用金庫, *National Farm Credit Agency (France)*

CNCC Compagnie nationale des commissaires aux comptes, 会計監査役全国評議会

CNCDH Commission nationale consultative des droits de l'homme, 全国人権諮問委員会

CNCE Caisse nationale des Caisses d'épargne, 貯蓄金庫全国公庫

CNCE Centre national du commerce extérieur, 貿易全国センター

CNCG Confédération nationale des commerces de gros, 卸売全国連盟

CNCIS Commission nationale des contrôles des interceptions de sécurité, (フランスの)治安盗聴管理委員会

CNCL Commission nationale de la communication et des libertés, 通信と自由に関する全国委員会：CSA の旧称

CNCT Conseil national du crédit et du titre, (フランスの)国家信用証券評議会

CNDP Centre national de documentation pédagogique, 国立教育資料センター

CNE concentrateur numérique éloigné, (情報通信の)リモートデジタル集心装置, *remote digital concentrator*

CNE Caisse nationale d'épargne, 国民貯蓄金庫

CNE Conseil national de l'énergie, エネルギー全国評議会

CNEAP Conseil national de l'enseignement agricole privé, 私立農業教育全国評議会

CNEC Comité national de l'enseignement catholique, カトリック系教育全国評議会

CNECA Centre national des expositions et concours agricoles, 農業見本市・コンクール全国センター

CNED Centre national d'enseignement à distance, 国立通信教育センター

CNEEMA Centre national d'études et d'expérimentation du machinisme agricole, 農業機械研究実験全国センター

CNEP Comptoir national d'escompte de Paris, パリ国民割引銀行：1966.7に BNP となる

CNEPN Centre national de l'enseignement professionnel notarial, 公証人職業教育全国センター

CNERP Conseil national des économies régionales et de la productivité, 地方経済・生産性全国センター

CNES Centre national d'études spatiales, 国立宇宙研究センター

CNESER Conseil national de l'enseignement supérieur et de la recherche, 高等教育研究全国評議会

CNESSS Centre national d'études supérieures de sécurité sociale, 国立社会保障高等研究センター

CNET Centre national d'études des télécommunications, 国立電気通信研究所

CNEXO Centre national d'exploitation des océans, 国立海洋開発センター(IFREMER の旧称)

CNFF Conseil national des femmes françaises, フランス婦人全国評議会

CNFPT Centre national de la fonction publique territoriale, 全国地方公務員センター

CNFR Confédération nationale de la famille rurale, 農村家族全国連盟

CNGA Confédération nationale des groupes autonomes de l'enseignement public, 公立教育自立グループ全国連盟

CNI Centre national des indépendants et paysans, (フランスの政党で)独立農民中道派

CNICM Comité national d'information chasse nature, 狩猟・自然情報全国委員会

CNIEL Centre national interprofessionnel de l'économie laitière, 酪農経済関連業種全国センター

CNIID Centre national d'information indépendante sur les déchets, (環境団体)廃棄物独立情報全国センター

CNIJ Centre national d'information juridique, 国立法律情報処理センター

CNIL Commission nationale de l'informatique et des libertés, 情報科学と自由に関する全国委員会

CNIM Constructions navales et industrielles de la Méditerranée, 地中海造船・工業建設

CNIP Centre national des indépendants et paysans, (フランスの政党で)独立農民中道派

CNIPE Centre national d'information pour la productivité

des entreprises, 企業生産性のための全国情報センター
CNIR Centre national d'information routière, 国立道路情報センター
CNIS Conseil national de l'information statistique, 統計情報全国評議会
CNIT Centre national des industries et des techniques, 国立工業技術センター：デフェンス地区の見本市会場
CNJA Centre national des jeunes agriculteurs, 青年農業者全国センター
CNL Confédération nationale du logement, 住宅全国連盟
CNL Centre national des lettres, 国立文学センター
CNLAMCA Comité national de liaison des activités mutualistes coopératives et associatives, 共済・生協・協会活動全国連絡委員会
CNLAPS Comité national de liaison des associations de prévention spécialisée, 専門予防団体全国連絡委員会
CNMCCA Confédération nationale de la mutualité, de la coopération et du crédit agricoles, 全国農業共済・協同・信用連盟
CNMHS Caisse nationale des monuments historiques et des sites, 史跡風土全国金庫
CNN Compagnie nationale de navigation, 国立海運会社
CNOASA Conseil national d'orientation de l'aménagement des structures artisanales, 手工業組織調整指導全国評議会
CNOP Conseil national de l'ordre des pharmaciens, 薬剤師会全国評議会
CNOSF Comité national olympique du sport français, フランススポーツマンのオリンピック国内委員会
CNOUS Centre national des œuvres universitaires et scolaires, 大学福祉全国センター
CNP Caisse nationale de prévoyance, 国民保険金庫
CNP Centre national de la photographie, 国立写真センター
CNPF Conseil national du patronat français, フランス経営者全国評議会：1998.10にフランス企業運動(**Medef**)と改名, *National Employers Federation (France)*
CNPS Caisse nationale de prévoyance sociale, 社会保障全国金庫
CNR Conseil national de la résistance, (フランス史の)全国抵抗評議会

CNR Compagnie nationale du Rhône, 国立ローヌ川会社

CNRACL Caisse nationale de retraite des agents des collectivités locales, 全国地方公務員退職年金金庫

CNRED Comité national pour la récupération et l'élimination des déchets, 廃棄物回収排除全国委員会

CNRF Comité national de recherches forestières, 森林研究全国センター

CNRgné cartonné non rogné, 本の縁を断裁していないハードカバー

CNRM Confédération nationale des retraités militaires et des veuves de militaires de carrière, 退役軍人と職業軍人寡婦全国連盟

CNRO Caisse nationale de retraite des ouvriers du bâtiment et des travaux publics, 建設公共事業労務者退職年金全国金庫

CNRS Centre national de la recherche scientifique, 国立科学研究センター, *National Center of Scientific Research (France)*

CNRT Centre national de recherche technologique, 国立工業研究センター

CNS Conseil national du sida, (フランスの)全国エイズ評議会

CNS Comité national des sports, 全国スポーツ委員会

CNSF Confédération nationale des salariés de France, フランス労働者全国総同盟

CNSM Conservatoire national supérieur de musique, 国立高等音楽院

CNSTP Confédération nationale des syndicats de travailleurs paysans, 勤労農民全国同盟

CNT Caisse nationale des télécommunications, 電気通信全国金庫

CNTC Confédération nationale des travailleurs de Centrafrique, 中央アフリカ勤労者全国同盟

CNTE Centre national de téléenseignement, テレビ教育全国センター

CNTS Centre national de transfusion sanguine, (フランスの)国立輸血センター

CNU Conseil national des universités, 全国大学評議会

CNU Comité national d'urbanisme, 都市計画全国委員会

CNUCED Conférence des Nations unies sur le commerce et le développement, 国連貿易開発会議, *UNCTAD* =

United Nations Conference on Trade and Development

CNUDCI Commission des Nations unies pour le droit commercial international, 国連国際商取引法委員会, *UNCITRAL = United Nations Commission on International Trade Law*

CNUDM Conférence des Nations unies sur le droit de la mer, 国連海洋法会議, *UNCLOS = United Nations Conference on the Law of the Sea*

CNUED Conférence des Nations unies sur l'environnement et le développement, 国連環境開発会議, *UNCED = United Nations Conference on Environment and Development*

CNUST Centre des Nations unies sur les sociétés transnationales, 国連多国籍企業センター, *UNCTC = United Nations Center on Transnational Corporations*

CNUSTD Conférence des Nations unies sur la science et la technique au service du développement, 国連科学技術開発会議, *UNCSTD = United Nations Conference on Science and Technology for Development*

CNVA Conseil national de la vie associative, 非営利社団活動全国評議会

CNY yuan renminbi, （中国の通貨単位で）元, *yuan*

CO compte ouvert, 開設口座, *opened account*

Co cobalt, コバルト, *cobalt*

CO Colombie, コロンビア：国際自動車識別記号, *Colombia*

COA Conseil de l'ordre des avocats, 弁護士会評議会

coag. coagulation, 凝固, *coagulation*

coass. coassurance, 共同保険, *coinsurance*

COB Commission des opérations de Bourse, （フランスの）証券取引委員会, *French Stock Exchange watchdog*

cobalothér. cobalthérapie, コバルト照射療法, *cobaltotherapy*

COBCCEE Comité des organisations de la boucherie-charcuterie de la Communauté économique européenne, 欧州経済共同体肉屋機関委員会, *Committee of Butchery and Cooked Meats Organizations of the European Economic Community*

coc. cocaïne, コカイン, *cocaine*

COCA Connexion CAC (cotation assistée en continu), 証券取引オンライン連結

COCEMA Comité des constructeurs européens de matériel alimentaire, 欧州食品産業工場建設業者委員会, *Committee of European Plant Manufacturers for the Food Industry*

COCERAL Comité du commerce des céréales et des aliments du bétail, (欧州共同体の)穀物家畜飼料取引委員会, *Committee of the Cereal and Animal Feed Trade*

COCOM Comité de coordination pour le contrôle multilatéral des exportations, 対共産圏輸出統制委員会, *COCOM = Coordinating Committee for Multilateral Export Controls*

COCONA Conseil de coopération nord-atlantique, 北大西洋協力評議会

COCOVINU Commission de contrôle de vérification et d'inspection des Nations unies, 国連監視検証査察委員会, *UNMOVIC = United Nations Monitoring, Verification and Inspection Commission*

COCR colon costaricien, (通貨単位で)コスタリカ・コロン, *colon (Costa Rica)*

COD carbone organique dissous, (水中の)溶存有機性炭素, *DOC = dissolved organic carbon*

CODATA Comité pour les données scientifiques et technologiques, (英語略語のままで)科学技術データ委員会, *CODATA = Committee on Data for Science and Technology*

Code ISM Code international de gestion de la sécurité, (英語略語のままで)国際安全管理コード, *ISM (International Safety Management) Code*

codéb. codébiteur, 共同債務者, *joint debtor*

CODEC codeur / décodeur, 符号発生解読器, *CODEC = Coder/Decoder*

CODEFI Comité départemental d'examen des problèmes de financement des entreprises, 県単位企業財務問題検討委員会

CODEMAC Comité des déménageurs du marché commun, (欧州)共同体引越業者委員会

CODENE Comité pour le désarmement nucléaire en Europe, 欧州核廃絶委員会

CODER Commission de développement économique régional, 地方圏経済発展委員会

CODESA Convention pour une Afrique du Sud démocratique, (英語略語のままで)民主南アフリカ会議, *CODESA = Convention for a Democratic South Africa*

CODEVI compte pour le développement industriel, 産業振興基金口座預金：別名は産業発展定期預金

CODIF Centre d'orientation, de documentation et d'information féminin, 婦人進路指導・資料情報センター

codif. codification, 法典編纂, *codification*

codir. codirection, 共同経営, *joint management*

CODIS Comité d'orientation pour le développement des industries stratégiques, 戦略産業発展向け進路指導委員会

CODIS Centre opérationnel départemental d'incendie et de secours, （フランスの）県消防及び救助オペレーションセンター, *prefectural operation center of fire and of rescue*

CODISC Centre opérationnel de la direction de la sécurité civile, （フランス内務省）民間安全局オペレーションセンター

COE Conseil œcuménique des églises, 世界教会協議会, *WCC = World Council of Churches*

coéd. coédition, 共同出版, *joint publishing*

coeff. coefficient, 係数, *coefficient*

COES colon salvadorien, （通貨単位で）エルサルバドル・コロン, *colon (El Salvador)*

coexist. coexistence, 共存, *coexistence*

COFACE Comité des organisations familiales auprès des communautés européennes, 欧州共同体家族機関委員会, *Committee of Family Organizations in the European Communities*

COFACE Compagnie française d'assurance pour le commerce extérieur, フランス輸出信用保証会社, *Export Credit Guarantee Department (France)*

COFAG Comité des fabricants d'acide glutamique, グルタミン酸製造業者委員会, *Committee of Glutamic Acid Manufacturers*

COFALEC Comité des fabricants de levure de panification de la Communauté économique européenne, 欧州経済共同体パン用イースト製造業者委員会, *Committee of Bread Yeast Manufacturers of the European Economic Community*

COFIT Confédération française de l'industrie du tourisme, 観光産業フランス連盟

COFRENA Comité français de l'équipement naval, 船舶設備フランス委員会

COGECA Comité général de la coopération agricole de la

Communauté économique européenne, 欧州経済共同体農業協同組合総合委員会, *COGECA = General Committee for Agricultural Cooperation in the European Economic Community*

COGEMA Compagnie générale des matières nucléaires, フランス核燃料公社

COGENE Comité scientifique sur l'expérimentation génétique, (英語略語のままで)遺伝子実験委員会, *COGENE = Scientific Committee on Genetic Experimentation*

cogér. cogérance, 共同経営, *co-management*

cogest. cogestion, 共同経営, *co-management*

cohab. cohabitation, 同棲, *cohabitation*

cohés. cohésion, まとまり, *cohesion*

COI Commission océanographique intergouvernementale, 政府間海洋学委員会, *IOC = Intergovernmental Oceanographic Commission (UNESCO)*

COI Conseil oléicole international, 国際オリーブ油理事会, *IOOC = International Olive Oil Council*

COI Bureau central de l'information, (英語略語のままで)(英国の)中央情報局, *COI = Central Office of Information*

coiff. coiffure, ヘアスタイル, *hair style*

COIPM Comité international permanent pour la recherche sur la préservation des matériaux en milieu marin, 国際海洋材料保存研究常置委員会, *COIPM = Permanent International Committee for Research on the Preservation of Materials in the Marine Environment*

COISM Conseil des organisations internationales des sciences médicales, 医科学国際組織カウンシル, *Council of International Organizations of Medical Sciences*

col. colonie, 植民地, *colony*

col. colonne, 円柱, *column*

COLCHIC base de données recueillies par les laboratoires de chimie (de l'INRS et des CRAM), (国立職業災害病気予防安全研究所と地方疫病保険金庫の)化学研究所収集のデータベース

colib. colibacille, 大腸菌, *colon bacillus*

COLIPA Comité de liaison des associations européennes de l'industrie de la parfumerie, des produits cosmétiques et de toilette, 欧州香水化粧品産業協会連絡委員会, *European Federation of the Perfume, Cosmetics and Toiletries Industry*

COLIPED Comité de liaison des fabricants de pièces et équipements de deux-roues des pays de la Communauté économique européenne, 欧州経済共同体諸国二輪車部品装備製造業者連絡委員会, *Liaison committee of Manufacturers of Parts and Equipment for Two-Wheeled Vehicles*

coll. collectif, 集合的な, *collective*

coll. collection, 収集, *collecting*

coll. collège, コレージュ, *school*

collabo collaborateur, 対独協力者

collabor. collaborateur, 協力者, *collaborator*

collat. collatéral, 側面の, *collateral*

collationn. collationnement, 照合, *collating*

collect. collectivisme, 集産主義, *collectivism*

collis. collision, 衝突, *collision*

colloc. collocation, 順位決定, *collocation*

collus. collusion, 共同謀議, *collusion*

colog cologarithme, 余対数, *cologarithm*

colon. colonel, 大佐, *colonel*

colonis. colonisation, 植民地化, *colonization*

color. colorant, 染料, *colorant*

color. coloration, 染色, *coloring*

COM Comores, コモロ, *Comoros*

com. comité, 委員会, *committee*

COM sortie ordinateur sur microfilm, (英語略語のままで)コンピュータ出力マイクロフィルム, *COM＝computer output on microfilm*

COMAF Comité des constructeurs de matériel frigorifique, (欧州共同体の)冷凍機材製造業者委員会, *Committee of Manufacturers of Refrigeration Equipment*

combust. combustible, 可燃性の, *combustible*

combust. combustion, 燃焼, *combustion*

COMECON Conseil d'assistance économique mutuelle, コメコン：別名は経済相互援助会議, *COMECON＝Council for Mutual Economic Assistance*

COMES Commissariat à l'énergie solaire, (フランス産業省)太陽エネルギー委員会, *Solar Energy Commission (France)*

COMESA Marché commun des Etats d'Afrique orientale et du Sud, (英語略語のままで)東・南部アフリカ共同市場, *COMESA＝Common Market for Eastern and Southern Africa*

COMEX Compagnie maritime d'expertise, 海洋探査会社
COMIRH Conseil des organisations mondiales intéressées à la réadaptation des handicapées, 世界身体障害者機構, *WOIH = Council of World Organizations Interested in the Handicapped*
COMITEXTIL Comité de coordination des industries textiles de la Communauté économique européenne, 欧州経済共同体繊維産業調整委員会, *COMITEXTIL = Co-ordinating Committee for the Textile Industries in the European Economic Community*
comm. commande, 注文, *order*
comm. commerce, 商業, *commerce*
comm. communal, 市町村の, *communal*
comm. commune, 市町村, *commune*
comm. communisme, 共産主義, *communism*
comm communication, 通信, *communication*
command. commandement, 指揮権, *command*
commémor. commémoration, 記念祭, *commemoration*
comment. commentaire, 解説, *comment*
commercialis. commercialisation, 商品化, *marketing*
commiss. commissaire, 警視, *captain (Police)*
commiss. commissionnaire, メッセンジャー, *messenger*
commiss. commission, 委員会, *commission*
commiss. commissariat, 警察署, *police station*
commiss.-pris. commissaire-priseur, 競売吏, *auctioneer*
commun. communauté, 共同体, *community*
commun. fin. communauté financière, 金融共同体, *financial community*
communic. communication, 通信, *communication*
communx communaux, (複数で)市町村の, *communal*
commut. commutation, (回線)交換, *commutation*
commut. commutateur, スイッチ, *switch*
compar. comparatif, 比較級, *comparative*
compar. comparaison, 比較, *comparison*
compat. compatible, 両立する, *compatible*
compatib. compatibilité, 互換性, *compatibility*
compatibilis. compatibilisation, 転記, *entering into the accounts*
compens. compensation, 相殺, *compensation*
compét. compétition, 競争, *competition*
compét. compétence, 能力, *competence*

compétit. compétitivité, 競争力, *competitiveness*
compil. compilation, (コンピュータの)コンパイル, *compilation*
compl. complément, 補足物, *rest*
compo composition, 植字, *typesetting*
compos. composition, 作曲, *composition*
compr. compris, 込みの, *included*
compress. compression, 圧縮, *compression*
compt. comptoir, カウンター, *counter*
compta comptabilité, 会計, *accounts*
comptab. comptabilité, 会計, *accounts*
COMSAT satellite de communication, (英語略語のままで)コムサット, *COMSAT* = *communications satellite*
concept. conception, 着想, *conception*
concess. concessionnaire, ディーラー, *dealer*
concess. concession, 委譲, *granting*
cond. conditionnel, 条件法の, *conditional*
cond. condition, 条件, *condition*
condens. condensation, 凝縮, *condensation*
condol. condoléances, お悔やみ, *condolences*
conduct. conducteur, 運転手, *driver*
confec. confection, 製作, *making*
conféd. confédération, 連邦, *confederation*
CONFEMEN Conférence des ministres de l'éducation nationale des pays d'expression francophone, フランス語圏諸国文部大臣会議
confér. conférencier, 講師, *lecturer*
confér. conférence, 会議, *conference*
confid. confidence, 打ち明け話, *confidence*
config. configuration, 外形, *configuration*
confirm. confirmation, 確認, *confirmation*
confis. confiserie, 糖菓販売店, *candy store*
confisc. confiscation, 没収, *confiscation*
confl. confluent, 合流点, *confluence*
conform. conformation, (体の)形態, *conformation*
confr. confrère, 同僚, *colleague*
confr. confrérie, 兄弟会, *brotherhood*
confront. confrontation, 対決, *confrontation*
congél. congélation, 冷凍, *freezing*
congén. congénital, 先天性の, *congenital*
congest. congestion, 充血, *congestion*

congol. congolais, コンゴの, *Congolese*
congr. congrès, 大会, *conference*
congrat. congratulations, お祝いの言葉, *congratulations*
congrég. congrégation, 修道会, *community*
congress. congressiste, 大会参加者, *conventioneer*
conj. conjonction, 接続詞, *conjunction*
conjug. conjugaison, 活用, *conjugation*
connaiss. connaissement, 船荷証券, *waybill*
connex. connexion, 結合, *connection*
connot. connotation, 内包, *connotation*
cons. conseiller, 顧問, *adviser*
cons. conseil, 評議会, *council*
consang. consanguinité, 父系血縁関係, *consanguinity*
conscr. conscrit, 新兵, *draftee*
conscr. conscription, 軍籍登録, *draft*
conserv. conservatoire, 芸術学校, *conservatory*
consist. consistoire, 教皇主宰枢機卿会議, *consistory*
consolid. consolidation, 強化, *strengthening*
consomm. consommation, 消費, *consumption*
conson. consonance, 協和音, *consonance*
conspir. conspiration, 陰謀, *conspiracy*
const. constant, 恒常的な, *constant*
const. aéron. construction aéronautique, 航空機製造, *aircraft manufacturing*
constat. constatation, 確認, *noting*
constip. constipation, 便秘, *constipation*
constr. construction, 建築, *construction*
constr. mécan. construction mécanique, エンジニアリング, *engineering*
constr. nav. construction navale, 造船, *shipbuilding*
consumér. consumérisme, 消費者運動, *consumerism*
cont. continent, 大陸, *continent*
contag. contagiosité, 伝染性, *contagiousness*
contag. contagion, 伝染, *contagion*
contag. contagieux, 伝染する, *contagious*
contemp. contemporain, 同時代の, *contemporary*
contest. contestable, 疑わしい, *questionable*
contest. contestation, 論争, *dispute*
contin. continuateur, 継承者, *successor*
contr. contrat, 契約, *contract*
contr. contraire, 反対の, *opposite*

contracept. contraception, 避妊, *contraception*
contract. contraction, 収縮, *contraction*
contractualis. contractualisation, 臨時職員化
contrad. contradiction, 矛盾, *contradiction*
contref. contrefaçon, 偽物, *counterfeiting*
contus. contusion, 挫傷, *contusion*
conurb. conurbation, 連合都市, *conurbation*
conv. conventionnel, (武器が)通常型の, *conventional*
conv. conventionnel, 合意の, *contractual*
conv. convention, 合意, *agreement*
conv. convection, 対流, *convection*
conval. convalescence, 回復期, *convalescence*
convalo convalescence, 回復期, *convalescence*
converg. convergence, 収束, *convergence*
convers. conversation, 会話, *conversation*
conviv. convivialité, 共生, *conviviality*
convoc. convocation, 召集, *calling*
COO conception orientée objet, (コンピュータの)オブジェクト指向設計, *OOD＝object-oriented design*
coop. coopérative, 協同組合, *cooperative*
coopér. coopération, 協力, *cooperation*
coopt. cooptation, 現会員による新会員の選挙, *co-option*
COORACE Fédération de comités et d'organismes d'aide aux chômeurs par l'emploi, 労働機会実現による失業者援助団体連盟
coordin. coordination, 協調, *coordination*
coordonn. coordonnateur, 調整役, *coordinator*
cop. copie, コピー, *copy*
COP Centre océanographique du Pacifique, 太平洋海洋学センター
COP peso colombien, (通貨単位で)コロンビア・ペソ, *Colombian peso*
cop. copieur, 複写機, *copying machine*
cop. copyright, 著作権, *copyright*
COPA Comité des organisations professionnelles agricoles, (EUの)農業職能組合組織委員会, *COPA＝Committee of Agricultural Organizations*
COPAC Comité commun pour la promotion de l'aide aux coopératives, 協同組合援助促進共同委員会, *Joint Committee for the Promotion of Aid to Cooperatives (FAO)*
COPACEL Confédération française de l'industrie des pa-

piers, cartons et cellulose, フランス紙・段ボール・パルプ産業連盟

COPERS Commission préparatoire européenne de recherches spatiales, 欧州宇宙研究準備委員会, *European Preparatory Commission for Space Research*

copil. copilote, 副操縦士, *copilot*

coprol. coprologie, 糞便学, *coprology*

COR Conseil d'orientation des retraites, 年金基本路線評議会：ジョスパン首相が2000年に設置

cor. coréen, 韓国の, *Korean*

CORDES Comité d'organisation des recherches appliquées sur le développement économique et social, （フランスの）経済社会発展に対する調査組織委員会

cordonn. cordonnerie, 靴修理店, *shoe-repairing*

corelig. coreligion, 同宗

coreligionn. coreligionnaire, 同宗者, *coreligionist*

COREPER Comité des représentants permanents, （EUの）常駐者代表委員会, *PRC = Permanent Representatives Committee*

CORES ―, 東証市場売買システム, *CORES = Computer-assisted Order Routing and Execution System*

CORESTA Centre de coopération pour les recherches scientifiques relatives au tabac, タバコ科学研究協力センター, *CORESTA = Cooperation Center for Scientific Research Relative to Tobacco*

COREVA complément de retraite volontaire agricole, 農業経営者自発補足年金

corn. corniche, コーニス, *cornice*

coron. coronaire, 冠状の, *coronary*

coronar. coronarien, 冠動脈の, *coronary*

corpor. corporation, 同業者, *corporate body*

corpor. corporatisme, 同業組合主義, *corporatism*

corr. corrigé, 修正の, *corrected*

corr. correction, 修正, *correction*

corrél. corrélation, 相関関係, *correlation*

corresp. correspondance, 通信, *correspondence*

corréz. corrézien, コレーズの, *of Corrèze*

CORRI Comité régional de restructuration industrielle, 地方圏産業再編委員会

corros. corrosion, 腐食, *corrosion*

corrupt. corruption, 腐食, *corruption*

cortic. corticoïde, コルチコイド, *corticoid*
corticosurr. corticosurrénale, 副腎皮質の, *adrenocortical*
cortis. cortisone, コーチゾン, *cortisone*
COS coefficient d'occupation des sols, 土地占有係数
cos cosinus, コサイン, *cosine*
COSAC Conférence des organes spécialisés dans les affaires communautaires des parlements nationaux et du parlement européen, 加盟国各国議会と欧州議会の欧州問題専門機関会議
cosec cosécante, コセカント, *cosecant*
COSIFORME Commission pour la simplification des formalités incombant aux entreprises, 行政文書簡略化委員会
cosign. cosignataire, 共同署名者, *cosignatory*
cosm. cosmétique, 化粧品, *cosmetic*
cosmétol. cosmétologie, 美容術, *cosmetology*
cosmogr. cosmographie, 宇宙形状誌, *cosmography*
cosmol. cosmologie, 宇宙論, *cosmology*
COSQUA Conseil supérieur de la qualité artisanale, 手工業品質高等評議会
COST Coopération européenne dans le domaine de la recherche scientifique et technique, （EUの）科学技術研究分野の欧州協力, *European Cooperation in the Field of Scientific and Technical Research*
cost. costume, 背広, *suit*
COSTIC Comité scientifique et technique des industries climatiques, 空調産業科学技術委員会
COTEF Complexe textile de Fès, （モロッコの）フェズ繊維コンビナート, *Textile Complex of Fez*
cotg cotangente, 余接, *cotangent*
COTIF Convention relative aux transports internationaux ferroviaires, 国際鉄道輸送条約, *Convention concerning International Carriage by Rail*
COTOREP Commission technique d'orientation et de reclassement professionnel, 職業指導再就職斡旋委員会：別名は職業指導・社会復帰技術委員会
coul. couleur, 色, *color*
coup.-rép. coupon-réponse, 国際返信切手券, *reply coupon*
cour. courant, 電流, *current*
courr. courrier, 郵便物, *mail*
couss. coussinet, 軸受, *bearing*
coutell. coutellerie, 刃物産業, *cutlery*

coutum. coutumier, いつもの, *customary*
couv. couvercle, カバー, *cover*
couvert. couverture, 表紙, *cover*
couvert. ill. couverture illustrée, イラスト入り表紙, *illustrated cover*
coval. covalence, 共有原子価, *covalence*
covar. covariance, 共分散, *covariance*
COW lavage au brut des citernes, (英語略語のままで)(輸送船内部の)原油洗浄, *COW =crude oil washing*
COWAR Comité scientifique pour les recherches sur l'eau, (英語略語のままで)水研究科学委員会, *COWAR = Scientific Committee on Water Research*
coxalg. coxalgie, 股間節痛, *coxalgy*
coxarthr. coxarthrose, 変形性股関節症, *coxarthrose*
CP cours préparatoire, (小学校の)準備科, *nursery school*
CP cours primaire, 初級科, *primary classes*
CP processeur de traitement des appels, (英語略語のままで)呼び処理プロセッサー, *CP =call processor*
CPA concentrateur public d'abonnés, (情報通信の)一般加入者集心装置, *public subscriber concentrator*
CPA colis postal avion, 航空小包
CPA Cour permanent d'arbitrage, 常設仲裁裁判所, *PCA =Permanent Court of Arbitration*
CPA classe préparatoire à l'apprentissage, 職業見習準備学級
CPA Centre de perfectionnement dans l'administration des affaires, 経営改善センター
CPA Comité des paysans africains, アフリカ農民委員会, *AFC =African Farmers Committee*
CPAG centre de préparation à l'administration générale, 一般行政職受験準備センター
CPAM Caisse primaire d'assurance maladie, 疾病保険第一金庫
CPANE Commission des pêcheries de l'Atlantique du Nord-Est, 北東大西洋漁業委員会, *NAFC =Northeast Atlantic Fisheries Commission*
CPAO conception de programmes assistée par ordinateur, コンピュータ支援ソフトウェア技術:別名はケイス, *CASE =computer-aided software engineering*
CPCAM Caisse primaire centrale d'assurance maladie, 疾病保険第一中央金庫
CPCEA Caisse de prévoyance des cadres d'exploitation

agricole, 農業幹部職員福利厚生・年金金庫
CPCH collier de perles, carré Hermès, (ファションスタイルが)山の手のお嬢様風の
CPCIE Comité permanent du congrès international d'entomologie, 国際昆虫学会会議常置委員会, *PCICE = Permanent Committee of the International Congress of Entomology*
CPCIP Commission permanente de la convention internationale des pêches, 国際漁業協定常設委員会, *Permanent Commission of the International Fisheries Convention*
CPCSS Caisse primaire centrale de sécurité sociale, 社会保障第一中央金庫
CPD conseiller pédagogique départemental, 県教育顧問
CPDCET Centre de perfectionnement pour le développement et la coopération économique et technique, 経済技術開発協力再教育センター
cpdt cependant, しかし, *but*
CPE coopération politique européenne, 欧州政治協力, *EPC = European political cooperation*
CPE Centre de prospectives et d'évaluations, 長期予測評価センター
CPEM certificat préparatoire aux études médicales, 医学準備課程修了証
CPER contrat de plan Etat-régions, 国家=地域圏計画契約
CPG Confédération patronale gabonaise, ガボン経営者連盟
CPG chromatographie en phase gazeuse, ガスクロマトグラフィー, *GC = gas chromatography*
CPGE classe préparatoire aux grandes écoles, グランゼコール準備級
CPI Cour pénale internationale, 国際刑事裁判所, *ICC = International Criminal Court*
CPIE Centre permanent d'initiation à l'environnement, 環境への手引常設センター
CPJI Cour permanente de justice internationale, 常設国際司法裁判所, *PCIJ = Permanent Court of International Justice*
CPM Comité du patrimoine mondial, 世界遺産委員会, *WHC = World Heritage Committee*
CPM Caisse de prévoyance et de retraite du personnel des organismes de mutualité, 共済機関職員保障年金金庫
CPM méthode du chemin critique, (英語略語のままで)臨

界進路法, *CPM* = *critical path method*
CPM Conseil de la politique monétaire, (フランス銀行の)通貨政策評議会, *Policy Board (Bank of France)*
CPNT Chasse, pêche, nature, traditions, (フランスの政党で)狩猟釣り自然伝統
cPo centipoise, センチポアズ, *centipoise*
CPP caractères par pouce, 文字数毎インチ, *CPI* = *characters per inch*
CPP concentré de protéine de poisson, 魚肉濃縮蛋白, *FPC* = *fish protein concentrate*
CPP conférence permanente des parcs, 公園常設会議
CPP code de procédure pénale, 刑事訴訟法典
CPPN classe préprofessionnelle de niveau, 職業前教育学級
CPPS Commission permanente du Pacifique Sud, 南太平洋常設委員会, *Permanent Commission of the South Pacific*
CPS caractères par seconde, 文字数毎秒, *CPS* = *characters per second*
CPS Commission pour le Pacifique Sud, 南太平洋委員会, *SPC* = *South Pacific Commission*
cpt comptant, 現金の, *cash*
CPT centre de perfectionnement technique, 技術再教育センター
CPT port payé jusqu'à, (英語略語のままで)(インコタームで)輸送費込み値段, *CPT* = *carriage paid to*
Cpte compte, 口座, *account*
CQAO contrôle de la qualité assisté par ordinateur, コンピュータ支援品質管理, *computer-assisted quality control*
CQE contrôle de qualité à l'exportation, 輸出向け品質管理
CQFD ce qu'il fallait démontrer, (よって)証明せられた, *QED* = *quod erat demonstrandum* (ラテン語)
CQG contrôle de qualité globale, 総合的品質管理, *TQC* = *total quality control*
CR coefficient de rémunération, 給与指数, *coefficient of wages*
CR cadre de réserve, 予備幹部
CR compte rendu, 報告書, *report*
CR chargé de recherche, 研究担当官
Cr chrome, クロム, *Cr* = *chromium*
CR retour de chariot, (英語略語のままで)復帰(文字), *CR* = *carriage return*
CR Costa Rica, コスタリカ：国際自動車識別記号, *Costa*

Rica
CRA commission de règlement anticipé, 即時決済手数料
CRADAT Centre régional africain d'administration du travail, 労働行政アフリカ地方センター
CRAM Caisse régionale d'assurance maladie, 地方疾病保険金庫
crayonn. crayonnage, 鉛筆で書くこと, *sketching*
CRBF Comité de réglementation bancaire et financière, 銀行金融規制委員会
CRC colon costaricain, （通貨単位で）コスタリカ・コロン, *colon (Costa Rica)*
CRC contrôle de redondance cyclique, 巡回冗長検査, *CRC = cyclic redundancy check*
CRCI chambre régionale du commerce et d'industrie, 地方商工会議所
CRDS contribution au remboursement de la dette sociale, 社会保障債務返済税
CRE contrat de retour à l'emploi, （Michel Rocard 発案の）再就職契約
CREAI Centre régional pour l'enfance et l'adolescence inadaptées, 地方適応不良青少年センター
créanc. créancier, 債権者, *creditor*
créd. crédit, 貸付, *credit*
CREDIF Centre de recherches et d'études pour la diffusion du français, クレディフ：フランス語教育の研究開発をする機関
CREDOC Centre de recherches, d'études et de documentation sur la consommation, （フランスの）消費調査研究資料センター
CREDOC crédit documentaire, 荷為替信用状, *documentary credit*
CREIC Centres régionaux d'échanges d'images-chèques, 磁気印字小切手決済システムセンター
CREN Conservatoires régionaux d'espaces naturels, 地方自然地域保護協会
CREP Caisse de retraite des entreprises de presse, 報道企業年金庫
CREP Centre régional d'éducation populaire, 人民教育地方センター
CREPAH Centre de réalisations et d'études pour la planification, l'aménagement et l'habitat, 計画化・整備・

居住のための実行研究センター
CREPS Centre régional d'éducation physique et sportive, 体育・スポーツ教育地方センター
Cresc. crescendo, クレッシェンドで, *crescendo*
CREST Comité de la recherche scientifique et technique, (EUの)科学技術研究委員会, *Scientific and Technical Research Committee*
crét. crétois, クレタ島の, *Cretan*
CRETE Association des correspondants des radios et télévisions étrangères à Paris, 在パリ外国ラジオテレビ特派員協会, *Association of Foreign Radio and Television Correspondents in Paris*
crevais. crevaison, パンク, *puncture*
CRF Croix-Rouge française, フランス赤十字, *French Red Cross*
CRFPA Centre régional de formation professionnelle des avocats, 地方弁護士養成学校
CRH Caisse de refinancement hypothécaire, (フランスの)抵当貸付公庫
CRI Caisse de retraite interentreprises, 退職年金共同金庫
CRI Conseils régionaux islamiques, イスラム地方評議会
CRIDON Centre de recherches, d'information et de documentation notariales, 公証人情報文献研究センター
CRIF Conseil représentatif des institutions juives de France, フランスユダヤ機関代表評議会
CRIH Centre régional d'informatique hospitalière, 病院情報科学地方センター
criminalis. criminalisation, 重罪院への移送
criminol. criminologie, 犯罪学, *criminology*
CRIS Centre de recherches internationales pour la santé, 健康のための国際研究センター
CRISA Caisse de retraite inter-entreprises spatiales et aéronautiques, 航空宇宙企業間年金金庫
CRISMS Commission régionale des institutions sociales et médico-sociales, 地域圏福祉医療福祉制度委員会
cristall. cristallerie, クリスタルガラス器製造, *crystal manufacture*
cristallis. cristallisation, 結晶作用, *crystallization*
cristallogr. cristallographie, 結晶学, *crystallography*
CRITER Centre de recherche interdépartemental pour le traitement des eaux résiduaires, 廃水処理県間協同研究セ

ンター

critér. critérium, 選抜競技, *heat*

CRM Caisse de retraite des marins, 船員年金

CRO comité de recherches océanologiques, 海洋学研究委員会

croisiér. croisiériste, 船遊観光客

croiss. croissant, 三日月, *crescent*

croiss. croissance, 成長, *growth*

croq. croquis, スケッチ, *sketch*

CROS comité régional olympique et sportif, オリンピック及びスポーツの地方委員会

CROSS Centre régional des opérations de surveillance et de sauvetage en mer, 海上監視救助作業地方センター

CROUS Centre régional des œuvres universitaires et scolaires, 大学福祉地方センター:通称はクルース

CRS Croix-Rouge suisse, スイス赤十字, *Swiss Red Cross*

CRS Compagnies républicaines de sécurité, (フランスの)共和国保安機動隊, *State Security Police (France)*

crs cours, 授業, *classes*

crs cours, 相場, *rate*

CRSSA Centre de recherches du service de santé des armées, 統合軍衛生隊研究センター

CRT comité régional du tourisme, 観光地方センター

crust. crustacé, 甲殻類, *Crustacea*

Crx croix, 十字, *cross*

cryptogr. cryptographie, 暗号作成, *cryptography*

Cs cirro-stratus, 巻層雲, *CS=cirrostratus*

CS Tchécoslovaquie, チェコスロバキア:国際自動車識別記号, *Czechoslovakia*

CS centre de secours, 救助センター

CS couronne tchécoslovaque, (通貨単位で)チェコ・コルナ, *Czechoslovak koruna*

CS sous-couche de convergence, (英語略語のままで)(デジタル交換網で)コンバージェンスサブレイヤー, *CS=convergence sublayer*

Cs césium, セシウム, *Cs=cesium*

CSA Confédération syndicale des avocats, 弁護士職業連盟

CSA Conseil, Sondages, Analyses, コンサルティング・世論調査・分析

CSA Conseil supérieur de l'audiovisuel, 放送メディア高等評議会

CSA Comité spécial de l'agriculture, (EUの)特別農業委員

会, *SCA＝Special Committee on Agriculture (EU)*

CSAS Conseil supérieur de l'aide sociale, 社会扶助高等評議会

CSC Confédération des syndicats chrétiens de Belgique, ベルギーキリスト教労働組合連合

CSC Commission de la sécurité des consommateurs, (フランスの)消費者安全委員会

CSCC Commission supérieure des conventions collectives, 労働協約高等委員会

CSCE Conférence sur la sécurité et la coopération en Europe, 全欧安保協力会議：別名は欧州安全保障協力会議, *CSCE＝Conference on Security and Cooperation in Europe*

CSCN chambre syndicale des constructeurs de navire, 造船所経営者組合

CSCV Confédération syndicale du cadre de vie, 生活環境組合連盟

CSD Sous-comité consultatif de l'écoulement des excédents, (英語略語のままで)(FAOの)余剰物質処理協議小委員会, *CSD＝Consultative Subcommittee on Surplus Disposal (FAO)*

CSD coefficient du service de la dette, 債務返済比率, *DSR＝debt service ratio*

CSE Commission sismologique européenne, 欧州地震学委員会, *ESC＝European Seismological Commission*

CSEC Centre de sociologie de l'éducation et de la culture, 教育・文化社会学センター

CSEE Comité de Bourses de la Communauté européenne, (英語略語のままで)欧州共同体証券市場委員会, *CSEE＝Committee of Stock Exchanges in the European Community*

CSEM Centre sportif d'équitation militaire, 軍事乗馬スポーツセンター

CSEN Conseil supérieur de l'éducation nationale, 文部高等評議会

CSF Confédération syndicale des familles, 家族組合連盟

CSFM Conseil supérieur de la fonction militaire, 軍人職高等評議会

CSG contribution sociale généralisée, 一般社会保障負担税：年金生活者、失業者からの税徴収

CSHP Conseil supérieur d'hygiène publique, 公衆衛生高等評議会

CSI code sportif international, 国際スポーツ法典

cSk centistokes, センチストーク：動粘土の cgs 単位, *cS = centistoke*

CSL Confédération des syndicats libres, (フランスの)自由労働組合同盟

CSLF Conseil supérieur de la langue française, フランス語高等評議会

CSLP cadre stratégique de lutte contre la pauvreté, 貧困撲滅戦略フレームワーク

CSM Conseil supérieur de la magistrature, 司法官職高等評議会

CSMA accès multiple par détection de porteuse, (英語略語のままで)キャリア検出多重アクセス, *CSMA = carrier sense multiple access*

CSMA-CD accès multiple par détection de porteuse avec détection de collision, (英語略語のままで)搬送波検出多元接続／衝突検出, *CSMA-CD = carrier sense multiple access with collision detection*

CSMC Conseil supérieur du mécénat culturel, (フランスの)文化メセナ高等評議会

CSMF Confédération syndicale des médicaux français, フランス医師組合連合

CSMM Conseil supérieur de la marine marchande, 商船高等評議会

CSN concentrateur satellite numérique, (情報通信の)衛星デジタル集新装置, *satellite digital concentrator*

CSP catégories socio-professionnelles, 社会階層分類, *socio-professional group*

CSP code de la santé publique, 公衆衛生法典

CSP centre de secours principal, 救助センター本部

CSPDU unité de données du protocole de la sous-couche convergence, (英語略語のままで)コンバージェンスサブレイヤープロトコルデータ装置, *CSPDU = convergence sublayer protocol data unit*

CSPE Comité scientifique chargé des problèmes de l'environnement, 環境問題科学委員会, *SCOPE = Scientific Committee on Problems of the Environment*

CSRA Comité scientifique pour les recherches antarctiques, 南極研究科学委員会, *SCAR = Scientific Committee on Antarctic Research*

CSRO Comité scientifique pour les recherches océaniques, 海洋研究科学委員会, *SCOR = Scientific Commit-*

tee on Oceanic Research
CSS Conseil supérieur de la santé, 健康高等評議会
CSSS Conseil supérieur de la sécurité sociale, 社会保障高等評議会
CST Comité supérieur de la télématique, 情報通信高等委員会
CST Conseil supérieur des transports, 輸送高等評議会
CSTB Centre scientifique et technique du bâtiment, 建築物科学技術センター
CSTC Confédération syndicale des travailleurs de Centrafrique, 中央アフリカ勤労者労働組合連合
CSTC Confédération syndicale des travailleurs du Cameroun, カメルーン勤労者労働組合連合, *CCTU＝Confederation of Cameroon Trade Unions*
CSTEP Comité scientifique, technique et économique de la pêche, 漁業科学・技術・経済委員会, *STECF＝Scientific, Technical and Economic Committee on Fisheries*
CSU Cultures et sociétés urbaines, 都市の文化・社会
CT terminal de commande, (英語略語のままで)制御端末, *CT＝control terminal*
CT court terme, 短期, *short-term*
CT conteneur, コンテナ, *CT＝container*
CT prise médiane, (英語略語のままで)(コイルの)中央タップ, *CT＝center tap*
CTA Centre de traitement de l'alerte, (フランスの)警報処理センター
CTA concentrateur de terminaux annuaires, (情報通信の)電子電話帳ターミナル集心装置, *electronic address book terminal concentrator*
CTBA Centre technique du bois et de l'ameublement, 木材・家具技術センター
CTC Centre technique du cuir, 皮革技術センター
CTCI classification type pour le commerce international, (国連)標準国際貿易分類, *SITC＝Standard International Trade Classification*
CTD conseiller technique départemental, 県技術顧問
CTE contrats territoriaux d'exploitation, 農地運営国土契約：農民が政府に効率改善と環境保護を約束して援助を受ける5カ年契約
CTFT Centre technique forestier tropical, 熱帯森林技術センター

CTGREF Centre technique du génie rural des eaux et forêts, 水資源・森林の農業工学技術センター
CTHS Comité des travaux historiques et scientifiques, (フランス文部省)歴史科学作業委員会
CTI Centre technique de l'information, 情報技術センター
CTICM Centre technique industriel de la construction métallique, 金属建築工業技術センター
CTIF Comité technique international de prévention et d'extinction du feu, 国際防火消火技術委員会, *International Technical Committee for the Prevention and Extinction of Fire*
CTIF Centre technique des industries de la fonderie, 鋳造産業技術センター
CTM Commission des transports maritimes, (ジュネーブの)海運委員会, *MTC=Maritime Transport Commission*
CTM code du travail maritime, 海洋労働法典
CTM Comité des transports maritimes, (OECDの)海運委員会, *MTC=Maritime Transport Committee*
CTP comité technique paritaire, 同数専門委員会：官庁の労使間協議機関
CTR conseiller technique régional, (スポーツの)地方技術顧問
CTS navire porte-conteneurs, (英語略語のままで)コンテナ船, *CTS=container transport ship*
CTS Comité sur l'enseignement scientifique, (英語略語のままで)科学教育委員会, *CTS=Committee on the Teaching of Science*
CTU Centre de téléenseignement universitaire, (フランスの)テレビ大学講座センター
Cu cuivre, 銅, *Cu=cuprum*
Cu cumulus, 積雲, *Cu=cumulus*
CU Curaçao, キュラソー：国際自動車識別記号, *Curacao*
CU charge utile, 積載許容重量, *carrying capacity*
CUARH Comité d'urgence anti-répression homosexuelle, 同性愛者鎮圧防止緊急委員会
cub. cubain, キューバの, *Cuban*
CUBE Club des utilisateurs Bull Europe, 欧州ブルコンピュータユーザークラブ
CUCES Centre universitaire de coopération économique et sociale, 経済技術協力大学センター
CUD Cités unies développement, 世界都市連合開発

cuirass. cuirassier, 胸甲騎兵, *cuirassier*
cuis. cuisine, 台所, *kitchen*
cuisin. cuisine, 料理, *food*
cuisin. cuisinière, オーブン付きレンジ, *cooker*
CUL contrat d'union libre, 共同生活民事契約
culin. culinaire, 料理の, *culinary*
culpabilis. culpabilisation, 罪悪化を抱かせること, *making feel guilty*
cult. culture, 耕作, *culture*
cult. culture, 文化, *culture*
cultiv. cultivable, 耕作に適した, *suitable for cultivation*
cultiv. cultivateur, 農民, *farmer*
cultur. culturaliste, 文化主義の, *culturist*
cultur. culturisme, ボディービル, *body building*
cultur. culturalisme, 文化主義, *culturalism*
CUMA Coopérative d'utilisation de matériel agricole, 農業機械利用協同組合
cumul. cumulatif, 累積の, *cumulative*
CUP peso cubain, (通貨単位で)キューバ・ペソ, *Cuban peso*
CUS contrat d'union sociale, (同居)カップルの法的社会的権利を守る契約
CV chaîne volontaire, ボランタリーチェーン, *VC = voluntary chain*
CV cheval-vapeur, 馬力, *HP = horse power*
CV Curriculum Vitae, (ラテン語略語のままで)履歴書, *CV = curriculum vitae*
CVE escudo du Cap-Vert, (通貨単位で)カーボベルデ・エスクード, *Cape Verdean escudo*
CVIM contrats de vente internationale de marchandises, 国際動産売買契約, *contracts for the international sale of goods*
CVP cycle de vie d'un produit, プロダクトライフサイクル, *PLC = Product Life Cycle*
CVS correction des variations saisonnières, 季節変動の修正, *seasonal adjustment*
CVS contrat de vie sociale, 共同生活契約
CVT Correspondant en valeurs du Trésor, レポーティングディーラー, *reporting dealer*
CW dans le sens horaire, (英語略語のままで)時計回り, *CW = clockwise*

CW appel en instance, (英語略語のままで)通信中着信サービス, *CW＝call waiting*

CW onde entretenue, (英語略語のままで)連続波, *CW＝continuous wave*

Cx coefficient de traînée, 抵抗係数, *drag coefficient*

CY Chypre, キプロス：国際自動車識別記号, *Cyprus*

cybern. cybernétique, サイバネティックス, *cybernetics*

cycl. cyclone, サイクロン, *cyclone*

cycl. cyclisme, サイクリング, *cycling*

cyclotour. cyclotourisme, 自転車ツーリング, *bicycle touring*

cyl. cylindre, シリンダー, *cylinder*

cynég. cynégétique, 狩猟, *hunting*

CYP livre cypriote, (通貨単位で)キプロス・ポンド, *Cyprus pound*

cystogr. cystographie, 膀胱エックス線造影法, *cystography*

cytobiol. cytobiologie, 細胞生物学, *cytobiology*

cytol. cytologie, 細胞学, *cytology*

cytost. cytostatique, 細胞増殖抑制剤, *cytostatic*

CZ cruzado, (ブラジルの旧通貨単位で)クルザード, *cruzado*

Cz coefficient de portance, 揚力, *lift coefficient*

CZK couronne tchèque, (通貨単位で)チェコ・コルナ, *koruna*

D

d. date, 年月日, *date*
d différentielle, 微分, *differential*
d jour, 日：日数の単位, *day*
D. dom / don, (敬称で)ドン
d déci-, デシ：1/10, *d＝deci-*
D Allemagne, ドイツ：国際自動車識別記号, *Germany*
d. deleatur, 削除記号：通例ঌと書く, *dele*
d. inc. date inconnue, 日付不明
d. incert. date incertaine, 不確定日付
D.-S. Deux-Sèvres, ドゥ・セーヴル県(79)
D1 première division, (サッカーの)1部リーグ, *First Division (Professional Soccer)*
D2 seconde division, (サッカーの)2部リーグ, *Second Division (Professional Soccer)*
d° dito, 同上, *ditto*
DA Dalloz analytique, ダローズ判例集(月刊)
DA dinar algérien, (通貨単位で)アルジェリア・ディナール, *Algerian dinar*
da déca-, デカ：10, *da＝deca-*
DAB distributeur automatique de billets, 現金自動支払機, *ATM＝Automated Teller Machine*
dactylo dactylographe, タイピスト, *typist*
dactylogr. dactylographie, タイピング, *typing*
DADS déclaration annuelle des données sociales, 支払賃金総額の年次報告
DAF rendu frontière, (英語略語のままで)(インコタームで)国境持込み渡し値段(未通関), *DAF＝delivered at frontier*
DAFCO délégation académique à la formation continue, 生涯教育大学区委員会
DAFIC disponible après le financement de croissance, 成長向け資金繰り後に使用可能な
DAFSA Documentation d'analyse financière Société Anonyme, (フランスの)上場企業財務諸表分析会社

dag décagramme, デカグラム, *decagram*
DAI délégation des affaires internationales, 国際問題委員会
DAJ direction des affaires juridiques, 法務局
dal décalitre, デカリットル, *decaliter*
dam décamètre, デカメートル, *decameter*
DAM direction des applications militaires, 軍事応用局
DAM direction des affaires maritimes, 海軍局
dam² décamètre carré, 平方デカメートル, *square decameter*
daN décanewton, デカニュートン
dan. danois, デンマークの, *Danish*
danc. dancing, ダンスホール, *dance hall*
DAO huile désasphaltée, (英語略語のままで)脱アスファルトオイル, *DAO = deasphalted oil*
DAP distributeur automatique de produits, 自販機, *vending machine*
DAP dispensaire de l'assistance publique, 公的扶助診療所
DARES direction de l'animation de la recherche, des études et des statistiques, (連帯雇用省)研究統計調査指導局
DAS déclaration d'autorisation de sortie, 輸出許可, *export license*
DAS direction de l'action sociale, 社会福祉活動局
DAS domaines d'activité stratégique, 戦略立案事前調査
DASES direction de l'action sociale de l'enfance et de la santé, 社会福祉・児童・保健局
DASS direction de l'action sanitaire et sociale, 保健社会福祉局, *Directorate for health and social services*
DAT défense aérienne du territoire, 領土対空防衛
DAT traduction dynamique d'adresse, (英語略語のままで)ダイナミックアドレス移動, *DAT = dynamic address translation*
DAT cassette numérique, (英語略語のままで)デジタルオーディオテープ, *DAT = digital audio tape*
DATAR Délégation à l'aménagement du territoire et à l'action régionale, (フランスの)産業開発局
DAU document administratif unique, (欧州共同体の)統一行政資料
DAV dépôt axial en phase vapeur, 軸付け化学蒸着, *VAD = vapor phase axial deposition*
dB décibel, デシベル, *decibel*
DB division blindée, 機甲師団

DBA administrateur de base de données, （英語略語のままで）データベース管理者, *DBA =database administrator*

dble double, 二倍の, *double*

DBM mélangeur symétrique double, （英語略語のままで）（高周波の）二重平衡ミクサー, *DBM =double-balanced mixer*

DBO demande biologique en oxygène, 生物学的酸素要求量, *BOD =biological oxygen demand*

DBO demande biochimique en oxygène, 生化学的酸素要求量, *BOD =biochemical oxygen demand*

DBRD dépense brute de recherche et développement, 研究開発総支出

DBS satellite d'émission directe de télévision, （英語略語のままで）直接放送衛星, *DBS =direct broadcast satellite*

DBV débit binaire variable, 可変ビット速度, *VBR =variable bit rate*

DC démocratie chrétienne, キリスト教民主主義, *Christian Democracy*

DC gestion des périphériques, （英語略語のままで）装置制御, *DC =device control*

DC coupleur directif, （英語略語のままで）方向性結合器, *DC =directional coupler*

DC décision concernant la conformité à la Constitution, 憲法適合性に関する決定

DC Dalloz critique, ダローズ判例集(月刊)

DCA défense contre avions, 対空防衛

DCB défense contre blindés, 対機甲防衛

DCB décimal codé binaire, 二進化十進法, *BCD =binary-coded decimal*

DCF Association des dirigeants commerçants de France, フランス商店主団体

dche douche, シャワー, *shower*

DCO demande chimique en oxygène, 化学的酸素要求量, *COD =chemical oxygen demand*

DCPJ direction centrale de la police judiciaire, 司法警察中央局

DCPU direction centrale des polices urbaines, 都市警察中央局

DCRG direction centrale des renseignements généraux, （フランスの）中央総合情報局

DCS —, デジタル交換システム, *DCS =digital cross-connect*

system

DCSN direction centrale du service national, 国民役務中央局

DCV dépôt chimique en phase vapeur, 化学気相沈積, *CVD =chemical vapor deposition*

DCVS données corrigées des variations saisonnières, 季節調整済データ, *seasonally adjusted data*

DDAF direction départementale de l'agriculture et de la forêt, 県農林局

DDASS direction départementale des affaires sanitaires et sociales, 県保健・社会福祉局

DDC commande numérique directe, (英語略語のままで)直接デジタル制御, *DDC =direct digital control*

DDD automatique interurbain, (英語略語のままで)遠距離即時通話, *DDD =direct distance dialing*

DDE direction départementale de l'équipement, (フランスの)県設備部

DDE entrée directe de données, (英語略語のままで)直接データ入力, *DDE =direct data entry*

DDISS direction départementale des interventions sanitaires et sociales, 県保健・社会福祉活動局

DDL langage de description de données, (英語略語のままで)データ記述言語, *DDL =data description language*

DDOEF diverses dispositions d'ordre économique et financier, 経済・金融措置法

DDP informatique distribuée, (英語略語のままで)分散データ処理, *DDP =distributed data processing*

DDP rendu droits acquittés, (英語略語のままで)(インコタームで)仕向地持込み(関税込み)値段, *DDP =delivered duty paid*

ddp différence de potentiel, 電位差, *pd =potential difference*

DDR Allemagne démocratique, 東ドイツ：国際自動車識別記号, *East Germany*

DDT dichloro-diphényl-trichloréthane, (殺虫剤の)ディーディーティー, *DDT =dichloro-diphenyl-trichloro-ethane*

DDTE direction départementale du travail et de l'emploi, 県労働雇用局

DDTEFP direction départementale du travail, de l'emploi et de la formation professionnelle, 県労働雇用職業訓練局

DDU rendu droits non acquittés, (英語略語のままで)(インコタームで)仕向地持込み(関税抜き)値段, *DDU =delivered*

duty unpaid

DE diplôme d'Etat, 国家免状

DEA diplôme d'études approfondies, 専門研究課程修了証書, *university awarded after five-year-course of study*

DEA dialogue euro-arabe, ユーロアラブ対話, *EAD = Euro-Arab Dialogue*

déb. début, 開始, *beginning*

déball. déballage, 荷ほどき, *unpacking*

débarq. débarquement, 乗り物から降ろすこと, *unloading*

déc. décembre, 十二月, *December*

déc. décade, 十年間, *decade*

déca. décaféiné, カフェイン抜きコーヒー, *decaffeinated coffee*

décalcif. décalcification, 脱石灰, *decalcification*

décant. décantation, デカンテーション, *decantation*

décath décathlon, 十種競技, *decathlon*

décathl. décathlon, 十種競技, *decathlon*

décélér. décélération, 減速, *deceleration*

décentralis. décentralisation, 地方分散化, *decentralization*

déclin. déclinaison, 曲用, *declination*

déco. décoratif, 装飾の, *decorative*

décolor. décoloration, 変色, *discoloration*

décor. décoration, 装飾, *decoration*

découv. découvert, 覆われていない, *uncovered*

décpte décompte, 割引き, *discount*

décr. décret, デクレ：フランスの政令, *decree*

Decresc. decrescendo, デクレッシェンドの, *decrescendo*

DECS diplôme d'études comptables supérieures, 上級会計学修了証書

déd. déduction, 割引き, *deduction*

dédic. dédicace, 献辞, *dedication*

déduc. déduction, 割引き, *deduction*

DEEG diplôme d'études économiques générales, 一般経済学免状

déf. défense, 防衛, *defense*

déf. déficit, 赤字, *deficit*

déf. défini, 定義された, *defined*

déf. déficience, 欠陥, *deficiency*

défin. définition, 定義, *definition*

déflagr. déflagration, 爆燃, *explosion*

DEFM demandes d'emploi en fin de mois, 月末求職者数,

number of job-seekers at the end of month
déform. déformation, 変形, *deformation*
dégress. dégressif, 逓減の, *degressive*
dégust. dégustation, 試食, *tasting*
DEJG diplôme d'études juridiques générales, 一般法律学免状
DEL diode électroluminescente, 発光ダイオード, *LED = light-emitting diode*
DEL suppression, (英語略語のままで)削除, *DEL=delete*
del. délicat, 敏感な, *sensitive*
DELD demandeur d'emploi de longue durée, 長期求職者, *LTU=long-term unemployed*
délég. délégation, 代表団, *delegation*
délibér. délibération, 討議, *deliberation*
delin. delineavit, (ラテン語略語のままで)...作:デッサンの作者
délinq. délinquance, 犯罪, *delinquency*
délivr. délivrance, 解放, *release*
DEM deutsche mark, (通貨単位で)ドイツ・マルク, *German mark*
dém. démission, 辞職, *resignation*
dem. demain, 明日, *tomorrow*
dém. démarche, 歩き方, *step*
démag. démagogie, 民衆扇動, *demagogy*
démarc. démarcation, 境界線, *demarcation*
déménag. déménagement, 引越し, *moving*
démiss. démissionnaire, 辞職の, *who has resigned*
démocr. démocratie, 民主主義, *democracy*
démocr. démocratique, 民主的な, *democratic*
démogr. démographie, 人口統計, *demography*
demois. demoiselle, 独身女性, *single woman*
démonstr. démonstration, 証明, *demonstration*
démonstr. démonstratif, 証明する, *conclusive*
dénigr. dénigrement, 悪口, *denigration*
dénivell. dénivellation, 標高差, *difference in level*
dénonc. dénonciation, 告発, *denunciation*
dens. densité, 密度, *density*
dent. dentaire, 歯の, *dental*
dentifr. dentifrice, 歯磨き, *toothpaste*
déontol. déontologie, 職業倫理, *professional ethics*
dép. député, 国会議員, *Member of Parliament*

dep. depuis, 以来, *since*

DEP département des études et de la prospective, (文化通信省)研究・長期予想課

DEP Démocrates européens de progrès, (欧州議会の政党で)進歩欧州民主派, *Progressive European Democrats*

départ. département, 県

DEPCA Groupe international du dépistage et de la prévention du cancer, (英語略語のままで)国際癌予見予防研究会, *DEPCA = International Study Group for the Detection and Prevention of Cancer*

dépend. dépendance, 依存関係, *dependence*

dépl. dépliant, チラシ, *leaflet*

déplac. déplacement, 移動, *moving*

dépr. dépresseur, 精神安定剤, *tranquilizer*

dépréc. dépréciation, 価格の下落, *depreciation*

DEPS dernier entré, premier sorti, 後入先出法, *LIFO = Last-In First-Out*

DEQ rendu à quai droits acquittés, (英語略語のままで)(インコタームで)埠頭持込み渡し値段, *DEQ = delivered ex quay duty paid*

dér. dérivé, 派生の, *derived*

dermato dermatologie, 皮膚科学, *dermatology*

dern. dernier, 最後の, *last*

DES rendu ex ship, (英語略語のままで)(インコタームで)本船持込み渡し値段, *DES = delivered ex ship*

DES diplôme d'études supérieures, 高等教育修了証書, *graduate diploma*

desc. descente, 降下, *descent*

DESCAF diplôme d'études supérieures commerciales, administratives et financières, 商業・行政・財政高等研究免状

despot. despotisme, 専制主義, *despotism*

dess. dessin, デッサン, *drawing*

dess. dessein, 意図, *intention*

dess. dessert, デザート, *dessert*

DESS diplôme d'études supérieures spécialisées, 高等専門研究免状

dessaisiss. dessaisissement, 剥奪, *relinquishment*

dessicc. dessiccateur, 乾燥器, *desiccator*

dessicc. dessiccation, 乾燥, *desiccation*

DEST diplôme d'études supérieures techniques, 高等技術

研究免状
destin. destination, 行く先, *destination*
DESUR direction des enseignements supérieurs et de la recherche, 高等教育・研究局
dét. détaché, 緩い, *loose*
déton. détonateur, 起爆装置, *detonator*
DEUG diplôme d'études universitaires générales, 大学一般教育免状
DEUST diplôme d'études universitaires scientifiques et techniques, 大学科学技術教育免状
deux. deuxième, 二番目, *second*
DF forces allemandes stationnées en France, 仏駐屯ドイツ軍：フランスの自動車のナンバープレートの一部を構成するアルファベット記号
DF goniométrie, (英語略語のままで)方向探知, *DF=direction finding*
DFEO diplôme de fin d'études obligatoires, 義務教育修了免状
DFL Amicale de la division française libre, 自由フランス部隊友の会
dg décigramme, デシグラム, *decigram*
DG direction générale, 最高経営執行機関
DGA Délégation générale pour l'armement, 軍需本部
DGAC direction générale de l'aviation civile, 民間航空総局
DGACT direction générale des affaires culturelles et techniques, 文化技術問題総局
DGCCRF direction générale de la concurrence, de la consommation et de la répression des fraudes, (フランスの)競争消費不正抑止総局
DGD dotation globale de décentralisation, 分権化総合交付金
DGE dotation globale d'équipement, 施設費総合交付金
DGEMP direction générale de l'énergie et des matières premières, エネルギー・原料総局
DGF dotation globale de fonctionnement, 経常費総合交付金, *block grant*
DGI direction générale des impôts, 租税総局
DGLF Délégation générale à la langue française, フランス語庁
DGPN direction générale de la police nationale, 国家警察総局
dgr décigrade, デシグラード, *decigrade*

DGRCST direction générale des relations culturelles scientifiques et techniques, 文化科学技術関係総局

DGRP direction générale des relations avec le public, 人民との関係総局

DGRST Délégation générale à la recherche scientifique et technique, 科学技術研究庁

DGS direction générale de la santé, 保健総局

DGSE direction générale de la sécurité extérieure, (フランスの)対外安全総局

DGT direction générale du territoire, 国土総局

DGT direction générale des télécommunications, 電信総局

DH Dalloz hebdomadaire, ダローズ判例集(週刊)

DH dirham marocain, (通貨単位で)モロッコ・ディルハム, *Moroccan dirham*

DI division d'infanterie, 歩兵師団

DI défibrillateur cardiaque implantable, 移植可能細動除去器:心臓の除細動に使う

DIA division d'infanterie alpine, アルプス歩兵師団

dial. dialectique, 弁証法, *dialectics*

dial. dialogue, 台詞, *dialog*

dial. dialecte, 方言, *dialect*

diams diamants, ダイアモンド, *diamonds*

DICA direction des carburants, 気化燃料局

dico dictionnaire, 辞書, *dictionary*

DID accès direct à l'arrivée, (英語略語のままで)ダイアルイン, *DID = direct inward dialing*

didact. didactique, 教育法, *didactics*

DIE développement des investissements à l'étranger, 海外投資開発

DIELI direction des industries électroniques et de l'informatique, 電子情報機器産業局

dies.-électr. diesel-électrique, 電気式ディーゼルの, *diesel electric*

diét. diététique, 食事療法学, *dietetics*

diff. diffusion, 分散, *diffusion*

diff. différence, 違い, *difference*

diffam. diffamation, 中傷, *defamation*

diffic. difficulté, 困難, *difficulty*

DIGEC direction des industries du gaz, d'électricité et du charbon, ガス電力石炭産業局

digest. digestion, 消化, *digestion*

dign. dignitaire, 高官, *dignitary*
DII direction interdépartementale de l'industrie, 各県共通産業局
DIK dinar irakien, (通貨単位で)イラク・ディナール, *Iraqian dinar*
DIM dimanche, 日曜, *Sunday*
DIMA division d'infanterie de marine, 海兵師団
dimens. dimension, 次元, *dimension*
dimin. diminutif, 指小辞, *diminutive*
DIMME direction des industries métallurgiques, mécaniques et électriques, 冶金・機械・電気産業局
DIN Deutsche Industrienorm, (ドイツ語略語のままで)ドイツ規格, *German industrial standard*
DIN dinar de Yougoslavie, (通貨単位で)ユーゴスラビア・ディナール, *Yugoslavian dinar*
DIP boîtier à deux rangées de broches, (英語略語のままで)デュアルインラインパッケージ, *DIP＝dual-in-line package*
DIPAS direction du personnel et des affaires sociales, 人事労働問題局
dipht. diphtérie, ジフテリア, *diphtheria*
dipl. diplôme, 卒業証書, *diploma*
dipl. diplomate, 外交官, *diplomat*
dir. direct, 直接の, *direct*
DIRCEN direction des centres d'expérimentations nucléaires, 核実験センター局
DIRD dépense intérieure de recherche et de développement, 研究開発内部経費, *internal research and development expenditures*
DIS déchets industriels spéciaux, 特別産業廃棄物
DIS projet de norme internationale, (英語略語のままで)データ通信に関する国際規格案, *DIS＝draft international standard*
disc. discussion, 討論, *discussion*
disc. discours, 演説, *speech*
discipl. disciplinaire, 規律上の, *disciplinary*
discogr. discographie, レコード目録, *discography*
disj. disjoncteur, ブレーカー, *circuit-breaker*
disloc. dislocation, 脱臼, *dislocation*
dispar. disparition, 消滅, *disappearance*
dispens. dispensaire, 無償診療所, *free clinic*

dispers. dispersion, （光の）分散, *dispersion*
dispos. disposition, 配置, *layout*
dispos. dispositif, 装置, *device*
disqualif. disqualification, 失格, *disqualification*
dissert. dissertation, 作文, *essay*
DISSI délégation interministérielle pour la sécurité des systèmes d'information, 情報システム安全省際代表部
dist. distance, 距離, *distance*
distill. distillerie, 蒸留工業, *distillery*
distr. district, 連合区, *district*
div. division, 連結符, *hyphen*
div. divers, その他, *miscellaneous*
divid. dividende, 配当, *dividend*
divisib. divisibilité, 可分性, *divisibility*
DJ disc-jockey, ディスクジョッキー, *DJ＝disc jockey*
DJ dinar jordanien, （通貨単位で）ヨルダン・ディナール, *Jordanian dinar*
DJA dotation jeunes agriculteurs, 青年農業者助成金
DJF franc de Djibouti, （通貨単位で）ジブチ・フラン, *Djibouti franc*
DK Danemark, デンマーク：国際自動車識別記号, *Denmark*
DKK couronne danoise, （通貨単位で）デンマーク・クローネ, *Danish krone*
DL Démocratie libérale, （フランスの政党で Alain Madelin の）自由民主党
DL dose létale, 致死量, *LD＝lethal dose*
DL liaison de données, （英語略語のままで）データリンク, *DL＝data link*
dl décilitre, デシリットル, *deciliter*
DL50 dose létale médiane, 半致死量, *LD50＝median lethal dose*
DLC Droite libérale chrétienne, （フランスの政党で Charles Millon の）キリスト教リベラル右翼
DLC commande de liaison de données, （英語略語のままで）データリンク制御, *DLC＝data link control*
DLCI identificateur de connexion pour liaison de données, （英語略語のままで）データリンクコネクション識別子, *DLCI＝data link connection identifier*
DLM dose létale moyenne, 半数致死量, *LDM＝mean lethal dose*
DLMT dettes à long et moyen terme, 中長期負債, *me-*

dium and long term debts

DLP　dose liminaire de poussières, 花粉限界量, *pollen threshold dose*

DLS　service de liaison de données, （英語略語のままで）データリンクサービス, *DLS =data link service*

DLY　dinar libyen, （通貨単位で）リビア・ディナール, *Libyan dinar*

dm　décimètre, デシメートル, *decimeter*

DM　gestion de données, （英語略語のままで）データ管理, *DM =data management*

DM　deutsche mark, （通貨単位で）ドイツ・マルク, *German mark*

dm²　décimètre carré, 平方デシメートル, *square decimeter*

DMA　accès direct à la mémoire, （英語略語のままで）ダイレクトメモリーアクセス, *DMA =direct memory access*

DMA　délégation ministérielle pour l'armement, 軍備のための省委員会

DMD　délégué militaire départemental, 県軍部代表

DME　interrogateur de distance, （英語略語のままで）（航空機の）距離測定電波装置, *DME =distance-measuring equipment*

DML　langage de manipulation de données, （英語略語のままで）データ操作言語, *DML =data manipulation language*

DMMO　déclaration mensuelle des mouvements de main-d'œuvre, 労働者数推移月例報告

DMN　direction de la météorologie nationale, 全国気象局

DMS　dynamique multisectoriel, （フランスの代表的マクロ経済モデル）DMS

DMT　division militaire territoriale, 領土師管区

DNA　direction de la navigation aérienne, 航空局

DNED　direction nationale des enquêtes douanières, 関税調査全国局

DNO　dépenses non obligatoires, 非義務的経費

DNRD　dépense nationale de recherche et développement, 研究開発国民総支出

DNS　serveur de nom de domaine, （英語略語のままで）（インターネットの）ドメインネームサーバー, *DNS =domain name server*

DO　densité optique, 光学濃度, *OD =optical density*

doc.　document, 資料, *document*

doct.　docteur, 博士, *doctor*

doct. ing.　docteur ingénieur, 工学博士

dogm. dogmatique, 教条主義の, *dogmatic*
dollar PPA dollar parité pouvoir d'achat, 購買力基準としてのドル
dom. domaine, 所有地, *property*
DOM départements d'outre-mer, 海外県, *overseas departments*
dom. domestique, 召使い, *servant*
DOM-TOM départements d'outre-mer et territoires d'outre-mer, (フランスの)海外県・海外領土
DON dông, (ベトナムの通貨単位で)ドン, *dong (Vietnam)*
DON disque optique non effaçable, ライトワンス光ディスク, *WOOD=write-once optical disk*
DON disque optique numérique, CD−ROM, *CD-ROM*
DOP peso dominicain, (通貨単位で)ドミニカ・ペソ, *Dominican peso*
DOT défense opérationnelle du territoire, 国土防衛作戦軍
DOT direction opérationnelle des télécommunications, 電気通信オペレーション局
douan. douanier, 税関の, *custom*
douz. douzième, 十二番目, *twelfth*
DP division parachutiste, 降下師団
DP Dalloz périodique, ダローズ判例集(月刊)
DP délégué du personnel, 職員代表, *staff representative*
DPA dividende par action, 一株当たり配当, *dividend per share*
DPAI division des programmes et affaires industrielles, 計画及び産業問題局
DPC direction des personnels civils, 文民職員局
DPCM modulation différentielle par impulsions codées, (英語略語のままで)予測符号化, *DPCM=differential pulse code modulation*
DPE dépense publique pour l'emploi, 雇用のための公共支出
DPI diagnostic préimplantatoire, 着床前診断, *preimplantation diagnosis*
DPI droits de propriété intellectuelle, 知的所有権, *IPRs=intellectual property rights*
DPL diplomatie, 外交, *diplomacy*
DPLG diplômé par le Gouvernement, 政府認定免状を持つ
DPM direction des pêches maritimes, 海洋漁業局
DPMAT direction des personnels militaires de l'armée de

terre, 陸軍軍人局
DPN　direction de la protection de la nature, 自然保護局
DPO　direction par objectifs, MBO：目標による管理, *MBO =management by objectives*
DPP　parti démocratique progressiste, (英語略語のままで)(台湾の政党で)民進党, *DPP＝Democratic Progressive Party (Taiwan)*
DPS　droit préférentiel de souscription, 新株引受優先権
DPS　interrupteur bipolaire, (英語略語のままで)二極スイッチ, *DPS＝double-pole switch*
DPS　détenu particulièrement signalé, 特殊指摘囚人
DPSK　modulation par déplacement de phase différentielle, (英語略語のままで)差動位相変調方式, *DPSK＝differential phase-shift keying*
DQ　dernier quartier, (月の)下弦, *last quarter*
DQSI　direction de la qualité et de la sécurité industrielle, 品質・産業安全性局
DQV　délégation à la qualité de la vie, 生活の質委員会
DR　délai de recouvrement, 回収猶予, *collection period (of debts)*
dr.　drame, ドラマ, *drama*
dr.　droit, 法律, *law*
DR　drachme, (ギリシャの通貨単位で)ドラクマ, *drachma*
D^r　docteur, 博士, *Dr＝Doctor*
dr. act.　droit actuel, 現行法
dr. admin.　droit administratif, 行政法, *administrative law*
dr. anc.　droit ancien, 古法, *old law*
dr. canon　droit canon, 教会法
dr. civ.　droit civil, 民法, *civil law*
dr. comm.　droit commercial, 商法, *commercial law*
dr. constit.　droit constitutionnel, 憲法, *constitutional law*
dr. coutum.　droit coutumier, 慣習法, *common law*
dr. du trav.　droit du travail, 労働法, *labor law*
dr. ecclés.　droit ecclésiastique, 教会法
dr. féod.　droit féodal, 封建法, *feudal law*
dr. fisc.　droit fiscal, 租税法, *tax law*
dr. instit.　droit institutionnel, 制度法, *institutional law*
dr. intern.　droit international, 国際法, *international law*
dr. mar.　droit maritime, 海法, *maritime law*
dr. parlem.　droit parlementaire, 議会法, *parliamentary law*

dr. pén. droit pénal, 刑法, *penal law*
dr. procéd. droit procédural, 訴訟法
dr. publ. droit public, 公法, *public law*
dr. rom. droit romain, ローマ法, *Roman law*
dr. rur. droit rural, 農事法
DRAC direction régionale de l'action culturelle, 文化アクション地方局
DRAE délégation régionale à l'architecture et à l'environnement, 建築・環境地方委員会
dram. dramaturge, 劇作家, *dramatist*
DRAM mémoire dynamique, (英語略語のままで)(コンピュータの)ディーラム, *DRAM = dynamic random access memory*
dram. dramaturgie, 作劇法, *dramatic art*
dram. dramatique, ドラマチックな, *dramatic*
DRASC diffusion Raman anti-Stokes cohérente, コヒーレント反ストークスラマン散乱, *CARS = coherent anti-Stokes Raman scattering*
DRASS direction régionale des affaires sanitaires et sociales, 保健・社会福祉地方局, *Directorate-Regional for health and social services*
DRAW contrôle en cours d'enregistrement, (英語略語のままで)録画可能ビデオディスク方式, *DRAW = direct read after write*
DRE dispense de recherche d'emploi, 職探し免除
DREE direction des relations économiques extérieures, (経済財政予算省)対外経済関係局, *Division of Foreign Economic Relations*
DREES direction de la recherche, des études, de l'évaluation et des statistiques, (厚生連帯省)評価統計調査研究局
DRES dotation départementale d'équipement des collèges, 中学校施設整備県交付金
DRET direction des recherches, études et techniques, (国防省)調査研究技術局
DRH directeur de ressources humaines, 人材活用部長, *Director of human resources*
DRIP plan de réinvestissement des dividendes, (英語略語のままで)配当再投資計画, *DRIP = dividend reinvestment plan*
DRM direction du renseignement militaire, (フランス国防省)軍事情報部

DRME direction des recherches et des moyens d'essais, リサーチ及びテスト方法局

DRP direction régionale des postes, 郵便地方局

DRS satellite relais de données, (英語略語のままで)データリレー衛星, *DRS＝data relay satellite*

DRSS direction régionale de la sécurité sociale, 社会保障地方局

DRT direction régionale des télécommunications, 電気通信地方局

DRTE direction régionale du travail et de l'emploi, 労働・雇用地方局

DS Recueil Dalloz et Sirey, ダローズシレー共同判例集 (1955-1956年)

DSC direction de la sécurité civile, 市民防衛局

DSDIS direction de services départementaux d'incendie et de secours, 県火災・救助局

DSF direction des services financiers, 財政担当部局

DSI Société internationale laitière, (英語略語のままで)国際酪農学会, *DSI＝Dairy Society International*

DSI dotation spéciale instituteurs, 教職員特別交付金

DSI directive européenne sur les services d'investissement, 欧州投資サービス指令

DSK Dominique Strauss-Kahn, ドミニク・ストロス＝カーン：大蔵大臣 (1997.6-1999.11), *Dominique Strauss-Kahn*

DSL diode superluminescente, 超放射発光ダイオード, *SLD＝superluminescent diode*

DSL couche diffusante profonde, (英語略語のままで)深海音波散乱層, *DSL＝deep scattering layer*

DSM direction de la sécurité militaire, 軍事安全保障局

DSP traitement numérique de signaux, (英語略語のままで)デジタル信号処理, *DSP＝digital signal processing*

DSQ développement social des quartiers, (貧困地域での)社会開発計画事業

DSR dotation de solidarité rurale, 農村地帯の連帯歳費

DSR poste de données prêt, (英語略語のままで)データセットレディー, *DSR＝data set ready*

DSS système d'aide à la décision, (英語略語のままで)(コンピュータの)意思決定支援システム, *DSS＝decision support system*

DST direction de la surveillance du territoire, (フランスの)国土保安局

dst décistère, デシステール, *decistere*
DSU dotation de solidarité urbaine, 都市の連帯歳費
DSU modem numérique, (英語略語のままで)(ISDN の)DSU, *DSU=Digital Service Unit*
DT Coq diphtérie, tétanos, coqueluche, ジフテリア・破傷風・百日咳
DT Polio diphtérie, tétanos, poliomyélite, ジフテリア・破傷風・ポリオ
DTAT direction technique des armements terrestres, 陸上軍備技術局
DTC dispositif à transfert de charges, 電荷移動デバイス, *CTD=charge transfer device*
DTCA direction technique des constructions aéronautiques, 航空機製造技術局
DTCN direction technique des constructions navales, 造船技術局
DTCP diphtérie, tétanos, coqueluche, poliomyélite, 四種混合予防注射
DTEN direction technique des engins, ミサイル技術局
DTI module multiplex numérique, (英語略語のままで)デジタルトランクインターフェース, *DTI=digital trunk interface*
DTL logique à diodes et transistors, (英語略語のままで)ダイオードトランジスタ論理回路, *DTL=diode-transistor logic*
DTN directeur technique national, 全国技術局長
DTR suppression de la double imposition, (英語略語のままで)二重課税撤廃, *DTR=double taxation relief*
DTRN direction des télécommunications du réseau national, 全国網電信局
DTS droits de tirage spéciaux, SDR(エスディーアール):IMF特別引出権, *SDR=Special Drawing Right*
DTT direction des transports terrestres, 陸上輸送局
DTU document technique unifié, 統一技術資料
DTU dinar tunisien, (通貨単位で)チュニジア・ディナール, *Tunisian dinar*
DUEL diplôme universitaire d'études littéraires, 文化系大学修了証
DUES diplôme universitaire d'études scientifiques, 理科系大学修了証
dump. dumping, ダンピング, *dumping*
DUP déclaration d'utilité publique, 公益認定

dupl. duplex, メゾネット, *maisonette*
duplic. duplication, コピー, *copying*
Dural. Duralumin, ジュラルミン, *Duralumin*
durciss. durcisseur, 硬化促進剤, *accelerator*
DUT diplôme universitaire de technologie, 技術短期大学部修了免状, *diploma in technology*
DV Divers, (政党について)諸派
DVD Divers Droite, (政党について)右翼諸派
DVD disque numérique polyvalent, (英語略語のままで) DVD, *DVD = digital versatile disk*
DVE effets spéciaux numériques, (英語略語のままで)デジタルビデオ効果, *DVE = digital video effects*
DVE Divers écologistes, (緑の党以外の)環境諸派
DVG Divers Gauche, (政党について)左翼諸派
DVTR magnétoscope numérique, (英語略語のままで)デジタルビデオレコーダー, *DVTR = digital videotape recorder*
DWEM Européen blanc mort depuis longtemps, (英語略語のままで)欧州の知的文化の伝統的規範を形成した先祖, *DWEM = dead white European male*
DXC brasseur-répartiteur numérique, (英語略語のままで)デジタルクロス接続, *DXC = digital cross-connect*
DY Bénin, ベニン:国際自動車識別記号, *Benin*
Dy dysprosium, ジスプロシウム, *Dy = dysprosium*
DY dinar du Yémen démocratique populaire, (通貨単位で)南イエメン・ディナール, *South Yemen dinar*
dyn. dynamique, 力学, *dynamics*
dyn. dynastie, 王朝, *dynasty*
dynam. dynamisme, ダイナミズム, *dynamism*
dysen. dysenterie, 赤痢, *dysentery*
dysl. dyslexie, 失読症, *dyslexia*
dysp. dyspepsie, 消化不良, *dyspeptic*
DZ Algérie, アルジェリア:国際自動車識別記号, *Algeria*
dz. douzaine, ダース:12個, *dozen*
DZD dinar algérien, (通貨単位で)アルジェリア・ディナール, *Algerian dinar*

E

E exa-, エクサ：10の18乗, *E =exa-*
E Espagne, スペイン：国際自動車識別記号, *Spain*
e électron, エレクトロン, *electron*
E. est, 東, *East*
e. à p. effet à payer, 支払手形, *bill payable*
e. à r. effet à recevoir, 受取手形, *bill receivable*
e.-d.-g. entre-deux-guerres, 両大戦間, *inter-war years*
E.-et-L. Eure-et-Loir, ウール・エ・ロワール県(28)
e. g. exempli gratia, （ラテン語略語のままで）例えば, *for example*
E-m état-major, 司令部, *staff headquarters*
E.-N.-E. est-nord-est, 東北東, *East-North-East*
E-O électrique-optique, 電子光学的, *E-O=electrical-optical*
E.-S.-E. est-sud-est, 東南東, *East-South-East*
E.-U. Etats-Unis, 米国, *United States*
E/S entrée/sortie, 入出力インターファイス, *I/O =input/output*
EAA Ecole des apprentis de l'air, 航空実習生学校
EAA équipement d'appel automatique, 自動呼出し装置, *ACU =automatic calling unit*
EADS —, 欧州航空・防衛・宇宙会社, *EADS =European Aeronautic, Defense and Space Company*
EAEC —, 東アジア経済協議体, *EAEC =East Asia Economic Caucus*
EAJS Association européenne pour les études japonaises, （英語略語のままで）ヨーロッパ日本研究協会, *EAJS =European Association for Japanese Studies*
EAK Kenya, ケニア：国際自動車識別記号, *Kenya*
EAM Ecole d'apprentissage maritime, 海洋訓練校
EAMA Etats africains et malgaches associés, アフリカ・マダガスカル諸国連合, *AASM =Associated African States and Madagascar*
EAO enseignement assisté par ordinateur, コンピュータ援用学習システム, *CAI =computer-assisted instruction*

EARL exploitation agricole à responsabilité limitée, 有限責任農園, *limited liability farm*

EAROPH Organisation régionale orientale pour l'habitation et l'urbanisme, (英語略語のままで)東洋地域住宅計画機構, *EAROPH = Eastern Regional Organization for Planning and Housing*

EASD Association européenne des courtiers en valeurs mobilières, (英語略語のままで)欧州証券ディーラー協会, *EASD = European Association of Securities Dealers*

EAT Tanzanie (ex-Tanganyika), タンザニア：国際自動車識別記号, *Tanzania (ex-Tanganyika)*

EAU Emirats arabes unis, アラブ首長国連邦, *UAE = United Arab Emirates*

EAU Ouganda, ウガンダ：国際自動車識別記号, *Uganda*

EAZ Tanzanie (ex-Zanzibar), タンザニア：国際自動車識別記号, *Tanzania (ex-Zanzibar)*

éb. éboueur, ゴミの収集人, *garbage man*

EB faisceau électronique, (英語略語のままで)電子線, *EB = electronic beam*

ébarb. ébarbage, (不揃いな部分の)削り取り, *trimming the pages*

EBBS Société européenne du cerveau et du comportement, (英語略語のままで)欧州研究脳行動学会, *EBBS = European Brain and Behavior Society*

EBC réticulage, (英語略語のままで)電子ビーム乾燥, *EBC = electron beam curing*

EBCDIC code décimal codé binaire étendu, (英語略語のままで)拡張二進化10進コード, *EBCDIC = extended binary coded decimal interchange code*

EBE excédent brut d'exploitation, 粗利潤, *gross margin*

ébénist. ébénisterie, 高級家具製造, *cabinet making*

éboul. éboulis, 崩れ落ちた体積, *mass of fallen earth*

éboul. éboulement, 山崩れ, *collapse*

EBR engin blindé de reconnaissance, 偵察用装甲車両

ébranl. ébranlement, 震動, *shaking*

ébras. ébrasement, 隅切り, *cornet cut-off*

EBS triode à cible, (英語略語のままで)電子線照射半導体, *EBS = electron-bombarded semiconductor*

ébull. ébullition, 沸騰, *boiling point*

EC Ecologie citoyenne, (フランスの政党でNoël Mamèreの)市民エコロジー

éc. école, 学校, *school*

EC Equateur, エクアドル：国際自動車識別記号, *Ecuador*

ECAN établissement des constructions et armes navales, 海軍建築物兵器事業体

écart. écartement, 引き離すこと, *separation*

ECBU examen cytobactériologique des urines, 尿の細胞細菌学テスト

ECC code correcteur d'erreurs, (英語略語のままで)エラー訂正符号, *ECC = error correcting code*

ECC canal de commande intégré, (英語略語のままで)埋込み制御通信路, *ECC = embedded control channel*

ECC Confédération européenne pour la cristallographie, (英語略語のままで)欧州結晶学連合, *ECC = European Confederation for Crystallography*

Eccl. Ecclésiaste, (旧約聖書の)伝道の書, *Ecclesiastes*

ecclés. ecclésiastique, 聖職者, *ecclesiastical*

ECD dispositif de protection contre les erreurs, (英語略語のままで)誤り制御装置, *ECD = error control device*

ECFA 一, (日本の)海外コンサルティング協会, *ECFA = Engineering Consulting Firms Association (Japan)*

ECFARE bien-être économique, (英語略語のままで)経済的厚生, *ECFARE = economic welfare*

ECG électrocardiogramme, 心電図, *electrocardiogram*

ECGD Service de garantie des crédits à l'exportation, (英語略語のままで)(英国の)輸出信用保証局, *ECGD = Export Credit Guarantee Department*

éch. échangeur, インターチェンジ, *interchange*

échaf. échafaudage, 足場, *scaffolding*

échant. échantillon, 見本, *sample*

échantill. échantillonnage, 見本づくり, *sampling*

échapp. échappement, 排出, *exhaust*

échauff. échauffement, ウォーミングアップ, *warming up*

échelonn. échelonnement, (支払の)分割, *spreading out*

ECHO Office européen d'aide humanitaire, (英語略語のままで)欧州人道援助事務局, *ECHO = European Community Humanity Office*

Echoc électrochoc, 電気ショック, *electroshock*

échocardio échocardiogramme, 超音波心臓検査図, *echocardiogram*

échoencéphalo échoencéphalogramme, 超音波脳検査図, *echoencephalogram*

ECJS éducation civique, juridique et sociale, 市民・法律・社会教育
ECL Ecole centrale de Lyon, リヨン中央学校
ECL logique à couplage par émetteurs, (英語略語のままで)エミッター結合論理回路, *ECL=emitter-coupled logic*
écl. écluse, 水門, *lock*
éclair. éclairage, 照明, *lightning*
éclairciss. éclaircissement, 釈明, *clarification*
éclect. éclectisme, 融通性, *eclectism*
ECMA Association européenne de constructeurs de calculateurs électroniques, (英語略語のままで), 欧州コンピュータ製造業者協会, *ECMA=European Computer Manufacturers Association*
écol. écologie, 生態学, *ecology*
écolo écologiste, 自然環境保護運動家
ECOMAR excédent de coût moyen relatif, 超過損害平均額再保険
écon. économie, 経済, *economy*
écon. dom. économie domestique, 家政経済, *household economy*
écon. polit. économie politique, 政治経済学, *political economy*
écon. rur. économie rurale, 農業経済, *agricultural economy*
ECOR Comité d'ingénierie internationale sur les ressources océaniques, (英語略語のままで)海洋資源国際工学委員会, *ECOR=International Engineering Committee on Oceanic Resources*
ECOSOC Conseil économique et social, (国連)経済社会理事会, *ESC=Economic and Social Council (UN)*
écosyst. écosystème, 生態系, *ecosystem*
écoul. écoulement, 流出, *flow*
ECP Ecole centrale de Paris, パリ中央学校
ECP billet de trésorerie euro, (英語略語のままで)ユーロコマーシャルペーパー, *ECP=Eurocommercial Paper*
ECPA établissement cinématographique et photographique des armées, 三軍映画写真事業体
écrit. écriture, 書くこと, *writing*
écriv. écrivain, 作家, *author*
ECS sucre, (エクアドルの通貨単位で)スクレ, *sucre*
ECU Equateur, エクアドル:国際オリンピック委員会の国名表記(1959年承認), *Ecuador*

ECU unité monétaire européenne/ECU/écu, (英語略語のままで)欧州通貨単位:別名はエキュー, *ECU = European Currency Unit*

éd. édition, 出版, *publishing*

éd. éditeur, 出版社, *editor*

EDA économies dynamiques d'Asie, ダイナミックアジア経済群, *DAE = dynamic Asian economies*

EDA Rassemblement des démocrates européens, (英語略語のままで)欧州民主連合, *EDA = European Democratic Alliance*

EDAN Etats dotés d'armement nucléaire, 核保有国, *NWS = nuclear weapon States*

EDAX système de microanalyse par dispersion en énergie, (英語略語のままで)エックス線エネルギー分散解析, *EDAX = energy dispersive analysis by X-rays*

EDC ―, (環境ホルモンを意味する)外因性内分泌撹乱化学物質, *EDC = endocrine disrupting chemicals*

EDC école des cadres, 管理職養成校, *executive development school*

EDCE études et documents du Conseil d'Etat, コンセイユデタ研究資料

EDE établissements départementaux d'élevage, 県畜産部

EDF Electricité de France, フランス電力

EDI échange de données informatisées, 電子データ交換(システム), *EDI = electronic data interchange*

édic. édicule, 小建築物, *public convenience*

édif. édification, 建造, *building*

édif. édifice, 建造物, *building*

EDITERRA Association européenne de rédacteurs-en-chef de publications relatives aux sciences de la Terre, (英語略語のままで)欧州地学編集協会, *EDITERRA = European Association of Earth Science Editors*

EDJ école des journalistes, 新聞記者学校

EDM usinage par électro-érosion, (英語略語のままで)放電加工, *EDM = electrical discharge machining*

EDR certificat de dépôt européen, (英語略語のままで)欧州預託証書, *EDR = European depositary receipt*

EDS ―, エレクトロニックデータシステムズ:コンピュータ管理運営会社, *EDS = Electronic Data System*

EDTA acide éthylène-diamino-tétracétique, (英語略語のままで)エチレンジアミン四酢酸, *EDTA = ethylenediami-*

netetraacetic acid

EDTV télévision à définition améliorée, (英語略語のままで)クリアビジョン, *EDTV＝extended definition television*

éduc. éducation, 教育, *education*

éduc. phys. éducation physique, 体育, *physical training*

édulcor. édulcoration, 甘味付け, *sweetening*

EE sauf erreur, (英語略語のままで)誤りは別として, *EE＝errors excepted*

EEB Bureau européen pour l'environnement, (英語略語のままで)欧州環境事務局, *EEB＝European Environmental Bureau*

EEE Espace économique européen, 欧州経済地域, *EEA＝European Economic Area*

EEG électro-encéphalogramme, 脳波図, *EEG＝electroencephalogram*

EEK couronne d'Estonie, (通貨単位で)エストニア・クローン, *Estonia kroon*

EEPROM mémoire morte programmable électriquement effaçable, (英語略語のままで)電気的消去可能・書換可能読取専用メモリー, *EEPROM＝electrically erasable programmable read-only memory*

EERM établissement d'études et de recherches météorologiques, 気象研究調査事業体

EEROM mémoire morte effaçable électriquement, (英語略語のままで)(コンピュータの)電気的消去可能な読取専用メモリー, *EEROM＝electrically erasable ROM*

EFA Forum mondial sur l'éducation, (英語略語のままで)万人教育フォーラム, *EFA＝Education For All Forum*

EFAN Association échanges France-Amérique du Nord, フランス北米交流協会

EFEO Ecole française d'Extrême-Orient, フランス極東学院

eff. effectif, 有効な, *effective*

eff. efficience, 能率, *efficiency*

eff. efficace, 有能な, *efficient*

eff. efficacité, 効力, *efficiency*

effac. effacement, 消去, *erasing*

efflor. efflorescence, 風化, *efflorescence*

effract. effraction, 家宅侵入, *breaking and entering*

effrit. effritement, ぼろぼろに崩れること, *crumbling*

EFR réacteur européen rapide, (英語略語のままで)欧州速

中性子炉, *EFR =European Fast Reactor*
EFTPOS transfert de fonds électronique sur point de vente, (英語略語のままで)POS(ポス)での電子資金振替, *EFTPOS =electronic funds transfer at point of sale*
EFTS virement électronique, (英語略語のままで)電子資金振替システム, *EFTS =electronic funds transfer system*
EGA adaptateur graphique couleur, (英語略語のままで)(コンピュータ画面の)EGA, *EGA =enhanced graphics adaptor*
égal. égalitaire, 平等主義の, *egalitarian*
égalis. égalisation, 均等化, *equalization*
égalit. égalitarisme, 平等主義, *egalitarianism*
EGD Etat géographiquement défavorisé, 地理的不利国, *GDS =geographical disadvantaged State*
EGEE Entente des générations pour l'emploi et l'entreprise, 雇用と企業のための世代間の合意
EGF Electricité et Gaz de France, フランス電力・ガス
égl. églogue, 田園詩, *eclogue*
égl. église, 教会, *church*
égl. abbat. église abbatiale, 大修道院付属教会, *abbey*
égl. goth. église gothique, ゴシック様式の教会, *Gothic church*
EGO Association espoir goutte d'or, (麻薬撲滅向けの)金の滴の希望協会
égocentr. égocentrisme, 自己中心主義, *egocentrism*
égoutt. égouttage, 水を切ること, *draining*
égoutt. égouttement, 水の除去, *draining*
EGP livre égyptienne, エジプト・ポンド, *Egyptian pound*
égrat. égratignure, ひっかき傷, *scratch*
EGY Egypte, エジプト:国際オリンピック委員会の国名表記(1910年承認), *Egypt*
égypt. égyptien, エジプトの, *Egyptian*
égyptol. égyptologie, エジプト学, *Egyptology*
EH équivalent habitant, 人換算量:下水道の設置期限を決めるために用いる単位
EHESS Ecole des hautes études en sciences sociales, 社会科学高等研究学校
EHF ondes millimétriques, (英語略語のままで)ミリメートル波, *EHF =extremely high frequency*
EHLASS système communautaire d'informations et de surveillance sur les accidents domestiques et de loisirs, (英語略語のままで)欧州家庭内・レジャー事故監視システ

ム, *EHLASS = European Home and Leisure Accidents Surveillance System*

EID entente interdépartementale pour la démoustication du littoral, 沿岸地帯蚊の駆除向け県共通協定

EIE évaluation des incidences sur l'environnement, 環境アセスメント, *EIA = environmental impact assessment*

EIL emploi d'initiative locale, 地方発案雇用

EIP Association mondiale pour l'école instrument de paix, 平和の手段としての学校のための世界協会, *World Association for the School as an instrument of Peace*

EIR Irlande, アイルランド：国際自動車識別記号, *Ireland*

EIRMA —, 欧州産業研究マネージメント協会, *EIRMA = European Industrial Research Management Association*

EIS —, 欧州無脊椎動物調査所, *EIS = European Invertebrate Survey*

EIS Ecole inter-armées des sports, 三軍連合スポーツ学校

éjec. éjection, 排出, *ejection*

éject. (siège) éjectable, 射出可能な(座席), *ejector (seat)*

EL métro aérien, 高架鉄道, *EL = elevated line*

élabor. élaboration, じっくりと作り上げること, *working out*

élargiss. élargissement, 拡大, *widening*

élect. élection, 選挙, *election*

élect. électorat, 有権者, *electorate*

élector. électoralisme, 選挙第一主義, *electioneering*

électr. électrode, 電極, *electrode*

électr. électricité, 電力, *electricity*

électrif. électrification, 電化, *electrification*

électroacoust. électroacoustique, 音響電子工学, *electroacoustics*

électrocardio électrocardiogramme, 心電図, *electrocardiogram*

électrocoag. électrocoagulation, 電気凝固, *electrocoagulation*

électrodyn. électrodynamique, 電気力学, *electrodynamics*

électroencéphalo électro-encéphalogramme, 脳波, *electroencephalogram*

électrolumin. électroluminescence, エレクトロルミネセンス, *electroluminescence*

électromagn. électromagnétique, 電磁気の, *electromagnetic*

électromécan. électromécanique, 電気機械技術, *electro-*

mecanics

électromén. électroménager, 家庭電化製品, *electricals*

électrométall. électrométallurgie, 電気冶金学, *electrometallurgy*

électron. électronique, 電子工学, *electronics*

électroradiol. électroradiologie, 電気放射線学, *electroradiology*

électrost. électrostatique, 静電気学, *electrostatics*

électrothér. électrothérapie, 電気療法, *electrotherapy*

électroval. électrovalence, イオン結合, *electrovalence*

ELED diode électroluminescente à émission longitudinale, (英語略語のままで)端面発光ダイオード, *ELED = edge-emitting light-emitting diode*

élém. élément, 要素, *element*

élév. élévateur, 昇降機, *elevator*

élév. élévatoire, 揚水用の, *lifting*

éligib. éligibilité, 被選挙資格, *eligibility*

élimin. élimination, 除去, *elimination*

élimin. éliminatoire, ふるい落としの, *qualifying*

ellipt. elliptique, 省略的な, *elliptical*

ELM escorteur lance-missiles, ミサイル発射装置護衛艦

élong. élongation, (筋肉の)伸張, *pulled muscle*

ELT émetteur de localisation d'urgence, (英語略語のままで)不時着発信装置, *ELT = emergency landing transmitter*

élucid. élucidation, 解明, *elucidation*

ém. émission, 番組, *program*

EMA état-major des armées, 統合参謀部

EMAA état-major de l'armée de l'air, 空軍参謀部

éman. émanation, 発散, *emanation*

émancip. émancipation, 解放, *emancipation*

EMAS —, 欧州環境管理監督制度, *EMAS = Community Eco-Management and Audit Scheme*

EMAT état-major de l'armée de terre, 陸軍参謀部

emb. embauchage, 雇用, *hiring*

emb. embauche, 雇用, *hiring*

emball. emballement, 熱狂, *burst of enthusiasm*

emball. emballage, 包装

embarc. embarcation, 小舟, *small boat*

embarq. embarquement, 搭乗, *boarding*

embarr. embarrassant, やっかいな, *embarrassing*

embelliss. embellissement, 美化, *improvement*

emblém. emblématique, 寓意的な, *emblematic*
emboît. emboîtage, (製本の)くるみ作業, *casing*
embouch. embouchure, 河口, *mouth*
embourgeois. embourgeoisement, ブルジョワ化, *attainment of middle-class respectability*
embout. embouteillage, 交通渋滞, *traffic jam*
embout. emboutissage, 型打ち鍛造, *stamping*
embr. embrayage, クラッチ, *clutch*
embranch. embranchement, 分岐点, *junction*
embras. embrasement, 燃えるような輝き, *blazing*
embras. embrasure, 壁の切り込み, *embrasure*
embrigad. embrigadement, 入党させること, *recruitment*
embroch. embrochement, 焼き串にさすこと, *putting on a spit*
embryol. embryologie, 発生学, *embryology*
embryonn. embryonnaire, 胚の, *embryonic*
embus. embuscade, 待ち伏せ, *ambush*
EMC entreprise minière et chimique, 鉱山化学企業
EMCN équipement de multiplication de circuit numérique, デジタル回路増倍装置, *DCME = digital circuit multiplication equipment*
émerg. émergement, 浮上, *emergence*
émerg. émergence, 噴出, *emergence*
émett. émetteur, 送信機, *transmitter*
EMHM Ecole militaire de haute montagne, 高山士官学校
EMI interférence électromagnétique, (英語略語のままで)電磁障害, *EMI = electromagnetic interference*
EMIA Ecole militaire inter-armées, 統合士官学校
émigr. émigration, 移民, *emigration*
émin. éminence, 高台, *hill*
EMM état-major de la Marine, 海軍参謀部
emmagas. emmagasiner, 貯蔵する, *store (to)*
emmagas. emmagasinage, 貯蔵, *storage*
emménag. emménagement, 入居, *moving in*
EMMO enquête sur les mouvements de main-d'œuvre, 労働者数推移調査
EMO éducation en milieu ouvert, (犯罪者に関する)社会内教育
émol. émolument, 報酬, *emoluments*
émond. émondage, 枝おろし, *trimming*
émott. émottage, 土ならし

emp. empereur, 皇帝, *emperor*
empaq. empaquetage, 包装, *packing*
empât. empâtement, 肥満, *bloating*
empêch. empêchement, 不都合
emph. emphatique, 誇張した, *pompous*
emphys. emphysème, 気腫, *emphysema*
emphyt. emphytéotique, 永代の
empil. empilement, 積み重ねること, *stacking*
empir. empirisme, 経験主義, *empiricism*
empir. empirique, 経験的な, *empiric*
empl. employé, 使用人, *employee*
empl. emploi, 使用, *use*
emplac. emplacement, 用地, *site*
empois. empoisonnant, うんざりする, *annoying*
empois. empoisonnement, 中毒, *poisoning*
empr. emprunteur, 借り手, *borrower*
empr. emprunt, 借り入れ, *borrowing*
empress. empressement, 熱意, *eagerness*
empris. emprisonnement, 投獄, *imprisonment*
EMS spécification de mémoire étendue, （英語略語のままで）拡張メモリー仕様, *EMS =expanded memory specification*
EMSST enseignement militaire supérieur scientifique et technique, 科学技術高等軍事教育
émul. émulation, 競争, *competitiveness*
émulsif. émulsifiant, 乳化剤, *emulsifier*
én. énarque, 国立行政学院卒業生
én. énergie, エネルギー, *energy*
én. atom. énergie atomique, 原子力, *atomic power*
én. chim. énergie chimique, 化学エネルギー, *chemical energy*
en CVS en correction des variations saisonnières, 季節調整済で, *seasonally compensated*
én. électr. énergie électrique, 電気エネルギー, *electrical energy*
én. hydraul. énergie hydraulique, 水力エネルギー, *hydraulic energy*
én. magn. énergie magnétique, 磁気エネルギー, *magnetic energy*
én. mécan. énergie mécanique, 力学的エネルギー, *mechanical energy*

én. nucl. énergie nucléaire, 核エネルギー, *nuclear energy*

én. psych. énergie psychique, 心的エネルギー, *libido*

én. rayonn. énergie rayonnante, 放射エネルギー, *radiant energy*

én. therm. énergie thermique, 熱エネルギー, *thermal energy*

ENA Ecole nationale d'administration, 国立行政学院, *National School of Administration (France)*

ENAP Ecole nationale d'administration pénitentiaire, 国立刑務行政学校

ENBAMM entreprises non-bancaires admises au marché monétaire, 銀行以外の短期市場参加者

encadr. encadreur, 額縁職人, *picture framer*

encadr. encadrement, 額縁に入れること, *framing*

encaiss. encaissement, 現金化, *cashing*

encastr. encastrement, はめ込み, *fitting*

encaust. encaustique, つや出しワックス, *wax*

encens. encensement, 香をたくこと, *censing*

encépag. encépagement, 葡萄の品種

encéphalogr. encéphalographie, 脳造影, *encephalography*

encercl. encerclement, 包囲, *encircling*

enchaîn. enchaînement, つながり, *linking*

enchâss. enchâssement, 象眼, *setting*

enchériss. enchérisseur, 競り手, *bidder*

enchériss. enchérissement, 競り上げ, *rise (of price)*

encl. enclos, 囲い地, *enclosure*

encl. enclave, 張り出し, *enclave*

enclench. enclenchement, かみ合わせ, *engaging*

encoch. encochage, 小口の切り込み

encoch. encochement, 刻み目をつけること, *notching*

encod. encodeur, 符号器, *encoder*

encoll. encolleuse, 糊付け機, *sizer*

encombr. encombrement, 混雑, *congestion*

encorbell. encorbellement, 持ち出しによる張り出し, *corbeling*

encourag. encourageant, 元気づける, *encouraging*

encourag. encouragement, 鼓舞, *encouragement*

encr. encrage, インク付け, *inking*

encrass. encrassement, 汚れること, *dirtying*

encycl. encyclopédique, 百科事典の, *encyclopedic*
encycl. encyclopédie, 百科事典, *encyclopedia*
END expert national détaché, (EU の)各国政府出向専門家
ENDA —, アフリカの環境と開発, *ENDA＝Environment and Development in Africa*
ENDA-TM —, 第三世界の環境と開発アクション, *ENDA-TM＝Environmental and Development Action in Third World*
ENDAN Etats non dotés d'armement nucléaire, 非核保有国, *NNWS＝non-nuclear weapon States*
endém. endémique, 風土病の, *endemic*
endett. endettement, 債務, *debt*
endig. endiguement, 築堤, *embanking*
endoc. endocarde, 心内膜, *endocardium*
endocr. endocrine, 内分泌の, *endocrine*
endocr. endocrinien, 内分泌腺の, *endocrinal*
endocrinol. endocrinologie, 内分泌学, *endocrinology*
endométr. endométriose, 子宮内膜症, *endometriosis*
endosc. endoscopie, 内視鏡検査, *endoscopy*
endoss. endossement, 裏書き, *endorsement*
enduc. enduction, コーティング, *coating*
endur. endurance, スタミナ, *stamina*
endurciss. endurcissement, 麻痺, *hardening*
ENE Ecole nationale d'équitation, 国立乗馬学校
ENE excédent net d'exploitation, 営業余剰金, *net profit of business*
énerg. énergétique, エネルギーの, *energizing*
énerv. énervement, いらだち, *irritation*
enf. enfant, 子供, *child*
enfant. enfantement, 出産, *childbirth*
enferm. enfermement, 監禁, *imprisonment*
enfonc. enfoncement, 打ち込むこと, *driving in*
enfouiss. enfouissement, 埋めること, *burying*
ENG journalisme électronique, (英語略語のままで)電子ニュース収集, *ENG＝electronic news gathering*
ENG Ecole nationale des greffes, 国立書記官学校：裁判所書記の養成校
engag. engagement, 契約, *promise*
engendr. engendrement, 子をもうけること, *fathering*
engorg. engorgement, 詰まること, *choking*
engouffr. engouffrement, 流入, *engulfment*

engourdiss. engourdissement, 麻痺, *numbness*
engr. engrais, 肥料, *fertilizer*
engraiss. engraissement, 肥育, *fattening*
engrang. engrangement, 納屋に入れること, *getting in*
ENGREF Ecole nationale du génie rural, des eaux et des forêts, 国立農業工学・水資源・森林学院
engren. engrenage, 歯車, *gears*
ENI Ecole nationale d'ingénieurs, 国立エンジニア学院
énigm. énigmatique, 謎の, *enigmatic*
ENIM Etablissement national des invalides de la marine, 国立老廃船員施設局
ENITA Ecole nationale d'ingénieurs des travaux agricoles, 国立農作業エンジニア学院
ENITEF Ecole nationale des ingénieurs des travaux des eaux et des forêts, 国立水資源・森林作業エンジニア学院
ENITRTS Ecole nationale des ingénieurs des travaux et des techniques sanitaires, 国立衛生工事技術エンジニア学院
enjoliv. enjolivure, 美しくすること, *embellishment*
enjoliv. enjoliveur, ホイールキャップ, *hubcap*
enjoliv. enjolivement, 装飾, *ornament*
enkyst. enkystement, 被嚢, *encystation*
enlèv. enlèvement, 除去, *removal*
enlev. enlevage, (ボートの)ラストスパート, *spurt*
enlis. enlisement, 埋没, *sinking*
ENM Ecole nationale de la magistrature, 国立司法官学校
ENMM Ecole nationale de la marine marchande, 国立商船学院
ENMOD Convention sur l'interdiction d'utiliser des techniques de modification de l'environnement à des fins militaires ou toutes autres fins hostiles, (英語略語のままで)環境改変技術使用禁止条約, *ENMOD = Convention on the Prohibition of Military or Any Other Hostile Use of Environmental Modification Techniques*
enneig. enneigement, 積雪, *snowing up*
ennobliss. ennoblissement, 品質向上, *improvement*
énorm. énormité, 巨大さ, *enormity*
ENP Ecole nationale de perfectionnement, 国立再教育学院
ENPC Ecole nationale des Ponts et Chaussées, 国立土木学校
ENPC-MIB Ecole nationale des Ponts et Chaussées-

MIB, (東京の)ポンゼショセ大学国際経営大学院

ENQ caractère d'interrogation, (英語略語のままで)問い合わせ文字, *ENQ =enquiry character*

enquêt. enquêteur, 調査者, *investigator*

enracin. enracinement, 根を張ること, *digging in*

enregistr. enregistrement, 録音, *recording*

enrichiss. enrichissement, 充実, *enrichment*

enroul. enrouleur, 慣性リール, *inertial real*

enroul. enroulement, 巻くこと, *rolling up*

ENS Ecole normale supérieure, 高等師範学校

ens. ensuite, それから, *then*

ens. ensemble, (数学の)集合, *set*

ENSA Ecole nationale de ski et d'alpinisme, 国立スキー登山学院

ENSA Ecole nationale supérieure agronomique, 国立農学高等学院

ENSAE Ecole nationale de la statistique et de l'administration des entreprises, 国立統計・企業経営学院

ENSAIA Ecole nationale supérieure d'agronomie et des industries alimentaires, 国立農学食品産業高等学院

ENSAM Ecole nationale supérieure des arts et métiers, 国立工芸学校

ENSBA Ecole nationale supérieure des Beaux-Arts, 国立高等美術学校

enseign. enseignement, 教育, *teaching*

enseign. enseignant, 教員, *teacher*

ensemenc. ensemencement, 種まき, *sowing*

enseveliss. ensevelissement, 埋没, *burial*

ENSF Ecole nationale de ski français, 国立フランススキー学院

ENSH Ecole nationale supérieure d'horticulture, 国立園芸高等学院

ENSI Ecole nationale supérieure d'ingénieurs, 国立高等技術学院

ENSJF Ecole nationale supérieure de jeunes filles, 女子高等師範学校

ENSMP Ecole nationale supérieure des mines de Paris, 国立パリ高等鉱山学院

ensoleill. ensoleillement, 日当たり, *sunniness*

ENSP Ecole nationale supérieure de police, 国立警察高等学院

ENSP Ecole nationale de la santé publique, 国立公衆衛生学院
ENSP Ecole nationale supérieure du paysage, 国立風景高等学院
ENSPM Ecole nationale supérieure du pétrole et des moteurs, 国立石油・エンジン高等学院
ENSPTT Ecole nationale supérieure des PTT, 国立郵政高等学院
ENST Ecole nationale supérieure des télécommunications, 国立電気通信高等学院
ENSTA Ecole nationale supérieure des techniques avancées, 国立先進技術高等学院
ENTAC engin téléguidé anti-chars, 対戦車誘導弾
entass. entassement, 積み上げること, *piling*
entend. entendement, 理解力, *understanding*
enter. entérite, 腸炎, *enteritis*
entérin. entérinement, 認可, *ratification*
enterr. enterrement, 埋葬, *burial*
entomol. entomologie, 昆虫学, *entomology*
entourn. entournure, アームホール, *armhole*
ENTPE Ecole nationale des travaux publics de l'Etat, 国立政府公共工事学院
entr. entrepôt, 倉庫, *warehouse*
entr. entreprise, 企て, *enterprise*
entr. entrée, 入口, *entrance*
entraîn. entraînement, トレーニング, *training*
entre-tps entre-temps, その間に, *meanwhile*
entrecrois. entrecroisement, 交差, *intersection*
entreg. entregent, 如才のなさ, *social sense*
entrelac. entrelacement, 絡み合い, *interlacing*
entremêl. entremêlement, 混合, *mingling*
entrepos. entrepositaire, 倉庫業者, *warehouseman*
entrepos. entreposage, 倉入れ, *storing*
entres. entresol, 中二階, *mezzanine*
entretois. entretoisement, 補強材
entrev. entrevue, 会見, *interview*
énumér. énumération, 列挙, *enumeration*
env. enveloppe, 封筒, *envelope*
env. environ, およそ, *about*
env. envoyé, 派遣員, *messenger*
env. spéc. envoyé spécial, 特派員, *special correspondent*

envenim. envenimer, 悪化させる, *poison (to)*

ENVIE Entreprise nouvelle vers l'insertion économique, (中古白物電化製品再生会社である)経済同化向け新企業

environn. environnement, 環境, *environment*

EOA élément organique d'armée, 軍直轄部員

EOA élève officier d'active, 現役将校生

EOB fin de bloc, (英語略語のままで)ブロックの終結, *EOB = end of block*

EOCA élément organique de corps d'armée, 軍団直轄部員

eod. loc. eodem loco, (ラテン語で)同じ場所に

eod. op. eodem opere, (ラテン語で)同じ著作に

EOE —, ヨーロピアン・オプション取引所, *EOE = European Option Exchange*

EOF fin de fichier, (英語略語のままで)ファイルの終結, *EOF = end of file*

EOM fin de message, (英語略語のままで)メッセージの終結, *EOM = end of message*

EONIA —, ユーロ翌日物指数平均金利, *EONIA = Euro-overnight index average*

EOP élément organique divisionnel, 師団直轄部員

EOQC Organisation européenne de contrôle de qualité, (英語略語のままで)欧州品質管理機構, *EOQC = European Organization Quality Control*

EOR élève officier de réserve, 予備将校生

EORTC Organisation européenne de recherche sur le traitement du cancer, (英語略語のままで)欧州癌研究治療学会, *EORTC = European Organization for Research on Treatment of Cancer*

EOS Société européenne d'orthodontie, (英語略語のままで)欧州眼科研究機構, *EOS = European Orthodontic Society*

EOT fin de transmission, (英語略語のままで)転送終了, *EOT = end of transmission*

EOTA Organisation européenne pour l'agrément technique, 欧州技術認可機関, *European Union of Agreement*

ép. épître, 使徒書節, *Epistle*

ép. épargne, 貯蓄, *saving*

EPA établissement public à caractère administratif, 行政的公施設法人

EPA Agence de la planification économique, (英語略語のままで)(日本の)経済企画庁, *EPA = Economic Planning Agency*

EPA établissement public d'aménagement, 都市整備公施設法人

EPAD Etablissement public d'aménagement de la Défense, デファンス地区整備開発公社

épaiss. épaisseur, 厚さ, *thickness*

épaississ. épaississement, 厚くなること, *thickening*

épanch. épanchement, 吐露, *effusion*

épand. épandage, 散布, *spreading*

épat. épatement, 平べったさ, *flatness*

épaul. épaulement, 支えの壁, *revetment*

EPCSCP établissement public à caractère scientifique, culturel et professionnel, 科学文化職業的公共事業体

EPE Ecole des parents et des éducateurs, 父母と教員の学校

épell. épellation, スペリング, *spelling*

EPFR établissement public de financement et de restructuration, 融資・再編公共機構

EPHE Ecole pratique des hautes études, 高等研究応用学院

EPhMRA Association européenne pour l'étude du marché pharmaceutique, (英語略語のままで)欧州医薬品市場調査協会, *EPhMRA＝European Pharmaceutical Marketing Research Association*

EPIC établissement public industriel et commercial, 商工的公施設法人

épid. épidémie, 伝染病, *epidemic*

épidémiol. épidémiologie, 伝染病学, *epidemiology*

épigastr. épigastrique, 上胃部の, *epigastric*

épigr. épigramme, エピグラム, *epigram*

épigr. épigraphie, 碑銘, *epigraphy*

épil. épilogue, エピローグ, *epilogue*

épil. épilation, 脱毛, *removal of unwanted hair*

épiphén. épiphénomène, 副現象の, *epiphenomenous*

épis. épisode, エピソード, *episode*

épisc. épiscopal, 司教の, *episcopal*

épisc. épiscopat, 司教職, *episcopate*

épisod. épisodique, ときたまの, *episodic*

épistémol. épistémologie, 認識論, *epistemology*

EPO érythropoïétine, (ドーピングに使用される)エリスロポエチン, *EPO＝erythropoietin*

EPOS point de vente électronique, (英語略語のままで)電

子POS, *EPOS = electronic point of sale*
épouv. épouvantable, 恐ろしい, *appalling*
épouv. épouvantail, 案山子, *scarecrow*
EPPV Etablissement public du parc de la Villette, ビレット公園公共機関
EPR établissement public régional, 地方公共事業体
EPR —, 欧州加圧水型原子炉, *EPR = European pressurized water reactor*
EPR exploitation privée reconnue, 認可民間通信事業者, *RPOA = recognized private operating agency*
EPRD état prévisionnel des recettes et des dépenses, 歳入歳出見積書
EPROM mémoire morte programmable et effaçable, （英語略語のままで）（コンピュータの）書換可能な読取専用メモリー, *EPROM = Erasable and Programmable Read-Only Memory*
EPS Ecole professionnelle de soudure, 溶接職業学校
EPS éducation physique et sportive, 体育・スポーツ教育
EPS —, 欧州物理学会, *EPS = European Physical Society*
épse épouse, 妻, *wife*
EPSHOM établissement professionnel du service hydrographique et océanographique de la Marine, 海軍水圏学・海洋学担当部職業事業体
épur. épuration, 浄化, *purification*
épx époux, 夫, *husband*
éq. équestre, 馬術の, *equestrian*
éq. équation, 方程式, *equation*
équat. équateur, 赤道, *equator*
équat. équatorial, 赤道の, *equatorial*
équerr. équerrage, （材料面の）角
équidist. équidistance, 等距離, *equidistance*
équil. équilibre, 均衡, *equilibrium*
équin. équinoxe, 昼夜平分時, *equinox*
équip. mén. équipement ménager, 家庭用設備, *fittings of a house*
équit. équitation, 馬術, *equitation*
équit. équitable, 公平な, *equitable*
équival. équivalence, 同等, *equivalence*
Er erbium, エルビウム, *Er = erbium*
ER électroradiologie, 電気放射線学, *electroradiology*
ERA équipe de recherche associée, 招聘研究班

érafl. éraflement, かすり傷を付けること, *scratching*
ERAP Entreprise de recherches et d'activités pétrolières, エラップ社：フランスの石油会社
ERDA Association éducation, recherche et développement aide, 教育・研究・開発援助協会
erg/s erg par seconde, エルグ毎秒
ergon. ergonomie, 人間工学, *ergonomics*
ergothér. ergothérapie, 作業療法, *occupational therapy*
ERI Erythrée, エリトリア：国際オリンピック委員会の国名表記(1999年承認), *Eritrea*
ERISA loi de garantie de revenus des travailleurs retraités, (英語略語のままで)従業員退職所得保障法, *ERISA = Employee Retirement Income Security Act*
EROPA Organisation régionale de l'Orient pour l'administration publique, (英語略語のままで)東洋地域行政機構, *EROPA = Eastern Regional Organization for Public Administration*
éros. érosion, 浸食, *erosion*
érot. érotique, 扇情的な, *erotic*
ERP puissance apparente rayonnée, (英語略語のままで)実行放射パワー, *ERP = effective radiated power*
erpétol. erpétologie, 爬虫類学, *herpetology*
ES suppresseur d'écho, (英語略語のままで)反響阻止装置, *ES = echo suppressor*
ES Salvador, エルサルバドル：国際自動車識別記号, *El Salvador*
Es einsteinium, アインスタイニウム, *Es = einsteinium*
ES Société d'économétrie, (英語略語のままで)計量経済学会, *ES = Econometric Society*
ESA Salvador, エルサルバドル：国際オリンピック委員会の国名表記(1962年承認), *El Salvador*
ESB encéphalopathie spongiforme bovine, (狂牛病の正式名)牛海綿状脳症, *BSE = bovine spongiform encephalopathy*
ESC escudo, (通貨単位で)エスクード, *escudo*
ESC échappement, (英語略語のままで)(コンピュータの)エスケープ(文字), *ESC = escape (key)*
ESC école supérieure de commerce, ビジネススクール, *Business School*
esc. escadron, 戦車中隊, *squadron*
ESC Société européenne de cardiologie, (英語略語のままで)欧州心臓学会, *ESC = European Society of Cardiology*

esc. escalier, 階段, *stairs*

ESCA spectroscopie électronique pour analyses chimiques, (英語略語のままで)化学分析用電子分光, *ESCA = electron spectroscopy for chemical analysis*

ESCAE Ecole supérieure de commerce et d'administration des entreprises, 高等企業経営学校

ESCE Société européenne d'endocrinologie comparée, (英語略語のままで)欧州比較内分泌学会, *ESCE = European Society for Comparative Endocrinology*

eschatol. eschatologie, 終末端, *eschatology*

ESCI Société européenne de recherche clinique, (英語略語のままで)欧州臨床調査研究協会, *ESCI = European Society for Clinical Investigation*

ESCL Ecole supérieure de commerce de Lyon, リヨン高等商業学校

esclav. esclavage, 奴隷制度, *slavery*

ESCP Ecole supérieure de commerce de Paris, パリ高等商業学校

Escpte escompte, 手形割引き, *discount*

escr. escrime, フェンシング, *fencing*

ESE Ecole supérieure d'électricité, 高等電気学院

ESG Ecole supérieure de guerre, (陸軍の)軍事大学校

ESGA Ecole supérieure de guerre aérienne, 空軍軍事大学校

ESGI Ecole supérieure de guerre inter-armées, 統合軍事大学校

ESGN Ecole supérieure de guerre navale, 海軍軍事大学校

ESITEX Association d'études et de statistiques pour l'industrie textile, 繊維産業統計研究協会, *Association for the Study of Statistics in the Textile Industry*

ESM Ecole supérieure de métrologie, 高等気象学院

ESM Ecole spéciale militaire, 特別士官学校

ESN Société européenne des nématologues, (英語略語のままで)欧州線虫学会, *ESN = European Society of Nematologists*

ésot. ésotérique, 秘教的な, *esoteric*

ésot. ésotérisme, 秘教主義, *esotericism*

esp. espionnage, スパイ活動, *spying*

ESP Espagne, スペイン: 国際オリンピック委員会の国名表記(1924年承認), *Spain*

esp. espace, 空間, *space*

Esp. Espagne, スペイン, *Spain*
esp. espagnol, スペインの, *Spanish*
ESP dépoussiéreur électrique, (英語略語のままで)静電沈殿器, *ESP =electrostatic precipitator*
esp. espion, スパイ, *spy*
ESP peseta espagnole, (通貨単位で)スペイン・ペセタ, *Spanish peseta*
espér. espéranto, エスペラント語, *Esperanto*
espl. esplanade, 広場, *esplanade*
ESPRIT 一, 欧州情報技術研究開発戦略:通称はエスプリ計画, *ESPRIT =European Strategic Program for R & D in Information Technologies*
esq. esquire, ‥殿, *esquire*
esq. esquimau, エスキモーの, *Eskimo*
ESRB Société européenne de radiobiologie, (英語略語のままで)欧州放射線生物学会, *ESRB =European Society for Radiation Biology*
ESRS Société européenne de sociologie rurale, (英語略語のままで)欧州農村社会学会, *ESRS =European Society for Rural Sociology*
ess. essence, 本質, *essence*
ess. essentiel, 本質的な, *essential*
ESS système de commutation électronique, (英語略語のままで)電子交換システム, *ESS =electronic switching system*
ess.-glace essuie-glace, ワイパー, *windshield wiper*
ess.-mains essuie-mains, 布巾, *hand towel*
ess.-mbles essuie-meubles, 家具用布巾, *duster*
ess.-pieds essuie-pieds, ドアマット, *doormat*
ESSA Ecole supérieure de soudure autogène, 高等溶接部学院
ESSEC Ecole supérieure des sciences économiques et commerciales, 高等経済商科学院
essor. essorage, 脱水, *spin-drying*
ESSR Société européenne de recherches chirurgicales, (英語略語のままで)欧州研究外科学会, *ESSR =European Society for Surgical Research*
EST Estonie, エストニア:国際オリンピック委員会の国名表記(1991年承認), *Estonia*
est. estampe, 版画, *print*
est. estuaire, 河口, *estuary*
establish. establishment, エスタブリッシュメント, *esta-*

estérif. estérification, エステル化, *esterification*
esthét. esthéticien, 美学者, *esthetician*
esthét. esthétique, 美学, *esthetics*
ESTI Institut européen de normalisation des télécommunications, (英語略語のままで)ヨーロッパ電気通信標準協会, *ESTI =European Telecommunication Standards Institute*
estim. estimation, 評価, *valuation*
ESTO —, 欧州学生旅行機関, *ESTO =European Students Travel Organization*
eston. estonien, エストニアの, *Estonian*
estrag. estragon, チョウザメ, *tarragon*
estud. estudiantin, 学生の, *of student*
ESV voiture expérimentale de sécurité, (英語略語のままで)試作安全車, *ESV =experimental safety vehicle*
Et. Etat, 国, *State*
ét. étude, 研究, *study*
ét. étage, 階, *floor*
ET Egypte, エジプト:国際自動車識別記号, *Egypt*
et al. et alii, (ラテン語で)及びその他, *and others*
ét.-maj. état-major, 司令部, *staff headquarters*
ETA Euzkadi Ta Azkatasuna , (バスク語略語のままで)祖国バスクと自由
étatis. étatisation, 国営化, *establishment of state control*
ETB birr, (エチオピアの通貨単位で)ビル, *birr (Ethiopia)*
ETB fin de bloc de transmission, (英語略語のままで)(データ通信の)転送ブロック終結, *ETB =end of transmission block*
etc. et caetera, 等々
ETC certificat d'authenticité de l'équipement, (英語略語のままで)(米国輸送会社の)設備信託証書, *ETC =equipment trust certificate (USA)*
ETCA Etablissement technique central de l'armement, 軍備中央技術事業体
ETCD équipement de terminaison de circuit de données, データ回線終端装置, *DCE =data circuit-terminating equipment*
ETD équipement terminal de données, データ端末装置, *DTE =data terminal equipment*
ETE excédent de trésorerie d'exploitation, 運用資金の余剰

ETF transfert électronique de fonds, (英語略語のままで) 電子資金振替, *ETF = electronic funds transfer*

ETH Ethiopie, エチオピア：国際自動車識別記号；国際オリンピック委員会の国名表記(1954年承認), *Ethiopia*

éthiop. éthiopien, エチオピアの, *Ethiopian*

ethnogr. ethnographie, 民族誌学, *ethnography*

ethnol. ethnologie, 民族学, *ethnology*

éthol. éthologie, 比較行動学, *ethology*

étiol. étiologie, 病因学, *etiology*

ETM entrepreneur de transport multi-modal, 複合一貫輸送業者, *MTO = multimodal transport operator*

ETN entreprise transnationale, 超国家企業, *transactional enterprise*

étonn. étonnement, 驚き, *astonishment*

étourdiss. étourdissement, めまい, *giddiness*

ETP équivalent-temps plein, フルタイム労働換算

étr. étranger, 外国の, *foreign*

Ets établissements, 事業所, *place of business*

Ets établissements, 企業, *establishments*

ETTD équipement terminal de traitement de données, データ処理端末装置, *DTE = data terminal equipment*

ETUC Conférence syndicale européenne, (英語略語のままで)欧州労働組合連合, *ETUC = European Trade Union Confederation*

étud. étudiant, 大学生, *student*

étym. étymologie, 語源学, *etymology*

Eu europium, ユーロピウム, *Eu = europium*

EU Europe unie, 統一欧州：原則禁止だが、一部の人が自動車識別記号として使用, *United Europe*

EUA Etats-Unis d'Amérique, アメリカ合衆国, *United States of America*

EUCARPIA Société européenne pour l'amélioration des plantes, (英語略語のままで)欧州植物育種学会, *EUCARPIA = European Association for Research on Plant Breeding*

EUCEPA Comité européen de liaison pour la cellulose et le papier, 欧州パルプ紙連絡委員会, *European Liaison Committee for Pulp and Paper*

EUL Coalition des Gauches, (英語略語のままで)欧州統一左翼, *EUL = European United Left*

EUMABOIS Comité européen des constructeurs de machines à bois, 欧州木工機械製造業者委員会, *European*

Committee of Woodworking Machinery Manufacturers

euphém. euphémisme, 婉曲語法, *euphemism*

Eur. Europe, 欧州, *Europe*

eurafr. eurafricain, ヨーロッパとアフリカの, *Eurafrican*

EURAG Fédération européenne des personnes âgées, 欧州高齢者連盟, *European Federation for the Welfare of the Elderly*

euras. eurasien, ヨーロッパとアジアの, *Eurasian*

Euratom Communauté européenne de l'énergie atomique, (英語略語のままで)欧州原子力共同体, *Euratom = European Atomic Energy Community*

EURIBOR —, ユーロ銀行間取引金利, *EURIBOR = Euro Interbank Offered Rate*

EURL entreprise unipersonnelle à responsabilité limitée, 有限一人会社, *sole trader with limited liability*

euro-oblig. euro-obligation, ユーロボンド, *Eurobond*

Euro$ eurodollar, ユーロドル, *Eurodollar*

EUROCHEMIC Société européenne pour le traitement chimique des combustibles irradiés, 欧州核燃料再処理会社：通称はユーロケミック, *EUROCHEMIC = European Company for the Chemical Processing of Irradiated Fuels*

eurocomm. eurocommunisme, 西洋型共産主義, *Eurocommunism*

EUROCONTROL Organisation européenne pour la sécurité de la navigation aérienne, 欧州航空運行安全機関, *EUROCONTROL = European Organization for the Safety of Air Navigation*

EUROCORD Fédération des industries de ficellerie et corderie de l'Europe occidentale, 西欧ひもロープ産業連盟, *Federation of Western European Rope and Twine Industries*

EuroF eurofranc, ユーロフラン, *Eurofranc*

Eurofed structure européenne fédérative des banques centrales, 欧州連邦準備理事会：通称はユーロフェド

EUROFEU Comité européen des constructeurs de matériels d'incendie et de secours, 欧州防火設備・消防車製造業者委員会, *European Committee of the Manufacturers of Fire Protection and Safety Equipment and Fire Fighting Vehicles*

EUROMALT Comité de travail des malteries de la Communauté économique européenne, 欧州経済共同体モルト製

造業運営委員会, *Working Committee of European Economic Community Malters*

EUROMECH Comité européen de mécanique, (英語略語のままで)欧州力学委員会, *EUROMECH =European Mechanics*

Euromonn. euromonnaie, ユーロマネー, *Eurocurrency*

europ. européen, 欧州連合の, *European*

EUROPMI Comité de liaison des petites et moyennes entreprises industrielles des pays de la Communauté économique européenne, 欧州経済共同体中小産業企業連絡委員会, *Liaison Committee for Small and Medium-Sized Industrial Enterprises in the European Economic Community*

Europol Office central européen de police criminelle, 欧州刑事警察機構, *Europol =Central European Criminal Investigation Office*

EUROSAC Fédération européenne des fabricants de sacs en papier à grande contenance, 欧州大容量紙袋メーカー連盟, *European Federation of Multiwall Paper Sacks Manufacturers*

EUROSAT —, 欧州通信衛星公社, *EUROSAT =European Satellite Corporation*

EUROSPACE —, 欧州宇宙産業連合会, *EUROSPACE = Committee for European Space Research*

Eurostat Office statistique des Communautés européennes, 欧州共同体統計局:OSCE という略号よりも Eurostat の方が多用される, *Eurostat=Statistical Office of the European Communities*

EUROTOX Comité européen permanent de recherches sur la protection des populations contre les risques de toxicité à long terme, 慢性的有毒性から住民を守る研究の欧州常設委員会, *Permanent European Research Committee for the Protection of the Population against the Hazards of Chronic Toxicity*

EUS emploi unité sociale, (失業対策の)社会単位雇用

EUTELSAT Organisation européenne de télécommunications par satellites, (英語略語のままで)欧州通信衛星機関, *EUTELSAT =European Telecommunication Satellite Organization*

euthan. euthanasie, 安楽死, *euthanasia*

Ev. Evangile, 福音, *Gospel*

eV électronvolt, 電子ボルト, *electron volt*

év. évêque, 司教, *bishop*
EV en ville, 町で, *in town*
EVA éthylène-acétate de vinyle, (英語略語のままで)エチレン酢酸ビニル, *EVA=ethylene vinyl acetate*
évac. évacuateur, 排水の, *drainage*
évangélis. évangélisation, 福音伝道, *evangelization*
évapor. évaporation, 蒸発, *evaporation*
évas. évasement, 口の広がった状態, *wide mouth*
évén. événement, 出来事, *event*
évent. éventualité, 可能性, *eventuality*
évid. évidemment, くりぬき, *scooping out*
évoc. évocation, 想起, *evocation*
évol. évolution, 展開, *evolution*
évolutionn. évolutionnisme, 進化論, *evolutionism*
EWRS Société européenne de recherches sur les mauvaises herbes, (英語略語のままで)欧州雑草研究学会, *EWRS=European Weed Research Society*
ex. exemplaire, (新聞の部数などの)部, *copy*
ex. exemple, 例, *example*
ex aeq. ex aequo, 同順位に, *tie (to)*
ex cath. ex cathedra, 権威を持って, *ex cathedra*
ex-div. ex-dividende, 配当落ち, *without dividend*
ex-RDA ex-République démocratique d'Allemagne, 旧東独, *ex-GDR (German Democratic Republic)*
ex-répart. ex-répartition, 配当落ち, *without dividend*
exacerb. exacerbation, 悪化, *exacerbation*
exact. exactement, 確かに, *exactly*
exagér. exagération, 誇張, *exaggeration*
exam. examen, 検査, *examination*
exaspér. exaspération, 激高, *exasperation*
exc. excellence, 閣下, *Excellency*
excav. excavation, 穴, *excavation*
excéd. excédent, 超過, *surplus*
excentr. excentricité, 突飛さ, *eccentricity*
excep. exception, 例外, *exception*
excess. excessif, 過度の, *excessive*
excit. excitation, 興奮, *incitement*
excitab. excitabilité, 興奮しやすさ, *excitability*
exclam. exclamation, 感嘆, *exclamation*
exclus. exclusion, 除名, *expulsion*
excomm. excommunication, 破門, *excommunication*

excr. excrétion, 排泄, *excretion*
excurs. excursion, 遠足, *excursion*
EXD Extrême droite, 極右, *extreme Right*
exéc. exécutif, 執行に関する, *executive*
exéc. exécution, 実行, *execution*
exerc. exercice, 練習, *exercise*
EXG Extrême gauche, 極左, *extreme Left*
exhaust. exhaustif, 網羅的な, *exhaustive*
exhib. exhibition, 公開, *show*
exhum. exhumation, 発掘, *exhumation*
exig. exigence, 要求, *demand*
EXIM (du Japon) Banque d'importation et d'exportation (du Japon), (英語略語のままで)日本輸出入銀行, *EXIM = Export-Import Bank of Japan*
exist. existence, 存在, *existence*
exonér. exonération, 免除, *exemption*
exorb. exorbitant, 法外な, *exorbitant*
exp. expansion, 拡大, *expansion*
exp. expert, 専門家, *expert*
exp.-compt. expert comptable, 公認会計士, *certified public account*
expatr. expatriation, 海外追放, *expatriation*
expéd. expédition, 発送, *dispatch*
expéd. expéditeur, 発送人, *dispatcher*
expér. expérience, 経験, *experience*
expérim. expérimental, 実験的な, *experimental*
expériment. expérimentation, 実験, *experimentation*
expert. expertise, 鑑定, *valuation*
expl. exploit, 手柄, *feat*
expl. explétif, 虚辞の, *expletive*
explic. explication, 説明, *explanation*
exploit. exploitation, 開発, *working*
explor. exploration, 探索, *exploration*
explos. explosion, 爆発, *explosion*
expo exposition, 展覧会, *exposition*
export. exportation, 輸出, *exporting*
export.-import. exportation-importation, 輸出入, *export-import*
express. expression, 表現, *expression*
expropr. expropriation, 収用, *expropriation*
expuls. expulsion, 追放, *deportation*

exsang.-transfus. exsanguino-transfusion, 交換輸血, *exchange transfusion*

ext. extension, 拡大, *extension*

extér. extérieur, 外部の, *exterior*

extérioris. extériorisation, 外在化, *exteriorization*

extermin. extermination, 皆殺し, *extermination*

extern. externat, 通学生の学校, *day school*

extinct. extinction, 消すこと, *extinguishing*

extors. extorsion, 強奪, *extortion*

extr. extrême, 極限の, *extreme*

extr. extrait, 抜粋, *extract*

extr.-onct. extrême-onction, 終油の秘蹟, *extreme unction*

extr.-orient. extrême-oriental, 極東の, *Far Eastern*

extra extraordinaire, 特別の, *extraordinary*

extra-ut. extra-utérin, 子宮外の, *extrauterine*

extract. extraction, 摘出, *extraction*

extrad. extradition, 引き渡し, *extradition*

extraparlem. extra-parlementaire, 議院外の, *extra-parliamentary*

extrapol. extrapolation, 拡大適用, *extrapolation*

extravag. extravagance, 法外さ, *extravagance*

extrém. extrémité, 端, *end*

extrins. extrinsèque, 固有でない, *extrinsic*

extrus. extrusion, 押し出し成型, *extrusion*

exub. exubérance, 豊富, *exuberance*

exut. exutoire, はけ口, *outlet*

EXW à l'usine, (英語略語のままで)(インコタームで)工場渡し値段, *EXW = ex works*

EZLN Armée zapatiste de libération nationale, (スペイン語略語のままで)(メキシコの)サパティスタ国民解放軍, *Zapatista National Liberation Army*

F

F   farad, ファラッド：コンデンサーの容量単位, *F=farad*

F   franc français, (通貨単位で)フランス・フラン, *French franc*

f.   feuille, 葉, *leaf*

f.   fille, 娘, *daughter*

F   force, 力, *force*

F   France, フランス：国際自動車識別記号, *France*

F   fluor, フッ素, *fluorine*

f   forte, (音楽の)フォルテ, *forte*

f   femto-, フェムト：10のマイナス15乗, *f=femto-*

F   femme, 女性, *woman*

f.-à-f.   face-à-face, 向かい合った, *face to face*

f.-back   feed-back, フィードバック, *feed-back*

f.-boat   ferry-boat, フェリーボート, *ferry-boat*

f.c.é.m.   force contre-électromotrice, 逆起電力, *counter-electromotive force*

f. exéc.   force exécutoire, 執行力, *enforceability*

f. jazz   free jazz, フリージャズ, *free jazz*

f.-lance   free-lance, フリーランス, *freelance*

F.-M.   franc-maçonnerie, フリーメーソン団, *freemasonry*

f.-part   faire-part, 通知状, *announcement*

f.-val.   faire-valoir, 農業経営, *farming*

F/m   farad par mètre, ファラッド毎メートル, *farad per meter*

F2   France 2, フランスドゥ：テレビ局A2の1992.12からの新名称

F2   familial 2, (マンションの) 2 LDK, *2-roomed apartment*

F2F   dans le monde réel, (英語略語のままで)ネット上ではなく, *F2F=face to face*

F3   France 3, フランストロワ：テレビ局FR3の1992.12からの新名称

F3   familial 3, (マンションの) 3 LDK, *3-roomed apartment*

F4   familial 4, (マンションの) 4 LDK, *4-roomed apartment*

FAB   franco à bord, 本船渡し, *FOB=free on board*

fabr.   fabrication, 製造, *manufacture*

FAI

fabr. fabricant, メーカー, *manufacturer*
fabul. fabulation, 作り話, *compulsive lying*
fac. faculté, 学部, *faculty*
FAC franc d'avaries communes, 共同海損不担保, *FGA = free of general average*
faç. façade, 正面, *facade*
FAC Fonds d'aide et de coopération, 援助協力資金
FAC Fonds d'action conjoncturelle, 景気政策基金
fac-sim. fac-similé, 複写, *facsimile*
FACC Fédération africaine des chambres de commerce, アフリカ商業会議所連盟, *Federation of African Chambers of Commerce*
FACE Fondation Agir contre l'exclusion, 排斥撲滅行動財団: Martine Aubry が理事長
facho fasciste, ファシスト, *fascist*
facil. facilité, 容易, *easiness*
facilit. facilitation, 容易にすること
FACOM Franco-américaine de construction d'outillage mécanique, (フランスの工具メーカー) ファコム
façonn. façonnage, 加工, *working*
fact. facture, 送り状, *invoice*
fact. facteur, 郵便配達員, *mail man*
factor. factorerie, 在外商館
factoris. factorisation, 因数分解, *factorization*
factur. facturation, 送り状の作成, *invoicing*
facult. facultatif, 任意の, *optional*
fad. fading, フェージング, *fading*
FAD Fonds africain de développement, アフリカ開発基金, *ADF = African Development Fund*
FAD Fonds asiatique de développement, アジア開発基金, *ADF = Asian Development Fund*
FAD Fonds d'aide à la décentralisation, 地方分散化援助基金
FADA Fonds d'amortissement des dettes agricoles, 農業債務償還基金
FADN Fédération autonome de la défense nationale, 国防自治連合
FAF Fonds d'assurance formation, 職業訓練保険基金
FAFEA Fonds d'assurance formation des exploitants agricoles, 農業経営者職業訓練保険基金
FAI Fédération aéronautique internationale, 国際航空連盟, *International Aeronautical Federation*

FAI Fédération astronautique internationale, 国際宇宙飛行連盟, *IAF = International Astronautical Federation*

FAI Fédération abolitionniste internationale, 国際死刑廃止論者連盟, *IAF = International Abolitionist Federation*

faillib. faillibilité, 誤りやすさ, *fallibility*

faisab. faisabilité, 実現可能性, *feasibility*

fal. falaise, 断崖, *cliff*

falsif. falsification, 偽造, *falsification*

falsifiab. falsifiabilité, 偽造可能性, *possibility of falsification*

fam. familier, (言葉遣いが)くだけた, *familiar*

fam. famille, 家族, *family*

FAMAS Fusil automatique d'assaut de la manufacture d'armes de Saint-Etienne, サンテチエンヌ兵器製造所突撃自動銃

famél. famélique, 飢えた, *half-starved*

FAMEXA Fonds social de l'assurance maladie des exploitants agricoles, 農業経営者疾病保険社会基金

FAMMAC Fédération des assurances de mariniers et marins anciens combattants, 退役海兵保険連盟

FAMV Fonds d'assainissement du marché de la viande, 食肉市場健全化基金

FAN force armée du Nord, (チャドの)北軍

fan. fanatisme, 狂信, *fanaticism*

fant. fantaisie, 空想, *fantasy*

fant. fantasme, 幻, *fantasy*

fantass. fantassin, 歩兵, *foot soldier*

fantom. fantomatique, 幽霊の, *ghostly*

FAO fabrication assistée par ordinateur, コンピュータ支援製造, *CAM = computer-aided manufacturing*

FAP franc d'avaries particulières, 単独海損不担保

FAPE Fédération des associations de parents d'élèves de l'enseignement public, 公立教育父母会協会連盟

FAQ franco à quai, 埠頭渡し(FOQ), *FOQ = free on quay*

FAR force d'assistance rapide, 緊急援助軍

FAR Fonds d'aménagement rural, 農村整備基金

FARC Forces armées révolutionnaires colombiennes, コロンビア革命軍, *Armed Forces of Colombian Revolution*

FARN Forces armées de résistance nationale, (エルサルバドルの)民族抵抗軍, *Armed Forces of National Resistance*

FAS force aérienne stratégique, 戦略空軍

FAS Fonds d'action sociale, 社会福祉基金

FASAA Fonds arabe spécial d'aide à l'Afrique, 対アフリカ特別アラブ援助基金, *SAAFA = Special Arab Aid Fund for Africa*

FASASA Fonds d'action sociale pour l'aménagement des structures agricoles, 農業構造改善社会福祉活動基金

fasc. fascicule, 分冊, *installment*

fascin. fascination, 魅惑, *fascination*

fascis. fascisme, ファシズム, *fascism*

fascis. fascisation, ファッショ化, *fascistization*

FASR facilité d'ajustement structurel renforcé, 強化構造援助便益, *reinforced structural adjustment facility*

FASS Fonds d'action sanitaire et sociale, 保健社会福祉基金, *health and social services fund*

FASSAD Fédération des associations de services soins et aide à domicile, 在宅介護扶助協会連盟

FASSPA Fonds national d'action sanitaire et sociale en faveur des personnes âgées, 高齢者のための保健福祉活動全国基金

fast. fastueux, 豪華な, *lavish*

FASTI Fédération des associations de solidarité avec les travailleurs immigrés, 移民労働者連帯協会連盟

fastid. fastidieux, うんざりな, *dull*

FAT forces armées tchadiennes, チャド軍

fat. fatigue, 疲労, *tiredness*

FAT Fédération autonome des transports, 運輸自治労働組合連合

FATAC forces armées tactiques, （NATOの）戦略空軍

fatal. fatalité, 運命, *fate*

fatal. fatalisme, 運命論, *fatalism*

fatigab. fatigabilité, 疲労度, *tendency to get tired*

FAU Fonds d'aménagement urbain, 都市整備基金

faub. faubourg, 町はずれ, *suburb*

fauc. fauconnerie, 鷹飼育所, *hawk house*

fauch. faucheuse, 草刈り機, *mower*

fauss. faussaire, 偽造者, *forger*

faut. fauteuil, 肘掛け椅子, *armchair*

fauv. fauvisme, ファーヴィスム, *Fauvism*

FAVEC Fédération des associations de veuves civiles chefs de famille, 家長民間人寡婦協会連盟

favor. favorable, 好意的な, *favorable*

FB franc belge, (通貨単位で)ベルギー・フラン, *Belgian franc*

fb faubourg, 町はずれ, *suburb*

FBCE Fédération des Bourses de la Communauté européenne, 欧州共同体証券取引所連合

FBCF formation brute de capital fixe, 固定総資本形成, *gross fixed capital formation*

FBE Fédération bancaire de l'Union européenne, 欧州連合銀行連盟, *European Union Bank Federation*

FBU franc du Burundi, (通貨単位で)ブルンジ・フラン, *Burundian franc*

FC football-club, サッカークラブ, *soccer club*

FCA franco transporteur, (英語略語のままで)(インコタームで)運送人渡し値段, *FCA = free carrier*

FCC Fonds commun de créances, 債権買取証券化専門会社:1988年12月31日法で許可された

FCE Forces conventionnelles en Europe, 欧州通常戦力, *Conventional Armed Forces in Europe*

FCFA franc des colonies françaises d'Afrique, (旧通貨単位で)仏領アフリカ植民地フラン:現在名はCFAフラン, *CFA franc*

FCFA franc de la communauté financière africaine, (通貨単位で)CFAフラン, *CFA franc*

FCFP franc des Colonies françaises du Pacifique, (旧通貨単位で)仏領太平洋植民地フラン, *CFP franc*

FCFP franc de la communauté financière du Pacifique, (通貨単位で)太平洋金融共同体フラン, *CFP franc*

FCI Fédération colombophile internationale, 国際鳩連盟, *IPF = International Pigeon Federation*

FCIMT fonds commun d'intervention sur les marchés à terme, デリバティブ市場投資基金

FCP fonds commun de placement, 契約型投信, *unit trust*

FCPE Fédération des conseils de parents d'élèves, 父母会評議会連盟

FCPE fonds commun de placement d'entreprise, 社内株式・債券投資信託

FCPEEP Fédération des conseils de parents d'élèves de l'enseignement public, 公共教育生徒父母評議会連盟

FCPI fonds commun de placement dans l'innovation, 技術革新向け契約型投信

FCPR fonds commun de placement à risques, 非上場株重

点投資信託, *venture capital unit trust*

FCRB Fédération des caisses de retraites bancaires, 銀行退職基金連盟

FCTVA Fonds de compensation pour la TVA, 付加価値税補償基金

FD Force démocrate, (フランスの政党で1995年末に CDS 改め)民主の力

FDD unité de disquette, (英語略語のままで)(コンピュータの)フロッピーディスクドライブ, *FDD = floppy disk drive*

FDDI interface de données avec distribution par fibre, (英語略語のままで)ファイバー分布データインターフェース, *FDDI = fiber-distributed data interface*

FDES Fonds de développement économique et social, (フランスの)経済社会開発基金, *Economic and Social Development Fund (France)*

FDGAEC Fédération départementale des groupements agricoles d'exploitants en commun, 農業共同経営集団県連合

FDI Fédération dentaire internationale, 国際歯学連盟, *FEI = International Dental Federation*

FDIC Organisme officiel américain d'assurance des dépôts des banques et des caisses d'épargne, (英語略語のままで)(米国の)連邦預金保険公社, *FDIC = Federal Deposit Insurance Corporation*

FDJ Française des Jeux, フランス公営賭博協会

FDPLP Front démocratique et populaire de libération de la Palestine, パレスチナ解放民主戦線, *DFLP = Democratic Front for the Liberation of Palestine*

FDR fonds de roulement, 回転資金, *revolving fund*

FDR Front démocratique révolutionnaire, (エルサルバドルの)民主革命戦線, *Democratic Revolutionary Front*

FDRPE Front démocratique et révolutionnaire du peuple éthiopien, エチオピア人民革命民主戦線, *EPRDF = Ethiopian People's Revolutionary Democratic Front*

fds fonds, 資金, *fund*

FDSEA Fédération départementale des syndicats d'exploitants agricoles, 農業経営者組合県連合会

FDSS Front démocratique de salut de la Somalie, ソマリア救国民主戦線, *SSDF = Somalia Salute Democratic Front*

FDX duplex intégral, (英語略語のままで)全二重通信, *FDX = full-duplex*

Fe fer, 鉄, *iron*

FEA Fédération européenne des associations aérosols, 欧州エアゾール協会連盟, *Federation of European Aerosol Associations*

FEAAF Fédération européenne des associations d'analystes financiers, 欧州金融アナリスト協会連盟, *EFFAS = European Federation of Financial Analysts' Societies*

FEACO Fédération européenne des associations de conseils en organisation, 欧州経営コンサルタント協会連盟, *European Federation of Management Consultants Associations*

FEAD Fédération européenne des associations de diéticiens, 欧州栄養士協会連盟, *EFAD = European Federation of the Associations of Dietitians*

FEAICS Fédération européenne des associations d'ingénieurs de sécurité et de chefs de service de sécurité, 欧州産業安全エンジニア・主任協会連盟, *European Federation of Associations of Engineers and Heads of Industrial Safety Services*

FEANI Fédération européenne d'associations nationales d'ingénieurs, 欧州各国エンジニア協会連盟, *EFNEA = European Federation of National Engineering Associations*

FEAP Fédération européenne des associations des psychologues, 欧州心理学者協会連盟, *EFPPA = European Federation of Professional Psychologists Associations*

FEC correction d'erreurs sans voie de retour,（英語略語のままで）前方エラー訂正, *FEC = forward error correction*

FECC Fédération européenne du commerce chimique, 欧州化学取引業者連盟, *FECM = Federation of European Chemical Merchants*

FECEGC Fédération européenne des constructeurs d'équipement de grandes cuisines, 欧州ケータリング設備メーカー連盟, *EFCEM = European Federation of Catering Equipment Manufacturers*

FECEP Fédération européenne des constructeurs d'équipement pétrolier, 欧州石油設備メーカー連盟, *European Federation of Petroleum Equipment Manufacturers*

FECL Fonds d'équipement des collectivités locales, 地方公共団体設備基金

FECOM Fonds européen de coopération monétaire, 欧州通貨協力基金, *EMCOF = European Monetary Cooperation*

Fund

fécond. fécondité, 受胎能力, *fertility*

fécondab. fécondabilité, 受胎確率, *fertilizability*

FECS Fédération européenne des fabricants de céramiques sanitaires, 欧州トイレ用陶器メーカー連盟, *EFCSM=European Federation of Ceramic Sanitaryware Manufacturers*

FED Fonds européen de développement, 欧州開発基金, *EDF=European Development Fund*

féd. fédéral, 連邦の, *federal*

fédé fédération, 連盟, *federation*

FEDE Fédération européenne des écoles, 欧州学校連盟, *ESF=European Schools Federation*

FEDER Fonds européen de développement régional, 欧州地域開発基金, *ERDF=European Regional Development Fund*

fédér. fédération, 連盟, *federation*

FEDIAF Fédération européenne de l'industrie des aliments préparés pour animaux familiers, 欧州ペットフーズ産業連盟, *European Pet Food Industry Federation*

FEECA Fédération européenne pour l'éducation catholique des adultes, 欧州成人カトリック教育連盟, *European Association for Catholic Adult Education*

FEFANA Fédération européenne des fabricants d'adjuvants pour la nutrition animale, 欧州飼料工業連盟, *European Substances for Animal Food*

FEFCO Fédération européenne des fabricants de carton ondulé, 欧州段ボールメーカー連盟, *European Federation of Manufacturers of Corrugated Board*

FEFPEB Fédération européenne des fabricants de palettes et emballages en bois, 欧州パレット木箱メーカー連盟, *EFPWCM=European Federation of Pallet and Wooden Crate Manufacturers*

FEH Fédération européenne haltérophile, 欧州ウェイトリフティング連盟, *EWF=European Weightlifting Federation*

FEI Fédération équestre internationale, 国際馬術連盟, *IEF=International Equestrian Federation*

FEIBP Fédération européenne de l'industrie de la brosserie et de la pinceauterie, 欧州ブラシ刷毛産業連合, *EFBPBI=European Federation of the Brush and Paint Brush Industries*

FEIC Fédération européenne de l'industrie du contre-plaqué, 欧州合板産業連盟, *EFPI=European Federation of the Plywood Industry*

FEICA Fédération européenne des industries de colles et adhésifs, 欧州接着剤産業連盟, *Association of European Adhesives Manufacturers*

FEIM Fédération européenne des importateurs de machines et d'équipement de bureau, 欧州事務設備輸入業者連盟, *European Federation of Importers of Business Equipment*

FEITC Fédération européenne des industries techniques du cinéma, 欧州映画技術産業連盟

FEJC Fédération européenne des jeunes chorales, 欧州青年合唱団連盟, *EFYC=European Federation of Young Choirs*

félicit. félicitations, 祝辞, *congratulations*

FELIN Fonds d'Etat libéré d'intérêt nominal, （フランスの）名目金利政府証券, *Certificates of Government Receipts / strip bond*

fém force électromotrice, 起電力, *emf=electromotive force*

FEM Fédération européenne de la manutention, 欧州荷物取扱業連盟, *European Federation of Handling Industries*

FEM Fédération européenne des motels, 欧州モーテル連盟, *European Motel Federation*

FEM Fonds pour l'environnement mondial, 世界環境基金, *GEF=Global Environmental Facility*

fém. féminin, 女の, *female*

FEMIB Fédération européenne des syndicats de menuiserie industrielle de bâtiment, 欧州建築用指物団体連盟, *European Federation of Building Joinery Manufacturers*

fémin. féminisme, 男女同権主義, *feminism*

féminis. féminisation, 女性化, *feminization*

FEMIPI Fédération européenne des mandataires de l'industrie en propriété industrielle, 欧州工業所有権産業エージェント連盟, *European Federation of Agents of Industry in Industrial Property*

FEMIS Fondation européenne aux métiers de l'image et du son, 欧州映画音響技術財団

fémor. fémoral, 大腿部の, *femoral*

fen. fenêtre, 窓, *window*

FEN Fédération de l'éducation nationale, 全国教育連合

FENU Fonds d'équipement des Nations unies, 国連資本開発基金, *UNCDF = United Nations Capital Development Fund*

féod. féodalisme, 封建主義, *feudalism*

FEODT Fédération européenne des organisations des détaillants en tabacs, 欧州タバコ小売団体連盟, *European Federation of Tobacco Retail Organizations*

FEOGA Fonds européen d'orientation et de garantie agricole, 欧州農業指導保証基金, *EAGGF = European Agricultural Guidance and Guarantee Fund*

FEP Fédération de l'enseignement privé, 私立教育連盟

FEP Fédération européenne de psychanalyse, 欧州精神分析連盟, *EPF = European Psycho-Analytical Federation*

FEP Fédération européenne de pneumologie, 欧州呼吸器学会, *European Society of Pneumology*

FEP processeur frontal, (英語略語のままで)フロントエンドプロセッサー, *FEP = front-end processor*

FEPA Fédération européenne des fabricants de produits abrasifs, 欧州研磨製品メーカー連盟, *European Federation of the Manufacturers of Abrasive Products*

FEPACE Fédération européenne des producteurs autonomes et des consommateurs industriels d'énergie, 欧州エネルギー自家生産者・工業消費者連盟, *European Federation of Autoproducers and Industrial Consumers of Energy*

FEPD Fédération européenne des parfumeurs détaillants, 欧州香水小売業者連盟, *European Federation of Perfumery Retailers*

FEPE Fédération européenne de la publicité extérieure, 欧州屋外広告連盟, *European Federation of Outdoor Advertising*

FEPEM Fédération nationale des groupements d'employeurs de personnel employé de maison, 家事労働者個人使用者グループ全国連盟

fér. férié, 祝祭日と定められた

fer-bl. fer-blanc, ブリキ, *tin-plate*

ferblant. ferblanterie, ブリキ製造, *tin-plate industry*

FERC Fédération de l'éducation, de la recherche et de la culture, 教育・研究・文化連盟

FERES Fédération internationale des instituts de recherches socio-religieuses, 国際社会宗教学研究機関連盟, *FERES = International Federation of Institutes for Socio-*

Religious Research
ferm. fermage, 小作, *farming*
ferm. fermette, 小農家, *small farm*
ferment. fermentation, 発酵, *fermentation*
fermet. fermeture, 閉鎖, *closing*
féroc. férocité, 獰猛性, *ferocity*
ferr. ferraille, 屑鉄, *old iron*
ferricyan. ferricyanure, フェリシアン酸塩, *ferricyanide*
ferro-all. ferro-alliage, 合金鉄, *ferro-alloy*
ferrocér. ferrocérium, セリウム鉄, *ferrocerium*
ferrocyan. ferrocyanide, フェロシアン化物, *ferrocyanide*
ferroélectr. ferroélectricité, 強誘電性, *ferroelectricity*
ferromang. ferromanganèse, マンガン鉄, *ferromanganese*
ferronn. ferronnerie, 金具製作所, *ironwork*
ferrov. ferroviaire, 鉄道の, *railroad*
ferrug. ferrugineux, 鉄分を含む, *ferruginous*
fertilis. fertilisation, 肥沃化, *fertilization*
FERUF Fédération des étudiants des résidences universitaires de France, フランス大学宿泊施設居住学生連盟
FES Fédération européenne de la salmoniculture, 欧州サケマス養殖連盟, *Federation of the European Trout and Salmon Industry*
FESACI Fédération des syndicats autonomes de Côte-d'Ivoire, 象牙海岸独立労働組合連盟
FESC Fédération européenne des sports corporatifs, 欧州企業スポーツ連盟, *EFCS = European Federation for Company Sports*
FESFP Fédération européenne des syndicats de fabricants de parquets, 欧州フローリングメーカー団体連盟, *European Federation of Parquet Manufacturers*
FESI Fédération européenne des syndicats d'entreprises d'isolation, 欧州絶縁材業者団体連盟, *European Federation of Associations of Insulation Contractors*
fest. festin, 饗宴, *feast*
festiv. festival, 祭典, *festival*
FESYP Fédération européenne des syndicats de fabricants de panneaux de particules, 欧州パーティクルボード生産者団体連盟, *European Federation of Associations of Particleboard Manufacturers*
FETAP Fédération européenne des travailleurs des aériens privés, 欧州独立系航空輸送連盟, *European Federa-*

tion of Independent Air Transport
FETBB Fédération européenne des travailleurs du bâtiment et du bois, 欧州ビル工事木工労働者連盟, *EFBWW = European Federation of Building and Woodworkers*
fétich. fétichisme, 物神崇拝, *fetishism*
feuill. feuilleton, 連続ドラマ, *serial drama*
FEUPF Fédération européenne des unions professionnelles de fleuristes, 欧州花屋団体連盟, *European Federation of Professional Florists' Unions*
fév. février, 二月, *February*
FEVE Fédération européenne du verre d'emballage, 欧州ガラス容器連盟, *ECGF = European Container Glass Federation*
févr. février, 二月, *February*
FEVSD Fédération européenne pour la vente et le service à domicile, 欧州ダイレクトセール連盟, *European Direct Selling Federation*
FEZ Fédération européenne de zootechnie, 欧州家畜生産学協会, *EAAP = European Association for Animal Production*
ff. feuillets, (本などの...)ページ, *pages*
ff fortissimo, フォルティシモ, *fortissimo*
FF avance-papier, (英語略語のままで)(コンピュータの)書式送り, *FF = form feed*
FF franc français, (通貨単位で)フランス・フラン, *French franc*
FFA Fédération française de l'agriculture, フランス農業連盟
FFA forces françaises en Allemagne, 独駐屯フランス軍：フランスの自動車のナンバープレートの一部を構成するアルファベット記号
FFACE Fédération française des associations chrétiennes d'étudiants, キリスト教学生協会フランス連合
FFAM Fédération française d'aéromodélisme, フランス模型飛行機連盟
FFCAA Fédération française des coopératives agricoles d'approvisionnement, フランス供給農業組合連合
FFCI facilité de financement compensatoire et de financement pour imprévus, (IMFの)輸出変動偶発補償融資, *CCFF = compensatory and contingency financing facility*
FFDJF Association fils et filles des déportés juifs de France, フランス収容所経験ユダヤ人子息協会

FFE Fédération française des échecs, フランスチェス連盟, *French Chess Federation*

FFE Fédération française de l'équitation, フランス乗馬連盟, *French Equitation Federation*

FFE Fédération française d'escrime, フランスフェンシング連盟, *French Fencing Federation*

FFEM Fédération française d'économie montagnarde, フランス山地経済連盟

FFEPMM Fédération française pour l'entraînement physique dans le monde moderne, フランス近代世界肉体トレーニング連盟

FFESM Fédération française d'études et sports sous-marins, フランス海底研究・スポーツ連盟

FFF Fédération française de franchisage, フランスフランチャイズ連盟

fff fortissimo, フォルティシモ, *fortissimo*

FFF Fédération des familles de France, フランス家族連盟

FFI Forces françaises de l'intérieur, フランスレジスタンス国内軍

FFL forces françaises libres, 自由フランス軍

FFMIN Fédération française des marchés d'intérêt national, フランス公益市場連盟

FFMJC Fédération française des maisons de jeunes et de la culture, フランス青年の家連盟

FFN fonds forestier national, 全国森林資金

FFOSC Fédération française des organisateurs de séjours culturels et linguistiques, フランス文化言語滞在オーガナイザー連盟

FFPE Fédération de la fonction publique européenne, 欧州公務員連盟, *European Civil Service Federation*

FFRP Fédération française de randonnée pédestre, フランス徒歩ハイキング連盟

FFS Fédération française de ski, フランススキー連盟

FFS Front des forces socialistes, (アルジェリアの政党で)社会主義勢力戦線

FFSB Fédération des foires et salons du Benelux, ベネルクス見本市連盟, *FFTSB = Federation of Fairs and Trade Shows of Benelux*

FFSE Fédération française des sports équestres, フランス乗馬スポーツ連盟

FFSM Fédération des fondations pour la santé mondiale,

世界健康基金連盟, *FWHF = Federation of World Health Foundations*

FFSPM Fédération française des syndicats professionnels de marins, フランス水兵職業組合連盟

FFSPN Fédération française des sociétés de protection de la nature, フランス自然保護団体連盟

FFT transformation de Fourier rapide, (英語略語のままで)高速フーリエ変換, *FFT = fast Fourier transform*

FFTS Fédération française des travailleurs sociaux, フランス社会福祉職員連盟

FFU Fédération du français universel, 万国フランス語連盟, *FUF = Federation for Universal French*

FG frais généraux, 総経費, *overhead*

fg frigorie, フリゴリー:熱の除去速度単位

FGA Fonds de garantie automobile, 自動車事故保証基金

FGAAC Fédération générale autonome des agents de conduite de la SNCF, フランス国鉄運転士自治総連合

FGAF Fédération générale autonome des fonctionnaires, 公務員自治総連合

FGDS Fédération de la gauche démocrate et socialiste, (1968年解散の)民主社会主義左翼連合, *Federation of the Democratic and Socialist Left*

FGEN Fédération générale de l'éducation nationale, 全国教育総連合

FGES Fonds de garantie de l'économie sociale, 社会的経済保証基金

FGI Fédération graphique internationale, 国際グラフィック連盟, *IGF = International Graphical Federation*

FGSOA Fédération générale des salariés des organisations agricoles et de l'agro-alimentaire, 農業食品労働組合

FGTB Fédération générale du travail de Belgique, ベルギー労働総同盟

FH faisceau hertzien, マイクロ波, *microwave*

FHAR Front homosexuel d'action révolutionnaire, 革命的行動同性愛戦線

FHF Fédération hospitalière de France, フランス病院連盟

FHI Fédération haltérophile internationale, 国際ウエイトリフティング連盟, *IWF = International Weight Lifting Federation*

FI fréquence intermédiaire, 中間周波数, *IF = intermediate frequency*

FIA Fédération internationale de l'automobile, 国際自動車連盟, *FIA = International Automobile Federation*

FIA Fédération internationale des acteurs, 国際俳優連盟, *International Federation of Actors*

FIAA Fédération internationale d'athlétisme amateur, 国際陸上競技連盟, *IAAF = International Amateur Athletic Federation*

fiab. fiabilité, 信頼性, *reliability*

FIAC Foire internationale d'art contemporain, 国際コンテンポラリーアートフェア, *FIAC = International Exhibition of Contemporary Art*

FIAC Fédération internationale amateur de cyclisme, 国際アマチュア自転車連盟, *IACF = International Amateur Cycling Federation*

FIACC Comité de coordination de cinq associations internationales, (英語略語のままで)計数処理国際協会委員会, *FIACC = Five International Associations Coordinating Committee*

FIAD Fédération internationale des associations de distributeurs de films, 国際映画配給協会連盟, *International Federation of Associations of Film Distributors*

FIAEM Fédération internationale des associations d'étudiants en médecine, 国際医学生協会連盟, *IFMSA = International Federation of Medical Students' Associations*

FIAI Fédération internationale des associations d'instituteurs, 国際教育団体連盟, *IFTA = International Federation of Teachers' Associations*

FIAJ Fédération internationale des auberges de la jeunesse, 国際ユースホステル連盟, *IYHF = International Youth Hostel Federation*

fianç. fiançailles, 婚約, *engagement*

FIANE Fonds d'intervention et d'action pour la nature et l'environnement, 自然及び環境介入・行動基金

FIAP foyer international d'accueil de Paris, パリ国際受入会館

FIAPF Fédération internationale des associations de producteurs de films, 国際フイルムメーカー協会連盟, *International Federation of Film Producers' Associations*

FIAPL Fédération internationale des associations de pilotes de ligne, 国際民間パイロット協会連盟

FIAPS Fédération internationale des associations de professeurs de sciences, 国際科学教育学会, *ICASE =International Council of Associations for Science Education*

FIAT Fonds d'intervention pour l'aménagement du territoire, 国土開発介入基金

FIAT Fédération internationale des associations de thanatopraxie, 国際死体防腐処理協会連盟, *International Federation of Thanatopractic Associations*

FIATA Fédération internationale des associations de transitaires et assimilés, 国際通過貨物通関業者協会連合, *International Federation of Forwarding Agents' Associations*

FIAV Fédération internationale des agences de voyage, 国際旅行業者連盟, *IFTA=International Federation of Travel Agencies*

FIB Fédération internationale de boules, 国際ボッチ連盟, *International Bocce Federation*

FIB Fédération internationale de badminton, 国際バドミントン連盟, *IBF=International Badminton Federation*

FIBA Fédération internationale de base-ball, 国際野球連盟, *International Baseball Federation*

FIBA Fédération internationale de basket-ball amateur, 国際バスケットボール連盟, *IABF=International Amateur Basketball Federation*

fibrosc. fibroscope, ファイバースコープ, *fiberscope*

fibrill. fibrillation, 線維性痙攣, *fibrillation*

fibrin. fibrinogène, 線維素原, *fibrinogen*

fibrom. fibromatose, 線維腫症, *fibromatosis*

FIBT Fédération internationale de bobsleigh et tobogganning, 国際ボブスレー・トボガニング連盟, *International Bobsledding and Tobogganing Federation*

FIBV Fédération internationale des Bourses de valeurs, 国際証券取引所連合, *IFSE=International Federation of Stock Exchanges*

FIC Fédération internationale de canoë, 国際カヌー連盟, *International Canoe Federation*

FIC Fonds d'intervention culturelle, 文化介入基金

FICC Fédération internationale des ciné-clubs, 国際シネクラブ連盟, *International Federation of Film Societies*

FICC Fédération internationale de chimie clinique, 国際臨床化学連合, *International Federation of Clinical Chemistry*

ficel. ficelle, 紐, *string*

ficel. ficelage, 紐かけ, *tying up*

fich. fichier, 牽引カード, *card index*

FICPI Fédération internationale des conseils en propriété industrielle, 国際弁理士連盟

FID Fédération internationale de documentation, 国際ドキュメンテーション連盟, *IFD =International Federation for Documentation*

FID Fédération internationale du diabète, 国際糖尿病連合, *IDF =International Diabetes Federation*

fid. fidèle, 忠実な, *faithful*

FIDA Fonds international de développement agricole, 国際農業開発基金, *IFAD =International Fund for Agricultural Development*

FIDAR Fonds interministériel de développement et d'aménagement rural, 開発・農村整備省際基金

FIDE Fédération internationale des échecs, 国際チェス連盟, *International Chess Federation*

FIDE Fédération de l'industrie dentaire en Europe, 欧州歯科産業連盟, *FIDE =Federation of the European Dental Industry*

fidél. fidélité, 忠実さ, *faithfulness*

fidélis. fidélisation, 固定客化, *loyalty*

FIDES Fonds d'investissement pour le développement économique et social, (フランスの)経済社会開発投資基金, *Investment fund for the economic and social development*

FIDH Fédération internationale des droits de l'homme, 国際人権連合, *FIDH =International Federation of the Rights of Man*

FIDI Fédération internationale des déménageurs internationaux, 国際引越業者国際連盟, *Federation of International Furniture Removers*

FIDIC Fédération internationale des ingénieurs-conseils, 国際技術コンサルタント連盟, *International Federation of Consulting Engineers*

FIDOM Fonds d'investissement des départements d'outre-mer, (フランスの)海外県投資資金

fiduc. fiduciaire, 信用に基づく, *fiduciary*

FIE Fédération internationale d'escrime, 国際フェンシング連盟, *International Fencing Federation*

FIEE Fédération des industries électriques et électroniques, 電気・電子工業連盟

FIEF Fédération internationale pour l'économie familiale, 国際家政学会, *IFHE =International Federation for Home Economics*

FIEJ Fédération internationale des éditeurs de journaux et publications, 国際新聞発行者協会, *IFNP =International Federation of Newspaper Publishers*

FIEP Fédération internationale pour l'éducation des parents, 国際父母教育連盟, *IFPE =International Federation for Parent Education*

FIEP Fédération internationale d'éducation physique, 国際体育学会, *IFPE =International Federation for Physical Education*

FIET Fédération internationale des employés, techniciens et cadres, 国際商事事務職技術労連, *IFCCTE =International Federation of Commercial, Clerical, Professional and Technical Employees*

FIEV Fédération des industries des équipements pour véhicules, (フランスの)自動車部品産業連盟

FIFA Fédération internationale de football association, 国際サッカー連盟, *FIFA =International Federation of Association Football*

FIFDU Fédération internationale des femmes diplômées des universités, 国際大学婦人連盟, *IFUW =International Federation of University Women*

FIFO premier entré, premier sorti, (英語略語のままで)先入先出法, *FIFO =First-In First-Out*

FIG Fédération internationale de gymnastique, 国際体操連盟, *IGF =International Gymnastic Federation*

FIG Fédération internationale des géomètres, 国際測量技師連盟, *FIG =International Federation of Surveyors*

fig. figuré, 比喩的な, *figurative*

fig. figure, 図, *figure*

FIGE Fédération de l'industrie granitaire européenne, 欧州花崗岩産業連盟, *Federation of the European Granite Industry*

FIGO Fédération internationale de gynécologie et d'obstétrique, 国際産科婦人科連合, *IFGO =International Federation of Gynecology and Obstetrics*

figur. figuratif, 比喩的な, *figurative*

figur. figuration, 表現, *figuration*

FIH Fédération internationale de handball, 国際ハンド

ボール連盟, *IHF* = *International Handball Federation*

FIH Fédération internationale du hockey, 国際ホッケー連盟, *IHF* = *International Hockey Federation*

FIH Fédération internationale des hôpitaux, 国際病院連盟, *IHF* = *International Hospital Federation*

FIHUAT Fédération internationale pour l'habitation, l'urbanisme et l'aménagement des territoires, 国際住宅計画連合, *IFHP* = *International Federation for Housing and Planning*

FIJ Fédération internationale de judo, 国際柔道連盟, *IJF* = *International Judo Federation*

FIJ Fédération internationale des journalistes, 国際ジャーナリスト連盟, *IFJ* = *International Federation of Journalists*

FIL Fédération internationale de laiterie, 国際酪農連盟, *IDF* = *International Dairy Federation*

FIL Fédération internationale de luge de course, 国際リュージュ連盟, *International Luge Racing Federation*

fil. filiale, 子会社, *subsidiary*

FILA Fédération internationale de lutte amateur, 国際アマチュアレスリング連盟, *International Amateur Wrestling Federation*

filat. filature, 紡績, *spinning*

filialis. filialisation, 子会社化

filigr. filigrane, 金銀線細工, *filigree*

FILLM Fédération internationale des langues et littératures modernes, 近代語学文学国際連合, *FILLM* = *International Federation for Modern Languages and Literatures*

filmogr. filmographie, 映画学, *film studies*

filmoth. filmothèque, マイクロフィルム図書館, *microfilm library*

filog. filoguidé, (ミサイルが)有線誘導の, *wire-guided*

filtr. filtrage, 濾過, *filtering*

FIM Fonds industriel de modernisation, 近代化産業基金

FIM mark finlandais, (通貨単位で)フィンランド・マルッカ, *Finish markka*

FIM Fédération internationale motocycliste, 国際モーターサイクル連盟, *IMF* = *International Motorcycle Federation*

FIMAT Fonds d'intervention sur les marchés à terme, 先物市場介入基金

FIMCEE Fédération des industries marbrières de la Communauté économique européenne, 欧州経済共同体大理石産業連盟, *Federation of the Marble Industry of the European Economic Community*

FIMP Fédération internationale de médecine physique, 国際物理療法学会, *International Federation of Physical Medicine*

FIMPR Fédération internationale de médecine physique et réadaptation, 国際物理療法・リハビリテーション学会, *IFPMR＝International Federation of Physical Medicine and Rehabilitation*

FIMS Fédération internationale de médecine sportive, 国際体力医学連盟, *FIMS＝International Federation of Sportive Medicine*

FIMTM Fédération des industries mécaniques et transformatrices des métaux, 機械・金属加工業連盟

fin. finance, 金融, *finance*

fin. final, 最後の, *final*

fin. financier, 金融の, *financial*

FINA Fédération internationale de natation amateur, 国際水泳連盟, *FINA＝International Federation of Amateur Swimming*

financ. financement, 融資, *financing*

finiss. finissure, 仕上げ作業

finiss. finissage, 仕上げ, *finishing*

finland. finlandais, フィンランドの, *Finnish*

finn. finnois, フィンランドの, *Finnish*

FINUL Force intérimaire des Nations unies au Liban, 国連レバノン暫定駐留軍, *UNIFIL＝United Nations Interim Force in Lebanon*

FIO fabrication intégrée par ordinateur, コンピュータ統合生産, *CIM＝computer-integrated manufacture*

FIO Fédération internationale d'oléiculture, 国際オリーブ栽培者連盟, *International Olive Growers Federation*

FIODS Fédération internationale des organisations de donneurs de sang bénévoles, 国際献血者団体連盟, *IFBDO＝International Federation of Blood Donor Organizations*

FIOM Fonds d'intervention et d'organisation des marchés des produits de la pêche maritime et des cultures marines, 海洋漁業養殖生産物市場介入組織化基金

fiorit. fioritures, 装飾, *ornament*

FIOST Fédération internationale des organisations syndicales du personnel des transports, 国際運輸労組連合会, *IFTUTW = International Federation of Trade Unions of Transport Workers*

FIP Fédération internationale de philatélie, 国際切手蒐集連盟, *International Federation of Philately*

FIP Fédération internationale de la précontrainte, 国際プレストレッシング連盟, *FIP = International Organization for the Development of Concrete, Prestressing and Related Materials and Techniques*

FIP Fédération internationale de podologie, 国際足病学連盟, *International Federation of Podology*

FIP Fédération internationale des piétons, 国際歩行者連盟, *IFP = International Federation of Pedestrians*

FIP Fédération internationale pharmaceutique, 国際薬学連盟, *FIP = International Pharmaceutical Federation*

FIP France-Inter Paris, フランスアンテール・パリ放送局

FIPA Fédération internationale des producteurs agricoles, 国際農作物生産者連合:別名として国際農業生産者連盟, *IFAP = International Federation of Agricultural Producers*

FIPACE Fédération internationale des producteurs autoconsommateurs industriels d'électricité, 国際自家発電生産連盟, *FIPACE = International Federation of Industrial Producers of Electricity for Own Consumption*

FIPF Fédération internationale des professeurs de français, 国際フランス語教授連合

FIPJF Fédération internationale des producteurs de jus de fruits, 国際フルーツジュース生産者連盟, *IFFJP = International Federation of Fruit Juice Producers*

FIPJP Fédération internationale de pétanque et jeu provençal, 国際ペタンク南仏ゲーム連盟

FIPM Fédération internationale de psychothérapie médicale, 国際精神療治医学連盟, *IFMP = International Federation for Medical Psychotherapy*

FIPOL Fonds international d'indemnisation pour les dommages dus à la pollution par les hydrocarbures, 国際油濁汚染損害賠償基金

FIPP Fédération internationale de la presse périodique, 国際雑誌連合, *International Federation of the Periodical Press*

FIPP Fondation internationale pénale et pénitentiaire, 国

際刑法刑務財団, *IPPF* = *International Penal and Penitentiary Foundation*

FIQ Fédération internationale des quilleurs, 国際ボーリング連盟

FIQV fonds d'intervention pour la qualité de la vie, 生活の質向上介入基金

FIR Fonds d'investissement routier, 道路投資基金

FIR Fonds d'intervention pour les rapaces, 猛禽類のための介入基金

FIR réponse impulsionnelle finie, (英語略語のままで)有限インパルス応答, *FIR* = *finite impulse response*

FIRS Fonds d'intervention et de régularisation du marché du sucre, 砂糖市場介入調整基金

FIRS Fédération internationale de roller-skating, 国際ローラースケート連盟, *International Federation of Roller-Skating*

FIS Front islamique du salut, (アルジェリアの)イスラム救国戦線

FIS Fédération internationale de ski, 国際スキー連盟, *FIS* = *International Ski Federation*

FIS Fondation internationale pour la science, 国際科学財団, *IFS* = *International Foundation for Science*

FIS Fédération internationale du commerce des semences, 国際種子貿易連合, *FIS* = *International Federation of Seed Trade*

FIS Fonds d'intervention sidérurgique, 製鉄業支援介入基金

FISA Fédération internationale des sociétés d'aviron, 国際漕艇連盟, *IRF* = *International Rowing Federation*

fisc. fiscal, 税の, *of tax*

fisc. fiscalité, 税制, *tax system*

fiscalis. fiscalisation, 課税, *taxation*

FISD Fédération internationale de sténographie et de dactylographie, 国際速記タイプ連盟, *International Federation of Shorthand and Typewriting*

FISE Fonds international de secours à l'enfance, 児童救助国際基金：通称はユニセフ

FISE Fédération internationale des syndicats enseignants, 国際教員組合連盟, *International Federation of Teachers' Unions*

FISIER Fédération internationale des sociétés et instituts pour l'étude de la Renaissance, 国際ルネッサンス研究協会連盟, *FISIER = International Federation of Societies and Institutes for the Study of the Renaissance*

FISITA Fédération internationale des sciences d'ingénieurs des techniques de l'automobile, 国際自動車技術会連合, *FISITA = International Federation of Automobile Techniques Engineers*

FISP Fédération internationale des sociétés de philosophie, 国際哲学会連盟, *FISP = International Federation of Philosophical Societies*

fissur. fissuration, ひび割れ, *cracking*

FISU Fédération internationale du sport universitaire, 国際大学スポーツ連盟, *FISU = International University Sports Federation*

FIT Fédération internationale des traducteurs, 国際翻訳家連盟, *IFT = International Federation of Translators*

FIT Fédération internationale de tennis, 国際庭球連盟, *ITF = International Tennis Federation*

FITA Fédération internationale de tir à l'arc, 国際アーチェリー連盟, *IAF = International Archery Federation*

FITASC Fédération internationale de tir aux armes sportives de chasse, 国際実猟銃射撃連盟, *IFSS = International Federation of Sport Shooting*

FITEC Fédération internationale du thermalisme et du climatisme, 温泉学気候学国際連合, *FITEC = International Federation of Thermalism and Climatism*

FITS Fédération internationale du tourisme social, 国際社会観光連盟

FITT Fédération internationale de tennis de table, 国際卓球連盟, *ITTF = International Table Tennis Federation*

FITV Fonds d'indemnisation des transfusés et hémophiles contaminés par le sida, エイズ感染した輸血者と血友病患者のための補償基金

FIV fécondation in vitro, 体外授精, *IVF = in vitro fertilization*

FIV Fédération internationale de la vieillesse, 国際高齢者団体連盟, *IFA = International Federation on Aging*

FIVB Fédération internationale de volley-ball, 国際バレーボール連盟, *IVBF = International Volleyball Federation*

FIVETE fécondation in vitro et transfert embryonnaire, 対外受精及び胎児移入, *IVF-ET = in vitro fertilization and*

embryo transfer
fix. fixation, 固定, *fixing*
FJD dollar fidjien, (通貨単位で)フィジー・ドル, *Fijian dollar*
FJE Fédération japonaise d'escrime, 日本フェンシング連盟, *FJE = Japan Fencing Federation*
FJI Fidji, フィジー：国際自動車識別記号, *Fiji*
FJPN Fédération des jeunes pour protection de la nature, 自然保護のための若者連盟
FKP livre des Falkland, (通貨単位で)フォークランド・ポンド, *Falkland pound*
FL florin des Pays-Bas, (通貨単位で)オランダ・ギルダー, *Dutch guilder*
fl. fleuve, 大河, *river*
FL Liechtenstein, リヒテンシュタイン：国際自動車識別記号, *Liechtenstein*
fl.-back flash-back, フラッシュバック, *flash-back*
flaconn. flaconnage, 小瓶の製造
flagell. flagellation, むち打つこと, *flogging*
flam. flamand, フランドルの, *Flemish*
flamb. flambeau, たいまつ, *torch*
flamb. flamboyant, 燃え上がる, *blazing*
flaming. flamingant, フラマン語を話す, *Flemish-speaking*
flatt. flatterie, へつらい, *flattery*
flatul. flatulence, 鼓腸, *flatulence*
FLB franco long du bord, 船側渡しで, *FAS = free alongside ship*
FLE français langue étrangère, 外国語としてのフランス語
FLEC Fédération-loisirs et culture, 青少年シネクラブ
fléch. fléchette, 小さな矢, *dart*
FLET Front de libération de l'Eelam Tamoul, タミールイーラム解放戦線, *Tamil Eelam Liberation Front*
fleur. fleuret, (フェンシングの)フルーレ, *foil*
fleurett. fleurettiste, フルーレ競技の選手, *foilist*
flexib. flexibilité, 柔軟性, *flexibility*
flexogr. flexographie, フレキソ印刷, *flexography*
FLI Fédération lainière internationale, 国際羊毛機構, *IWTO = International Wool Textile Organization*
flib. flibustier, 海賊, *buccaneer*
FLIM Front de libération islamique moro, モロイスラム解放戦線, *FILF = Moro Islamic Liberation Front*

flle feuille, 葉, *leaf*

FLM frégate lance-missiles, ミサイルフリゲート艦

FLN Front de libération nationale, (アルジェリアの)民族解放戦線, *National Liberation Front (Algeria)*

FLNC Front de libération nationale de la Corse, コルシカ民族解放戦線, *Corsican National Liberation Front*

FLNG Front pour la libération nationale de Guinée, ギニア民族解放戦線

FLNKS Front de libération nationale kanak et socialiste, (ニューカレドニア)カナク社会主義民族解放戦線, *Kanak National Liberation Front (New Caledonia)*

FLNM Front de libération nationale de Moro, モロ民族解放戦線, *MNLF = Moro National Liberation Front*

FLO Front de libération des oubanguiens, (中央アフリカ共和国)ウバンギ解放戦線

floc. floculation, 凝結, *flocculation*

flor. floral, 花の, *floral*

florais. floraison, 開花, *flowering*

floral. floralies, 花の展覧会, *flower show*

floric. floriculture, 花作り

floril. florilège, 選集, *anthology*

flott. flottement, 揺れ動くこと, *swaying*

flott. flottaison, 喫水線, *waterline*

flott. flottille, 小型船団, *flotilla*

flottab. flottabilité, 浮力, *buoyancy*

FLP Front de libération de la Palestine, パレスチナ解放戦線, *PLF = Palestine Liberation Front*

FLP Front de libération de la Polynésie, ポリネシア解放戦線, *Polynesia Liberation Front*

FLPP Front de lutte populaire palestinien, パレスチナ解放人民戦線, *PFLP = Popular Front for the Liberation of Palestine*

FLQ Front de libération du Québec, ケベック解放戦線

FLS signal d'inoccupation, (英語略語のままで)あき線信号, *FLS = free line signal*

FLSO Front de libération de la Somalie occidentale, 西ソマリア解放戦線, *WSLF = Western Somalia Liberation Front*

FLT Front de libération du Tchad, チャド解放戦線, *Chad Liberation Front*

fluct. fluctuation, 変動, *fluctuation*

fluidif. fluidification, 流動化, *fluidization*

fluidif. fluidifiant, 流動性を促す
fluogr. fluographie, 蛍光写真法, *fluography*
fluor. fluorescence, 蛍光発光, *fluorescence*
fluor. fluorure, フッ化物, *fluoride*
fluorhydr. fluorhydrique, フッ化水素の, *hydrofluoric*
fluv. fluvial, 河川の, *fluvial*
fluv.-glac. fluvio-glaciaire, 融氷河期の, *fluvioglacial*
fluviom. fluviomètre, 河川水位計, *fluviometer*
FLUX franc luxembourgeois, (通貨単位で)ルクセンブルク・フラン, *Luxembourgian franc*
fluxm. fluxmètre, 磁束計, *fluxmeter*
FM fusil-mitrailleur, 自動小銃, *light machine-gun*
FM franchise militaire, 軍事郵便
Fm fermium, フェルミウム, *Fm=fermium*
FMACP Fédération mondiale des associations de chirurgiens pédiatres, 世界小児外科学会連盟, *WFAPS=World Federation of Associations of Pediatric Surgeons*
FMAC Fédération mondiale des anciens combattants, 世界在郷軍人連盟, *WVF=World Veterans Federation*
FMAG Fédération mondiale de l'art de guérir, 世界治療連盟, *WFH=World Federation of Healing*
FMAM Fédération mondiale des amis de musées, 世界美術館の友連盟, *WFFM=World Federation of Friends of Museums*
FMANU Fédération mondiale des associations pour les Nations unies, 国連協会世界連盟, *WFUNA=World Federation of United Nations Associations*
FMASP Fédération mondiale des associations pour la santé publique, 世界公衆衛生協会連盟, *WFPHA=World Federation of Public Health Associations*
FMCB Fédération mondiale des organisations de construction et du bois, 世界建築木材協会連盟, *WFBW=World Federation of Building and Woodworkers Unions*
FMCG biens de consommation courante, (英語略語のままで)大衆消費財, *FMCG=first-moving consumer goods*
FMCU Fédération mondiale des cités unies et villes jumelées, 世界都市連合, *UTO=United Towns Organization*
FME Fonds monétaire européen, 欧州通貨基金, *EMF=European Monetary Fund*
FME Fédération mondiale des ergothérapeutes, 世界作業療法学連盟, *WFOT=World Federation of Occupational*

Therapists

Fme femme, 女性, *woman*

FME Fonds de modernisation et d'équipement, 近代化・設備基金

FMEF Fédération mondiale pour les études sur le futur, 国際未来学会, *WFSF＝World Future Studies Federation*

FMF Fédération des médecins de France, フランス医師連盟

FMFV Fédération des maisons familiales de vacances, 休暇家族宿舎連盟

FMG franc malgache, (通貨単位で)マダガスカル・フラン, *Madagascan franc*

FMH Fédération mondiale de l'hémophilie, 世界血友病学会, *WFH＝World Federation of Hemophilia*

FMI Fonds monétaire international, 国際通貨基金, *IMF＝International Monetary Fund*

FMJC Fédération mondiale de la jeunesse catholique, 世界カトリック青年連盟, *WFCY＝World Federation of Catholic Youth*

FMJD Fédération mondiale de la jeunesse démocratique, 世界民主主義青年連盟, *WFDY＝World Federation of Democratic Youth*

FMJLR Fédération mondiale des jeunesses libérales et radicales, リベラル・アンド・ラジカルユース世界連盟, *WFRY＝World Federation of Liberal and Radical Youth*

FMLN Front Farabundo Marti de libération nationale, ファラブンド・マルチ民族解放戦線, *National Liberation Front of Farabundo Marti*

fmm force magnétomotrice, 起磁力, *mmf＝magnetomotive force*

FMM Fédération mondiale de la métallurgie, 世界冶金連盟

FMMBN Fédération mondiale de médecine et biologie nucléaire, 世界核医学連盟, *WFNMB＝World Federation of Nuclear Medicine and Biology*

FMN firme multinationale, 多国籍企業, *multinational firm*

FMN Fédération mondiale de neurologie, 世界神経学連合, *WFN＝World Federation of Neurology*

FMOI Fédération mondiale des organisations d'ingénieurs, 世界工学団体連盟, *WFEO＝World Federation of Engineering Organizations*

FMP fourchette moyenne pondérée, 大量取引平均相場の幅

FMP Fédération mondiale des parasitologues, 世界寄生虫学者連合, *WFP = World Federation of Parasitologists*

FMPA Fédération mondiale pour la protection des animaux, 世界動物保護連合, *WFPA = World Federation for the Protection of Animals*

FMS Fédération mondiale des sourds, 世界聾連盟, *WFD = World Federation of the Deaf*

FMS système de fabrication flexible, （英語略語のままで）フレキシブル生産システム, *FMS = flexible manufacturing system*

FMSA Fédération mondiale des sociétés d'anesthésiologistes, 世界麻酔学会連合, *WFSA = World Federation of Societies of Anesthesiologists*

FMSM Fédération mondiale pour la santé mentale, 世界精神衛生連盟, *WFMH = World Federation for Mental Health*

FMSN Fédération mondiale de sociétés de neurochirurgie, 国際脳神経外科学会, *WFNS = World Federation of Neurosurgical Societies*

FMTA Fédération mondiale de travailleurs agricoles, 世界農業労働者連盟, *WFAW = World Federation of Agricultural Workers*

FMTS Fédération mondiale de travailleurs scientifiques, 世界科学者連盟, *WFSW = World Federation of Scientific Workers*

FMVJ Fédération mondiale des villes jumelées, 世界姉妹都市団体連合：世界都市連合の前身, *UTO = United Towns Organization*

FN Front national, （フランスの政党で）国民戦線, *National Front (France)*

FNAAFP Fédération nationale des associations d'aide familiale populaire, 庶民家族援助協会全国連盟

FNAAMF Fédération nationale des associations pour l'aide aux mères et aux familles à domicile, 家内生活主婦家族扶助団体全国連盟

FNAC Fonds national d'art contemporain, （フランス政府による芸術作品買上げ用の）現代芸術国家基金

FNAC Fédération nationale d'achat des cadres, フナック：本などのディスカウントショップ

FNACA Fédération nationale des anciens combattants

d'Afrique du Nord, 北アフリカ在郷軍人全国連盟

FNACEM Fédération nationale d'associations culturelles d'expression musicale et artistique, 音楽芸術表現文化協会全国連盟

FNACI Fédération nationale des clubs d'investissement, 投資クラブ全国連盟

FNACR Fédération nationale des anciens combattants de la République, 共和国在郷軍人全国連盟

FNAD Fédération nationale des activités du déchet, 廃棄物業務全国連盟

FNADAR Fédération nationale d'aide à domicile aux retraités, 退職者在宅扶助全国連盟

FNAFA Fédération nationale des associations de foyers adoptifs, 養親家庭団体全国連盟

FNAFAD Fédération nationale des aides familiales à domicile, 在宅家族扶助全国連盟

FNAFR Fédération nationale des associations familiales rurales, 農村家庭団体全国連盟

FNAFU Fonds national d'aménagement foncier et d'urbanisme, 土地整備・都市開発全国基金

FNAGE Fédération nationale des associations d'élèves en grandes écoles, グランゼコール学生協会全国連盟

FNAH Fonds national pour l'amélioration de l'habitat, 居住改善向け全国基金

FNAIM Fédération nationale de l'immobilier, (フランスの)全国不動産連盟

FNAL Fonds national d'aide au logement, 住宅援助全国基金

FNAR Fédération nationale des associations de retraités, 退職者団体全国連盟

FNAR Fédération nationale des anciens de la résistance, 元レジスタンス全国連盟

FNARS Fédération nationale des associations d'accueil et de réadaptation sociale, 受入社会復帰団体全国連盟

FNAS Fonds national d'action sociale, 社会福祉活動全国基金

FNAT Fonds national pour l'aménagement du territoire, 国土整備向け全国基金

FNAUT Fédération nationale des associations d'usagers des transports, 交通利用者団体全国連盟

FNB Fédération nationale du bâtiment, 全国建築業協会

FNBPC Fédération nationale des blessés du poumon et chirurgicaux, 肺と外科負傷者全国連盟

FNCA Fédération nationale du crédit agricole, 農業信用全国連盟

FNCAA Fédération nationale du commerce et de l'artisanat de l'automobile, 自動車販売・家内工業全国連盟

FNCCR Fédération nationale des collectivités concédantes et régies, 全国役務委託地町村連盟

FNCF Fédération nationale des cinémas français, フランス映画全国連盟

FNCF formation nette de capital fixe, 純資産形成

FNCGA Fédération nationale des coopératives et groupements d'artisans, 協同組合職員グループ全国連盟

FNCIVAM Fédération nationale des centres d'initiatives pour la valorisation agricole et l'animation du milieu rural, 農業有効化農村環境イベント発案センター全国連盟

FNCPG Fédération nationale des combattants prisonniers de guerre, 戦争捕虜戦闘員全国連盟

FNCR Fédération nationale des chauffeurs routiers, トラック運転手全国連盟

FNCUGE Fédération nationale des chorales universitaires des grandes écoles, グランゼコール大学合唱団全国連盟

FNCV Fédération nationale des combattants volontaires, 志願兵全国連盟

FNDAE Fonds national pour le développement des adductions d'eau, 国家導水開発基金

FNDF Fédération nationale des distributeurs de films, 映画配給会社全国連盟

FNDIR Fédération nationale des déportés et internés de la résistance, レジスタンスの強制収容所監禁経験者全国連盟

FNDIRP Fédération nationale des déportés, internés, résistants et patriotes, 強制収容所監禁経験者抵抗運動者愛国者全国連盟

FNDOT Fédération des donneurs d'organes et tissus humains, 人体組織・臓器提供者連盟

FNDS Fonds national de développement du sport, スポーツ発展全国基金

FNDVA Fonds national de développement de la vie associative, 全国非営利社団活動促進基金

FNE Fonds national de l'emploi, 国民雇用基金

FNEAP Fédération nationale de l'enseignement agricole privé, 私立農業教育全国連盟

FNEC-FO Fédération nationale de l'éducation et de la culture-Force ouvrière, 教育文化全国連盟－労働者の力

FNECM Fédération nationale des entreprises à commerce multiple, 多角販売企業全国連盟

FNEE Fédération nationale de l'équipement électrique, 電子設備全国連盟

FNEF Fédération nationale des étudiants de France, フランス学生全国連盟

FNEPL Fédération nationale de l'enseignement privé laïque, (スイスの)無宗教色の私立教育全国連盟

FNESR Fédération nationale des élus socialistes et républicains, 社会党・共和党議員国民連盟

FNF Fonds national forestier, 森林全国基金

FNFR Fédération nationale des foyers ruraux et associations de développement du milieu rural, 農村家庭と農村環境開発団体全国連盟

FNGAA Fédération nationale des groupements agricoles d'approvisionnement, 農業供給グループ全国連盟

FNGDSB Fédération nationale des groupements de défense sanitaire du bétail, 家畜衛生保護グループ全国連盟

FNGEA Fédération nationale des groupes d'études et de développement agricole, 研究農業開発グループ全国連盟

FNGPA Fédération nationale des groupements de productivité agricole, 農業生産性グループ全国連盟

FNH Fonds national de l'habitation, 居住全国基金

FNHR Fédération nationale de l'habitat rural et de l'aménagement du territoire rural, 農村居住農村領域整備全国連盟

FNI Forces nucléaires intermédiaires, 中距離核兵器, *INF =Intermediate-Range Nuclear Force*

FNI Fédération nationale des infirmiers et infirmières, 看護師全国連盟

FNICF Fédération nationale de l'industrie de la chaussure de France, フランス製靴全国連盟

FNIH Fédération nationale de l'industrie hôtelière, ホテル産業全国連盟

FNL Front national de libération, (ベトナムの)民族解放戦線, *NLF=National Liberation Front (Vietnam)*

FNLL Fédération nationale Léo Lagrange, レオ・ラグラ

ンジュ全国連盟
- **FNLPK** Front national de libération du peuple khmer, クメール人民民族解放戦線, *KPNLF＝Khmer People's National Liberation Front*
- **FNMF** Fédération nationale de la mutualité française, フランス共済国民連合
- **FN-MN** Front national-Mouvement national, (フランスの政党で)国民戦線国民運動:その後共和国国民運動と改名
- **FNMR** Fédération nationale des maires ruraux, 農村市長全国連盟
- **FNOPA** Fonds national pour les organisations professionnelles artisanales, 国立手工業組合基金
- **FNOTSI** Fédération nationale des offices de tourisme et des syndicats d'initiative, 観光局・観光協会全国連盟
- **FNPC** Fédération nationale des promoteurs constructeurs, 建築プロモーター全国連盟
- **FNPF** Fédération nationale de la presse française, フランス報道全国連盟
- **FNPG** Fédération nationale des prisonniers de guerre, 戦争捕虜全国連盟
- **FNPL** Fédération nationale des producteurs de lait, 全国酪農生産者連合会
- **FNPTP** Fonds national de péréquation de la taxe professionnelle, 職業税平衡化全国基金
- **FNRFCI** Front national des rapatriés français de confession islamique, イスラム教フランス人復員者国民戦線
- **FNRG** Fédération nationale des retraités de la gendarmerie, 憲兵隊退役者全国連盟
- **FNRI** Fédération nationale des républicains indépendants, 独立共和派全国連盟
- **FNRL** Fédération nationale des radios libres, 自由ラジオ放送全国連盟
- **FNS** Fonds national de solidarité, 国民連帯基金
- **FNS** forces nucléaires stratégiques, 戦略核戦力
- **FNSEA** Fédération nationale des syndicats d'exploitants agricoles, 農業組合全国同盟, *National Association of Farm Organization (France)*
- **FNSP** Fondation nationale des syndicats paysans, 農民組合全国連盟
- **FNSP** Fondation nationale des sciences politiques, 国立政治学院:通称はシアンスポ

FNSPELC Fédération nationale des syndicats professionnels de l'enseignement libre catholique, カトリック自由教育職業組合全国連盟

FNSSCE Fédération nationale des syndicats des sociétés du commerce extérieur, 貿易会社組合全国連盟

FNSU Fédération nationale du sport universitaire, 大学スポーツ全国連盟

FNT forces nucléaires tactiques, 戦術核兵器

FNTP Fédération nationale des travaux publics, 全国土木業協会

FNTS Fondation nationale de transfusion sanguine, 中央輸血財団

FNUAP Fonds des Nations unies pour les activités en matière de population, 国連人口活動基金, *UNFPA = United Nations Fund for Population Activities*

FNUF Front national pour l'unité française, (フランスの政党で)フランス統一国民戦線：国民戦線が分裂した際ルペン派をこう呼んだ

FNUJA Fédération nationale des unions de jeunes avocats, 青年弁護士同盟全国連盟

FNULAD Fonds des Nations unies pour la lutte contre l'abus des drogues, 国連薬物乱用統制基金：発展的解消により国連薬物統制計画となった, *UNFDAC = United Nations Fund for Drug Abuse Control*

FNUOD Forces des Nations unies chargée d'observer le dégagement, 国連兵力引離監視軍, *UNDOF = United Nations Disengagement Observer Force*

FO Force ouvrière, (フランスの労組で)労働者の力, *Workers' Force (France)*

foc. focale, 焦点の, *focal*

focalis. focalisation, 焦点, *focalization*

FoE Amis de la terre, (英語略語のままで)地球の友：国際環境保護団体, *FoE = Friends of the Earth*

fœtosc. fœtoscopie, 胎児鏡検査, *fetoscopy*

FOEVEN Fédération des œuvres éducatives de vacances de l'éducation nationale, 文部休暇教育事業連盟

foisonn. foisonnement, 豊富, *abundance*

foliot. foliotage, 頁付け, *pagination*

folkl. folklore, 民俗, *folklore*

follic. follicule, 小胞, *follicle*

FOMC Comité fédéral de l'open-market, (英語略語のまま

で)(米国の)連邦公開市場委員会, *FOMC =Federal Open Market Committee (USA)*

foment. fomentation, 湿布, *fomentation*

FOMODA Fonds de modernisation et de développement de l'artisanat, 近代化・手工業発展基金

fonc. foncier, 土地の, *of land*

fonctionn. fonctionnalisme, 機能主義, *functionalism*

fonctionn. fonctionnarisme, 官僚主義, *officialdom*

fonctionnaris. fonctionnarisation, 公務員化, *making the part of the civil service*

fond. fondateur, 創設者, *founder*

fond. fondement, 基礎, *foundation*

FONDA Fondation pour le développement de la vie associative, 非営利団体活動推進財団

fondam. fondamental, 基礎の, *basic*

fondament. fondamentalisme, 原理主義, *fundamentalism*

fong. fongicide, カビを殺す, *fungicide*

FONJEP Fonds national de la jeunesse et de l'éducation populaire, 青年人民教育全国基金

font. fontaine, 泉, *spring*

foot football, サッカー, *soccer*

FOPAC Fédération ouvrière et paysanne des anciens combattants, 在郷軍人労働者・農民連盟

FOR forint, (ハンガリーの通貨単位で)フォリント, *forint*

FOR franco wagon, (英語略語のままで)貨車渡し, *FOR = free on rail*

for. foreuse, ドリル, *drill*

for. forage, 穴をあけること, *drilling*

for. forêt, 森, *forest*

FORATOM Forum atomique européen, 欧州原子力フォーラム, *European Atomic Forum*

forcl. forclusion, 抵当受け戻し権, *foreclosure*

FORD Forum pour la restauration de la démocratie, (ケニアの)民主回復フォーラム, *FORD =Forum for the Restoration of Democracy*

FORDEPRENU Force de déploiement préventif des Nations unies, 国連予防展開軍, *UNPREDEP =United Nations Preventive Deployment Force*

forest. forestier, 森の, *of forest*

forf. forfait, 一括払い, *lump sum*

form. formage, 成型, *forming*

form. format, 形式, *format*
form. formalisme, 形式尊重, *formalism*
FORMA Fonds d'orientation et de régularisation des marchés agricoles, 農業市場指導調整基金
formid. formidable, すばらしい, *formidable*
formul. formulaire, 書式集, *form*
FORPPA Fonds de régulation des produits et prix agricoles, 農業産品・価格調整基金, *Fund for the Regulation of Agricultural Production and Prices*
FORPRONU Force de protection des Nations unies, 国連保護軍, *UNPROFOR = United Nations Protection Force*
fort. fortune, 財産, *fortune*
fortif. fortification, 要塞化, *fortification*
FOSIDEC Fonds de solidarité et d'intervention pour le développement économique communautaire, (CEAOの)共同体開発連帯基金
foss. fossile, 化石, *fossil*
fossilis. fossilisation, 化石化, *fossilization*
FOST forces océaniques stratégiques, 戦略海軍
FOT franco sur camion, (英語略語のままで)トラック積渡し, *FOT = free on truck*
foul. foulard, スカーフ, *scarf*
fourb. fourberie, 奸計, *cheating*
fourch. fourchette, フォーク, *fork*
fourg. fourgonnette, 小さなバン, *small van*
fourg. fourgon, (車の)バン, *van*
fourn. fourneau, かまど, *furnace*
fourn. fournisseur, 納入業者, *supplier*
fourn. fourniture, 納入, *supplying*
fourr. fourreur, 毛皮商人, *furrier*
fourr. fourrure, 毛皮, *fur*
FOW franco par chemin de fer, (英語略語のままで)貨車渡し, *FOW = free on wagon*
fp forte-piano, (音楽で)フォルテピアノ, *forte-piano*
FPA Formation professionnelle des adultes, 成人職業教育, *adult professional training*
FPB filtre passe-bande, 帯域通過ろ波器, *BPF = band-pass filter*
FPC formation professionnelle continue, 生涯職業教育
FPLA réseau à logique programmable par l'utilisateur, (英語略語のままで)プログラマブル論理回路配列, *FPLA =*

field programmable logic array

FPLE Front populaire de libération de l'Erythrée, エリトリア人民解放戦線, *EPLF = Eritrean People's Liberation Front*

FPLT Front populaire de libération du Tigré, ティグレ人民解放戦線, *TPLF = Tigre People's Liberation Front*

FPNF Fédération des parcs naturels de France, フランス自然公園連盟

FPP frontière des possibilités de production, 生産可能性辺境線, *production possibility frontier*

FPP processeur en virgule flottante, (英語略語のままで)浮動小数点プロセッサー, *FPP = floating point processor*

FPR Front patriotique rwandais, ルワンダ愛国戦線, *Rwanda Patriotic Front*

FPS Forum du Pacifique Sud, 南太平洋諸国会議：別名は南太平洋フォーラム, *SPF = South Pacific Forum*

FPS commutateur de paquets rapide, (英語略語のままで)高速パケット交換, *FPS = fast packet switch*

fr. français, フランスの, *French*

fr. frais, 費用, *costs*

Fr. France, フランス, *France*

Fr francium, フランシウム, *Fr = francium*

fr.-comt. franc-comtois, フランシュコンテの, *of the Franche-Comté*

fr.-maçonn. franc-maçonnerie, フリーメーソン団, *free-masonry*

FR3 France Région 3, エフエルトロワ：地方番組中心のテレビ局 F 3 の旧称

FRAC Fonds régionaux d'art contemporain, (作品買上げ用の)現代芸術地方資金

fracass. fracassant, 激しい音を立てる, *deafening*

fract. fracture, 骨折, *fracture*

fract. fraction, 部品, *fraction*

fract. fractionnel, 部分の, *divisive*

FRADE formation et recherche appliquée pour le développement économique et l'aménagement du territoire, 経済発展・国土整備目的職業訓練応用研究

fragilis. fragilisation, 脆弱化, *weakening*

fragm. fragment, 破片, *fragment*

fragment. fragmentation, 粉砕, *fragmentation*

frais. fraiseuse, フライス盤, *milling machine*

framb. framboise, 木イチゴ, *raspberry*
franch. franchisage, フランチャイズ制, *franchising*
franchiss. franchissement, 通過, *crossing*
francil. francilien, イル・ド・フランスの, *of the Ile-de-France*
francis. francisation, フランス風化, *frenchification*
francis. francisation, フランス語化, *francicization*
francisc. franciscain, フランシスコ会の, *Franciscan*
francoph. francophone, フランス語を話す, *French-speaking*
frangl. franglais, フラングレ：英語からの借用でフランス語化した表現, *Franglais*
FRAPNA Fédération Rhône-Alpes de protection de la nature, 自然保護ローヌ・アルプ地域圏連盟
frat. fraternel, 兄弟の, *fraternal*
fratern. fraternité, 兄弟愛, *fraternity*
fraternis. fraternisation, 友好関係, *fraternization*
fratr. fratricide, 兄弟殺しの, *fratricidal*
fraud. frauduleux, 不正な, *fraudulent*
FRC service de dépannage, (英語略語のままで)応急修理局, *FRC = fault reception center*
frein. freinage, ブレーキング, *breaking*
frel. frelon, スズメバチ, *hornet*
FRELIMO Front de libération du Mozambique, モザンビーク解放戦線
frémiss. frémissement, そよぎ, *rustle*
fréq. fréquent, 頻繁に, *frequent*
fréq. fréquence, 頻発, *frequency*
fréquent. fréquentation, よく行くこと, *frequenting*
frett. frettage, 金輪の取り付け
FRF franc français, (通貨単位で)フランス・フラン, *French franc*
friand. friandise, おいしいもの, *tidbit*
frict. friction, 摩擦, *friction*
frigid. frigidité, 不感症, *frigidity*
frigor. frigorifique, 冷凍する, *refrigerating*
frip. friperie, 古着, *second-hand clothes*
frissonn. frissonnement, そよぎ, *shudder*
frivol. frivolité, 軽薄, *frivolity*
FRMJC Fédération régionale des maisons des jeunes et de la culture, 青年文化の家地方連盟

FRN effet à taux flottant, (英語略語のままで)変動利付債, *FRN = floating rate note*

from. fromage, チーズ, *cheese*

FROM Fonds régional d'organisation des marchés du poisson, 魚市場組織地方基金

front. frontispice, 表題, *frontispiece*

frontal. frontalier, 国境地帯の住民, *inhabitant of the frontier zone*

frott. frottement, こすること, *rubbing*

FRR force de réaction rapide, 緊急対応部隊, *Rapid Reaction Force*

FRR Fonds de rénovation rurale, 農村再開発基金

FRS norme comptable, (英語略語のままで)財務報告基準, *FRS = Financial Reporting Standard*

FRU franc du Rwanda, (通貨単位で)ルワンダ・フラン, *Rwandese franc*

FRUCOM Fédération européenne du commerce en fruits secs, conserves, épices et miel, 欧州ドライフルーツ缶詰香辛料蜂蜜取引業者連盟, *European Federation of the Trade in Dried Fruits, Preserves, Spices and Honey*

fructif. fructification, 実を結ぶこと, *fructification*

frug. frugalité, 粗食, *frugality*

fruit. fruiterie, 果物屋, *fruit store*

frustr. frustration, 欲求不満, *frustration*

FS franc suisse, (通貨単位で)スイス・フラン, *Swiss franc*

FSAI Fonds spécial d'adaptation industrielle, 産業適応特別基金

FSC Fonds de stabilisation des changes, 為替安定基金

FSCF Fédération sportive et culturelle de France, フランススポーツ文化連盟

FSE Fonds social européen, 欧州社会基金, *ESF = European Social Fund*

FSF Forum de stabilité financière, 金融安定化フォーラム, *FSF = Financial Stabilization Forum*

FSI Fédération syndicale internationale, 国際労働組合連盟:世界労働組合連盟に継承された, *IFTU = International Federation of Trade Unions*

FSJU Fonds social juif unifié de France, フランス統一ユダヤ社会基金

FSLN Front sandiniste de libération nationale, (スペイン語略語のままで)サンディニスタ民族解放戦線, *FSLN =*

Frente Sandinista Liberación Nacional（スペイン語）

FSM Fédération syndicale mondiale, 世界労働組合連盟：略称は世界労連, *WFTU＝World Federation of Trade Unions*

FSP Fédération syndicale panafricaine, 全アフリカ労働組合連合：OUSA の前身, *AATUF＝All-African Trade Union Federation*

FSR Fonds de soutien des rentes, 年金維持基金

FSR Fonds de soutien des routes, 道路支援基金

FSS service fixe par satellite, （英語略語のままで）固定式サテライト整備, *FSS＝fixed satellite service*

FSU Fédération syndicale unitaire, 統一労働連盟

FSV Fonds de solidarité vieillesse, 老齢連帯基金, *old-age solidarity fund*

ft. feuillet, （本などの1）枚, *leaf*

FTAA Zone de libre commerce des Amériques, （英語略語のままで）米州自由貿易圏, *FTAA＝Free Trade Area of the Americas*

FTIAAC Fédération des travailleurs de l'information, de l'audio-visuel et de l'action culturelle, 情報・ラジオテレビ・文化アクション勤労者連盟

FTP francs-tireurs et partisans, 義勇遊撃兵

FTP-MOI francs-tireurs et partisans main-d'œuvre immigrée, 移民労働者義勇遊撃兵

FTQ Fédération des travailleurs du Québec, ケベック州労働者連盟

FTS facilité de transformation systémique, （国際通貨基金の）体制移行融資, *STF＝systemic transformation facility*

FTTC fibre jusqu'au trottoir, （英語略語のままで）光ファイバー加入者線, *FTTC＝fiber to the curb*

FTTD fibre jusqu'au bureau, （英語略語のままで）オフィス用光ファイバー通信ネットワーク, *FTTD＝fiber to the desk*

FTTH fibre jusqu'au logement, （英語略語のままで）家庭用光ファイバー通信回線, *FTTH＝fiber to the home*

FU unité fonctionnelle, （英語略語のままで）機能ユニット, *FU＝functional unit*

FUAAV Fédération universelle des associations d'agences de voyage, 世界旅行社協会連盟

FUACE Fédération universelle des associations chrétiennes d'étudiants, 世界キリスト教大学生協会連盟

FUAJ Fédération unie des auberges de jeunesse, ユース

ホステル統一連盟
fulmin. fulmination, (教会法での)公布
fum. fumeur, 喫煙者, *smoker*
funér. funérailles, 葬式, *funeral*
funérar. funérarium, 遺体安置所, *funeral parlor*
funic. funiculaire, ケーブルカー, *funicular*
futur. futurisme, 未来主義, *futurism*
fus. fusée, ロケット, *rocket*
fus. fusion, 融解, *fusion*
fus.-déton. fusée détonateur, 信管, *fuse*
fus.-s. fusée-sonde, 観測ロケット, *probe*
fusib. fusibilité, 可溶性, *fusibility*
fustig. fustigation, 折檻, *castigation*
FUT Fédération des usagers des transports, 交通利用者連盟
fut. futur, 未来, *future*
futurol. futurologie, 未来学, *futurology*
FWHM largeur à mi-crête, (英語略語のままで)半値全幅, *FWHM = full-width half-maximum*
FX trucages, (英語略語のままで)特殊効果, *FX = effects*
fx-bord faux-bord, (欠陥建造による船の)傾き
fx-bourd. faux-bourdon, フォブルドン, *fauxbourdon*
fx.-fuy. faux-fuyant, 逃げ口上, *subterfuge*
fx-monn. faux-monnayeur, 偽金づくり, *forger*
fx-pont faux-pont, (昔船にあった可動式の)中甲板
fx-sembl. faux-semblant, 見せかけ, *pretense*
fx-sens faux-sens, 意味の取り違え, *mistranslation*
fx-t. faux-titre, 略表題, *half-title*
FZLN Front zapatiste de libération nationale, サパティスタ民族解放戦線, *Zapatista National Liberation Front*

G

G Gabon, ガボン：国際自動車識別記号, *Gabon*
g accélération de la pesanteur, 重力加速度, *g＝acceleration of gravity*
G constante de gravité, 重力定数, *G＝gravitation constant*
G giga-, ギガ, *giga-*
G grade, グラード：角度の単位, *grade*
G gauss, ガウス：CGS 電磁単位, *gauss*
g. gauche, 左, *left*
G gourde, （ハイチの通貨単位で）グルド, *gourde*
g. garçon, 男子, *boy*
g gramme, グラム, *gram*
g.-à-vous garde-à-vous, 気をつけ, *attention*
G.-B. Grande-Bretagne, 英国, *Great Britain*
g.-barr. garde-barrière, 踏切番, *grade-crossing keeper*
g.-boue garde-boue, 泥よけ, *mudguard*
g.-ch. garde-chiourme, （ガレー船の）見張り番, *warder*
g.-chasse garde-chasse, （私有狩猟地の）番人, *gamekeeper*
g.-côte garde-côte, 沿岸漁業監視船, *coastguard vessel*
G.-Dc grand-duc, （敬称で）大公, *grand duke*
G.-Dchesse grande-duchesse, （敬称で）大公妃, *grand duchess*
g.-feu garde-feu, 火よけ用ついたて, *fireguard*
g.-fou garde-fou, 手すり, *balustrade*
g.-fr. garde-française, 近衛兵
g.-liv. grand-livre, （会計の）原簿, *ledger*
G∴M∴ grand maître, （フリーメーソンで）グランドマスター, *grand master*
g.-mag. garde-magasin, 倉庫係, *warehouseman*
g.-mal. garde-malade, 看護人, *nurse*
g.-maman grand-maman, おばあちゃん, *grandma*
g.-man. garde-manège, 騎馬警備員
g.-manger garde-manger, 食料戸棚, *meat safe*
g.-mar. garde-marine, 海軍士官候補生
g.-mbles garde-meubles, 家具預かり所, *furniture repository*
g.-mère grand-mère, 祖母, *grandmother*

g.-messe grand-messe, 歌ミサ, *high mass*
g.-oil gas-oil, ガス油, *gas oil*
g.-oncle grand-oncle, 大叔父, *great-uncle*
g.-papa grand-papa, おじいちゃん, *grandpa*
g.-père grand-père, 祖父, *grandfather*
g. républ. garde républicaine, 共和国親衛隊, *Republican Guard*
g.-républ. garde-républicain, 共和国親衛隊員, *member of the Republican Guard*
g.-robe garde-robe, 洋服タンス, *wardrobe*
g.-tante grand-tante, 大伯母, *great aunt*
g.-voile grand-voile, 主帆, *mainsail*
Ga gallium, ガリウム, *Ga = Gallium*
GA invitation à continuer, (英語略語のままで)青信号, *GA = go ahead*
gab. gabarit, (実物大の)模型, *model*
GAB guichet automatique de banque, (銀行の)ATM, *ATM = Automated Teller Machine*
gabard. gabardine, ギャバジン, *gabardine*
gabon. gabonais, ガボンの, *Gabonese*
GAEC groupement agricole d'exploitation en commun, 農業経営共同集団
gaél. gaélique, ゲール人の, *Gaelic*
GAFI Groupe d'action financière internationale contre le blanchiment des capitaux, 対マネーロンダリング国際金融アクショングループ
GAGMI groupement d'achat des grands magasins indépendants, 独立系デパート購入グループ
gaill. gaillard, たくましい, *strong*
gal gallon, ガロン:英米の計量単位, *gallon*
gal. galerie, 回廊, *gallery*
galact. galactique, 銀河の, *galactic*
galant. galanterie, (女性に対する)親切, *gallantry*
glaciol. glaciologie, 雪氷学, *glaciology*
galéj. galéjade, ほら, *tall story*
galén. galénique, ガレノスの, *Galenic*
galic. galicien, ガリシアの, *Galician*
galil. galiléen, ガリラヤの, *Galilean*
gall. gallois, ウェールズの, *Welsh*
gallic. gallicisme, フランス語特有の語法, *Gallicism*
gallic. gallicanisme, ガリア主義, *Gallicanism*

galvan. galvanisme, ガルヴァーニ電気, *galvanism*
galvanis. galvanisation, 亜鉛メッキ, *galvanization*
galvano galvanotypie, 電気製版法, *electrotyping*
galvanoplast. galvanoplastie, 電気鋳造, *galvanoplasty*
GAM groupement d'action municipale, 市町村活動団体
gamb. gambien, ガンビアの, *Gambian*
gamétogen. gamétogenèse, 配偶子形成, *gametogenesis*
GAMS Groupement pour l'avancement des méthodes spectroscopiques et physico-chimiques d'analyse, 分光学物理化学分析研究会, *GAMS = Group for the Advancement of Spectroscopic and Physico-Chemical Methods of Analysis*
GAN Groupe des assurances nationales, GAN（ガン）保険会社
gang. gangétique, ガンジス川の, *Gangetic*
gangl. ganglion, 神経節, *ganglion*
gangr. gangreneux, 壊疽の, *gangrenous*
gangst. gangstérisme, ギャング行為, *gangsterism*
GANIL grand accélérateur à ions lourds, 重イオン大型加速器
gant. ganterie, 手袋製造, *glove-making*
GANUPT Groupe d'assistance des Nations unies pour la période de transition, 国連ナミビア独立支援グループ, *UNTAG = United Nations Transition Assistance Group in Namibia*
GAO Bureau de comptabilité générale, （英語略語のままで）（米国の）会計検査院, *GAO = General Accounting Office (USA)*
GAP gestion actif-passif, 資産負債管理システム, *ALM = assets and liabilities management*
gar. garantie, 保証, *guarantee*
gar. garage, ガレージ, *garage*
Gar. Garonne, ガロンヌ川, *Garonne*
gard. gardien, 番人, *janitor*
gard. gardiennage, 番人の仕事, *caretaking*
gargar. gargarisme, うがい薬, *gargling*
garib. garibaldien, ガリバルディの, *Garibaldian*
garn. garniture, 飾り, *trimming*
garn. garnissage, 備え付け, *packing*
garn. garnison, 守備隊, *garrison*
garonn. garonnais, ガロンヌの, *of the Garonne*
garrott. garrottage, きつく縛ること

GAS groupement d'actionnaires stables, 安定株主グループ:民営化に際して30%分をこれに割り当てる

gasc. gascon, ガスコーニュの, *Gascon*

gaspi gaspillage, 無駄遣い, *wasting*

gaspill. gaspillage, 無駄遣い, *wasting*

gastr. gastralgie, 胃痛, *gastralgia*

gastr. gastropode, 腹足綱

gastro gastroscopie, 胃鏡検査, *gastroscopy*

gastro-entér. gastro-entérite, 胃腸炎, *gastroenteritis*

gastro-entéro gastro-entérologue, 胃腸病専門医, *gastroenterologist*

gastro-entérol. gastro-entérologie, 胃腸病学, *gastroenterology*

gastro-intest. gastro-intestinal, 胃腸の, *gastrointestinal*

gastron. gastronomie, 美食法, *gastronomy*

GATS —, サービス貿易に関する一般協定, *GATS = General Agreements on Trade in Services*

GATT Accord général sur les tarifs et le commerce, (英語略語のままで)ガット, *GATT = General Agreement on Tariffs and Trade*

gauch. gauchisme, 極左主義, *leftism*

gauchiss. gauchissement, ゆがみ, *warping*

gaufr. gaufrage, エンボス, *embossing*

gaul. gaulois, ガリアの, *Gallic*

gaull. gaullisme, ドゴール主義, *Gaullism*

gaz. gazonnage, 芝の植え付け, *turfing*

gaz. gazette, (古語で)新聞, *gazette*

gaz. gazole, ガス油, *gas oil*

gazéif. gazéification, 気化, *gasification*

gazod. gazoduc, ガスパイプライン, *gas pipeline*

gazol. gazoline, 石油エーテル, *gasoline*

gazom. gazomètre, ガスタンク, *gas holder*

gazouill. gazouillement, さえずり, *twittering*

GB Grande-Bretagne, 英国:国際自動車識別記号, *Great-Britain*

GBA Aurigny, オールダニー:国際自動車識別記号, *Alderney*

GBD gestion de base de données, データベース管理, *DBM = database management*

GBG Guernesey, ガーンジー:国際自動車識別記号, *Guernsey*

GBJ Jersey, ジャージー:国際自動車識別記号, *Jersey*

GBM Ile de Man, マン島:国際自動車識別記号, *Isle of Man*
GBP livre, (英国の通貨単位で)ポンド, *pound*
GBZ Gibraltar, ジブラルタル:国際自動車識別記号, *Gibraltar*
GC grand-croix, (レジオンドヌールの)グランクロワ章
GCA Guatemala, グアテマラ:国際自動車識別記号, *Guatemala*
GCBN Comité général de nomenclature botanique, (英語略語のままで)植物命名法総合委員会, *GCBN=General Committee on Botanical Nomenclature*
GCBR réacteur surrégénérateur refroidi au gaz, (英語略語のままで)ガス冷却増殖炉, *GCBR=gas-cooled breeder reactor*
GCPAI Groupe consultatif pour la production alimentaire et l'investissement dans les pays en développement, (FAOの)開発途上国食糧生産投資協議会, *CGFPI=Consultative Group on Food Production and Investment in Developing Countries*
GCPU Groupe central de planification urbaine, 都市計画中央グループ
GCR enregistrement par codage de groupe, (英語略語のままで)(コンピュータの)グループ符号化記録, *GCR=group coded recording*
GCRAI Groupe consultatif sur la recherche agricole internationale, 国際農業研究協議グループ, *CGIAR=Consultative Group on International Agricultural Research*
GCVN Groupe central des villes nouvelles, ニュータウン中央グループ
gd grand, 大きな, *big*
Gd gadolinium, ガドリニウム, *Gd=gadolinium*
GDF Gaz de France, フランスガス
GDR certificat de dépôt global, (英語略語のままで)グローバル預託証券, *GDR=global deposit receipt*
Ge germanium, ゲルマニウム, *Ge=germanium*
GE Génération Ecologie, (フランスの政党で)エコロジー世代
GE guerre électronique, 電子戦争, *EW=electronic warfare*
GEA Groupe d'études des problèmes des grandes entreprises agricoles, 農業大企業問題研究グループ
GEFAP Groupement européen des associations nationales de fabricants de pesticides, 欧州各国殺虫剤工業組合, *European Union of National Association of Pesticide*

Manufacturers
GEIE groupement européen d'intérêt économique, 欧州経済利益団体, *EEIG =European Economic Interest Grouping*
gél. gélose, 寒天, *agar agar*
gél. gélatine, ゼラチン, *gelatin*
gélif. gélification, ゲル化, *gelatinization*
GEM véhicule à effet de sol, (英語略語のままで)ホーバークラフト, *GEM =ground effect machine*
GEMDEV Groupement d'intérêt scientifique économie mondiale tiers-monde développement, 世界経済・第三世界・開発学術利益団体：大学の研究機関
gémell. gémellaire, 双子の, *twin*
gémell. gémellité, 双子出産, *twin birth*
gémiss. gémissement, うめき, *groan*
gemmol. gemmologie, 宝石学, *gemology*
gén. génocide, 集団殺害, *genocide*
gén. général, 一般の, *general*
gén. génitif, 属格, *genitive*
GEN Groupe européen de nutritionnistes, 欧州栄養学会, *GEN =Group of European Nutritionists*
GEN grandes entreprises nationales, 大規模国有企業
gén. génois, ジェノヴァの, *Genoese*
gen. genèse, 生成, *genesis*
gén. génétisme, 発生論
gén. génétique, 遺伝の, *genetic*
gén. génial, すばらしい, *brilliant*
gén. civ. génie civil, 土木工学, *civil engineering*
gén. mar. génie maritime, 海軍工兵, *naval architects*
gén. mil. génie militaire, 軍事工学, *military engineering*
gend. gendarme, 憲兵, *police*
gend. mob. gendarme mobile, 機動憲兵
gendarm. gendarmerie, 憲兵隊, *police force*
géné général, 将軍, *general*
géné génération, 世代, *generation*
géné générosité, 気前の良さ, *generosity*
généal. généalogie, 系図, *genealogy*
GENEPI Groupement étudiant national d'enseignement aux personnes incarcérées, 投獄生活者向け教育全国学生団体
génér. généreux, 気前の良い, *generous*
génér. génératrice, 直流発電機, *generator*
généralis. généralisation, 一般化, *generalization*

genev. genevois, ジュネーブの, *Genevan*
génit. génitalité, 生殖能力, *generative power*
gent. gentiment, 親切に, *kindly*
genta gentamicine, ゲンタマイシン, *gentamicin*
gentilh. gentilhomme, 貴族, *gentleman*
gentilh. gentilhommière, 館, *country seat*
gentl.-farm. gentleman-farmer, 豪農, *gentleman farmer*
gentl.-rider gentleman-rider, アマチュア騎手
gentl's agreem. gentleman's agreement, 紳士協定, *gentleman's agreement*
géo géographie, 地理, *geography*
géocentr. géocentrique, 地球を中心とした, *geocentric*
géochim. géochimie, 地球化学, *geochemistry*
géochronol. géochronologie, 地質年代学, *geochronology*
géod. géodésie, 測地学, *geodesy*
géodyn. géodynamique, 地球力学, *geodynamics*
géol. géologie, 地質学, *geology*
géom. géomètre, 測量技師, *surveyor*
géom. géométrique, 幾何の, *geometrical*
géom. anal. géométrie analytique, 分析幾何学, *analytical geometry*
géom. prat. géométrie pratique, 実践幾何学, *practical geometry*
géomagn. géomagnétisme, 地磁気, *geomagnetism*
géomorphol. géomorphologie, 地形学, *geomorphology*
géophys. géophysique, 地球物理学, *geophysics*
géorg. géorgien, グルジアの, *Georgian*
géost. géostationnaire, (衛星が)静止の, *geostationary*
géostrat. géostratégie, 戦略地政学, *geostrategy*
géosyncl. géosynclinal, 地向斜の, *geosyncline*
géotechn. géotechnique, 地質工学の, *geotechnical*
géotherm. géothermique, 地熱の, *geothermal*
GEP groupe d'études et de programmation, 研究・計画化グループ
GEPEF Groupe d'examen des programmes électoraux sur les étrangers en France, 在仏外国人に関する選挙綱領検討会
GEPP groupe d'études et de propositions pour la prévention du risque sismique en France, フランス耐震研究・提案グループ
gér. gérance, 管理, *management*
GERDAT Groupement d'études et de recherches pour

l'expansion commerciale, 商業発展向け研究調査グループ
gériatr. gériatrie, 老年医学, *geriatrics*
germ. germain, ゲルマニアの, *Germanic*
germanis. germanisation, ドイツ化, *Germanization*
germanoph. germanophone, ドイツ語を話す, *German-speaking*
germin. germination, 発芽, *germination*
gérontol. gérontologie, 老年学, *gerontology*
GERPISA Groupe d'études et de recherche permanent sur l'industrie et les salariés de l'automobile, 自動車産業・給与所得者常設研究調査グループ
GERS Groupe d'activités et de recherches de chasse sous-marine, 海底ハンティング活動・研究グループ
GERSO Groupe européen de recherche scientifique en stomatologie odontologie, 欧州口腔病学研究会, *GERSO = European Group for Scientific Research on Stomato-Odontology*
GESAC Groupement européen des sociétés d'auteurs et compositeurs, 欧州作詩作曲家協会団体
GESAR Groupe d'études sénatorial pour l'aménagement rural, 農村整備向け上院研究グループ
gest. gestionnaire, 支配人, *administrator*
gest. gestation, 妊娠, *gestation*
gest. gestion, 管理, *management*
gestalt. gestaltisme, ゲシュタルト理論, *Gestalt psychology*
gestic. gesticulation, 身振りをすること, *gesticulation*
GETUM Groupement pour l'étude des transports urbains modernes, 近代都市交通研究団体
GeV gigaélectronvolt, 10億電子ボルト, *giga-electron-volt*
gf gramme-force, グラム重, *gram-force*
GF gigafarad, ギガファラド, *gigafarad*
GFA Groupement pour la formation continue dans les industries du BTP, 建物公共事業産業生涯訓練グループ
GFA groupe fermé d'abonnés, (情報通信の)クローズドサブスクライバーグループ, *CSN = closed subscriber network*
GFEN Groupement français d'éducation nouvelle, 新教育フランス団体
GFFIL Groupement français des fournisseurs d'information en ligne, オンライン情報提供者フランス団体
GFIM Groupes de forces interarmées multinationales, 多国籍軍グループ

GFU groupe fermé d'usagers, (コンピュータ通信の)特定ユーザーグループ, *CUG =closed user group*

GH Ghana, ガーナ：国際自動車識別記号, *Ghana*

ghan. ghanéen, ガーナの, *Ghanaian*

GHC cédi, (ガーナの通貨単位で)セディ, *cedi*

GHG gaz à effet de serre, (英語略語のままで)温室効果ガス, *GHG =greenhouse gas*

GIA Groupe islamique (ou islamiste) armé, 武装イスラムグループ

GIAT Groupement industriel des armements terrestres, 陸軍軍備産業グループ

gib. gibier, 猟鳥類, *game*

GIC Groupement interministériel de contrôle, (フランスの盗聴担当機関)各省間情報管理グループ

GIC contrat de placement garanti, (英語略語のままで)投資保証契約, *GIC =guaranteed investment contract*

GIC groupement d'intérêt cynégétique, 狩猟術利益団体

GIC grand invalide civil, 身体障害者(マーク), *severely disabled*

GICEL Groupement des industries de la construction électrique, 電気製造産業グループ

gicl. gicleur, (キャブレターの)ジェット, *jet*

gicl. giclement, ほとばしり, *splashing up*

GIE groupement d'intérêt économique, 経済利益団体：会社形態の一つ, *joint venture (France)*

GIF Groupe interministériel foncier, 土地省際グループ

GIFIAP Groupement interprofessionnel financier antipollution, 汚染撲滅金融関連業種グループ

GIG grand invalide de guerre, 傷痍軍人(のマーク), *severely invalid ex-serviceman*

gigant. gigantisme, 巨大化傾向, *gigantism*

GIGN groupe d'intervention de la gendarmerie nationale, 対テロ特殊部隊, *SAS =Special Air Service*

GIGO rebut à l'entrée et à la sortie, (英語略語のままで)(コンピュータの)ジーゴ：不完全なデータを入れると、不完全な答しか出ないこと, *GIGO =garbage-in / garbage-out*

ging. gingivite, 歯肉炎, *gingivitis*

GIP livre de Gibraltar, (通貨単位で)ジブラルタル・ポンド, *Gibraltar pound*

GIP groupement d'intérêt public, 公益団体, *public interest group*

GIP Groupe international de police, 国際警察隊, *IPTF = International Police Task Force*

gir. girondin, ジロンドの, *of the Gironde*

gir. giration, 回転, *gyration*

Gir. Gironde, ジロンド

girav. giravion, 回転翼機, *rotorcraft*

GIREP Groupe international de recherche sur l'enseignement de la physique, 国際物理学教育促進研究会, *GIREP = International Group for the Advancement of Physics Teaching*

GIRP Groupement international de la répartition pharmaceutique des pays de la Communauté économique européenne, 欧州経済共同体医薬品卸業国際協会, *International Association of Pharmaceutical Wholesale Trade of Countries of the European Economic Community*

gis. gisement, 鉱脈, *deposit*

GIS groupement d'intérêt scientifique, 学術利益団体

GISTI Groupe d'information et de soutien aux travailleurs immigrés, 移民労働者情報支援グループ

glac. glaciaire, 氷河の, *glacial*

GLAM Groupe de liaison aérienne ministérielle, 省航空連絡グループ

glauc. glaucome, 緑内障, *glaucoma*

gliss. glissade, 滑走, *sliding*

gliss. glissière, 滑り金具, *runner*

gliss. glissement, 滑走, *sliding*

glob. globalité, 全体性

glob. globuline, グロブリン, *globulin*

glob. globule, 血球, *blood cell*

glob. global, 全体的, *total*

globalis. globalisation, 総合化, *globalization*

glom. glomérule, 糸球, *glomerulus*

glor. glorieux, 栄光の, *glorious*

glorif. glorification, 賛美, *glorification*

gloss. glossaire, 用語解説, *glossary*

glott. glottique, 声門の, *glottal*

gluc. glucide, 糖質, *glucide*

glucocortic. glucocorticoïde, 糖質コルチコイド, *glucocorticoid*

glutam. glutamate, グルタミン酸塩, *glutamate*

glyc. glycérol, グリセロール, *glycerol*

glyc. glycérine, グリセリン, *glycerin*
glyc. glycémie, 血糖症, *glycemia*
glyc. glycogène, グリコーゲン, *glycogen*
glycog. glycogenèse, グリコゲネシス, *glycogenesis*
glycol. glycolyse, 解糖, *glycolysis*
glycorégul. glycorégulation, 糖質制御
glycos. glycosurie, 糖尿, *glycosuria*
glyptogr. glyptographie, 宝石彫刻学, *glyptography*
GM génie maritime, 海軍工兵, *naval architects*
GMAT temps sidéral moyen de Greenwich, (英語略語のままで)グリニッジ天文平均時, *GMAT = Greenwich Mean Astronomical Time*
GMCN gain de multiplication de circuit numérique, デジタル回路増倍利得, *DCMG = digital circuit multiplication gain*
GMD dalasi, (ガンビアの通貨単位で)ダラシ, *dalasi*
GMS grandes et moyennes surfaces, 中大型スーパー, *large and medium commercial outlets*
GMSK modulation à déplacement minimal à filtre, (英語略語のままで)ガウス型最小シフトキーイング, *GMSK = Gaussian minimum shift keying*
GMT heure du méridien de Greenwich, (英語略語のままで)グリニッジ標準時, *GMT = Greenwich Meridian Time*
GNB Guinée-Bissau, ギニアビサウ, *Guinea-Bissau*
GNC Groupement national de la coopération, 協力全国団体
GNF franc guinéen, (通貨単位で)ギニア・フラン, *Guinea franc*
GNIS Groupement national interprofessionnel des semences, 全国種子関連業種団体
GNL gaz naturel liquéfié, 液化天然ガス, *LNG = liquefied natural gas*
GNMARC Groupement national du modélisme automobile radio-commandé, ラジコン模型自動車全国団体
gnoséol. gnoséologie, 認識形而上学
GNQ Guinée équatoriale, 赤道ギニア, *Equatorial Guinea*
GNS gaz naturel de substitution, 代替天然ガス, *SNG = substitute natural gas*
GNS gaz naturel synthétique, 合成天然ガス, *SNG = synthetic natural gas*
Go giga-octet, ギガバイト, *GB = gigabyte*
GO obligation de collectivités locales garantie, (英語略語

のままで)(米国の)一般財源債, *GO =general obligation bond (USA)*
GO grandes ondes, (ラジオ放送の)長波
GO gentil organisateur, クラブ主催者
GO grand officier, (レジオンドヌールの)グラントフィシエ章
goél. goélette, スクーナー, *schooner*
gomm. gommage, 抹消, *erasing*
GOMNUII groupe d'observateurs militaires des Nations unies pour l'Iran et l'Iraq, 国連イラン・イラク軍事監視団, *UNIIMOG =United Nations Iran-Iraq Military Observer Group*
gon. gonade, 生殖腺, *gonad*
gond. gondole, ゴンドラ, *gondola*
gonfl. gonflement, ふくらみ, *inflating*
gonfl. gonflage, 膨張, *inflation*
goniom. goniomètre, 測角器, *goniometer*
gono gonocoque, 淋菌, *gonorrhea*
GONUBA groupe d'observateurs des Nations unies dans la bande d'Aouzou, 国連アウゾウ帯監視団, *UNASOG =United Nations Aouzou Strip Observer Group*
gor. gorille, ゴリラ, *gorilla*
got. gotique, ゴート語, *Gothic*
goth. gothique, ゴシックの, *Gothic*
goudr. goudron, タール, *tar*
goup. goupille, ピン, *pin*
gourm. gourmandise, 食い道楽, *greediness*
glouss. gloussement, コッコと鳴く声, *clucking*
goutt. gouttière, 軒どい, *gutter*
gouv. gouverneur, 総裁, *governor*
gouv. gouvernail, 舵, *rudder*
gouvern. gouvernemental, 政府の, *Governmental*
gouvern. gouvernement, 政府, *Government*
GP Gazette du Palais, 判例速報
GP zone Guinier-Preston, ジーピー集合体, *GP =Guinier-Preston zone*
GPA programme mondial contre le sida, (英語略語のままで)エイズ撲滅世界計画, *GPA =Global program on Aids*
GPE Guadeloupe, グアドループ, *Guadeloupe*
GPL gaz de pétrole liquéfié, LPG：別名は液化石油ガス, *LPG =liquefied petroleum gas*

GPLI Groupement permanent de lutte contre l'illettrisme, 非識字者対策常設グループ

GPS groupe de pelotons de sécurité, 憲兵隊精鋭集団：コルシカ島で組織犯罪撲滅にあたる

GPS guidage par satellite, GPS：別名は全地球位置把握システム, *GPS =Global Positioning System*

GPU grand projet urbain, 都市大型計画

GPU groupe auxiliaire au sol, （英語略語のままで）地上電源車, *GPU =ground power unit*

GQG grand quartier général, 総司令部

gr. groupe, グループ, *group*

gr. grec, ギリシャの, *Greek*

gr grade, グラード：角度の尺度, *grade*

gr. gradient, 勾配, *gradient*

gr. graisse, 鉱油, *grease*

GR Grèce, ギリシャ：国際自動車識別記号, *Greece*

GR grande randonnée, 大型ハイキングコース

gr. grâce, 恩赦, *pardon*

gr. amnist. grâce amnistiante, （大赦にあたる）恩赦

gr.-ciel gratte-ciel, 摩天楼, *skyscraper*

gr.-dos gratte-dos, 孫の手, *backscratcher*

gr.-pap. gratte-papier, （軽蔑で）書記, *pen-pusher*

GRAAL Groupement de recherche sur l'analyse par ablation laser, （フランスの）溶発レーザー分析技術研究グループ, *French research project for developing a method of using lasers in coordination with spectroscopy to perform the elementary analysis of various solid materials*

grad. gradation, 段階, *gradation*

grad. gradué, 段階的, *graduated*

grain. graineterie, 種子商, *seed trade*

graiss. graisseur, 注油器, *greaser*

gramin. graminacée, 稲科, *Graminaceae*

gramm. grammaire, 文法, *grammar*

grammat. grammatical, 文法の, *grammatical*

grammaticalis. grammaticalisation, 文法化, *grammaticalization*

grand. grandiose, 壮大な, *grandiose*

grand. grandeur, サイズ, *size*

grandiloq. grandiloquence, 大言壮語, *grandiloquence*

grandiss. grandissement, （光学の）拡大力, *magnification*

granit. granitique, 花崗岩質の, *granitic*

graniv. granivore, 穀食の(鳥), *granivore*
granul. granulaire, つぶつぶの, *granular*
granulo granulométrie, 粒度測定, *granulometry*
graph. graphique, グラフ, *graphic*
graphitis. graphitisation, 黒煙化, *graphitization*
graphol. graphologie, 筆跡学, *graphology*
grat. gratuit, 無料の, *free (of charge)*
gratif. gratification, 満足感, *gratification*
gratit. gratitude, 感謝, *gratitude*
gratt. grattoir, 字消しナイフ, *scraper*
grav. gravillonnage, 小砂利をまくこと, *graveling*
grav. gravure, 彫版術, *engraving*
gravid. gravidité, 妊娠, *pregnancy*
gravim. gravimétrie, 重量測定, *gravimetry*
gravit. gravitation, 重力, *gravitation*
GRD drachme, (ギリシャの通貨単位で)ドラクマ, *drachma*
GRD garantie de ressources démission, 辞職者所得保証制度
GRDR Groupe de recherche et de réalisations pour le développement rural dans le tiers monde, 第三世界農村開発研究・実現グループ
GRECE Groupement de recherche et d'études pour la civilisation européenne, 欧州文明のための調査研究集団：新右翼
GREF génie rural, des eaux et des forêts, 農業工学・水資源・森林
grég. grégorien, グレゴリオ聖歌, *Gregorian Chant*
grégar. grégarisme, 群生, *gregariousness*
GREGAU Groupe de recherche en géographie, aménagement, urbanisme, 地理整備都市開発調査グループ
grelott. grelottement, ふるえ, *shivering*
gren. grenade, 手榴弾, *grenade*
grenobl. grenoblois, グルノーブルの, *of Grenoble*
GREP Groupe de recherche pour l'éducation permanente, 常時教育のための調査グループ
GREP Groupe de recherches et d'études politiques, 政治調査研究グループ
grésill. grésillement, パチパチと音を立てること, *crackling*
GRETA Groupe d'établissements pour la formation continue, 生涯教育事業体グループ
grév. gréviste, ストライキをする人, *striker*
GRH gestion des ressources humaines, 人的資源管理,

HRM =*human resource management*

GRI Groenland, グリーンランド, *Greenland*
griff. griffonnage, なぐり書き, *scrawl*
grill. grillade, グリル焼きした肉, *broiled meat*
grim. grimace, しかめ面, *grimace*
grimp. grimpeur, 登山家, *climber*
grinc. grincement, きしむこと, *creaking*
gris. grisaille, 陰鬱, *grayness*
grisonn. grisonnement, 白髪になり始めること
GRL garantie de ressources licenciement, 解雇者所得保証制度
groenland. groenlandais, グリーンランドの, *of Greenland*
grogn. grognement, 不平のつぶやき, *growl*
grond. grondement, うなり声, *growling*
gross. grossier, 粗野な, *rude*
gross. grossesse, 妊娠, *pregnancy*
group. groupement, 集団, *group*
group. groupuscule, (軽蔑的に)小団体, *small group*
GRP matière plastique armée de fibre de verre, (英語略語のままで)ガラス繊維強化プラスチック, *GRP* =*glass refined plastic*
GS séparateur de groupes, (英語略語のままで)(データ通信の)グループ・セパレータ, *GS* =*group separator*
GS gigasiemens, ギガジーメンス, *gigasiemens*
gs.-par. grands-parents, 祖父母, *grandparents*
GSI Générale de services informatiques, ジェネラル・ド・セルビス・アンフォルマティック:コンピュータ管理運営会社
GSIEN Groupement des scientifiques pour l'information sur l'énergie nucléaire, 原子力情報用科学者団体
GSM groupe spécial mobile, (欧州の)デジタルセル式電話システム, *pan-European digital cellular phone network*
gt gant, 手袋, *glove*
GTI grand tourisme à injection, 燃料噴射装置付きGTカー
gto-urin. génito-urinaire, 尿生殖器の, *genito-urinary*
GTQ quetzal, (グアテマラの通貨単位で)ケッツァル, *quetzal*
gtte goutte, 水滴, *drop*
GU grande unité, (軍隊の)大部隊
GUA guarani, (パラグアイの通貨単位で)グアラニー, *guarani*

guadeloup. guadeloupéen, グアドループの, *of Guadeloupe*
GUAM Géorgie, Ukraine, Azerbaïdjan, Moldavie, グルジア、ウクライナ、アゼルバイジャン、モルドバ, *Georgia, Ukraine, Azerbaijan, Moldavia*
guatém. guatémaltèque, グアテマラの, *Guatemalan*
GUD Groupe Union Défense, 統一防衛グループ
guér. guérilla, ゲリラ, *guerilla*
gueul. gueulard, 炉口, *mouth*
gueul. gueulard, がなり立てる, *loudmouthed*
guill. guillemet, 引用符, *quotation mark*
guin. guinéen, ギニアの, *Guinean*
guirl. guirlande, 花飾り, *garland*
guit. guitare, ギター, *guitar*
GUNT gouvernement d'Union nationale de transition, (チャドの)移行国民同盟政府
gust. gustation, 味わうこと, *tasting*
GUT théorie de grande unification, (英語略語のままで)大統一理論, *GUT =grand unified theory*
gutt. guttural, のどから出る, *guttural*
GUY Guyana, ガイアナ:国際自動車識別記号;国際オリンピック委員会の国名表記(1948年承認), *Guyana*
guyan. guyanais, ギアナの, *Guianese*
GV grande vitesse, 高速, *high speed*
GVA groupement de vulgarisation agricole, 農業普及集団
GVH réaction du greffon contre l'hôte, (英語略語のままで)移植片宿主反応, *GVH =graft-versus-host*
GVT glissement, vieillisse, technicité, 公務員定期昇級
GWP peso de Guinée-Bissau, (通貨単位で)ギニアビサウ・ペソ, *Guinea-Bissau peso*
Gy gray, グレイ:放射性照射吸収線量単位, *Gy =gray*
GYD dollar de Guyana, (通貨単位で)ガイアナ・ドル, *Guyanese dollar*
gym gymnastique, 体操, *gymnastic*
gymn. gymnase, 体育館, *gymnasium*
gynéco gynécologue, 婦人科医, *gynecologist*
gynécol. gynécologie, 婦人科学, *gynecology*
gyr. gyroscope, ジャイロスコープ, *gyroscope*
gyroc. gyrocompas, 回転羅針盤, *gyrocompass*

H

- **H** hydrogène, 水素, *hydrogen*
- **h** homme, 男, *man*
- **H** Hongrie, ハンガリー：国際自動車識別記号, *Hungary*
- **h** hecto-, ヘクト：10の2乗, *h＝hecto-*
- **h** heure, 時間, *hour*
- **H** henry, ヘンリー：誘導係数の実用単位, *henry*
- **H.-A.** Hautes-Alpes, オート・ザルプ県(05)
- **h.-bord** hors-bord, モーターボート, *motor boat*
- **H.-C.** Haute-Corse, オート・コルス県(2B)
- **h.-c.** hors-cadre, 出向の
- **h.-cat.** hors catégorie, 特級の
- **h. comm.** hors commerce, 非売の
- **h.-cote** hors-cote, 場外取引
- **H.-de-S.** Hauts-de-Seine, オード・セーヌ県(92)
- **h. d'eau** hors d'eau, 浸水被害を除去する作物
- **h.-d'œuvre** hors-d'œuvre, オードブル, *hors d'œuvre*
- **H.-G.** Haute-Garonne, オート・ガロンヌ県(31)
- **h.-gren.** homme-grenouille, 潜水夫, *frogman*
- **h.-jeu** hors-jeu, オフサイド, *offside*
- **H.-L.** Haute-Loire, オート・ロワール県(43)
- **H.-M.** Haute-Marne, オート・マルヌ県(52)
- **h.-orch.** homme-orchestre, ワンマンバンド, *one-man band*
- **h.-piste** hors-piste, 滑降コース以外, *off-piste*
- **H.-Pyr.** Hautes-Pyrénées, オート・ピレネー県(65)
- **H.-Rh.** Haut-Rhin, オー・ラン県(68)
- **h. s.** hors série, 規格品でない
- **h. s.** hors série, 無比の, *incomparable*
- **H.-S.** Haute-Saône, オート・ソーヌ県(70)
- **h.-sand.** homme-sandwich, サンドイッチマン, *sandwich man*
- **H.-Sav.** Haute-Savoie, オート・サヴォワ県(74)
- **h.-t.** hors-texte, 別丁, *inset plate*
- **h.-track** half-track, 半装軌道車, *half-track*

H.-V. Haute-Vienne, オート・ヴィエンヌ県(87)
Ha humidité relative de l'air, 相対空気湿度, *relative humidity of the air*
Ha hahnium, ハーニウム, *Ha=hahnium*
ha hectare, ヘクタール, *hectare*
hab. habitant, 住民, *inhabitant*
hab. corp. habeas corpus, 身柄提出令状, *habeas corpus*
habilit. habilitation, 資格の授与
habill. habillage, 衣類, *clothing*
habit. habitude, 習慣, *custom*
habit. habituel, 通常の, *usual*
habitab. habitabilité, 居住適性, *habitability*
HABITAT Centre des Nations unies pour les établissements humains, 国連人間居住センター, *UNCHS=United Nations Center for Human Settlements*
HABITAT Conférence des Nations unies sur les établissements humains, 国連人間居住会議, *HABITAT=United Nations Conference on Human Settlements*
HAC hélicoptère anti-chars, 対戦車ヘリコプター
hache-lég. hache-légumes, 野菜切り器, *vegetable cutter*
hache-plle hache-paille, まぐさ切り, *chaffcutter*
hache-vde hache-viande, 肉ひき器, *mincer*
HAD hospitalisation à domicile, 自宅入院
hadd. haddock, ハドックの薫製, *smoked haddock*
hagiogr. hagiographie, 聖人伝, *hagiography*
haït. haïtien, ハイチの, *Haitian*
hal. haleine, 呼吸, *breath*
halieut. halieutique, 漁法, *halieutics*
hallucin. hallucination, 幻覚, *hallucination*
hallucin. hallucinogène, 幻覚誘発の, *hallucinogenic*
halogén. halogénation, ハロゲン化, *halogenation*
haltéroph. haltérophilie, ウェイトリフティング, *weightlifting*
ham. hameau, 村落, *hamlet*
hand. handicap, 不利な条件, *handicap*
hanovr. hanovrien, ハノーバーの, *Hanoverian*
hans. hanséatique, ハンザ同盟の, *Hanseatic*
HAP hydrocarbures aromatiques polycycliques, 多環式芳香族炭化水素, *PAH=polycyclic aromatic hydrocarbure*
haplol. haplologie, 重音脱落, *haplology*
harass. harassant, 疲れはてさせる, *exhausting*

harcèl. harcèlement, 執拗な攻撃, *harassment*
harm. harmonie, 調和, *harmony*
harm. harmonica, ハーモニカ, *harmonica*
harmonis. harmonisation, 調和させること, *harmonization*
hasch. haschich, ハシーシ：大麻の一種, *hashish*
hauss. haussement, (肩を)すくめること, *shrug*
hauss. haussier, 強気筋, *bull*
haut. hauteur, 高さ, *height*
havan. havanais, ハバナの, *of Havana*
havr. havrais, ルアーブルの, *of Le Havre*
HB heure de bureau, オフィスアワー, *office hour*
HBM habitations à bon marché, 安価住宅, *cheap housing*
HC hors cadre, 出向の
HC hors concours, 候補外の
hcalc. hypocalcémie, 低カルシウム血, *hypocalcemia*
Hcalcém. hypercalcémie, 高カルシウム血
hcentre hypocentre, 爆心地, *hypocenter*
HCF Haut conseil de la francophonie, フランス語圏最高審議会
HCH hexachlorocyclohexane, ヘキサクロロシクロヘキサン, *hexachlorocyclohexane*
Hcholestérol. hypercholestérolémie, 高コレステロール血, *hypercholesterolemia*
hcp structure hexagonale compacte, (英語略語のままで)六面体密集構造, *hcp = hexagonal close-packed structure*
HCR Haut commissariat des Nations unies pour les réfugiés, 国連難民高等弁務官事務所, *UNHCR = Office of the United Nations High Commissioner for Refugees*
HCR Hôtels, Cafés, Restaurants, ホテル・喫茶店・レストラン業界
hcrisie hypocrisie, 偽善, *hypocrisy*
hderme hypoderme, (植物の)下皮, *hypodermis*
HDLB haut débit large bande, 大容量(光情報網), *high through-put, broad band (a fiber optic subscriber loop network)*
HDLC commande de liaison de données à haut niveau, (英語略語のままで)階層的データリンク制御, *HDLC = high-level data link control*
HDPE polyéthylène à haute densité, (英語略語のままで)高密度ポリエチレン, *HDPE = high-density polyethylene*
HDS Hachette Distribution Services, アシェット流通サー

ビス社
HDX semi-duplex, （英語略語のままで）半二重通信方式, *HDX =half duplex*
HE hors échelle, （高級官僚について）職階外の
He hélium, ヘリウム, *He=helium*
hebdo hebdomadaire, 週刊誌, *weekly*
héberg. hébergement, 宿泊, *accommodation*
hébr. hébreu, ヘブライの, *Hebrew*
hébraïs. hébraïsant, ヘブライ語学者, *Hebraist*
HEC Hautes études commerciales, 高等商業学院：グランゼコールの一つ
HEC contrôle d'erreur sur l'en-tête, （英語略語のままで）ヘッダー誤り制御, *HEC =header error control*
hécat. hécatombe, 大殺戮, *slaughter*
hédon. hédonisme, 快楽主義, *hedonism*
hégélian. hégélianisme, ヘーゲル主義, *Hegelianism*
hégém. hégémonie, 覇権, *hegemony*
hélic. héliculture, カタツムリ飼育, *heliculture*
hélico hélicoptère, ヘリコプター, *helicopter*
hélio héliographie, 写真製版法
héliothér. héliothérapie, 日光療法, *heliotherapy*
héliotrop. héliotropine, ヘリオトロピン, *heliothropin*
hélip. héliport, ヘリポート, *heliport*
hélitreuill. hélitreuillage, 空中のヘリコプターへの積み込み, *winching into a helicopter*
hellén. hellénique, ギリシャの, *Greek*
hellénis. hellénisation, ギリシャ化, *Hellenization*
helv. helvétique, スイスの, *Helvetic*
hémat. hématique, 血液の, *hematic*
hémat. hématurie, 血尿, *hematuria*
hémat. hématémèse, 吐血, *hematemesis*
hémato hématologie, 血液学, *hematology*
hémic. hémicycle, 半円形の建物, *hemicycle*
hémipl. hémiplégie, 半身不随, *hemiplegia*
hémisph. hémisphère, 半球体, *hemisphere*
hémodial. hémodialyse, 血液透析, *hemodialysis*
hémogl. hémoglobine, ヘモグロビン, *hemoglobin*
hémogr. hémogramme, 血液像, *hemogram*
hémol. hémolytique, 溶血性の, *hemolytic*
hémoph. hémophilie, 血友病, *hemophilia*
hémorr. hémorroïde, 痔核, *hemorrhoid*

hémorr. hémorragie, 出血, *hemorrhage*
Hémot. hyperémotivité, 過度感動性, *hyperemotivity*
hép. héparine, ヘパリン, *heparin*
hépat. hépatalgie, 肝臓病, *hepatalgy*
hépat. hépatite, 肝炎, *hepatitis*
hépat. hépatique, 肝臓の, *hepatic*
hépato hépatologie, 肝臓学, *hepatology*
hér. héroïque, 英雄的な, *heroic*
hérald. héraldique, 紋章の
herb. herbicide, 除草剤, *weedkiller*
herbor. herboristerie, 薬草販売店, *herbalist's shop*
herboris. herborisation, 植物採集, *botanizing*
hercyn. hercynien, ヘルシニアの, *Hercynian*
héréd. hérédité, 世襲, *heredity*
hérés. hérésie, 異端, *heresy*
hérit. héritage, 世襲財産, *heritage*
herm. hermétisme, 難解さ, *hermetism*
herm. hermétique, 密封した, *hermetic*
hermén. herméneutique, 解釈学, *hermeneutics*
héroïno héroïnomane, ヘロイン中毒者, *heroin addict*
herpétol. herpétologie, 爬虫類学, *herpetology*
hésit. hésitation, 躊躇, *hesitation*
hétér. hétéroclite, 混交の, *heterogeneous*
hétérog. hétérogamie, 異形配偶, *heterogamy*
hétérog. hétérogène, 異質の, *heterogeneous*
hétérom. hétéromorphie, 異形性, *heteromorphism*
hétéron. hétéronomie, 他律, *heteronomy*
hétérosex. hétérosexualité, 異性愛, *heterosexuality*
hétérosex. hétérosexuel, 性の異なる, *heterosexual*
hétéroz. hétérozygote, 異形接合体の, *heterozygous*
heur. heureux, 幸せな, *happy*
heurist. heuristique, 発見に役立つ, *heuristic*
hexadéc. hexadécimal, 十六進法, *hexadecimal*
hexag. hexagone, 六角形, *hexagon*
HF fluorhydrique, (英語略語のままで)フッ化水素の, *HF =hydrofluoric*
Hf hafnium, ハフニウム, *Hf=hafnium*
HF haute fréquence, 高周波, *HF=high frequency*
Hfocal hyperfocal, 過焦点の, *hyperfocal*
Hfollic. hyperfolliculinie, 卵胞ホルモン過剰
Hfonctionn. hyperfonctionnement, 機能亢進, *hyperfunc-*

Hfréq. hyperfréquence, 極超短波, *UHF＝ultrahigh frequency*
hg hectogramme, ヘクトグラム, *hectogram*
HG hôpital général, 一般病院
Hg mercure, 水銀, *mercury*
hgastr. hypogastrique, 下腹部の, *hypogastric*
hglyc. hypoglycémie, 低血糖, *hypoglycemia*
HGV poids lourd, (英語略語のままで)重量積載物車両, *HGV＝heavy goods vehicle*
HI Hawaï, ハワイ, *Hawaii*
hi-fi haute-fidélité, (英語略語のままで)ハイファイ, *hi-fi＝high-fidelity*
hibern. hibernation, 冬眠, *hibernation*
hiér. hiérarchie, 階級制, *hierarchy*
hiér. hiérarchique, 階級制の, *hierarchical*
hiérarchis. hiérarchisation, 階層化, *grading*
hiérat. hiératique, 聖事に関する, *hieratic*
hiérogl. hiéroglyphe, 象形文字, *hieroglyph*
high-tech haute-technologie, (英語略語のままで)ハイテク, *high-tech＝high-technology*
hind. hindouisme, ヒンズー教, *Hinduism*
hip haut le pied, (機関車の)単機運転, *running light*
hipp. hippique, 馬の, *equine*
hippodr. hippodrome, 競馬場, *racecourse*
hippol. hippologie, 馬学, *hippology*
hippoph. hippophagie, 馬肉常食, *hippophagy*
hirond. hirondelle, ツバメ, *swallow*
hisp. hispanique, スペインの, *Hispanic*
hisp.-amér. hispano-américain, スペインとアメリカの, *Hispano-American*
hispanoph. hispanophone, スペイン語を話す, *Spanish-speaking*
hist. histoire, 歴史, *history*
histam. histamine, ヒスタミン, *histamine*
histochim. histochimie, 組織化学, *histochemistry*
histogen. histogenèse, 組織発生, *histogenesis*
histol. histologie, 組織学, *histology*
histor. historique, 歴史の, *historical*
historic. historicisme, 歴史重視, *historicism*
historiogr. historiographie, 史料編集, *historiography*

hitlér. hitlérisme, ヒトラー主義, *Hitlerism*
hitlér. hitlérien, ヒトラーの, *Hitlerite*
HIV 1 virus de l'immunodéficience humaine 1, （英語略語のままで）ヒト免疫不全ウイルス1型, *HIV 1 = Human Immunodeficiency Virus 1*
hivern. hivernage, 越冬, *wintering*
HJK Jordanie, ヨルダン：国際自動車識別記号, *Jordan*
HK Hong Kong, 香港：国際自動車識別記号, *Hong Kong*
HKD dollar de Hongkong, （通貨単位で）香港ドル, *Hong Kong dollar*
hl hectolitre, ヘクトリットル, *hectoliter*
Hle halle, 卸売市場, *market*
HLLV lanceur lourd, （英語略語のままで）低地球軌道衛星への貨物事前送用宇宙船, *HLLV = heavy-lift launch vehicle*
HLM habitation à loyer modéré, 低家賃住宅, *council flat*
HLM-A HLM en accession à la propriété, 所有権取得低家賃住宅, *public housing unit with property*
HLM-O HLM ordinaire, 通常低家賃住宅, *ordinary council flat*
hm hectomètre, ヘクトメートル, *hectometer*
hm² hectomètre carré, 平方ヘクトメートル, *square hectometer*
hmanie hypomanie, 軽躁, *hypomania*
Hmarché hypermarché, ハイパーマーケット, *hypermarket*
HNL lempira, （ホンジュラスの通貨単位で）レンピラ, *lempira*
HNS hiérarchie numérique synchrone, 同期式デジタル階層, *SDH = synchronous digital hierarchy*
Ho holmium, ホルミウム, *Ho = holmium*
Holl. Hollande, オランダ, *Holland*
holland. hollandais, オランダの, *Dutch*
holoc. holocauste, 犠牲, *sacrifice*
hologr. hologramme, ホログラム, *hologram*
homéo homéopathie, 類似療法, *homeopathy*
homéost. homéostasie, ホメオスタシス, *homeostasis*
homéoth. homéothermie, 恒温性, *homeothermy*
homin. hominiens, ヒト上科, *hominoid*
hominis. hominisation, ヒト化, *hominization*
homocin. homocinétique, 同じ速さの
homog. homogène, 同構造の, *homogenous*

homogénéis. homogénéisation, 均質化, *homogenization*
homogr. homographie, 一字一音主義の, *homography*
homol. homologie, 相同関係, *homology*
homol. homologue, 相同物, *homologue*
homolog. homologation, 型式認定, *homologation*
homon. homonymie, 同義, *homonymy*
homon. homonyme, 同音異義語, *homonym*
homophon. homophonie, 同音, *homophony*
homosex. homosexuel, 同性愛の, *homosexual*
homosex. homosexualité, 同性愛, *homosexuality*
homosp. homosphère, 等質圏, *homosphere*
homoth. homothermie, 水温が鉛直方向に変わらないこと
homoz. homozygote, ホモ接合体, *homozygote*
hond. hondurien, ホンジュラスの, *Honduran*
hongr. hongrois, ハンガリーの, *Hungarian*
honn. honneur, 名誉, *honor*
honn. honnête, 正直な, *honest*
honor. honoraires, 謝礼金, *fees*
honorab. honorabilité, 高潔さ, *honorableness*
hôp. hôpital, 病院, *hospital*
hor. horaire, 一時間毎の, *hourly*
hor. horizon, 地平線, *horizon*
hor. horoscope, 星占い, *horoscope*
horiz. horizontalité, 水平状態, *horizontality*
horl. horloge, 大時計, *clock*
horm. hormone, ホルモン, *hormone*
horod. horodateur, タイムレコーダー, *time and date stamp*
horogr. horographie, 時間表示技術, *horography*
horom. horométrie, 測時法
horr. horreur, 恐怖, *horror*
horripil. horripilation, いらだち, *exasperation*
hortic. horticulture, 園芸, *horticulture*
hosp. hospice, ホスピス, *hospice*
hospit. hospitalier, 病院の, *hospital*
hospit. hospitalité, もてなし, *hospitality*
hospitalis. hospitalisation, 入院, *hospitalization*
hostell. hostellerie, 田舎風ホテルレストラン, *country inn*
hôtell. hôtellerie, ホテル業, *hotel trade*
houbl. houblonnage, 麦汁へのホップ添加
HP haute pression, 高圧, *high pressure*

HPA heure prévue d'arrivée, 到着予定時間, *ETA = estimated time of arrival*
HPC hautes parties contractantes, 締約国：条約などでの用語, *high contracting parties*
hphys. hypophysaire, 下垂体の, *hypophyseal*
hphyse hypophyse, 下垂体, *hypophysis*
Hplasie hyperplasie, 過形成, *hyperplasia*
HR humidité relative, 相対湿度, *relative humidity*
HRD dinar croate, (通貨単位で)クロアチア・ディナール, *Croatia dinar*
HS hors service, 使用不能, *out of order*
hsécr. hyposécrétion, 分泌不全, *hyposecretion*
Hsensib. hypersensibilité, 過敏症, *hypersensitivity*
HSG hystérosalpingographie, 子宮卵管造影法, *hysterosalpingography*
Hson. hypersonique, 極超音波の, *hypersonic*
hsulf. hyposulfite, 次亜硫酸塩, *hyposulfite*
hsulfur. (acide) hyposulfureux, 次亜硫(酸), *hyposulfurous (acid)*
Hsustent. hypersustentation, 揚力増加
HT haute tension, 高電圧, *high tension*
ht haut, 高い, *high*
HT hors taxe, 税別, *net of tax*
HT haute tension, 高圧, *HV = high voltage*
ht-commiss. haut-commissaire, 高等弁務官, *high commissioner*
ht-de-f. haut-de-forme, シルクハット, *top hat*
htbois hautbois, オーボエ, *oboe*
hte haute, 高い, *high*
hte-contre haute-contre, カウンターテナー, *counter tenor*
htén. hypoténuse, 斜辺, *hypotenuse*
Htens. hypertension, 高血圧, *hypertension*
htens. hypotension, 低血圧, *hypotension*
HTG gourde, (ハイチの通貨単位で)グルド, *gourde*
HTGR réacteur à haute température refroidi au gaz, (英語略語のままで)高温ガス冷却炉, *HTGR = high temperature gas-cooled reactor*
Hth. hyperthermie, 高体温, *hyperthermia*
hthalam. hypothalamus, 視床下部, *hypo*
hthèque hypothèque, 抵当, *mortgage*
hthèse hypothèse, 仮定, *hypothesis*

hthyroïdie hypothyroïdie, 甲状腺低下, *hypothyroidism*
HTI Haïti, ハイチ, *Haiti*
Htrophie hypertrophie, (生体の細胞の)肥大, *hypertrophy*
HTST pasteurisation HTST, (英語略語のままで)高温短時間殺菌, *HTST = high-temperature short time*
HU hospitalo-universitaire, 大学病院の
HUD collimateur de pilotage, (英語略語のままで)(航空機のパイロット用)ヘッドアップディスプレー, *HUD = head-up display*
HUF forint hongrois, (通貨単位で)ハンガリー・フォリント, *Hungarian forint*
HUGO association HUGO, (英語略語のままで)(米国の)ヒトゲノム機構, *HUGO = Human Genome Organization*
huiss. huisserie, 出入り口枠, *frame*
huiss. huissier, 令状送達吏, *process server*
huit. huitaine, およそ八つの, *about eight*
huîtr. huîtrière, 牡蠣床, *oyster bed*
hum. humide, 湿った, *damp*
hum. humain, 人間の, *human*
hum. humoriste, ユーモア作家, *humorist*
human. humanisme, ヒューマニズム, *humanism*
humanis. humanisation, 人間性を与えること, *humanization*
humanit. humanitarisme, 人道主義
humect. humectage, 湿らせること, *dampening*
humér. humérus, 上腕骨, *humerus*
humid. humidité, 湿度, *humidity*
humidif. humidification, 加湿, *humidification*
humif. humification, 腐植化, *humification*
humil. humiliation, 屈辱, *humiliation*
hurric. hurricane, ハリケーン, *hurricane*
HV Burkina Faso, ブルキナファソ：国際自動車識別記号, *Burkina Faso*
Hvitam. hypervitaminose, ビタミン過剰, *hypervitaminosis*
hvitam. hypovitaminose, ビタミン欠乏, *hypovitaminosis*
HVS Habitat et vie sociale, 住まいと社会生活
hW hectowatt, ヘクトワット, *hectowatt*
HWGCR réacteur à eau lourde refroidi au gaz, (英語略語のままで)重水減速ガス冷却炉, *HWGCR = heavy-water gas-cooled reactor*
hybr. hybride, 雑種の, *hybrid*

hybrid. hybridation, 交雑, *hybridization*
hydarthr. hydarthrose, 関節水症, *hydarthrosis*
hydrat. hydratation, 水和, *hydration*
hydraul. hydraulique, 水力学の, *hydraulic*
hydrav. hydravion, 水上飛行機, *seaplane*
hydraz. hydrazine, ヒドラジン, *hydrazine*
hydroc. hydrocution, ヒドロキューション, *hydrocution*
hydrofug. hydrofugation, 撥水加工, *water repellent finish*
hydrogén. hydrogénation, 水素添加, *hydrogenation*
hydrogr. hydrographie, 水圏学, *hydrography*
hydrol. hydrolyse, 加水分解, *hydrolysis*
hydrol. hydrologie, 水文学, *hydrology*
hydrom. hydromel, 蜂蜜水, *mead*
hydroph. hydrophile, 吸水性の, *absorbent*
hydroph. hydrophobe, 撥水性の, *hydrophobic*
hydroz. hydrozoaire, ヒドロ虫綱, *Hydrozoa*
hyg. hygiène, 衛生, *hygiene*
hygr. hygromètre, 湿度計, *hygrometer*
hygr. hygrométrie, 湿度測定, *hygrometry*
hygr. hygroscope, 検湿器, *hygroscope*
hygr. hygroscopie, 湿度測定, *hygroscopy*
hygroph. hygrophobe, 嫌湿病患者, *hygrophobic*
hymén. hyménoptères, 膜翅目, *Hymenoptera*
hypn. hypnose, 催眠, *hypnosis*
hypnot. hypnotisme, 催眠術, *hypnotism*
hyst. hystérie, ヒステリー, *hysteria*
hystér. hystérectomie, 子宮摘出, *hysterectomy*
hystérogr. hystérographie, 子宮造影法
hystérot. hystérotomie, 子宮切開, *hysterotomy*
Hz hertz, ヘルツ, *hertz*

I

I inti, (ペルーの1985-91年の通貨単位で)インティ, *inti*
I iode, ヨー素, *iodine*
I Italie, イタリア：国際自動車識別記号, *Italy*
i. e. id est, (ラテン語略語のままで)すなわち
I.-et-L. Indre-et-Loire, アンドル・エ・ロアール県(37)
I.-et-V. Ille-et-Vilaine, イール・エ・ヴィレーヌ県(35)
I²L logique intégrée à injection, (英語略語のままで)注入型論理集積回路, *I²L = integrated injection logic*
IA ingénieur de l'armement, 軍事技師
IA intelligence artificielle, 人工知能, *AI = artificial intelligence*
IA inspecteur académique, 大学区監察官
IAA industries agro-alimentaires, 農産物食品加工業, *agro-processing industries*
IAA Académie internationale d'astronautique, (英語略語のままで)国際宇宙航行学アカデミー, *IAA = International Academy of Astronautics*
IAAPA Association internationale des parcs d'attraction, (英語略語のままで)国際アミューズメントパーク協会, *IAAPA = International Association of Amusement Parks*
IAASM Académie internationale de médecine aéronautique et spatiale, (英語略語のままで)国際航空宇宙医学アカデミー, *IAASM = International Academy of Aviation and Space Medicine*
IAC insémination artificielle entre conjoints, 配偶者間人工授精
IACL Académie internationale de droit comparé, (英語略語のままで)国際比較法学会, *IACL = International Academy of Comparative Law*
IACS Association internationale des sociétés de classification, 国際船級協会連合, *IACS = International Association of Classification Societies*
IAD indemnité annuelle de départ, 離農年次補償金
IAD insémination artificielle avec sperme donneur, 非配偶

者間人工授精, *AID =artificial insemination with donor's semen*

IADC Association internationale d'odontostomatologie infantile, （英語略語のまま）国際小児歯科学会, *IADC =International Association of Dentistry for Children*

IAE Institut d'administration des entreprises, 企業経営研究所

IAEOPC Institut d'Asie et d'Extrême-Orient pour la prévention du crime, アジア極東犯罪防止研究所, *UNAFEI = Asia and Far East Institute for the Prevention of Crime and the Treatment of Offenders*

IAES Académie internationale de sécurité environnementale, （英語略語のままで）国際環境安全アカデミー, *IAES = International Academy of Environmental Safety*

IAG Association internationale de gérontologie, （英語略語のままで）国際老年学会, *IAG =International Association of Gerontology*

IAGC régulateur automatique de niveau, （英語略語のままで）瞬間自動利得調節, *IAGC =instantaneous automatic gain control*

IAGOD Association internationale d'études de la genèse des minerais, （英語略語のままで）国際鉱床学連盟, *IAGOD =International Association on the Genesis of Ore Deposits*

IAHM Académie internationale d'histoire de la médecine, （英語略語のままで）国際医史学アカデミー, *IAHM =International Academy of the History of Medicine*

IAHP Académie internationale d'histoire de la pharmacie, （英語略語のままで）国際薬学史アカデミー, *IAHP =International Academy for the History of Pharmacy*

IAI Institut international africain, （英語略語のままで）国際アフリカ学会, *IAI =International African Institute*

IALMSM Académie internationale de médecine légale et de médecine sociale, （英語略語のままで）国際法医学社会医学会, *IALMSM =International Academy of Legal Medicine and of Social Medicine*

IAM Académie internationale de la gestion, （英語略語のままで）国際経営管理アカデミー, *IAM =International Academy of Management*

IAMG Association internationale pour la géologie mathématique, （英語略語のままで）国際数理地質学会, *IAMG = International Association for Mathematical Geology*

IANC Comité de nomenclature anatomique internationale, (英語略語のままで)国際解剖学用語委員会, *IANC =International Anatomical Nomenclature Committee*

IAO ingénierie assistée par ordinateur, コンピュータ援用エンジニアリング, *CAE =computer-aided engineering*

IAO instruction assistée par ordinateur, コンピュータ支援教育, *CAI =computer-assisted instruction*

IAP Académie internationale de pathologie, (英語略語のままで)国際病理アカデミー, *IAP =International Academy of Pathology*

IAPH Association internationale des ports, (英語略語のままで)国際港湾協会, *IAPH =International Association of Ports and Harbors*

IAPSCH Académie internationale de science politique et d'histoire constitutionnelle, (英語略語のままで)国際政治科学憲法史学会, *IAPSCH =International Academy of Political Science and Constitutional History*

IAPT Association internationale pour la taxonomie végétale, (英語略語のままで)国際植物分類学会, *IAPT =International Association for Plant Taxonomy*

IAQ Académie internationale pour la qualité, (英語略語のままで)国際品質アカデミー, *IAQ =International Academy for Quality*

IAQMS Académie internationale des sciences moléculaires quantiques, (英語略語のままで)国際量子分子科学アカデミー, *IAQMS =International Academy of Quantum Molecular Science*

IARES Association internationale des sociétés réticuloendothéliales, (英語略語のままで)国際網内系学会連合, *IARES =International Association of Reticuloendothelial Society*

IAS mémoire à accès immédiat, (英語略語のままで)瞬間アクセス記憶, *IAS =immediate access store*

IASA Association internationale d'archives sonores, (英語略語のままで)国際音声資料館協会, *IASA =International Association of Sound Archives*

IASC Comité des normes comptables internationales, (英語略語のままで)国際会計基準委員会, *IASC =International Accounting Standards Committee*

IASI Institut interaméricain de statistique, (英語略語のままで)全米統計協会, *IASI =Inter-American Statistical Insti-*

tute

IASL Association internationale de bibliothéconomie, (英語略語のままで)国際学校図書館協会, *IASL =International Association of School Librarianship*

IATUL Association internationale des bibliothèques d'universités polytechniques, (英語略語のままで)国際工科大学図書館協会, *IATUL=International Association of Technological University Libraries*

IAURIF Institut d'aménagement et d'urbanisme de l'Ile-de-France, イル・ド・フランス整備都市開発研究所

IAWS Académie internationale de science sur bois, (英語略語のままで)国際木材学会, *IAWS =International Academy Wood Science*

IBA Association internationale du barreau, (英語略語のままで)国際法曹協会, *IBA =International Bar Association*

IBC communications intégrées à large bande, (英語略語のままで)(欧州の)統合広帯域通信, *IBC =integrated broadband communications*

IBC Congrès international de botanique, (英語略語のままで)国際植物学会議, *IBC =International Botanical Congress*

IBC troisième de couverture, (英語略語のままで)内裏表紙, *IBC =inside back cover*

IBC Commission internationale de biohistoire, (英語略語のままで)国際生物史委員会, *IBC =International Biohistorical Commission*

IBE Bureau international pour l'épilepsie, (英語略語のままで)国際てんかん協会, *IBE =International Bureau for Epilepsy*

ibér. ibérique, イベリアの, *Iberian*

IBES Société internationale de broncho-œsophagologie, (英語略語のままで)国際気管食道科学会, *IBES =International Bronchoesphagological Society*

IBG espace entre blocs, (英語略語のままで)(コンピュータの)ブロック間ギャップ, *IBG =interblock gap*

ibid. ibidem, (ラテン語略語のままで)同所:直前の引用について言う, *in the same place*

IBRO Organisation internationale de recherche sur le cerveau, (英語略語のままで)国際脳研究機構, *IBRO =International Brain Research Organization*

IC institut de combustion, 国際燃料学会, *TCI =The Com-*

IC intérêts courus, 経過利息, *AI =accrued interest*
IC initiatives communautaires, EU発案, *EU initiatives*
ICA Collège international d'angiologie, (英語略語のままで)国際脈管学会, *ICA =International College of Angiology*
ICA Conférence internationale des américanistes, (英語略語のままで)国際アメリカニスト会議, *ICA =International Conference of Americanists*
ICA Conférence internationale des africanistes, (英語略語のままで)国際アフリカ研究会議, *ICA =International Conference of Africanists*
ICADTS Comité international d'études des effets des drogues sur la sécurité routière, (英語略語のままで)アルコール・薬物・交通安全国際委員会, *ICADTS =International Committee on Alcohol, Drugs and Traffic Safety*
ICAE Conseil international de l'éducation des adultes, (英語略語のままで)国際成人教育協議会, *ICAE =International Council for Adult Education*
ICAF Comité international de la fatigue du matériel aéronautique, (英語略語のままで)国際航空疲労委員会, *ICAF =International Committee on Aeronautical Fatigue*
ICAFI Commission internationale agro-alimentaire, (英語略語のままで)国際農業食糧委員会, *ICAFI =International Commission for Agricultural and Food Industries*
ICAM Institut catholique d'arts et métiers, カトリック工芸院
ICAMI Comité international contre la maladie mentale, (英語略語のままで)国際精神病予防委員会, *ICAMI =International Committee Against Mental Illness*
ICAS Conseil international des sciences de l'aéronautique, (英語略語のままで)国際航空科学理事会, *ICAS =International Council of the Aeronautical Sciences*
ICATL Conseil international des associations de bibliothèques de théologie, (英語略語のままで)国際神学図書館協会会議, *ICATL =International Council of Associations of Theological Libraries*
ICATVT Centre international de perfectionnement professionnel et technique, (英語略語のままで)国際職業訓練センター, *ICATVT =International Center for Advanced Technical and Vocational Training*
ICB interdiction des appels à l'arrivée, (英語略語のまま

で)入呼び禁止, *ICB*=*incoming calls barred*

ICBB Commission internationale de botanique apicole, (英語略語のままで)国際蜂植物学委員会, *ICBB*=*International Commission for Bee Botany*

ICBM missile balistique intercontinental, (英語略語のままで)大陸間弾道ミサイル, *ICBM*=*intercontinental ballistic missile*

ICBM Conseil international de médecine botanique, (英語略語のままで)国際薬草学協議会, *ICBM*=*International Council of Botanic Medicine*

ICC Conseil international de corrosion, (英語略語のままで)国際触媒会議, *ICC*=*International Corrosion Council*

ICCC Conseil international pour la communication par ordinateur, (英語略語のままで)国際コンピュータ通信会議, *ICCC*=*International Council for Computer Communication*

ICCCS Comité international des sociétés de contrôle de contamination, (英語略語のままで)国際汚染制御学会委員会, *ICCCS*=*International Committee of Contamination Control Societies*

ICCE Comité international pour l'endocrinologie comparative, (英語略語のままで)国際比較内分泌学委員会, *ICCE*=*International Committee for Comparative Endocrinology*

ICD Collège international des dentistes, (英語略語のままで)国際歯科医師会, *ICD*=*International College of Dentists*

ICDA Comité international d'association diététique, (英語略語のままで)国際食餌療法学委員会, *ICDA*=*International Committee of Dietetic Association*

ICE Comité international pour les études d'esthétique, (英語略語のままで)国際美学委員会, *ICE*=*International Committee for Esthetics*

ICEAM Comité international sur la microbiologie économique et appliquée, (英語略語のままで)国際有用微生物学委員会, *ICEAM*=*International Committee on Economic and Applied Microbiology*

iceb. iceberg, 氷山, *iceberg*

ICEC Comité international d'ingénierie cryogénique, (英語略語のままで)国際低温工学委員会, *ICEC*=*International Cryogenic Engineering Committee*

ICEPF Commission internationale pour la Fondation du prix Eriksson, (英語略語のままで)国際エリックソン賞財団委員会, *ICEPF*=*International Commission for the Eriksson*

Prize Fund
ICF Congrès international des fractures, (英語略語のままで)国際破壊学会, *ICF=International Congress on Fracture*
ICFMH Comité international sur la microbiologie et l'hygiène alimentaires, (英語略語のままで)国際食品微生物学衛生学委員会, *ICFMH =International Committee on Food Microbiology and Hygiene*
ICFU Conseil international sur l'avenir de l'université, (英語略語のままで)大学の未来に関する国際協議会, *ICFU =International Council on the Future of the University*
ICG Commission inter-union de géodynamique, (英語略語のままで)地球内部ダイナミックス連合間委員会, *ICG = Inter-Union Commission on Geodynamic*
ICGM Colloque international de marketing gazier, (英語略語のままで)国際ガス市場調査協会, *ICGM =International Colloquium on Gas Marketing*
ICHPER Conseil international de l'hygiène, de l'éducation physique et de la récréation, (英語略語のままで)国際保健体育レクリエーション協議会, *ICHPER =International Council on Health, Physical Education and Recreation*
ICHRPI Commission internationale pour l'histoire des assemblées d'Etats, (英語略語のままで)国際国会制史委員会, *ICHRPI =International Commission for the History of Representative and Parliamentary Institutions*
ICHSCDM Commission internationale pour une histoire du développement scientifique et culturel de l'humanité, (英語略語のままで)国際科学文化発展史委員会, *ICHSCDM =International Commission for a History of the Scientific and Cultural Development of Mankind*
ichtyol. ichtyologie, 魚類学, *ichthyology*
ICIA Centre international d'information sur les antibiotiques, (英語略語のままで)国際抗生物質学情報センター, *ICIA =International Center of Information on Antibiotics*
ICIG Institut de cancérologie et immunogénétique, 癌種学・免疫遺伝学研究所
ICIREPAT Comité de l'Union de Paris pour la coopération internationale en matière de méthodes de recherches documentaires entre offices de brevets, (英語略語のままで)特許庁間の情報検索に関するパリ条約国際協力委員会, *ICIREPAT =Paris Union Committee for International Cooperation in Information Retrieval among Patent Offices*

ICOMOS Conseil international des monuments et des sites, (英語略語のままで)国際記念物遺跡会議, *ICOMOS = International Council of Monuments and Sites*

icon. iconoclaste, 聖像破壊者, *iconoclast*

icono iconographie, 図像学, *iconology*

ICOSI Institut de coopération sociale internationale, 国際労使協力研究所

ICSPRCP Centre international d'études pour la conservation et la restauration des biens culturels, (英語略語のままで)国際文化財保護研究センター, *ICSPRCP = International Center for the Study of the Preservation and Restoration on Cultural Property*

ICT ingénieur civil des télécommunications, 電気通信民間企業技師

ICWES Conférence internationale des femmes ingénieurs et diplômées ès sciences, (英語略語のままで)国際婦人科学技術者会議, *ICWES = International Conference of Women Engineers and Scientists*

id. idem, (ラテン語略語のままで)同上の

ID identification, 認識, *ID = identification*

ID indicateur de divergence, (欧州通貨制度の)乖離指標, *DI = divergence indicator*

id. idéal, 理想の, *ideal*

IDAOA inspection générale des denrées alimentaires d'origine animale, 畜産食品検査局

IDDD automatique international, (英語略語のままで)国際直接ダイヤル通話, *IDDD = International Direct Distance Dialing*

IDDR Centre international de recherche sur les maladies diarrhéiques, (英語略語のままで)国際下痢症疾病研究センター, *IDDR = International Center for Diarrhoeal Disease Research*

IDE investissements directs à l'étranger, 直接海外投資

idéal. idéalisme, 理想主義, *idealism*

idéalis. idéalisation, 理想化, *idealization*

IDEF Institut de l'enfance et de la famille, 児童・家族研究所

IDEN inspecteur départemental de l'éducation nationale, 国民教育県監察官

ident. identique, 同じ, *identical*

identif. identification, 身元の確認, *identification*

idéogr. idéogramme, 表意文字, *ideogram*
idéogr. idéographie, 表意文字使用, *ideography*
idéol. idéologie, イデオロギー, *ideology*
idéologis. idéologisation, イデオロギー化, *ideologization*
IDES Institut de développement de l'économie sociale, (フランスの)社会的経済開発金融会社
IDF Institut pour le développement forestier, 森林開発研究所
IDH indicateur de développement humain, 人間開発指標, *HDI = human development index*
IDHEC Institut des hautes études cinématographiques, (フランスの)映画高等学院
IDI Institut de droit international, 国際法学会, *IDI = Institute of International Law*
IDI Institut de développement industriel, 産業開発金融会社
IDIA Institut de développement des industries agricoles et alimentaires, 農業食品産業開発金融会社
idiom. idiomatique, 特有言語の, *idiomatic*
IDIT Institut du droit international des transports, 輸送国際法研究所
IDOT inspection de la défense opérationnelle du territoire, 国土実戦防衛監督局
IDP traitement intégré de l'information, (英語略語のままで)統合データ処理, *IDP = integrated data processing*
IDS initiative de défense stratégique, 戦略防衛構想, *SDI = Strategic Defense Initiative*
IDT transducteur interdigital, (英語略語のままで)交叉指状変換器, *IDT = interdigital transducer*
IDTMO inspecteur divisionnaire du travail et de la main-d'œuvre, 労働・労力管理局長
IDTPE ingénieur divisionnaire des travaux publics de l'Etat, 国家公共工事管理局長
IDV Association internationale de professeurs d'allemand, (ドイツ語略語のままで)国際ドイツ語教師連盟, *International Association of Teachers of German*
IEDOM institut d'émission des DOM, 海外県発券機関
IEEE Institut des ingénieurs électriques et électroniques (aux Etats-Unis), (英語略語のままで)(アメリカの)電気電子学会, *IEEE = Institute of Electrical and Electronics Engineers*

IEJ Institut d'études judiciaires, 司法研究所
IEJ Institut d'études juridiques, 法律学院
IENT Institut européen de normalisation des télécommunications, 欧州電気通信標準機構, *ETSI = European Telecommunication Standards Institute*
IEP Institut d'études politiques, 政治学院：通称シアンスポ
IEP livre de l'Irlande du Sud, (通貨単位で)南アイルランド・ポンド, *Southern Ireland pound*
IEPF Institut de l'énergie des pays ayant en commun l'usage du français, フランス語使用を共有する国のエネルギー機関
IES infrastructure économique et sociale, 社会資本, *social overhead capital*
IESD Identité européenne de sécurité et de défense, 欧州安全保障・防衛アイデンティティー, *ESDI = European Security and Defense Identity*
IETA ingénieur des études et techniques d'armement, 兵器研究技術技師
IETM Institut d'économie des transports maritimes, 海上輸送経済研究所
IFAC Fédération internationale des réviseurs comptables, (英語略語のままで)国際会計士連盟, *IFAC = International Federation of Accountants*
IFE Institut français de l'énergie, フランスエネルギー研究所
IFEC Institut français des experts comptables, フランス会計士協会
IFIAS Fédération internationale des instituts de hautes études, (英語略語のままで)国際高級研究所連合, *IFIAS = International Federation of Institutes for Advanced Study*
IFIC Institut pour la coopération internationale, (英語略語のままで)(日本の国際協力事業団の)国際協力総合研究所, *IFIC = Institute for International Cooperation*
IFIP Fédération internationale pour le traitement de l'information, (英語略語のままで)国際情報処理学会連合, *IFIP = International Federation for Information Processing*
IFLS Institut français du libre-service, フランスセルフサービス研究所
IFM mesure de fréquence instantanée, (英語略語のままで)瞬間周波数計測, *IFM = instantaneous frequency measurement*

IFN ―, フランス投資ネットワーク: DATAR の外郭団体, *Invest in France Network*

IFN Institut français de navigation, フランス航海研究所

IFOCA Institut national de formation et d'enseignement professionnel du caoutchouc, 国立ゴム専門訓練教育研究所

IFOP instrument financier d'orientation de la pêche, 漁業ガイドライン金融手段

IFOP Institut français d'opinion publique, フランス世論研究所 : 世論調査会社, *IFOP = French Institute of Public Opinion*

IFP Institut français du pétrole, フランス石油研究所

IFP Institut français de polémologie, フランス戦争学研究所, *French Polemology Institute*

IFP Institut français de presse, フランス報道研究所

IFRB Comité international d'enregistrement des fréquences, (英語略語のままで)国際周波数登録委員会, *IFRB = International Frequency Registration Board*

IFREMER Institut français de recherche pour l'exploitation de la mer, フランス海洋開発研究所

IFRI Institut français des relations internationales, フランス国際関係研究所, *French Institute of International Relations*

IG gain de concentration, (英語略語のままで)補完利得, *IG = interpolation gain*

IGA ingénieur général de l'armement, 軍事総合技師

IGAME inspecteur général de l'administration en mission extraordinaire, 特別任務行政監察官

IGAS inspection générale des affaires sociales, 社会問題監察局

IGEN inspecteur général de l'éducation nationale, 文部省監察官

IGF inspection générale des finances, 財務監督局

IGF impôt sur les grandes fortunes, 富裕税, *wealth tax*

IGFET TEC à grille isolée, (英語略語のままで)絶縁ゲート型電界効果トランジスタ, *IGFET = insulated gate FET*

IGH immeuble de grande hauteur, 高層ビル

IGIC inspection générale de l'industrie et du commerce, 商工監督局

IGN Institut géographique national, (フランスの)国土地理院

ignifug. ignifugation, 耐火性化, *fireproofing*

ignor. ignorance, 無知, *ignorance*

IGP indication géographique protégée, (フォワグラの)生産地呼称保護

IGPN inspection générale de la police nationale, 警察監察官室

IGR impôt général sur le revenu, 一般所得税

IGRANTE Institution générale de retraite des agents non-titulaires de l'Etat, 国家非正規職員年金一般制度

IGREF ingénieur du génie rural, des eaux et des forêts, 農業工学営林技師

IGS inspection générale des services, 警察業務監督局

IGSS inspection générale de la sécurité sociale, 社会保障監督局

IHEDN Institut des hautes études de défense nationale, 国防高等研究所

IHS Iesus Hominum Salvator, (ラテン語略語のままで)救世主イエスキリスト

IHS domotique, (英語略語のままで)統合ホームオートメーション, *IHS = integrated home system*

IIAP Institut international d'administration publique, (フランスの)国際行政研究所

IIB Institut international des brevets, 国際特許委員会, *IIB = International Patent Institute*

IIC Institut international pour la conservation des objets d'art et d'histoire, 文化財保存国際研究所, *IIC = International Institute for Conservation of Historic and Artistic Works*

IIC Institut international des communications, 世界通信放送機構, *IIC = International Institute of Communications*

IIDH Institut international de droit humanitaire, 国際人道法学会, *IIDH = International Institute of Humanitarian Law*

IIES Institut international d'études sociales, 国際労働問題研究所, *IILS = International Institute for Labor Studies*

IIF Institut international du froid, 国際冷凍協会, *IIR = International Institute of Refrigeration*

IIFP Institut international de finances publiques, 国際財政学会, *International Institute of Public Finance*

IIGBM Institut international de génie biomédical, 国際生物医学研究協会, *IIGBM = International Institute of Biomedical Engineering*

illég.

IIL logique intégrée à injection, (英語略語のままで)注入型論理集積回路, *IIL＝integrated injection logic*

IIP Institut international de la presse, 国際新聞編集者協会, *IPI＝International Press Institute*

IIP Institut international de philosophie, 国際哲学会

IIPE Institut international de planification de l'éducation, 国際教育計画研究所, *IIEP＝International Institute for Educational Planning*

IIR réponse impulsionnelle infinie, (英語略語のままで)無限インパルス応答型フィルター, *IIR＝infinite impulse response*

IIRB Institut international de recherches betteravières, 国際甜菜糖研究学会, *IIRB＝International Institute for Sugar Beet Research*

IIRR Institut international de recherche sur le riz, 国際稲研究所, *IRRI＝International Rice Research Institute*

IIS Institut international de la soudure, 国際溶接学会, *IIW＝International Institute of Welding*

IIS Institut international de statistique, 国際統計協会, *ISI＝International Statistical Institute*

IISA Institut international des sciences administratives, 国際行政学会, *IIAS＝International Institute of Administrative Sciences*

IIT Institut international du théâtre, 国際演劇協会, *ITI＝International Theater Institute*

IJ identité judiciaire, 鑑識

IL Israël, イスラエル：国際自動車識別記号, *Israel*

ILA identification de la ligne appelante, 発信回線識別, *CLI＝calling line identification*

ILD diode laser, (英語略語のままで)インジェクションレーザーダイオード, *ILD＝injection laser diode*

ILDS Ligue internationale des sociétés dermatologiques, (英語略語のままで)国際皮膚科学会連盟, *ILDS＝International League of Dermatological Societies*

ILEP Fédération internationale des associations contre la lèpre, (英語略語のままで)国際ハンセン病対策協会, *ILEP＝International Federation of Anti-Leprosy Associations*

ill. illustration, イラストレーション, *illustration*

ill. illustré, 絵入りの, *illustrated*

illég. illégalité, 違法性, *illegality*

illég. illégal, 違法の, *illegal*

illettr. illettrisme, 文盲, *illiteracy*
illisib. illisibilité, 判読不明, *illegibility*
illog. illogisme, 非論理性, *illogicality*
illog. illogique, 非論理的な, *illogical*
illumin. illumination, 照明, *illumination*
illus. illusionniste, 手品師, *illusionist*
illus. illusionnisme, 手品, *conjuring*
illus. illusion, 幻覚, *illusion*
illuv. illuvium, 集積物, *illuvium*
illyr. illyrien, イリュリア地方の, *Illyrian*
ILM immeuble à loyer moyen, 中級家賃集合住宅
ILN immeuble à loyer normal, 通常家賃集合住宅
ILS système d'atterrissage aux instruments, (英語略語のままで)計器着陸装置, *ILS =instrument landing system*
ILS shekel, (イスラエルの通貨単位で)シェケル, *shekel*
IM produit d'intermodulation, 相互変調製品, *IM =intermodulation product*
IMA Institut du monde arabe, (パリの)アラブ世界研究所, *Institute of the Arab World*
imag. imagerie, 版画製作, *color print works*
imagin. imagination, 想像, *imagination*
imbric. imbrication, 重なり合い, *overlap*
IMC infirme moteur cérébral, 脳性麻痺の患者
IMDGC Code maritime international des marchandises dangereuses, (英語略語のままで)危険商品国際海事コード, *IMDGC =International Maritime Dangerous Goods Code*
IME institut médico-éducatif, 治療育成センター
IME Institut monétaire européen, 欧州通貨機構, *European Monetary Institution*
IMEDE Institut pour l'étude des méthodes de direction de l'entreprise, 企業経営手法研究所, *Institute for the Study of Methods for Directing the Enterprise*
imit. imitation, 模倣, *imitation*
IML institut médico-légal, 法医学研究所
imm. immeuble, ビル, *building*
immatric. immatriculation, 登録, *registration*
imman. immanence, 内在, *immanence*
imméd. immédiat, 即時の, *immediate*
immens. immensité, 広大さ, *immensity*
immigr. immigration, 移民, *immigration*
immin. imminence, 切迫, *imminence*

immob. immobilier, 不動産の, *property*
immob. immobilité, 不動, *stillness*
immol. immolation, 自己犠牲, *immolation*
immor. immoralisme, 反道徳主義, *immoralism*
immort. immortalité, 不死, *immortality*
immunis. immunisation, 免疫, *immunization*
immunodéf. immunodéficitaire, 免疫不全の, *immunodeficient*
immunodépr. immunodépresseur, 抑制の, *immunosuppressive*
immunol. immunologie, 免疫学, *immunology*
immunothér. immunothérapie, 免疫療法, *immunotherapy*
imp. impôt, 税, *tax*
imp. impayé, 未払いの, *unpaid*
imp. impair, 奇数の, *odd*
imp. important, 重要な, *important*
imp. impasse, 袋小路, *dead end*
imp. imparfait, 未完成の, *unfinished*
IMP institut médico-pédagogique, 治療教育研究所
imp. import, 輸入, *import*
IMP plate-forme d'observation interplanétaire, (英語略語のままで)惑星間監視衛星, *IMP = interplanetary monitoring platform*
imp. impulsion, 推進力, *impulse*
imp.-exp. import-export, 輸出入, *import-export*
impar. imparité, 奇数であること
impard. impardonnable, 許せない, *unforgivable*
impecc. impeccable, 欠点のない, *impeccable*
impéd. impédance, インピーダンス, *impedance*
impens. impensable, 考えられない, *unthinkable*
impér. impérial, 帝国の, *imperial*
imper imperméable, レインコート, *raincoat*
impér. impératif, 命令的な, *imperative*
impér. impératrice, 皇后, *empress*
impér. impérialisme, 帝国主義, *imperialism*
imperf. imperfection, 欠点, *imperfection*
imperf. imperfectif, 未完了, *imperfective*
imperméabilis. imperméabilisation, 防水, *waterproofing*
impers. impersonnel, 個性のない, *impersonal*
impert. impertinence, 無礼, *impertinence*
impétr. impétration, 請願して取得すること

impex import-export, 輸出入, *import-export*
impl. implosion, 爆縮, *implosion*
implant. implantation, 導入, *introduction*
implic. implication, かかわること, *involvement*
implor. imploration, 嘆願, *entreaty*
impolit. impolitesse, 不作法, *rudeness*
impondér. impondérable, 重さがない, *imponderable*
impop. impopulaire, 人気のない, *unpopular*
impopul. impopularité, 不人気, *unpopularity*
import. importation, 輸入, *importation*
impos. imposition, 課税, *taxation*
impr. imprimerie, 印刷, *printing*
impr. imprimante, プリンター, *printer*
impr. impropre, 不適切な, *inappropriate*
impr. imprimable, 印刷可能な, *printable*
impréc. imprécision, あいまいさ, *imprecision*
imprépar. impréparation, 準備不足, *unpreparedness*
impress. impression, 印象, *impression*
impress. impressionnisme, 印象派, *impressionism*
imprév. imprévision, 先見の明のないこと
imprimab. imprimabilité, 印刷適性, *printability*
IMPRO institut médico-professionnel, 治療職業教育センター
improduct. improductivité, 非生産性, *unproductiveness*
improvis. improvisation, 即興, *improvisation*
impuiss. impuissance, 力のなさ, *powerlessness*
imput. imputation, 帰すること, *charge*
IN indice de netteté, (通信の)明瞭度指数, *AI=articulation index*
IN Imprimerie nationale, 国立印刷局
In indium, インジウム, *In=indium*
in-12 in-douze, 十二折りの, *duodecimo*
in-4° in-quarto, 四つ折りの, *quarto*
in-8 in-octavo, 八つ折りの, *octavo*
in ext. in extenso, (ラテン語略語のままで)省略せずに
in extr. in extremis, (ラテン語略語のままで)ぎりぎりで
in-fo in-folio, 二つ折り, *folio*
in-plo in-plano, 全判の
in po in petto, (イタリア語略語のままで)心ひそかに
INA Institut national de l'audiovisuel, 国立視聴覚研究所
INA Institut national de la communication audiovisuelle,

国立視聴覚コミュニケーション研究所
INA Institut national agronomique, 国立農学院
inaccept. inacceptation, 不承諾
inach. inachevé, 未完成の, *unfinished*
inact. inactinique, 感光作用のない
inact. inaction, 無為, *inaction*
inactiv. inactivation, 不活性化
inadapt. inadaptation, 不適応, *maladjustment*
inadmiss. inadmissible, 受け入れられない, *inadmissible*
INAG Institut national d'astronomie et de géophysique, 国立天文・地球物理学研究所
INALCO Institut national des langues et civilisations orientales, （フランスの）国立東洋言語文化学院
inaliénab. inaliénabilité, 非譲渡性, *inalienability*
inaltér. inaltérable, 変わることのない, *unfailing*
inamov. inamovible, ビルトインの, *built-in*
INAO Institut national des appellations d'origine, 国立原産地呼称研究所
inapplic. inapplication, 怠慢, *lack of application*
inapt. inaptitude, 不向き, *inaptitude*
inatt. inattention, 不注意, *inattention*
inaugur. inauguration, 落成式, *opening*
INC Institut national de la consommation, 国立消費生活研究所, *National Consumer Institute (France)*
inc. inconnu, 無名の, *unknown*
incant. incantation, 呪文, *incantation*
incarcér. incarcération, 投獄, *incarceration*
incend. incendie, 火事, *fire*
incert. incertain, 不確かな, *uncertain*
inch. inchangé, 変わらない, *unchanged*
incid. incidence, 影響, *repercussion*
incis. incision, 切り込み, *incision*
incit. incitation, 激励, *incitement*
inclass. inclassable, 分類できない, *unclassifiable*
inclin. inclinaison, 傾斜, *incline*
inclus. inclusion, 封入, *inclusion*
incoll. incollable, くっつかない, *non-stick*
incompar. incomparable, 比類のない, *incomparable*
incompét. incompétence, 無能力, *incompetence*
incompress. incompressible, 縮小できない, *incompressible*
inconcev. inconcevable, 考えられない, *inconceivable*

incond. inconditionnel, 無条件の, *unconditional*
inconf. inconfort, 不便, *discomfort*
inconséq. inconséquence, 一貫性のなさ, *thoughtlessness*
inconsist. inconsistance, 脆弱さ, *thinness*
incontin. incontinence, 失禁, *incontinence*
inconv. inconvénient, 欠点, *drawback*
incorpor. incorporation, 混和, *incorporation*
incorr. incorrection, (文法上の)誤り, *incorrect expression*
INCOTERM terme commercial international, (英語略語のままで)インコターム, *INCOTERM = international commercial term*
incrimin. incrimination, 糾弾, *incrimination*
incrust. incrustation, 象眼, *encrustation*
INCT Institut national des cadres techniques, 国立技術管理者研究所
incub. incubation, 孵化, *incubation*
inculp. inculpation, 嫌疑を掛けること, *indictment*
incur. incurable, 不治の, *incurable*
IND Inde, インド：国際自動車識別記号；国際オリンピック委員会の国名表記(1927年承認), *India*
ind. indien, インドの, *Indian*
ind indication, 指示, *IND = indication*
indécis. indécision, 不決断, *indecisiveness*
indéclin. indéclinable, 格変化しない
indéf. indéfini, 限界のない, *indefinite*
indéf. indéfinissable, 定義できない, *indefinable*
indél. indélicat, 気の利かない, *insensitive*
indemn. indemnité, 賠償, *indemnity*
indemnis. indemnisation, 補償, *compensation*
indent. indentation, ぎざぎざ, *indentation*
indép. indépendance, 独立, *independence*
indescruct. indestructible, 破壊できない, *indestructible*
indétermin. indétermination, 不確実, *vagueness*
index. indexation, 指数化方式, *indexation*
indic. indicateur, 表示器, *gauge*
indic. indication, 指示, *indication*
indiff. indifférence, 無関心, *indifference*
indir. indirect, 間接の, *indirect*
indispos. indisposition, 体の不調, *indisposition*
indiv. indivision, 不分割, *joint possession*
indiv. individu, 個人, *individual*

individ. individuel, 個人の, *individual*
individ. individualité, 個性, *individuality*
individualis. individualisation, 個人化, *individualization*
indivisib. indivisibilité, 不可分性, *indivisibility*
indochin. indochinois, インドシナの, *Indochinese*
indonés. indonésien, インドネシアの, *Indonesian*
induct. inductance, インダクタンス, *inductance*
indulg. indulgence, 寛容, *indulgence*
indur. induration, 硬化, *induration*
industr. industrie, 産業, *industry*
industrialis. industrialisation, 工業化, *industrialization*
inéd. inédit, 未刊の, *unpublished*
INED Institut national d'études démographiques, （フランス労働省）国立人口統計学研究所
ineff. inefficacité, 効力のないこと, *ineffectiveness*
inég. inégalité, 不平等, *inequality*
inempl. inemployé, 利用されていない, *unused*
INEP Institut national d'éducation populaire, 国立庶民教育研究所
inéquit. inéquitable, 不公正な, *inequitable*
INERIS Institut national de l'environnement industriel et des risques, 国立産業環境災害研究所
inestim. inestimable, 評価を絶した, *inestimable*
inévit. inévitable, 避けられない, *unavoidable*
inex. inexorable, 頑として応じない, *inexorable*
inexact. inexactitude, 不正確, *inaccuracy*
inexéc. inexécution, 不履行, *non-performance*
inexplic. inexplicable, 説明できない, *inexplicable*
inexprim. inexprimable, 言葉では言い表せない, *inexpressible*
inf. infini, 無限の, *infinite*
inf. infection, 感染, *infection*
inf. infra, 下記に, *infra*
INFAC Institut national de formation professionnelle pour l'animation des collectivités, 国立自治体指導員職業教育研究所
infant. infanticide, 嬰児殺しの, *infanticide*
infant. infanterie, 歩兵, *infantry*
infér. inférieur, 下の, *inferior*
inférioris. infériorisation, 劣等感を抱かせること
infest. infestation, 付着, *infestation*

INFFO Information sur la formation permanente, 職業訓練情報

infin. infinitude, 無限, *infinitude*

infin. infinitif, 不定詞, *infinitive*

infirm. infirmière, 看護婦, *nurse*

infirm. infirmerie, 医務室, *infirmary*

infirm. infirmité, 身体障害, *disability*

infl. inflation, インフレーション, *inflation*

infl. influence, 影響, *influence*

inflex. inflexion, 曲げること, *bending*

info informations, ニュース, *news*

info infographie, コンピュータグラフィック, *computer graphics*

inform. informatique, データプロセッシング, *data processing*

inform. informaticien, 情報科学者, *computer scientist*

informatis. informatisation, コンピュータ化, *computerization*

infos géné informations générales, 総合情報, *general information*

infr. infrarouge, 赤外線, *infrared*

infras. infrason, 超低周波音, *infrasonic vibration*

infrastruct. infrastructure, 基礎部分, *infrastructure*

infus. infusion, 煎じること, *infusion*

infus. infusible, 溶けない, *non-fusible*

ing. ingénieur, 技師, *engineer*

ing.-cons. ingénieur-conseil, 顧問技師, *consulting engineer*

ing. gén. ingénieur général, 総合技師

ingén. ingéniosité, 創意工夫に富むこと, *ingenuity*

ingén. ingénierie, エンジニアリング, *engineering*

ingér. ingérence, 干渉, *interference*

ingest. ingestion, （経口）摂取, *ingestion*

ingrat. ingratitude, 忘恩, *ingratitude*

INHA Institut national d'histoire de l'art, （フランスの）国立美術史研究所

inhal. inhalation, 吸入, *inhalation*

inhum. inhumain, 非人道的な, *inhuman*

inhum. inhumation, 埋葬, *burial*

INI Institution nationale des invalides, 国立傷痍軍人会館

INIAG Institut national des industries et des arts graphiques, 国立グラフィックアート産業研究所

inintell. inintelligence, 理解力のなさ, *lack of intelligence*
initialis. initialisation, 初期化, *initialization*
initiat. initiative, 発案, *initiative*
inject. injection, 注入, *injection*
INJEP Institut national de la jeunesse et de l'éducation populaire, 国立青少年国民教育研究所
injur. injurieux, 屈辱的な, *insulting*
injust. injustice, 不当, *injustice*
injustif. injustifiable, 正当化できない, *unjustifiable*
INMARSAT Organisation internationale de télécommunications maritimes par satellites, （英語略語のままで）国際海事衛星機構, *INMARSAT = International Marine Satellite Organization*
innoc. innocence, 無罪, *innocence*
innoc. innocuité, 無害, *harmlessness*
innov. innovation, 革新, *innovation*
inond. inondation, 洪水, *inundation*
inorganis. inorganisation, 無組織, *inorganization*
inox. inoxydable, 耐食性の高い, *rust-resistant*
INP Institut national polytechnique, 国立理工科大学
INPI Institut national de la propriété industrielle, 国立工業所有権研究所, *National Institute of Industrial Property*
inquiét. inquiétude, 心配, *anxiety*
inquis. inquisition, 厳しい取り調べ, *inquisition*
INR impôt négatif sur le revenu, 負の所得税, *NIT = negative income tax*
INR roupie indienne, （通貨単位で）インド・ルピー, *Indian rupee*
INRA Institut national de la recherche agronomique, 国立農学研究所
INRDP Institut national de recherche et de documentation pédagogiques, 国立教育学研究資料研究所
INRETS Institut national de recherche sur les transports et leur sécurité, 国立運輸安全研究所
INRI Jésus de Nazareth, roi des juifs, ナザレのイエス、ユダヤの王, *Iesus Nazarenus Rex Iudaeorum* （ラテン語）
INRIA Institut national de recherche en informatique et en automatique, 国立情報処理自動化研究所
INRP Institut national de recherche pédagogique, 国立教育研究所
INRS Institut national de recherche et de sécurité pour la

prévention des accidents du travail et des maladies professionnelles, 国立職業災害病気予防安全研究所
INS Institut national des sports, 国立スポーツ研究所
INSA Institut national des sciences appliquées, 国立応用科学研究所
inscr. inscrit, 登録した, *registered*
inscr. inscription, 記入, *inscription*
inscr. hypothéc. inscription hypothécaire, 抵当権登記
inscr. marit. inscription maritime, 海員登録
INSEAD Institut européen d'administration des affaires, (Fontainebleau にある)インセアード経営学院, *INSEAD*
inséc. insécable, 分別できない, *indivisible*
INSEE Institut national de la statistique et des études économiques, 国立統計経済研究所, *National Statistical Institute (France)*
INSEP Institut national du sport et de l'éducation physique, 国立スポーツ体育研究所
INSERM Institut national de la santé et de la recherche médicale, 国立衛生医学研究所
insp. inspecteur, 監督官, *inspector*
inspir. inspiration, 霊感, *inspiration*
inst. institut, 学院, *institute*
inst. instance, 訴訟, *process*
install. installation, 設備, *installation*
instaur. instauration, 設立, *establishment*
instill. instillation, 点滴注入法, *instillation*
instit. institution, 制度, *institution*
instit. instituteur, 先生, *teacher*
institutionnalis. institutionnalisation, 制度化, *institutionalization*
INSTN Institut national des sciences et techniques nucléaires, 国立核科学技術研究所
instr. instrument, 道具, *instrument*
instr. instruction, 教育, *education*
instr. instructif, 教育的な, *instructive*
instrum. instrumental, 機器の, *instrumental*
instrum. instrumentation, 楽器編成法, *instrumentation*
insubordin. insubordination, 不服従, *insubordination*
insuff. insuffisance, 不十分, *insufficiency*
insuffl. insufflation, 通気法, *insufflation*
insul. insuline, インシュリン, *insulin*

insul. insularité, 島国であること, *insularity*
insurr. insurrection, 反乱, *insurrection*
int. interne, 内部の, *internal*
int. intérêt, 利益, *interest*
int. interdit, 禁止の, *forbidden*
int. intérim, 代理の, *interim*
intend. intendant, 会計課長, *bursar*
int. intention, 意向, *intention*
intégr. intégration, 統合, *integration*
intégr. intégral, 完全な, *full*
intell. intelligence, 知性, *intelligence*
intellect. intellectuel, 知性の, *intellectual*
intellig. intelligible, 理解できる, *intelligible*
intello intellectuel, インテリ, *intellectual*
INTELSAT Organisation internationale de télécommunications par satellites, (英語略語のままで)インテルサット, *INTELSAT＝International Telecommunications Satellite Organization*
intemp. intempéries, 悪天候, *bad weather*
intend. intendance, 財政管理, *administration*
intensif. intensification, 強化, *intensification*
inter intertitre, 中見出し, *subheading*
intér. intérieur, 内部の, *interior*
interc. interception, 横取り, *interception*
interd. interdiction, 禁止, *prohibition*
interférom. interférométrie, 干渉使用法, *interferometry*
INTERFET Force internationale pour le Timor oriental, (英語略語のままで)東ティモール国際軍, *INTERFET＝International Force for East Timor*
intérim. intérimaire, 臨時の, *temporary*
interj. interjection, 間投詞, *interjection*
INTERLAINE Comité des industries lainières de la Communauté économique européenne, 欧州経済共同体毛織物産業委員会, *Committee of the Wool Textile Industry in the European Economic Community*
interm. intermédiaire, 中間の, *intermediate*
intermitt. intermittence, 間欠, *intermittence*
intern. international, 国際の, *international*
interpell. interpellation, 呼びかけ, *calling out*
interpol. interpolation, 書き入れ, *interpolation*
interpr. interprète, 通訳, *interpreter*

interprét. interprétation, 解釈, *interpretation*
interprét. interprétariat, 通訳の職, *interpreting*
interrog. interrogation, 疑問, *interrogation*
interv. intervention, 介入, *intervention*
intest. intestin, 腸, *intestine*
intimid. intimidation, 威嚇, *intimidation*
intolér. intolérance, 不寛容, *intolerance*
intr. intransitif, 自動詞, *intransitive*
intraderm. intradermique, 真皮内の, *intradermic*
intrans. intransigeance, 非妥協性, *intransigence*
intransp. intransportable, 運べない, *intransmissible*
introd. introduction, 導入, *introduction*
intronis. intronisation, 即位, *enthronement*
intub. intubation, 挿管, *intubation*
inus. inusité, 使われていない, *uncommon*
inut. inutile, 役に立たない, *useless*
inv. invendu, 売れ残りの, *unsold*
inv. invention, 発明, *invention*
inv. invenit, (ラテン語略語のままで)(・・・の)考案
inval. invalide, 体の不自由な, *disabled*
invalid. invalidation, 無効にすること, *invalidation*
invar. invariable, 不変の, *invariable*
invas. invasion, 侵略, *invasion*
invent. inventaire, 財産目録, *inventory*
invers. inversible, 可逆の
invers. inverseur, 逆転装置, *reverser*
invert. invertébré, 無脊椎動物, *invertebrate*
investig. investigation, 探究, *investigation*
invinc. invincible, 不敗の, *invincible*
inviol. inviolable, 不可侵の, *inviolable*
invit. invitation, 招待, *invitation*
IOA Timor oriental, 東ティモール：国際オリンピック委員会の国名表記, *IOA＝East Timor*
IOAT Organisation internationale contre le trachome, (英語略語のままで)国際トラコーマ予防機構, *IOAT＝International Organization Against Trachoma*
IOBB Organisation internationale de biotechnologie et de bioingénierie, (英語略語のままで)国際生体工学機構, *IOBB＝International Organization for Biotechnology and Bioengineering*
IOC Congrès international ornithologique, (英語略語のま

まで)国際鳥学会議, *IOC =International Ornithological Congress*

IOC circuit d'optique intégré, (英語略語のままで)光集積回路, *IOC =integrated optical circuit*

IOC Commission océanographique intergouvernementale, (英語略語のままで)政府間海洋学委員会, *IOC =Intergovernmental Oceanographic Commission (UNESCO)*

IOCU Organisation internationale des associations de consommateurs, (英語略語のままで)消費者連合国際組織, *IOCU =International Organization of Consumers' Unions*

ionis. ionisation, イオン化, *ionization*

IOP processeur d'entrée / sortie, (英語略語のままで)入出力処理回路, *IOP =input / output processor*

IOSCO Organisation internationale des commissions des valeurs mobilières, (英語略語のままで)証券取引監督者国際機構, *IOSCO =International Organization of Securities Commissions*

IP inspecteur principal, (警察の)主任捜査官

IPA alcool isopropylique, (英語略語のままで)イソプロピルアルコール, *IPA =isopropyl alcohol*

IPA inspecteur principal de l'armement, 軍事主任監督官

IPACTE Institution de prévoyance des agents contractuels et temporaires, 行政契約・臨時雇公務員保障機関

IPAP indice des prix agricoles à la production, 生産者農作物価格指数

IPC Institut de promotion commerciale, 販売促進研究所

IPC indice des prix à la consommation, 消費者物価指数, *CPI =consumer price index*

IPCC Commission intergouvernementale sur les changements climatiques, (英語略語のままで)気候変動に関する政府間パネル, *IPCC =Intergovernmental Panel on Climate Change*

IPD index pondéré départemental, 県加重指数

IPET inspecteur principal de l'enseignement technique, 技術教育主任監督官

IPEX investissement porteur d'exportation, 輸出進展投資

IPGH Institut panaméricain de géographie et d'histoire, 汎アメリカ人文地理研究協会, *PAIGH =Pan-American Institute of Geography and History*

IPH indicateur de pauvreté humaine, 人間貧困指標, *HPI =human poverty index*

IPINEA indice des prix des produits industriels nécessaires aux exploitations agricoles, 農場経営用必需工業製品価格指標

IPL programme de chargement initial, (英語略語のままで)初期プログラムローダ, *IPL=initial program loader*

IPP incapacité de travail partielle permanente, 永久的一部労働不能, *permanent partial disablement*

IPRIS Institution de prévoyance et de retraite interprofessionnelle de salariés, 給与所得者保障・業種間年金機関

IPSE environnement d'aide intégré pour les projets, (英語略語のままで)(コンピュータの)統合プロジェクト支援環境, *IPSE=integrated project support environment*

IQD dinar irakien, (通貨単位で)イラク・ディナール, *Iraqian dinar*

IR recherche documentaire, (英語略語のままで)情報検索, *IR=information retrieval*

Ir iridium, イリジウム, *Ir=iridium*

IR infrarouge, 赤外線, *IR=infrared*

IR Iran, イラン:国際自動車識別記号, *Iran*

IR impôt sur le revenu, 所得税, *income tax*

IRA Armée républicaine irlandaise, (英語略語のままで)アイルランド共和国軍, *IRA=Irish Republican Army*

IRA Institut régional d'administration, 地方行政学院

irak. irakien, イラクの, *Iraqi*

iran. iranien, イランの, *Iranian*

IRAS satellite astronomique infrarouge, (英語略語のままで)赤外線天文衛星, *IRAS=infrared astronomical satellite*

IRCA Institut de recherche sur le caoutchouc, ゴム研究所

IRCAM Institut de recherche et de coordination acoustique musique, 音響・音楽の探究と調整の研究所:通称はイルカム

IRCANTEC Institution de retraite complémentaire des agents non titulaires de l'Etat et des collectivités locales, 国家地方非正規職員補足退職年金制度

IRCHA Institut national de recherche chimique appliquée, (フランス産業省)国立応用化学研究所

IRCT Institut de recherche du coton et des textiles exotiques, 木綿・異国風繊維研究所

IREM Institut de recherche sur l'enseignement des mathématiques, 数学教育研究所

IREP Institut de recherche économique et de planification, 経済リサーチ・計画化研究所

IREPS Institut régional d'éducation physique et sportive, 体育・スポーツ教育地方研究所

IREPS Institution de retraite et de prévoyance des salariés, 給与所得者年金・保障機関

IRES Institut de recherches économiques et sociales, 経済社会調査研究所

IRESCO Institut de recherche sur les sociétés contemporaines, 現代社会調査研究所

IRETIJ Institut de recherche et d'études pour le traitement de l'information juridique, 法律情報処理研究所

IRFA Institut de recherche sur les fruits et agrumes, フルーツ・柑橘類研究所

IRHO Institut de recherches pour les huiles et les oléagineux, 食料油・採取植物研究所

IRIA Institut de recherche d'informatique et d'automatique, (フランス産業省)情報処理自動化研究所

IRICASE Institution de retraite interprofessionnelle des cadres supérieurs d'entreprise, 企業上級管理職業種共通年金機関

iris. irisation, 色を発すること, *iridescence*

IRIS Institut des relations internationales et stratégiques, (フランスの)国際関係戦略研究所

IRIS Institut de recherche interdisciplinaire en socioéconomie, 社会経済学学際調査研究所

IRISA Institut de recherches en informatique et systèmes aléatoires, 情報科学・偶然システム研究所

IRL Irlande, アイルランド:国際自動車識別記号;国際オリンピック委員会の国名表記(1922年承認), *Ireland*

Irl. Irlande, アイルランド, *Ireland*

irland. irlandais, アイルランドの, *Irish*

IRLE interconnexion des réseaux locaux d'entreprise, 企業内情報通信網相互接続, *local area network interconnection*

IRM imagerie par résonance magnétique, 磁気共鳴イメージング装置, *MRI* = *magnetic resonance imaging*

IRNUDS Institut de recherche des Nations unies pour le développement social, 国連社会開発調査研究所, *UNRISD* = *United Nations Research Institute for Social Development*

iron. ironie, 皮肉, *irony*

IRPP impôt sur le revenu des personnes physiques, 個人所得税, *individual income tax*

IRPSIMMEC Institution de retraite et de prévoyance des salariés des industries métallurgiques, mécaniques, électriques et connexes, 冶金機械電子関連産業労働者退職年金・共済機構

IRQ Irak, イラク：国際自動車識別記号；国際オリンピック委員会の国名表記（1948年承認）, *Iraq*

IRR rial iranien, （通貨単位で）イラン・リアル, *Iranian rial*

irrad. irradiation, 放射, *radiation*

irréal. irréalité, 非現実性, *unreality*

irréal. irréalisme, 非現実主義, *lack of realism*

irrég. irrégulier, 不規則な, *irregular*

irrélig. irréligion, 無宗教, *irreligion*

irréproch. irréprochable, 完全無欠な, *irreproachable*

irrésol. irrésolution, 優柔不断, *irresolution*

irrig. irrigation, 灌漑, *irrigation*

irrit. irritation, いらだち, *irritation*

irrupt. irruption, 侵入, *invasion*

IRSID Institut de recherches de la sidérurgie, （フランスの）鉄鋼研究所

IRSM impact sur la rentabilité de la stratégie mercatique, マーケティング戦略の利益への影響, *PIMS = profit impact of marketing strategy*

IRT Institut de recherches des transports, 輸送研究所

IRTS Institut régional de travail social, ソーシャルワーカー養成学校

IRVM impôt sur le revenu des valeurs mobilières, 有価証券所得税

IS Islande, アイスランド：国際自動車識別記号, *Iceland*

ISA Institut supérieur des affaires, ビジネス高等学院

ISA imprimé sans adresse, ダイレクトメール, *mailshot*

ISBL Institution sans but lucratif, 非営利機関

ISBLSM institution sans but lucratif au service des ménages, 世帯向けサービス非営利機関

ISBN numéro international normalisé des livres, （英語略語のままで）国際標準図書番号, *ISBN = International Standard Book Number*

ISD automatique international, （英語略語のままで）国際ダイヤル通話, *ISD = international subscriber dialing*

ISDA Association internationale des swaps et des produits dérivés, (英語略語のままで)国際スワップ・デリバティブ協会, *ISDA* = *International Swap and Derivatives Association*

ISDH indicateur sexospécifique de développement humain, 人間開発性特性的指標

ISF impôt de solidarité sur la fortune, 連帯富裕税：別名は富裕連帯税

ISI industrialisation par substitution aux importations, 輸入代替工業化, *import-substituting industrialization*

ISE industrialisation par substitution aux exportations, 輸出代替工業化, *export-substituting industrialization*

Isl. Islande, アイスランド, *Iceland*

islamis. islamisation, イスラム化, *Islamization*

island. islandais, アイスランドの, *Icelandic*

ISM indemnité spéciale de montagne, 山岳地帯特別手当

ISO interconnexion des systèmes ouverts, (データ通信の)開放型システム間相互接続, *OSI* = *open system interconnection*

ISOE indemnité de suivi et d'orientation des élèves, (中等教育)生徒担当指導手当

isol. isolation, 遮断, *insulation*

isol. isoloir, 投票用紙記入ボックス, *polling booth*

isoméris. isomérisation, 異性化, *isomerization*

ISONET Réseau d'information international sur les normes, (英語略語のままで)国際標準化機構ネットワーク, *ISONET* = *ISO Information Network*

isot. isotope, アイソトープ, *isotope*

ISPA instrument structurel de pré-adhésion, 加盟準備構造手段：EU加盟希望国への支援手段

ISR stockage-restitution des données, (英語略語のままで)データ記憶・検索, *ISR* = *information storage and retrieval*

Isr. Israël, イスラエル, *Israel*

israél. israélien, イスラエルの, *Israeli*

ISRD Société internationale pour la réadaptation des handicapés, (英語略語のままで)身体障害者更正国際協会, *ISRD* = *International Society for Rehabilitation of the Disabled*

ISTPM Institut scientifique et technique des pêches maritimes, 海洋漁業科学技術研究所

IT importation temporaire, 仮輸入：フランスの自動車のナンバープレートの一部を構成するアルファベット記号

It. Italie, イタリア, *Italy*

it. item, (ラテン語略語のままで)同じく

IT. CAC 50 Indice Technologie: Cotation assistée en continu sur 50 valeurs, (パリ株式市場)テクノロジー関連株価指数

ital. italien, イタリアの, *Italian*

itér. itération, 反復, *iteration*

ITF Fédération internationale des ouvriers du transport, (英語略語のままで)国際運輸労働者連盟, *ITF=International Transport Workers' Federation*

ITF Institut textile de France, フランス繊維研究所

itin. itinéraire, 行程, *itinerary*

ITL lire, (イタリアの通貨単位で)リラ, *lire*

ITM introducteur teneur de marché, 上場仲介業者

ITNC Institut technique national de la construction, 国立建設技術研究所

IUCAF Comité inter-unions pour l'attribution de fréquences, (英語略語のままで)周波数配分連合間委員会, *IUCAF=Inter-Union Commission on Allocation of Frequencies*

IUFM Institut universitaire de formation des maîtres, 教育養成大学院

IUREP programme international d'évaluation des ressources en uranium, (英語略語のままで)国際ウラン資源評価プログラム, *IUREP=International Uranium Resources Evaluation Project*

IUT Institut universitaire de technologie, 工業技術短期大学:別名は技術短期大学

IVCC Institut des vins de consommation courante, 大衆ワイン研究所

IVD indemnité viagère de départ, 離農終身補償金

IVF-ET fécondation in vitro et transfert embryonnaire, (英語略語のままで)体外受精及び胎児移入, *IVF-ET=in vitro fertilization and embryo transfer*

IVG interruption volontaire de grossesse, 妊娠中絶

ivoir. ivoirien, 象牙海岸の, *of the Ivory Coast*

IWC Convention/Commission internationale baleinière, (英語略語のままで)国際捕鯨会議/委員会, *IWC=International Whaling Convention/Commission*

IWP protocole d'interfonctionnement, (英語略語のままで)相互接続プロトコル, *IWP=interworking protocol*

J

- **J** joule, ジュール, *joule*
- **J** Japon, 日本：国際自動車識別記号, *Japan*
- **j.** jour, 日, *day*
- **j. civ.** jour civil, 常用日
- **J. de paix** Justice de paix, 治安裁判所, *session of the peace*
- **J. F.** jeune femme, 若い婦人, *young lady*
- **j. f.** jeune fille, 若い娘, *young woman*
- **J. H.** jeune homme, 若い男, *young man*
- **j. sid.** jour sidéral, 恒星日, *sidereal day*
- **j. sol. m.** jour solaire moyen, 平均太陽日, *mean solar day*
- **JA** Jamaïque, ジャマイカ：国際自動車識別記号, *Jamaica*
- **JAA** —, 日本広告協会, *JAA＝Japan Advertiser's Association*
- **JAA** —, 日本アジア航空, *JAA＝Japan Asia Airways*
- **JAA** —, 日本美術家協会, *JAA＝Japan Artists Association*
- **JAA** —, 日本考古学協会, *JAA＝Japan Archaeologists Association*
- **JAA** —, 日本航空協会, *JAA＝Japan Aeronautic Association*
- **JAAA** —, 日本広告業協会, *JAAA＝Japan Advertising Agency Association*
- **JAAA** —, 日本アマチュア体育協会, *JAAA＝Japan Amateur Athletic Association*
- **JABBA** —, 日本バスケットボール協会, *JABBA＝Japan Amateur Basketball Association*
- **JABC** —, 日本ABC協会, *JABC＝Japan Audit Bureau of Circulation*
- **JABF** —, 日本アマチュアボクシング連盟, *JABF＝Japan Amateur Boxing Federation*
- **JAC** —, 日本山岳会, *JAC＝Japan Alpine Club*
- **JAC** Association jeunesse agricole catholique, カトリック農業青年協会
- **JACA** —, 日本国際芸術文化振興会, *JACA＝Japan Art and Culture Association*

JACET —, 大学英語教育学会, *JACET = Japan Association of College English Teachers*

JACF —, 日本アマチュア自転車競技連盟, *JACF = Japan Amateur Cycling Federation*

jach. jachère, 休耕, *fallow (land)*

JACL —, 日系米国市民連盟, *JACL = Japan American Citizen League*

JACM —, 日本矯正医学会, *JACM = Japanese Association of Correctional Medicine*

jacob. jacobin, ジャコバン党の, *Jacobin*

jacobin. jacobinisme, ジャコバン主義, *Jacobinism*

JACP —, 日本犯罪心理学会, *JACP = Japanese Association of Criminal Psychology*

JADA —, 日本アマチュアデータ通信協会, *JADA = Japan Amateur Data Communication Association*

JADMA —, 日本通信販売協会, *JADMA = Japan Direct Marketing Association*

JAERI —, 日本原子力研究所, *JAERI = Japan Atomic Energy Research Institute*

JAES —, 日本原子力学会, *JAES = Atomic Energy Society of Japan*

JAF juge aux affaires familiales, 家事事件裁判官, *family court judge*

JAF —, 日本自動車連盟, *JAF = Japan Automobile Federation*

JAFTRA —, 日本放送芸能家協会, *JAFTRA = Japan Federation of Television and Radio Artists*

JAGAC —, 日本音楽著作家組合, *JAGAC = Japan Guild of Authors and Composers*

JAGDA —, 日本グラフィックデザイナー協会, *JAGDA = Japan Graphic Designers Association*

JAIA —, 日本自動車輸入組合, *JAIA = Japan Automobile Importers' Association*

JAICI —, 日本国際化学情報協会, *JAICI = Japan Association for International Chemical Information*

JAIDO —, (経団連の)日本国際協力機構, *JAIDO = Japan International Development Organization*

JAIF —, 日本原子力産業会議, *JAIF = Japan Atomic Industrial Forum*

JAIMS —, 日米経営科学研究所, *JAIMS = Japan-America Institute of Management Science*

JAIN 一, 日本学術情報ネットワーク, *JAIN =Japan Academic Information Network*

JAIRI 一, 日本シンクタンク協議会, *JAIRI =Japan Association of Independent Research Institutes*

jal. jalousie, 嫉妬, *jealousy*

JAL 一, 日本航空, *JAL =Japan Air Lines*

JALB Jeunes Arabes de Lyon et sa banlieue, リヨンとその郊外のアラブ青年

JALMA 一, (日本の)アジア救ライ協会, *JALMA =Japan Leprosy Mission for Asia*

JALP 一, 日本詩人連盟, *JALP =Japan League of Poets*

JAM Jamaïque, ジャマイカ:国際オリンピック委員会の国名表記(1936年承認), *Jamaica*

JAM juge aux affaires matrimoniales, 離婚事件裁判官, *divorce court judge*

JAM 一, 日本博物館協会, *JAM =Japan Association of Museums*

jam-sess. jam-session, ジャムセッション, *jam session*

JAMA Association des constructeurs japonais d'automobiles, (英語略語のままで)日本自動車工業会, *JAMA =Japan Automobile Manufacturers' Association*

jamaïc. jamaïcain, ジャマイカの, *Jamaican*

jamaïq. jamaïquain, ジャマイカの, *Jamaican*

JAN 一, (日本の共通商品コードの)ジャン(JAN)コード, *JAN =Japanese Article Number (code)*

jansén. jansénisme, ヤンセン主義, *Jansenism*

janv. janvier, 一月, *January*

JAP Japon, 日本, *Japan*

JAP juge de l'application des peines, 刑罰適用裁判官, *judge responsible for supervising the way a sentence is carried out*

Jap. Japon, 日本, *Japan*

jap. japonais, 日本の, *Japanese*

JAPATIC 一, 日本特許情報センター, *JAPATIC =Japan Patent Information Center*

JAPEA 一, 日本農産物輸出組合, *JAPEA =Japan Agricultural Products Exporters Association*

JAPIA 一, 日本自動車部品工業会, *JAPIA =Japan Auto-Parts Industries Association*

JAPIC 一, 日本医薬情報センター, *JAPIC =Japan Pharmaceutical Information Center*

JARA —, 日本漕艇協会, *JARA=Japan Rowing Association*
jard. jardin, 庭, *garden*
jard. jardinage, 園芸, *gardening*
JARL —, 日本アマチュア無線連盟, *JARL=Japan Amateur Radio League*
JARO —, 日本広告審査機構, *JARO=Japan Advertising Review Organization*
jarr. jarretelles, サスペンダー, *garter*
JARTS —, (日本の)海外鉄道技術協力協会, *JARTS=Japan Railway Technical Service*
JAS —, 日本農林規格, *JAS=Japan Agricultural Standard*
JASA —, 日本体育協会, *JASA=Japan Amateur Sports Association*
JASD —, 日本証券経済研究所, *JASD = Japan Securities Dealers Association*
JASDF —, 日本航空自衛隊, *JASDF=Japan Air Self-Defense Force*
JASID —, (日本の)国際開発学会, *JASID=Japan Society for International Development*
jasp. jaspure, 大理石模様の着色, *marbling*
JASPA —, 日本人事管理協会, *JASPA=Japan Society of Personal Administration*
JASRAC —, 日本音楽著作権協会, *JASRAC=Japanese Society for Rights of Authors, Composers and Publishers*
JASTA —, 日本舞台テレビ美術家協会, *JASTA=Japan Stage & Television Designers Association*
JASTRO Association japonaise pour la simplification des procédures du commerce international, (英語略語のままで)日本貿易関係手続簡易化協会, *JASTRO=Japan Association for Simplification of International Trade Procedures*
JATA —, 日本旅行業協会, *JATA=Japan Association of Travel Agents*
JATEC —, 日本技術経済センター, *JATEC=Japan Technology & Economics Center*
JATES —, 科学技術と経済の会, *JATES=Japan Techno-Economics Society*
JATMA —, 日本自動車タイヤ工業会, *JATMA=Japan Automobile Tire Manufacturers' Association*
JATO décollage assisté, (英語略語のままで)噴射式離陸, *JATO=jet assisted takeoff*
jav. javanais, ジャワ島の, *Javanese*

JAVEA 一, 日本映画教育協会, *JAVEA＝Japan Audio Visual Education Association*

javellis. javellisation, ジャヴェル水による殺菌

JAWC 一, 日本児童文学者協会, *JAWC＝Japan Association of Writers for Children*

JAWF 一, 日本アマチュアレスリング協会, *JAWF＝Japan Amateur Wrestling Federation*

JAWOC 一, 2002年日韓ワールドカップ日本開催委員会, *JAWOC＝Japan Organizing Committee for the 2002 FIFA World Cup Korea/Japan*

JBA 一, 日本経営学会, *JBA＝Japan Society for the Study of Business Administration*

JBA 一, 日本バドミントン協会, *JBA＝Japan Badminton Association*

JBA 一, (カリフォルニアの)日本貿易懇話会, *JBA＝Japan Business Association*

JBA 一, 全日本ボクシング協会, *JBA＝All Japan Boxing Association*

JBBY 一, 日本児童図書評議会, *JBBY＝Japanese Board on Books for Young People*

JBC 一, 日本ボクシング委員会, *JBC＝Japan Boxing Commission*

JBC 一, 日本ボウリング協会, *JBC＝Japan Bowling Congress, Inc.*

JBIA 一, 日本洋書輸入協会, *JBIA＝Japan Book Importers Association*

JBMA 一, 日本事務機械工業会, *JBMA＝Japan Business Machine Makers Association*

JBRI 一, 日本公社債研究所, *JBRI＝Japan Bond Research Institute*

JBTA 一, 日本ボブスレートボガニング協会, *JBTA＝Japan Bobsleigh and Tobogganing Association*

JC 一, 日本青年会議所, *JC＝Japan Junior Chamber, Inc.*

JC 一, 日本身代わり証券, *JC＝Japan certificate*

JCA 一, 日本消費者協会, *JCA＝Japan Consumer Association*

JCA 一, 日本癌学会, *JCA＝Japan Cancer Association*

JCA 一, 日本漫画家協会, *JCA＝Japan Cartoonist Association*

JCA 一, 日本カヌー協会, *JCA＝Japan Canoe Association*

JCAA 一, 日本喜劇人協会, *JCAA＝Japan Comedy Actors*

Association

JCAA ―, (日本の)国際商事仲裁協会, *JCAA =Japan Commercial Arbitration Association*

JCAB ―, (日本の国土交通省)航空局, *JCAB =Japan Civil Aviation Bureau*

JCADR ―, 日本地域開発センター, *JCADR =Japan Center for Area Development Research*

JCB ―, JCB(ジェーシービー), *JCB =Japan Credit Bureau*

JCC ―, 日本コットンセンター, *JCC =Japan Cotton Center*

JCCD Centre japonais pour la prévention des conflits, (英語略語のままで)日本紛争予防センター, *JCCD =Japan Center for Conflict Prevention*

JCCI ―, 日本商工会議所, *JCCI =Japan Chamber of Commerce and Industry*

JCCME ―, (日本の)中東協力センター, *JCCME =Japan Cooperation Center for the Middle East*

JCEF Jeune chambre économique française, フランス青年会議所, *French Junior Economic Chamber*

JCGA ―, 日本コンピュータグラフィック協会, *JCGA =Japan Computer Graphics Association*

JCI Jeune Chambre Internationale, 国際青年会議所, *JCI =Junior Chamber International*

JCI ―, 日本プラント協会, *JCI =Japan Consulting Institute*

JCIA ―, 日本写真機工業会, *JCIA =Japan Camera Industry Association*

JCIF ―, (日本の)国際金融情報センター, *JCIF =Japan Center for International Finance*

JCL langage de contrôle des travaux, (英語略語のままで)ジョブ制御言語, *JCL =job control language*

JCL Confédération générale du travail du Japon, (英語略語のままで)全日本労働総同盟:略称は同盟, *JCL =Japan Confederation of Labor*

JCP ―, 日本共産党, *JCP =Japan Communist Party*

JCP Jurisclasseur périodique, ジュリスクラッスールペリオディック:法律雑誌

JCPSA ―, 日本クレー射撃協会, *JCPSA =Japan Clay Pigeon Shooting Association*

JCR Jeunesse communiste révolutionnaire, 青年共産主義革命連盟

JCRA ―, 日本格付研究所, *JCRA = Japan Credit Rating Agency*

JDA ―, 日本歯科医師会, *JDA = Japan Dental Association*

JDB ―, 日本開発銀行, *JDB = Japan Development Bank*

JDC ―, 日本ディジタル移動電話, *JDC = Japanese digital cellular*

JDCA ―, 日本データ通信協会, *JDCA = Japan Data Communication Association*

JDMA ―, 日本ダイレクトメール協会, *JDMA = Japan Direct Mail Association*

JDR ―, 日本預託証券, *JDR = Japanese depositary receipt*

JDSA ―, 日本百貨店協会, *JDSA = Japan Department Stores Association*

JE juge des enfants, 少年係判事, *judge specialized in juvenile offenders*

JEA ―, 日本教育連盟, *JEA = Japan Education Association*

JEC Jeunesse étudiante chrétienne, キリスト教青年学生連盟

JEIDA ―, 日本電子工業振興協会, *JEIDA = Japan Electronic Industry Development Association*

JEO ―, 日本教育会, *JEO = Japan Education Organization*

JERC ―, 日本経済研究センター, *JERC = Japan Economic Research Center*

jérém. jérémiade, 泣き言, *whining*

jés. jésuite, イエズス会の, *Jesuit*

jet jumbo-jet, ジャンボジェット, *jumbo jet*

JET journalisme électronique, 電子ニュース取材, *ENG = electronic news gathering*

JET Association jeunes en équipe de travail, 作業チーム青年協会

JET tore européen conjoint, (英語略語のままで)(EUの)トカマク型大型核融合実験装置, *JET = Joint European Torus*

JETRO Organisation du commerce extérieur japonais, (英語略語のままで)ジェトロ, *JETRO = Japan External Trade Organization*

JF jeune fille, 娘, *girl*

JFA ―, 日本サッカー協会, *JFA = Football Association of Japan*

JFCE ―, (日本の)全国商品取引所連合会, *JFCE = Japan*

Federation of Commodity Exchange
JFD —, 日本聾唖連盟, *JFD=Japan Federation of the Deaf*
JFSEO —, 日本中小企業団体連盟, *JFSEO=Japan Federation of Smaller Enterprise Organizations*
JGA —, 日本ゴルフ協会, *JGA=Japan Golf Association*
JH jeune homme, 青年, *young man*
JHA —, 日本ホテル協会, *JHA=Japan Hotel Association*
JHA —, 日本ハンドボール協会, *JHA=Japan Handball Association*
JHA —, 日本ハンググライダー協会, *JHA=Japan Hang Gliders Association*
JHSS —, 日本科学史学会, *JHSS=History of Science Society of Japan*
JI juge d'instruction, 予審判事
JIC Jeunesse indépendante catholique, カトリック教青年独立連盟
JICA —, 日本アイスクリーム協会, *JICA=Japan Ice Cream Association*
JICA Agence japonaise de coopération internationale, (英語略語のままで)(日本の)国際協力事業団, *JICA=Japan International Cooperation Agency*
JICE —, 日本国際協力センター, *JICE=Japan International Cooperation Center*
JICPA —, 日本公認会計士協会, *JICPA=Japanese Institute of Certified Public Accountants*
JICS —, 日本国際協力システム, *JICS=Japan International Cooperation System*
JICST —, 日本科学技術情報センター, *JICST=Japan Information Center of Science and Technology*
JIDA —, 日本インダストリアルデザイナー協会, *JIDA=Japan Industrial Designers Association*
JIFES —, 日本国際食品工業見本市, *JIFES=Japan International Food Engineering Show*
JIFFA —, 日本インターナショナルフレイトフォワーダーズ協会, *JIFFA=Japan International Freight Forwarders Association*
JIIA —, 日本国際問題研究所, *JIIA=Japan Institute of International Affairs*
JIL —, 日本労働研究機構, *JIL=Japan Institute of Labor*
JILAF Fondation internationale du travail du Japon, (英語略語のままで)(日本の)国際労働財団, *JILAF=Japan In-*

ternational Labor Foundation
JIMAI —, (日本の)産業経理協会, *JIMAI = Japan Industrial Management & Accounting Institute*
JIME —, (日本の)中東経済研究所, *JIME = Japan Institute of Middle Eastern Economies*
JIOA —, 日本オフィスオートメーション協会, *JIOA = Japan Institute of Office Automation*
JIPDEC —, 日本情報処理開発協会, *JIPDEC = Japan Information Processing Development Center*
JIRA —, 日本産業用ロボット工業会, *JIRA = Japan Industrial Robot Association*
JIS —, 日本工業規格, *JIS = Japanese Industrial Standard*
JISA —, (日本の)情報サービス産業協会, *JISA = Japan Information Service Industry Association*
JITCO —, (日本の)国際研修協力機構, *JITCO = Japan International Training Cooperation Organization*
Jitel Japon Information Télématique, ジャポンインフォメーションテレマテック
JJC —, 日本ジャーナリストクラブ, *JJC = Japan Journalist Club*
JKF —, 全日本剣道連盟, *JKF = All Japan Kendo Federation*
JKLF Front islamique Jammu et Cachemire, (英語略語のままで)ジャンムカシミール解放戦線, *JKLF = Jammu and Kashmir Liberation Front*
JKT —, 日本空手協会, *JKT = Japan Karate Association*
JL —, (国際航空略称で)日本航空, *JL = Japan Air Lines*
JLA —, 日本文学協会, *JLA = Japan Literature Association*
JLMA —, (日本の)軽金属協会, *JLMA = Japan Light Metal Association*
JMA —, 日本能率協会, *JMA = Japan Management Association*
JMA —, 日本医師会, *JMA = Japan Medical Association*
JMA —, 日本抵当証券協会, *JMA = Japan Mortgage Association*
JMA —, (日本の)気象庁, *JMA = Japan Meteorological Agency*
JMBA —, 日本モーターボート協会, *JMBA = Japan Motor Boat Association*
JMD dollar jamaïcain, (通貨単位で)ジャマイカ・ドル,

Jamaican dollar

JME juge de la mise en état, 準備手続裁判官

JMF Association jeunesses musicales de France, フランス音楽青年協会

JMJ Journées mondiales de la jeunesse, (ローマ法王を迎えての)世界青年の日, *World Youth Days*

JMRA 一, 日本マーケティングリサーチ協会, *JMRA＝Japan Marketing Research Association*

JMSDF 一, 海上自衛隊, *JMSDF＝Japan Maritime Self-Defense Force*

JMSSMA 一, 日本海事検定協会, *JMSSMA＝Japan Marine Surveyors and Sworn Measurers' Association*

JMTDR 一, (日本の国際協力事業団による)国際救急医療チーム, *JMTDR＝Japan Medical Team for Disaster Relief*

JNIC 一, 日本ネットワークインフォメーションセンター, *JNIC＝Japan Network Information Center*

JNOC 一, (日本の)石油公団, *JNOC＝Japan National Oil Corporation*

JNR 一, (旧)日本国有鉄道, *JNR＝Japan National Railway*

JNTA 一, 日本観光協会, *JNTA＝Japan National Tourist Association*

JNTO 一, (日本の)国際観光振興会, *JNTO＝Japan National Tourist Organization*

JO Jeux olympiques, 国際オリンピック大会, *Olympic Games*

JO Journal Officiel, 官報, *official gazette*

joaill. joaillerie, 宝石商, *jeweler's shop*

JOC Jeunesse ouvrière chrétienne, キリスト教青年労働者連盟

JOC 一, 日本オリンピック委員会, *JOC＝Japan Olympic Committee*

JOCE Journal Officiel des Communautés européennes, 欧州共同体官報, *Official Journal of the EC*

JOCV volontaires japonais pour la coopération à l'étranger, (英語略語のままで)青年海外協力隊, *JOCV＝Japan Overseas Cooperation Volunteers*

JOD dinar jordanien, (通貨単位で)ヨルダン・ディナール, *Jordanian dinar*

JODC 一, (日本の)海外貿易開発協会, *JODC＝Japan Overseas Development Corporation*

JOEA 一, 日本在外企業協会, *JOEA＝Japan Overseas En-*

terprises Association
jogg. jogging, ジョギング, *jogging*
JOI —, (日本の)海外投融資情報財団, *JOI＝Japan Institute for Overseas Investment*
joint. jointure, 関節, *joint*
JOM —, 東京オフショアーマーケット, *JOM＝Japan Offshore Market*
jonct. jonction, 接合, *junction*
JOPIMA —, 日本光学工業協会, *JOPIMA＝Japan Optical and Precision Instruments Manufacturers' Association*
JOR Jordanie, ヨルダン：国際オリンピック委員会の国名表記(1963年承認), *Jordan*
Jord. Jordanie, ヨルダン, *Jordan*
jordan. jordanien, ヨルダンの, *Jordanian*
journ. journalisme, ジャーナリズム, *journalism*
journ. journal, 新聞, *newspaper*
journ. journée, 昼間, *day*
jov. jovialité, 陽気さ, *joviality*
JPA —, 日本心理学会, *JPA＝Japanese Psychological Association*
JPA —, 日本製紙連合会, *JPA＝Japan Paper Association*
JPA Jeunesse au plein air, 野外青年協会
JPC —, 日本生産性本部, *JPC＝Japan Productivity Center*
JPCA —, 日本プリント回路工業会, *JPCA＝Japan Printed Circuit Association*
JPEA —, 日本真珠輸出組合, *JPEA＝Japan Pearl Exporters' Association*
JPGA —, 日本プロゴルフ協会, *JPGA＝Japan Professional Golfers Association*
JPHP —, 日本個人携帯電話, *JPHP＝Japan personal handy phone*
JPI jugement de première instance, 第一審判決
JPMA —, 日本製薬工業協会, *JPMA＝Japan Pharmaceutical Manufacturers' Association*
JPN Japon, 日本：国際オリンピック委員会の国名表記(1912年承認), *Japan*
JPRA —, 日本広報協会, *JPRA＝Japan Public Relations Association*
JPTA —, 日本薬業貿易協会, *JPTA＝Japan Pharmaceutical Traders Association*

JPY yen, (日本の通貨単位で)円, *yen*
jr jour, 日, *day*
JRA 一, 日本中央競馬会, *JRA=Japan Racing Association*
JRC Croix-Rouge du Japon, (英語略語のままで)日本赤十字社, *JRC=Japan Red Cross*
JRDC 一, (日本の)新技術開発事業団, *JRDC=Research Development Corporation of Japan*
JRFU 一, 日本ラグビーフットボール協会, *JRFU=Japan Rugby Football Union*
JRMA 一, 日本ゴム工業会, *JRMA=Japan Rubber Manufacturers' Association*
JSA 一, 日本規格協会, *JSA=Japan Standards Association*
JSA 一, 日本科学者会議, *JSA=Japan Scientists Association*
JSB 一, 日本衛星放送, *JSB=Japan Satellite Broadcasting*
JSCE 一, (日本の)土木学会, *JSCE=Japan Society of Civil Engineers*
JSDA 一, 日本証券業協会, *JSDA=Japan Securities Dealers' Association*
JSE 一, 日本倫理学会, *JSE=Japan Society for Ethics*
JSF 一, 日本特別基金, *JSF=Japan Special Fund*
JSL 一, 日本サッカーリーグ, *JSL=Japan Soccer League*
JSPCA 一, 日本動物愛護協会, *JSPCA=Japan Society for the Prevention of Cruelty of Animals*
JSPS 一, 日本学術振興会, *JSPS=Japan Society for the Promotion of Science*
JSQC 一, 日本品質管理学会, *JSQC=Japan Society for Quality Control*
JSRI 一, 日本証券経済研究所, *JSRI=Japan Securities Research Institute*
JSS 一, 日本社会学会, *JSS=Japan Sociological Society*
JST 一, 日本標準時, *JST=Japan Standard Time*
JSTA 一, 日本軟式庭球連盟, *JSTA=Japan Soft Tennis Association*
JT journal télévisé, テレビニュース, *TV news*
JTA 一, 日本関税協会, *JTA=Japan Tariff Association*
JTB 一, 日本交通公社, *JTB=Japan Travel Bureau*
JTC 一, 日本信託証券, *JTC=Japanese trust certificate*
JTCA 一, (日本の)海外運輸協力協会, *JTCA=Japan*

Transport Cooperation Association
JTTA 一, 日本卓球協会, *JTTA = Japan Table Tennis Association*
JTU 一, 日本教職員組合：略称は日教組, *JTU = Japan Teachers' Union*
JTUC Confédération générale des syndicats de travailleurs du Japon, （英語略語のままで）日本労働組合総連合会：通称は連合, *JTUC = Japan Trade Union Confederation*
jubil. jubilation, 歓喜, *jubilation*
jud. judiciaire, 司法の, *juridical*
jud. judaïsme, ユダヤ教, *Judaism*
judéo.-all. judéo-allemand, イディッシュ, *Yiddish*
judéo.-chrét. judéo-chrétien, ユダヤ教とキリスト教の, *Judeo-Christian*
judéo.-christian. judéo-christianisme, ユダヤ・キリスト教, *Judeo-Christianism*
judéo.-esp. judéo-espagnol, ユダヤ系スペイン語, *Judeo-Spanish*
jug. jugulaire, 咽喉部の, *jugular*
juill. juillet, 七月, *July*
jum. jument, 牝馬, *mare*
jumel. jumelage, 対にすること, *coupling*
jump. jumping, 障害飛び越え競技, *show jumping*
jur. juriste, 法律家, *jurist*
juranç. jurançon, ジュランソン：ワインの銘柄
jurass. jurassique, ジュラ紀の, *Jurassic*
jurass. jurassien, ジュラ地方の, *of the Jura*
jurid. juridiction, 裁判権, *jurisdiction*
jurid. juridique, 法律の, *legal*
jurispr. jurisprudence, 判例, *jurisprudence*
JUSEC 一, 日米経済協議会, *JUSEC = Japan-United States Economic Council*
JUSEC 一, 日米教育委員会, *JUSEC = Japan-United States Educational Commission*
just. justesse, 正確さ, *accuracy*
just. justice, 司法, *justice*
JUST 一, 日本通信規格, *JUST = Japanese Unified Standards of Telecommunication*
just. admin. justice administrative, 行政裁判, *administrative justice*
just. civ. justice civile, 民事裁判, *civil justice*

just. mil. justice militaire, 軍事裁判, *military justice*
justic. justiciable, 裁判を受ける人, *person subject to be tried*
justif. justification, ジャスティフィケーション：行の長さをそろえること, *justification*
justif. justificatif, 証拠資料, *written proof*
juxtapos. juxtaposition, 並置, *juxtaposition*
JVC —, 日本ビクター, *JVC=Victor Company of Japan, Ltd.*
JWA —, 日本気象協会, *JWA=Japan Weather Association*
JWA —, 日本ウェイトリフティング協会, *JWA=Japan Weightlifting Association*
JWA —, 日本捕鯨協会, *JWA=Japan Whaling Association*
JYA —, 日本ヨット協会, *JYA=Japan Yachting Association*

K

- **K** kyat, （ミャンマーの通貨単位で）チャット, *kyat*
- **K** potassium, カリウム, *K = potassium*
- **K** Cambodge / Kampuchea, カンボジア：国際自動車識別記号, *Cambodia / Kampuchea*
- **K** kelvin, ケルヴィン, *Kelvin*
- **k.-d.** knock-down, ノックダウン, *knockdown*
- **K7** cassette, カセットテープ, *cassette tape*
- **kA** kiloampère, キロアンペア, *kiloampere*
- **kab.** kabyle, カビリアの, *Kabyle*
- **kafk.** kafkaïen, カフカの, *Kafkaesque*
- **kaléid.** kaléidoscope, 万華鏡, *kaleidoscope*
- **kant.** kantien, カントの, *Kantian*
- **kaol.** kaolin, 高陵土, *kaolin*
- **karst.** karstique, カルスト地域の, *karstic*
- **kart.** karting, ゴーカートレース, *karting*
- **kcal** kilocalorie, キロカロリー, *kcal = kilocalorie*
- **kCi** kilocurie, キロキューリー, *kCi = kilocurie*
- **KCS** couronne tchécoslovaque, （通貨単位で）チェコ・コルナ, *Czechoslovak koruna*
- **KD** dinar koweitien, （通貨単位で）クウェート・ディナール, *Kuwaiti dinar*
- **Ken.** Kenya, ケニア, *Kenya*
- **ken.** kenyan, ケニアの, *Kenyan*
- **kérat.** kératine, ケラチン, *keratin*
- **kératinis.** kératinisation, 角質化, *keratinization*
- **kéros.** kérosène, 灯油, *kerosine*
- **KES** shilling du Kenya, （通貨単位で）ケニア・シリング, *Kenyan shilling*
- **keV** kilo-électron-volt, キロ電子ボルト, *keV = kilo-electronvolt*
- **keynés.** keynésien, ケインズ派の, *Keynesian*
- **KF** kilo franc, 千フラン, *one thousand francs*
- **kg** kilogramme, キログラム, *kilogram*
- **kgf** kilogramme-force, グラム重, *gram-force*
- **kgp** kilogramme-poids, グラム重, *gram-weight*

KGS som, (キルギスタンの通貨単位で)ソム, *som*
kH kilohertz, キロヘルツ, *kilohertz*
KHR riel, (カンボジアの通貨単位で)リエル, *riel*
kHz kilohertz, キロヘルツ, *kilohertz*
Ki C? Qui c'est?, (携帯メールでの略語で)誰なの, *Who is it?*
kibb. kibboutz, キブツ, *kibbutz*
kidnapp. kidnapping, 誘拐, *kidnaping*
kilom. kilométrique, キロメートルの, *kilometric*
kiné kinésithérapeute, 運動療法士, *physiotherapist*
kinesc. kinescope, キネスコープ, *kinescope*
KIP kip, (ラオスの通貨単位で)キップ, *kip*
KIS couronne islandaise, (通貨単位で)アイスランド・クローナ, *Irish krona*
kJ kilojoule, キロジュール, *kilojoule*
KLA armée de libération du Kosovo, (英語略語のままで)(アルバニア系住民武装組織)コソボ解放軍, *KLA=Kosovo Liberation Army*
kleptom. kleptomane, 窃盗狂, *kleptomaniac*
km kilomètre, キロメートル, *kilometer*
km² kilomètre carré, 平方キロメートル, *square meter*
km/h kilomètre par heure, 毎時キロ数, *kilometers per hour*
KMF franc des Comores, (通貨単位で)コモロ・フラン, *Comoran franc*
KMT Kouomintang, (台湾の政党で)国民党, *Kuomintang (Chinese National Party)*
KO knock-out, ノックアウト, *KO=knock out*
ko kilo-octet, 千バイト, *kb=kilobyte*
KOH potasse, カリ, *potash*
kolkh. kolkhoze, コルホーズ, *kolkhoz*
koweit. koweitien, クウェートの, *Kuwaiti*
KPW won de la Corée du Nord, 北朝鮮ウォン, *won (North Korea)*
Kr krypton, クリプトン:無色無活性の気体状元素, *krypton*
KRD couronne danoise, (通貨単位で)デンマーク・クローネ, *Danish krone*
KRL langage de représentation des connaissances, (英語略語のままで)知識表現言語, *KRL=knowledge representation language*
KRN couronne norvégienne, (通貨単位で)ノルウェー・ク

ローネ, *Norwegian krone*
KRS couronne suédoise, (通貨単位で)スウェーデン・クローナ, *Swedish krona*
KRW won de la Corée du Sud, 韓国ウォン, *won (South Korea)*
kS kilosiemens, キロジーメンス
kt kilotonne, キロトン, *kiloton*
kV kilovolt, キロボルト, *kilovolt*
kVA kilovoltampère, キロボルトアンペア, *kilovolt-ampere*
kW kilowatt, キロワット, *kilowatt*
KWD dinar koweitien, (通貨単位で)クウェート・ディナール, *Kuwaiti dinar*
kWh kilowattheure, キロワット時, *kilowatt-hour*
KWIC mot-clé en contexte, (英語略語のままで)文脈付き索引, *KWIC = keyword in context*
KWOC mot-clé hors contexte, (英語略語のままで)文脈なし索引, *KWOC = keyword out of context*
KWT Koweit, クウェート:国際自動車識別記号, *Kuwait*
KYD dollar des Caïmans, (通貨単位で)カイマン・ドル, *Caiman dollar*
kyst. kystique, 嚢胞性の, *cystic*
KZT tenge, (カザフスタンの通貨単位で)テンゲ, *tenge*

L

L loi, (選挙法典などの条文番号の前に付け、その意味は)一般法律, *law*
l litre, リットル, *liter*
l. large, 広い, *wide*
L. Loi, 法律, *law*
L Luxembourg, ルクセンブルク：国際自動車識別記号, *Luxembourg*
l. lettre, 手紙, *letter*
L.-A. Loire-Atlantique, ロアール・アトランティック県(44)
l.-am. lance-amarre, 投げ索発射器
l.-bombes lance-bombes, 爆弾投下装置, *bomb launcher*
l.-dos lave-dos, 長柄ブラシ
l.-éch. libre-échange, 自由貿易, *free trade*
l.-échang. libre-échangisme, 自由貿易論, *free trade*
L.-et-C. Loir-et-Cher, ロアール・エ・シェール県(41)
L.-et-G. Lot-et-Garonne, ロッテ・ガローヌ県(47)
l.-flammes lance-flammes, 火炎放射器, *flamethrower*
l.-fus. lance-fusées, ロケット発射台, *rocket launcher*
l.-glace lève-glace, ウィンドーレギュレーター, *window winder*
l.-glace lave-glace, ウィンドーウォッシャー, *screen wash*
l.-gren. lance-grenades, 擲弾筒, *grenade launcher*
l.-linge lave-linge, 下着洗濯機, *washing machine*
l.-mains lave-mains, 手洗い鉢, *handbasin*
l.-miss. lance-missiles, ミサイル発射装置, *missile launcher*
l.-o. lock-out, ロックアウト, *lockout*
l.-pass. laissez-passer, 通行証, *pass*
l.-pensée libre-pensée, 自由思想, *free thinking*
l.-pierres lance-pierres, (玩具の)ぱちんこ, *catapult*
l.-roq. lance-roquettes, ロケット発射装置, *rocket launcher*
l.-serv. libre-service, セルフサービス, *self-service*
l.-torp. (tube) lance-torpilles, 魚雷発射管, *torpedo tube*
l.-vaiss. lave-vaisselle, 皿洗い機, *dishwasher*
L8R plus tard, (英語略語のままで)(携帯メールでの略語

で)後で, *L8R* = *later*
- **lab.** label, ラベル, *quality label*
- **labo** laboratoire, 実験室, *laboratory*
- **labour.** labourage, 耕作, *plowing*
- **labyr.** labyrinthe, 迷宮, *labyrinth*
- **lacér.** lacération, 引き裂くこと, *laceration*
- **lacrym.** lacrymal, 涙の, *tear*
- **lacrym.** lacrymogène, 催涙性の
- **lact.** lactation, 哺乳, *lactation*
- **lacun.** lacunaire, 空白のある, *incomplete*
- **LADR** réacteur d'accélérateur linéaire, (英語略語のままで)線型加速器原子炉, *LADR* = *linear-accelerator-driven reactor*
- **laïcis.** laïcisation, 非宗教化, *laicization*
- **LAIRE** Lecture art innovation recherche écriture, (コンピュータ支援での文学創作を目指す)レールグループ
- **LAK** kip, (ラオスの通貨単位で)キップ, *kip*
- **lambr.** lambrissage, 羽目工事, *paneling*
- **lamin.** laminage, 圧延, *lamination*
- **lamin.** laminoir, 圧延機, *rolling mill*
- **land.** landais, ランド地方の, *of the Landes*
- **lang.** langage, 言語, *language*
- **langue class.** langue classique, 古典語, *classical language*
- **langue littér.** langue littéraire, 文語, *literary language*
- **languedoc.** languedocien, ラングドック地方の, *of the Languedoc*
- **lant.** lanterne, ランタン, *lantern*
- **LAO** Laos, ラオス:国際自動車識別記号;国際オリンピック委員会の国名表記(1979年承認), *Laos*
- **laot.** laotien, ラオスの, *Laotian*
- **lap.** lapon, ラプランドの, *Lapp*
- **laparot.** laparotomie, 開腹術, *laparotomy*
- **lapid.** lapidaire, (ダイヤ以外の)宝石商, *lapidary*
- **LAR** Libye, リビア:国際自動車識別記号, *Libya*
- **larg.** largage, (爆弾の)投下, *releasing*
- **larg.** largeur, 巾, *width*
- **larv.** larvaire, 幼虫の, *larval*
- **laryng.** laryngite, 喉頭炎, *laryngitis*
- **laryngect.** laryngectomie, 喉頭摘出術, *laryngectomy*
- **laryngol.** laryngologie, 喉頭科学, *laryngology*
- **LASER** amplification de la lumière par rayonnement

stimulé, (英語略語のままで)レーザー, *LASER =light amplification by stimulated emission of radiation*

LASH navire porte-barges, (英語略語のままで)ラッシュ船, *LASH =lighter aboard ship*

lassit. lassitude, 疲れ, *lassitude*

lat. latitude, 緯度, *latitude*

lat. latin, ラテン語の, *Latin*

lat°-améric. latino-américain, ラテンアメリカの, *Latin-American*

latér. latéral, 脇の, *lateral*

latéris. latérisation, ラテライト化作用, *laterization*

latin. latinisme, ラテン語法, *Latinism*

laur. laurier, 月桂樹, *laurel*

laur.-cer. laurier-cerise, セイヨウバクチノキ, *cherry laurel*

laur.-rose laurier-rose, キョウチクトウ属, *oleander*

laur.-tin laurier-tin, ガマズミ属の一種

LAV —, リンパ節症関連ウイルス, *LAV =lymphadenopathy-associated virus*

lav. laverie, ランドリー, *washing plant*

LAW lance portable antichar, (英語略語のままで)軽対戦車兵器, *LAW =light antitank weapon*

LB Libéria, リベリア:国際自動車識別記号, *Liberia*

lb livre, (重量で)英ポンド, *British pound*

LBO opération d'acquisition par endettement, (英語略語のままで)LBO(レバレッジドバイアウト), *LBO =leveraged buyout*

lbo-sacré lombo-sacré, 腰痛を伴った坐骨神経痛

LBP livre libanaise, (通貨単位で)レバノン・ポンド, *Lebanese pound*

lbs. avdp. livres avoirdupoids, 常衡ポンド, *avoirdupois pounds*

LCA lecteur à carte apparente, 非挿入式電話カード読取機

LCFTP Ligue contre la fumée du tabac en public, 公共領域禁煙連盟

LCI La Chaîne Info, ラ・シェンヌアンフォ:フランスのニュース中心有料テレビ

LCIE Laboratoire central des industries électriques, (フランスの)電気工業中央研究所

LCM Laboratoire pour le contrôle des médicaments, (スイスの)麻薬管理研究所, *Laboratory for Drug Control (Switzerland)*

LCO langues et cultures d'origine, 母国の言語と文化計画

LCPC Laboratoire central des ponts et chaussées, 中央土木研究所

LCR Ligue communiste révolutionnaire, (フランスの政党で)革命共産主義同盟

LCR sélection automatique de l'opérateur le plus avantageux en fonction de l'appel, (英語略語のままで)最安値回線自動選択, *LCR = least cost routing*

LCR lettre de change-relevé, 計算書為替手形：記憶媒体上に手形を作成し、相互の取引銀行間で電子決済する, *bill of exchange statement*

LCR local collectif résidentiel, 居住用共同建物

LDF Ligue du droit des femmes, 婦人権同盟

LDF distillat de tête, (英語略語のままで)初留分：最も軽質な留出物, *LDF = light distillate feedstock*

LDH Ligue des droits de l'homme, 人権連盟

LDI-CNIP La droite indépendante-Centre national des indépendants et paysans, (フランスの政党で Olivier d'Ormesson の)独立保守－独立派農民派全国センター

LDI-MPF La droite indépendante-Mouvement pour la France, (フランスの政党で Philippe de Villiers の)独立保守－フランスのための運動

LDK Ligue démocratique du Kosovo, コソボ民主同盟

LDL-C LDL-cholestérol, (英語略語のままで)低密度リポ蛋白コレステロール, *LCL-C = low density lipoprotein cholesterol*

LE commutateur local, (英語略語のままで)市内交換, *LE = local exchange*

LEAR anneau d'antiprotons de basse énergie, (英語略語のままで)低エネルギー反陽子リング, *LEAR = low-energy antiproton ring*

leas. leasing, リース, *leasing*

leç. leçon, 授業, *lesson*

lect. lectorat, (集合的に)読者, *readership*

lect. lecture, 読書, *reading*

lect. lecteur, 読者, *reader*

LEDK lek, (アルバニアの通貨単位で)レク, *lek*

lég. légende, 伝説, *legend*

lég. légionnaire, 外人部隊の兵士, *Foreign Legionary*

lég. légalité, 合法性, *legality*

lég. légion, 憲兵隊, *legion*

lég. légation, 公使の任務, *legation*
lég. légume, 野菜, *vegetable*
lég. légendaire, 伝説の, *legendary*
lég. légal, 法律上の, *legal*
légalis. légalisation, 合法化, *legalization*
législ. législateur, 立法者, *legislator*
législ. législation, 法律全体, *legislation*
législ. législatif, 立法する, *legislative*
législ. fin. législation financière, 金融法, *financial law*
législ. soc. législation sociale, 労働法
légit. légitime, 法律で認められた, *legitimate*
légit. légitimité, 正当性, *legitimacy*
LEI leu, (ルーマニアの通貨単位で)レウ, *leu*
LEMP lempira, (ホンジュラスの通貨単位で)レンピラ, *lempira*
lémur. lémurien, キツネザル, *lemur*
LEN logement économique normalisé, 標準化経済住宅
lend. lendemain, 翌日, *next day*
lénin. léniniste, レーニン主義者, *Leninist*
lénin. léninisme, レーニン主義, *Leninism*
lent. lentille, レンズ, *lens*
lent. lenteur, 遅いこと, *slowness*
léop. léopard, 豹, *leopard*
LEP lycée d'enseignement professionnel, 職業教育リセ, *secondary school for vocational training*
LEP grand collisionneur électron-positon, (英語略語のままで)大型電子・陽電子衝突型加速器, *LEP = large electron-positron collider*
LEP livret d'épargne populaire, 庶民貯蓄通帳預金, *savings book*
lés. lésion, 病変, *lesion*
lessiv. lessivable, 洗濯できる, *washable*
lessiv. lessivage, 洗濯, *washing*
léth. léthargique, 無気力の, *lethargic*
léth. léthargie, 無気力, *lethargy*
LETI laboratoire électronique et technologique de l'informatique, 情報科学電子・技術工学研究所
lettr. lettrine, 頭見出し, *dropped initial*
lettr. lettrisme, 文字主義
leuc. leucémique, 白血病の, *leukemic*
leuc. leucémie, 白血病, *leukemia*

lev. levage, 持ち上げること, *lifting*

levallois. levalloisien, ルヴァロワペレの, *of Levallois-Perret*

lévit. lévitation, 人体浮揚, *levitation*

lex. lexique, 語彙, *lexicon*

lexicalis. lexicalisation, 語彙化, *lexicalization*

lexicogr. lexicographie, 辞書編集, *lexicography*

lexicol. lexicologie, 語彙論, *lexicology*

LFAJ Ligue française pour les auberges de la jeunesse, フランスユースホステル連盟, *French youth hostel association*

LFCB Ligue française contre le bruit, フランス騒音対策同盟

LFDA Ligue française des droits de l'animal, フランス動物の権利同盟

LFI loi de finance initiale, 当初予算, *initial budget*

LFNC Front laotien pour la reconstruction nationale, (英語略語のままで)ラオス建設戦線, *LFNC = Lao Front for National Construction*

lg logarithme décimal, 常用対数

LGD ligne à grande distance, 長距離路線

LGN liquide de gaz naturel, 天然ガス液, *NGL = natural gas liquid*

LHCP polarisation circulaire gauche, (英語略語のままで)左円偏光, *LHCP = left-hand circular polarization*

LHI Ligue homéopathique internationale, 国際同種療法協会, *IHL = International Homeopathic League*

Li lithium, リチウム, *Li = lithium*

liais. liaison, 関係, *connection*

Lib. Libéria, リベリア, *Liberia*

lib. libyen, リビアの, *Libyan*

LIB message de libération, 開放メッセージ, *REL = release message*

liban. libanais, レバノンの, *Lebanese*

libé libération, 釈放, *liberation*

libell. libelliste, 誹謗文の作者

libér. libérable, 釈放されるべき, *dischargeable*

libér. libéral, 自由主義的な, *liberal*

libér. libérien, リベリアの, *Liberian*

libéral. libéralisme, 自由主義, *liberalism*

libéralis. libéralisation, 自由化, *liberalization*

libert. libertaire, 絶対自由主義の, *libertarian*

LIBID 一, ロンドン銀行間取り手金利, *LIBID = London Interbank Bid Rate*

LIBOR 一, ロンドン銀行間出し手金利, *LIBOR = London Interbank Offered Rate*

libr. librairie, 本屋, *bookstore*

libr. libraire, 書籍商, *bookseller*

libr.-éd. libraire-éditeur, 書籍出版・販売業者, *publisher and bookseller*

LICRA Ligue internationale contre le racisme et l'antisémitisme, 反差別国際運動, *International Movement against All Forms of Discrimination and Racism*

LIDH Ligue internationale des droits de l'homme, 国際人権連盟, *ILHR = International League for Human Rights*

liég. liégeois, リエージュの, *of Liège*

lieut. lieutenant, 中尉, *lieutenant*

lieut.-colon. lieutenant-colonel, 中佐, *lieutenant-colonel*

LIFFE Bourse des échanges à terme de Londres, (英語略語のままで)ロンドン国際金融先物取引所, *LIFFE = London International Financial Futures Exchange*

lignic. lignicole, 木に生える, *lignicolous*

lignom. lignomètre, 行数尺

LIL ligne d'intérêt local, ローカル用路線

LILA Ligue internationale de la librairie ancienne, 国際古書籍商連盟, *ILAB = International League of Antiquarian Booksellers*

lilis libéraux-libertaires, リリ族：生活面でも経済面でも束縛・規制を嫌う

lill. lillois, リールの, *of Lille*

lim. limité, 限られた, *limited*

limin. liminaire, 巻頭の, *introductory*

limit. limitation, 制限, *limitation*

limnol. limnologie, 陸水学, *limnology*

limog. limogeage, 左遷, *superseding*

limoug. limougeaud, リモージュの, *of Limoges*

limous. limousin, リムーザンの, *of Limousin*

lin. linéaire, 線の, *linear*

linéar. linéarité, 線形性, *linearity*

linéat. linéature, 走査線数, *number of scanning lines*

ling. linguistique, 言語学, *linguistics*

ling. lingerie, 下着類, *lingerie*

Lino Linotype, ライノタイプ, *Linotype*
lino linoléum, リノリウム, *linoleum*
liq. liqueur, リキュール, *liqueur*
liquéf. liquéfaction, 液化, *liquefaction*
liquid. liquidation, 清算, *liquidation*
liquor. liquoriste, リキュール製造者, *liqueur maker*
lis. lisible, 読みとりやすい, *legible*
LISP langage de traitement de listes, (英語略語のままで)人工知能言語, *LISP＝list processing language*
listér. listériose, リステリア症, *listeriosis*
lig. ligament, 靱帯, *ligament*
lit. literie, 寝具類, *bedding*
LIT lire, (イタリアの通貨単位で)リラ, *lire*
litho lithographie, リトグラフィー, *lithography*
lithol. lithologie, 岩石学, *lithology*
litt. littoral, 沿岸の, *coastal*
litt. littérature, 文学, *literature*
littér. littéraire, 文学の, *literary*
lituan. lituanien, リトアニアの, *Lithuanian*
liturg. liturgie, 典礼, *liturgy*
Liv. Livre, (法典などの)編
liv. livre, 本, *book*
liv.-room living-room, 居間, *living room*
livrais. livraison, 配達, *delivery*
LKR roupie de Sri-Lanka, スリランカ・ルピー, *Sri-Lanka rupee*
LL.AA. Leurs Altesses, 殿下の方々：尊称として用いる, *Their Highnesses*
LL.AA.EE. Leurs Altesses Eminentissimes, いともすぐれた猊下の方々：尊称として用いる
LL.AA.II. Leurs Altesses Impériales, 殿下の方々：直系皇族に対する尊称として用いる, *Their Imperial Highnesses*
LL.AA.RR. Leurs Altesses Royales, 殿下の方々：直系王族に対する尊称として用いる, *Their Royal Highnesses*
LL.AA.SS. Leurs Altesses Sérénissimes, 殿下の方々：傍系王族・皇族に対する尊称として用いる, *Their Most Serene Highnesses*
LL.EEm. Leurs Eminences, 猊下の方々：尊称として用いる, *Their Eminences*
LL.GGr. Leurs Grâces, 猊下の方々：英国の司教に対する尊称として用いる, *Their Graces*

LL.GGr. Leurs Grâces, 閣下の方々：英国の公爵に対する尊称として用いる，*Their Graces*

LL.MM. Leurs Majestés, 陛下の方々：尊称として用いる，*Their Majesties*

LL.MM.RR. Leurs Majestés Royales, 国王陛下の方々：尊称として用いる，*Their Royal Majesties*

lm lumen, ルーメン：光束の単位，*lumen*

LMBO reprise de l'entreprise par ses salariés, （英語略語のままで）従業員による会社買取り，*LMBO=leveraged management buyout*

LMI interface de gestion locale, （英語略語のままで）ローカルマネージメントインターフェース，*LMI=local management interface*

ln logarithme népérien, 自然対数，*Napierian logarithm*

LNA amplificateur à faible bruit, （英語略語のままで）低雑音増幅器，*LNA=low-noise amplifier*

LNCM Laboratoire national de contrôle des médicaments, （フランスの）麻薬管理国立研究所，*National Laboratory of Drug Control (France)*

LNE Laboratoire national d'essais, 国立試験所

LNS Laboratoire national de la santé, 国立衛生試験所

LO loi organique, （選挙法典などの条文番号の前に付け、一般法律と違い憲法的性質をもつことを示す）組織法律

LO oscillateur local, （英語略語のままで）局部発振回路，*LO=local oscillator*

LO Lutte ouvrière, （フランスの政党でArlette Laguillerの）労働者の闘争

LOA location avec option d'achat, 買取オプション付リース，*lease purchase*

lobect. lobectomie, 葉切除，*lobectomy*

loc. localité, 集落，*village*

loc. local, （体の）部分だけの，*local*

loc. locataire, テナント，*tenant*

loc. locution, 言い回し，*locution*

loc. adj. locution adjective, 形容詞句，*adjective phrase*

loc. adv. locution adverbiale, 副詞句，*adverbial phrase*

loc. cit. loco citato, （ラテン語略語のままで）上記引用文中

loc. conj. locution conjonctive, 接続詞句，*complex conjunction*

loc.-v. location-vente, 割賦販売，*hire purchase*

localis. localisation, 位置決定，*localization*

loco locomotive, 機関車, *locomotive*
locom. locomotion, 移動運動, *locomotion*
LOF loi d'orientation foncière, 土地基本法
log. logique, 論理的な, *logical*
log logarithme, 対数, *logarithm*
LOGECO logement économique, 経済住宅
logist. logistique, 兵站術, *logistic*
logo logotype, ロゴ, *logo*
loi.-c. loi-cadre, 基本法, *outline law*
loi PLM loi Paris, Lyon, Marseille, (1982年の)パリ、リヨン、マルセイユの行政組織に関する法律
loi-progr. loi-programme, 計画法律, *law providing framework for long-term government program*
lomb. lombalgie, 腰痛, *lower back pain*
london. londonien, ロンドンの, *of London*
long. longitude, 経度, *longitude*
long. longueur, 長さ, *length*
long-courr. long-courrier, 遠洋航海の, *ocean-going*
longév. longévité, 長寿, *longevity*
LOPOFA logement populaire et familial, 大衆・家族住宅
lorr. lorrain, ローレンヌ地方の, *of the Lorraine*
lorsq. lorsque, (‥する)時, *when*
lot. loterie, 宝くじ, *lottery*
lotiss. lotissement, (土地の)分割, *parceling out*
louf. loufoque, 頭のいかれた, *loony*
lourd. lourdeur, 重さ, *heaviness*
LOV loi d'orientation sur la ville, 都市基本路線法
loy. loyer, 家賃, *rent*
LP lycée professionnel, 職業リセ, *technical school*
LPC codage prédicatif linéaire, (英語略語のままで)線型予測符号化, *LPC = linear predicting coding*
LPC laissé-pour-compte, 返品, *rejected*
LPM lignes par minute, 分割印字行数, *LPM = lines per minute*
LPMO laboratoire de physique et de métrologie des oscillateurs, 多極管物理・計測学研究所
LPN logement de première nécessité, 最低必要住宅
LPO Ligue (française) pour la protection des oiseaux, (フランス)鳥類保護連盟
LQ qualité courrier, (英語略語のままで)書簡品質, *LQ = letter quality*

LQMAC limite de qualité moyenne après contrôle, 平均出検品質限界, *AOQL＝average outgoing quality limit*

LR Lettonie, ラトビア：国際自動車識別記号, *Latvia*

Lr lawrencium, ローレンシウム：人工放射線元素, *Lr＝lawrencium*

LR lettre recommandée, 書留書簡, *registered letter*

LRAC lance roquettes antichars, 対戦車ロケットランチャー, *anti-tank rocket launcher*

LRC contrôle par redondance longitudinale, （英語略語のままで）水平冗長検査, *LRC＝longitudinal redundancy check*

LRCC laboratoire de recherches et de contrôle de caoutchouc, ゴム研究検査研究所

LRD dollar libérien, （通貨単位で）リベリア・ドル, *Liberian dollar*

LRM lance-roquettes multiples, 多連装ロケットランチャー, *MRL＝multiple rocket launcher*

LRMH Laboratoire de recherche sur les monuments historiques, 史跡研究所

LRS long rail soudé, 連続溶接レール, *CWR＝continuous welded rail*

LRT métro léger, （英語略語のままで）新型路面電車, *LRT＝light rail transit*

LRU unité remplaçable en ligne, （英語略語のままで）ライン置換可能ユニット, *LRU＝line replaceable unit*

LS Lesotho, レソト：国際自動車識別記号, *Lesotho*

LSB bit de plus faible poids, （英語略語のままで）最下位の文字, *LSB＝least significant bit*

LSCR Ligue des sociétés de la Croix-Rouge, （フランスの）赤十字社連盟, *LRCS＝League of Red Cross Societies*

LSD acide lysergique diéthylamide, （英語略語のままで）LSD（エルエスディー）, *LSD＝Lysergic Acid Diethylamide*

LSD chiffre de poids le plus faible, （英語略語のままで）最下位数, *LSD＝least significant digit*

LSI intégration à grande échelle, （英語略語のままで）大規模集積回路, *LSI＝large scale integration*

LSL loti, （レソトの通貨単位で）ロティ, *loti*

LT terminaison de ligne, （英語略語のままで）伝送路終端, *LT＝line termination*

LT lycée technique, 技術リセ

LT long terme, 長期, *long-term*

LT Libye, リビア：国際自動車識別記号, *Libya*
LT Lituanie, リトアニア：国際自動車識別記号, *Lithuania*
LTA lettre de transport aérien, 航空貨物運送状, *AWB = airway bill*
LTL litas lituanien, （リトアニアの通貨単位で）リタス, *litas*
LTPR taux de base à long terme, （英語略語のままで）長期プライムレート, *LTPR = long-term prime rate*
LTS séropositifs non-évoluteurs, （英語略語のままで）長期生存エイズ患者, *LTS = long-term survivors of HIV carriers*
LTV rapport emprunt-valeur, （英語略語のままで）融資比率, *LTV = loan-to-value ratio*
Lu lutétium, ルテチウム, *Lu = lutetium*
lubrif. lubrification, 油をさすこと, *lubrication*
lucid. lucidité, 明敏さ, *lucidity*
lucr. lucratif, 利益をもたらす, *lucrative*
LUF franc luxembourgeois, （通貨単位で）ルクセンブルク・フラン, *Luxembourgian franc*
LUF fréquence minimale utilisable, （英語略語のままで）最低使用周波数, *LUF = lowest usable frequency*
lum. lumière, 光, *light*
lumin. luminescence, 発光, *luminescence*
LUVI loi uniforme sur la vente internationale des objets mobiliers corporels, 動産国際売却統一法, *ULIS = Uniform Law on international sale of goods*
lux. luxation, 脱臼, *dislocation*
Lux. Luxembourg, ルクセンブルク, *Luxembourg*
lux. luxueux, 贅沢な, *luxurious*
luxemb. luxembourgeois, ルクセンブルクの, *of Luxembourg*
luxur. luxuriance, （イメージなどの）豊富さ, *luxuriance*
LV langue vivante, 現代語
LVA lev, （ブルガリアの通貨単位で）レフ, *lev*
LVF légion des volontaires français, フランス志願兵団：1941-1944年の反ボルシェビキ主義による
LVL lat letton, （ラトビアの通貨単位で）ラット, *lat*
LVMH Louis Vuitton Moët Hennessy, （フランスの企業グループ）ルイヴィトン・モエヘネシー
LVT Association loisirs vacances tourisme, レジャー休暇観光協会
LWHR réacteur hybride à eau légère, （英語略語のままで）ハイブリッド軽水炉, *LWHR = light water hybrid reactor*

LX soixante, 六十, *sixty*
lx lux, ルクス：照度の単位, *lux*
LXe soixantième, 六十番目の, *sixtieth*
LXX soixante-dix, 七十, *seventy*
LXXe soixante-dixième, 七十番目の, *seventieth*
LXXX quatre-vingts, 八十, *eighty*
LXXXe quatre-vingtième, 八十番目の, *eightieth*
lyc. lycée, 高校, *high school*
LYD dinar libyen, （通貨単位で）リビア・ディナール, *Libyan dinar*
lymph. lymphatique, リンパの, *lymphatic*
lymphoc. lymphocytose, リンパ球増加症, *lymphocytosis*

M

M. Marne, マルヌ県(51)
m mètre, メートル, *meter*
M maxwell, マクスウェル：CGS電磁単位, *maxwell*
M. monsieur, （男性への敬称で..）氏, *Mister*
M méga-, メガ：10の6乗, *M＝mega-*
M Malte, マルタ：国際自動車識別記号, *Malta*
M. A. Moyen Age, 中世, *Middle Ages*
m.-charge monte-charge, 業務用リフト, *goods elevator*
m.-d'œuvre main-d'œuvre, 労働力, *man power*
M.-et-L. Maine-et-Loire, メーヌ・エ・ロワール県(49)
M.-et-Mos. Meurthe-et-Moselle, ムルト・エ・モーゼル県(54)
m.-pente monte-pente, スキーリフト
m.-plats monte-plats, 配膳リフト, *dumbwaiter*
m.-sacs monte-sacs, 袋運搬用リフト
m^2 mètre carré, 平方メートル, *square meter*
M° métro, 地下鉄, *subway*
m/s mètre par seconde, メートル数毎秒, *m/s＝meters per second*
MΩ mégohm, メグオーム, *megohm*
M&A fusions et acquisitions (d'entreprises), （英語略語の

ままで)(企業の)M＆A，*M&A＝Mergers and Acquisitions*

M&LT moyen et long terme, 中長期, *medium and long term*

MA Maroc, モロッコ：国際自動車識別記号, *Morocco*

MA modulation d'amplitude, 振幅変調, *AM＝amplitude modulation*

MA maître auxiliaire, 助教員

mA milliampère, ミリアンペア, *milliampere*

MA adaptateur de support, (英語略語のままで)媒体アダプター, *MA＝medium adaptor*

MAB mise à bord, 港への到着

maç. maçon, 煉瓦工, *bricklayer*

MAC commande d'accès au support, (英語略語のままで)媒体アクセス制御, *MAC＝medium access control*

MAC musée des arts et des civilisations, (パリの)プリミティブアート美術館

maccart. maccartisme, マッカーシズム, *McCarthyism*

macéd. macédoine, マセドワーヌ：果物を混ぜたサラダ, *macedoine*

macédon. macédonien, マケドニアの, *Macedonian*

macér. macération, 液体に浸して柔らかくすること

mach. machinisme, 機械化, *mechanization*

mach. machine, 機械, *machine*

mach. machiniste, 工作機械工, *machinist*

mach. machinerie, 機械類, *machinery*

mach. agric. machine agricole, 農業機械, *agricultural machine*

mach.-out. machine-outil, 工作機械, *machine tool*

mach.-transf. machine-transfert, 搬送機, *transfer machine*

machiav. machiavélique, 権謀術数の, *Machiavellian*

machin. machinal, 機械的な, *mechanical*

machin. machination, 陰謀, *machination*

MACJ magistrat de l'Administration centrale du ministère de la Justice, 司法省中央部局司法官

mâconn. mâconnais, マコンの, *of Mâcon*

maçonn. maçonnerie, 煉瓦積み工事, *brickwork*

macul. maculage, 汚すこと, *soiling*

MAD dirham marocain, (通貨単位で)モロッコ・ディルハム, *Moroccan dirham*

Madag. Madagascar, マダガスカル, *Madagascar*

madril. madrilène, マドリードの, *of Madrid*
mag. magasin, 店, *shop*
mag. magique, 魔法の, *magic*
magas. magasinier, 倉庫係, *warehouseman*
magas. magasinage, 入庫, *warehousing*
maghr. maghrébin, マグレブの, *of the Maghreb*
magist. magistère, 権威, *authority*
magistr. magistrature, 官職, *magistrature*
magistr. magistral, 行政官, *magistrate*
magistr. magistral, 先生の, *masterly*
magn. magnétisme, 磁気, *magnetism*
magn. magnétique, 磁気の, *magnetic*
magn. magnitude, マグニチュード, *magnitude*
magnét. magnétoscope, ビデオレコーダー, *video recorder*
magnétis. magnétisation, 磁化, *magnetization*
magnétocass. magnétocassette, カセットデッキ, *cassette recorder*
magnétom. magnétométrie, 磁気測定, *magnetometry*
magnétom. magnétomètre, 磁力計, *magnetometer*
magnif. magnifique, 壮麗な, *magnificent*
mail. mailing, ダイレクトメール, *mailshot*
maint. maintenance, メンテナンス, *maintenance*
mais. maison, 家, *house*
maîtris. maîtrisable, コントロール可能な, *controllable*
maj. majeur, 主要な, *major*
maj. majesté, 尊厳, *majesty*
maj. major, 大隊長, *regimental adjutant*
maj. majuscule, 大文字, *capital*
majest. majestueux, 威厳のある, *majestic*
major. majorité, 過半数, *majority*
major. majoration, 水増し, *overestimation*
mal. malade, 病気の, *sick*
mal. malais, マレーシアの, *Malaysian*
mal. malien, マリの, *Malian*
mal.-polynés. malayo-polynésien, マレー・ポリネシアの, *Malayo-Polynesian*
maladr. maladresse, 不器用さ, *clumsiness*
maladr. maladroit, 不器用な, *clumsy*
malent. malentendu, 誤解, *misunderstanding*
malentend. malentendant, 難聴の, *hearing-impaired person*
malfait. malfaiteur, 犯罪人, *criminal*

malform. malformation, 奇形, *malformation*
malg. malgache, マダガスカルの, *Madagascan*
malin. malinois, メヘレンの, *of Mechlin*
malnutr. malnutrition, 栄養失調, *malnutrition*
malpr. malpropre, 汚れた, *dirty*
malt. maltais, マルタの, *Maltese*
malthus. malthusien, マルサスの, *Malthusian*
malvers. malversation, 公金横領, *embezzlement*
MAM Michèle Alliot-Marie, ミッシェル・アリオマリー：フランス共和国連合の党首(1999-2002), *Michèle Alliot-Marie*
mamm. mammaire, 乳房の, *mammary*
mammo mammographie, 乳房造影, *mammography*
man. manuel, 手の, *manual*
man. manège, 回転木馬, *merry-go-round*
MAN réseau de zone urbaine, (英語略語のままで)(米国の)都市域ネットワーク, *MAN = metropolitan area network*
man. manière, 方法, *way*
manag. management, 経営, *management*
manch. manchette, 大見出し, *headline*
mand. mandat, 委任, *proxy*
mand.-contrib. mandat-contributions, 納税用郵便為替
maniab. maniabilité, 使いやすさ, *maneuverability*
maniér. maniérisme, マニエリスム, *mannerism*
manif. manifestation, 表現, *expression*
manif. manifestant, デモ参加者, *demonstrator*
manip. manipulation, 取扱い, *handling*
maniv. manivelle, クランク, *crank*
manneq. mannequin, マネキン人形, *dress stand*
manœuvr. manœuvrable, 操縦しやすい, *maneuverable*
manom. manomètre, 圧力計, *pressure gage*
manom. manométrie, 圧力測定
mans. mansarde, 二重勾配屋根, *mansard roof*
mansuét. mansuétude, 寛容, *leniency*
mant. mantisse, 対数の少数部分
manuc. manucure, マニキュア, *manicure*
MANUH Mission d'appui des Nations unies en Haïti, 国連ハイチ支援団, *UNSMIH = United Nations Support Mission in Haiti*
manuf. manufacture, 工場, *factory*
manut. manutention, (商品の)取扱い, *handling*
manut. manutentionnaire, 商品発送係, *goods handler*

MAO monoamine-oxydase, モノアミン酸化酵素, *monoamineoxydase*

MAP mines antipersonnel, 対人地雷

MAPA maison d'accueil pour personnes âgées, 高齢者受入施設

MAPAD maison d'accueil pour personnes âgées dépendantes, 要介護老人受入施設

maq. maquette, 模型, *model*

MAQ modulation d'amplitude en quadrature, 直交振幅変調, *QAM = quadrature amplitude modulation*

maquill. maquillage, メーキャップ, *making up*

mar. mariage, 結婚, *wedding*

mar. marine, 海軍, *navy*

mar. marasme, 衰弱, *emaciation*

mar. maritime, 海上の, *maritime*

marath. marathon, マラソン, *marathon*

marbr. marbrerie, 大理石加工, *marble working*

march. marchand, 商業の, *commercial*

march. marchandise, 商品, *commodity*

marg. margeur, マージンストップ, *margin stop*

margar. margarine, マーガリン, *margarine*

margin. marginal, 限界の, *marginal*

margin. marginalité, 社会から疎外された状態, *nonconformism*

margis maréchal des logis, 伍長, *sergeant*

marit. marital, 夫の, *marital*

market. marketing, マーケティング, *marketing*

maroc. marocain, モロッコの, *Moroccan*

maroq. maroquinier, 皮革製品販売業者, *dealer in leather goods*

marq. marquage, 印付け, *marking*

marquet. marqueterie, 寄せ木細工, *inlaid work*

marseill. marseillais, マルセイユの, *of Marseille*

martiniq. martiniquais, マルチニックの, *Martiniquais*

marx. marxisme, マルクス主義, *Marxism*

marx.-lénin. marxiste-léniniste, マルクス・レーニン主義者, *Marxist-Leninist*

marx.-lénin. marxiste-léninisme, マルクス・レーニン主義, *Marxism-Leninism*

MAS Malaisie, マレーシア：国際自動車識別記号；国際オリンピック委員会の国名表記(1954年承認), *Malaysia*

MAS manufacture nationale d'armes de Saint-Etienne, サンテチエンヌ国立兵器製造所
masc. masculin, 男性の, *male*
mass. massage, マッサージ, *massage*
mass. massif, 中まで同質の, *massive*
MASS mathématiques appliquées aux sciences sociales, 社会科学への応用数学
massif. massification, マス化
mastect. mastectomie, 乳房切除, *mastectomy*
mastic. mastication, 咀嚼, *mastication*
mat. matière, 素材, *material*
mat. matin, 朝, *morning*
mat. plast. matière plastique, プラスチック素材, *plastic*
matér. matériel, 機器, *equipment*
matern. maternelle, 母親の, *maternal*
math. mathématique, 数学の, *mathematical*
MATIF Marché à terme international de France, フランス金融国際先物取引所, *MATIF = French financial futures and commodities market*
matos matériel, 機器, *equipment*
matr. matriarcat, 母権制, *matriarchy*
matr. matrice, マトリクス, *matrix*
matraq. matraquage, 棍棒でなぐりつけること, *bludgeoning*
matric. matricule, 登記簿, *roll*
matrim. matrimonial, 結婚の, *matrimonial*
matur. maturation, 成熟, *maturation*
maur. mauresque, ムーア式の, *Mauritian*
maurit. mauritanien, モーリタニアの, *Mauritanian*
mauv. mauvais, 悪い, *bad*
MAV mercatique après-vente, アフターサービスマーケティング, *after-sales marketing*
max maximum, 最大, *maximum*
maxi maximum, 最大, *maximum*
maxill. maxillaire, 顎の, *maxillary*
maximis. maximisation, 最大化, *maximization*
May. Mayenne, マイエンヌ県(53)
mayonn. mayonnaise, マヨネーズ, *mayonnaise*
mb millibar, ミリバール, *millibar*
MBA marge brute d'autofinancement, キャッシュフロー, *cash flow*

MBA maîtrise de gestion des entreprises, (英語略語のままで)経営学修士, *MBA=Master of Business Administration*

MBC Maxim's Business Club, マキシムビジネスクラブ, *Maxim's Business Club*

MBFR Conférence sur la réduction mutuelle et équilibrée des forces en Europe, (英語略語のままで)中部欧州相互均衡兵力削減交渉, *MBFR=mutual and balanced force reduction*

MBK Motobécane, モトベカーヌ:フランスの二輪車メーカー

mble meuble, 動産の, *movable*

MBO rachat d'une entreprise par ses salariés, (英語略語のままで)MBO:現経営陣による自社買収, *MBO=management buyout*

MBVD marché des devises interbancaire (en Russie), (ロシア語略語のままで)銀行間外貨取引市場

MC montant compensatoire, (欧州連合の)補償金, *CA=compensatory amount*

MC mandat-carte, 葉書為替, *postal order*

MC Monaco, モナコ:国際自動車識別記号, *Monaco*

mC millicoulomb, ミリクーロン

MCAC mission de coopération et d'action culturelle, 経済文化活動使節

MCC Mouvement des cadres chrétiens, キリスト教信者幹部運動

MCCA Marché commun centraméricain, 中米共同市場, *CACM=Central American Common Market*

MCE Mécanisme de change européen, 欧州為替相場メカニズム, *European Exchange Rate Mechanism*

MCJ maladie neurodégénérative de Creutzfeldt-Jakob, クロイツフェルトヤコブ病, *CJD=Creutzfeldt-Jakob Disease*

MCM montants compensatoires monétaires, 国境調整金, *MCA=monetary compensatory amounts*

mco-lég. médico-légal, 法医学の, *forensic*

mco-pédag. médico-pédagogique, 治療兼教育の

mco-profess. médico-professionnel, 治療兼職業教育の

mco-social médico-social, 社会医学の

MCVG mutilés combattants et victimes de guerre, 傷痍軍人及び戦争犠牲者

Md mendélévium, メンデレビウム, *Md=mendelevium*

MDC Mouvement des citoyens, (フランスの政党で Jean-

Pierre Chevènement の)市民運動

MDC Mouvement pour le changement démocratique, (ジンバブエの)民主変革運動, *Movement for Democratic Change*

MDF répartiteur d'entrée, (英語略語のままで)主分配フレーム, *MDF = main distribution frame*

MDF modulation par déplacement de fréquence, 周波数偏移変調, *FSK = frequency shift keying*

MDI diisocyanate de diphénylméthane, (英語略語のままで)ジフェニルメタンジイソシアネート, *MDI = diphenylmethane diisocyanate*

MDL leu moldave, (モルドバの通貨単位で)レウ, *leu*

MDP modulation par déplacement de phase, 位相偏移変調, *PSK = phase shift keying*

MDPB modulation par déplacement de phase bivalente, 二値位相シフトキーイング, *BPSK = binary phase shift keying*

MDPQ modulation par déplacement de phase quadrivalente, 四相位相シフトキーイング, *QPSK = quadrature phase shift keying*

MDR Mouvement des réformateurs, (フランスの政党で)改革派運動

MDR militaire du rang, 兵卒

MDS Mouvement des démocrates socialistes, (チュニジアの政党で)社会民主主義運動

M^e maître, (敬称で)先生, *master*

ME mutualité européenne, 欧州相互会社, *European Mutual Society*

mécan. des fl. mécanique des fluides, 流体力学, *fluid mechanics*

mécanis. mécanisation, 機械化, *mechanization*

mécanogr. mécanographie, 事務機器の使用

méd. médecine, 医学, *medicine*

méd. médaille, メダル, *medal*

méd. médical, 医学の, *medical*

méd. médecin, 医師, *doctor*

méd. lég. médecine légale, 法医学, *forensic medicine*

méd. mil. médaille militaire, 戦功章

méd. vétér. médecine vétérinaire, 獣医学

MEDAF modèle d'équilibre des actifs financiers, 資本資産評価モデル, *CAPM = capital asset pricing model*

MEDEF / Medef Mouvement des entreprises de France, フランス企業運動：CNPF の新しい名称

médiatis. médiatisation, メディア化, *media coverage*

médic. médicament, 薬, *medicine*

médicalis. médicalisation, 医療体制の充実, *provision of medical care*

médiév. médiévisme, 中世研究, *medievalism*

médiév. médiéval, 中世の, *medieval*

médit. méditation, 瞑想, *meditation*

méditerr. méditerranéen, 地中海の, *Mediterranean*

Méditerr. Méditerranée, 地中海, *Mediterranean*

mégalo mégalomanie, 誇大妄想, *megalomania*

mégaph. mégaphone, メガホン, *megaphone*

mégiss. mégisserie, 白皮なめし

MEI Mouvement écologiste indépendant, （フランスの政党で）独立自然保護運動

mél. mélange, 混合, *mixing*

mélan. mélanésien, メラネシアの, *Melanesian*

mélo mélodrame, メロドラマ, *melodrama*

mélodram. mélodramatique, メロドラマの, *melodramatic*

mém. mémoire, 記憶力, *memory*

mem mise en mémoire d'un numéro, （電話機の）短縮／登録ボタン

MEM mémoire morte, ROM(ロム)：読出し専用メモリー, *ROM=read-only memory*

mémo mémorandum, メモ, *memo*

mémoris. mémorisation, （情報の）記憶, *memorization*

mén. ménage, 夫婦, *couple*

mén. méninge, 頭脳, *meninx*

mend. mendiant, 乞食, *beggar*

mend. mendicité, 物乞い, *begging*

méning. méningocoque, 髄膜炎菌, *meningococcus*

ménop. ménopause, 月経閉止, *menopause*

mens. mensuel, 月毎の, *monthly*

mens. mensonge, 嘘, *lie*

mens. mensualité, 月賦, *monthly payment*

menstr. menstruation, 月経, *menstruation*

mensualis. mensualisation, 月給制化, *monthly payment*

menuis. menuiserie, 建具工事, *joinery*

MEP mouvement d'écologie politique, 政治的環境運動

mercant. mercantilisme, 金儲け主義, *money grabbing*

mercant. mercantiliste, 重商主義者の, *mercantilist*
merchand. merchandising, 商品化計画, *merchandising*
MERCOSUR Marché commun du Sud, (スペイン語略語のままで)南米南部共同市場, *MERCOSUR＝Mercado Común del Sur* (スペイン語)
mérid. méridional, 南の, *southern*
mérov. mérovingien, メロビング朝の, *Merovingian*
merv. merveille, すばらしいもの, *marvel*
mes. mesurage, 測定, *measurement*
mes. mesure, 測定, *measurement*
MES matière en suspension, (汚水の)懸濁物質
MESFET transistor MESFET, (英語略語のままで)金属半導体電界効果型トランジスタ, *MESFET＝metal semiconductor field effect transistor*
mesquin. mesquinerie, 狭量, *meanness*
mess. message, メッセージ, *message*
messag. messagerie, 運輸会社, *delivery service*
mét. métier, 職業, *profession*
mét. métal, 金属, *metal*
métall. métallique, 金属の, *metallic*
métall. métallurgie, 冶金, *metallurgy*
métam. métamorphose, 変化, *metamorphosis*
métaphys. métaphysique, 形而上学, *metaphysics*
météo météorologie, 気象学, *meteorology*
METEOR métro est-ouest rapide, (98年10月開通の無人地下鉄)メテオール
méth. méthane, メタン, *methane*
méth. méthode, 方法, *method*
méthodol. méthodologie, 方法論, *methodology*
métiss. métissage, 混血, *crossbreeding*
métr. métrique, メートル法の, *metric*
métro métropolitain, 地下鉄, *subway*
métrol. métrologie, 計測学, *metrology*
métron. métronome, メトロノーム, *metronome*
métrop. métropolitain, 首都の, *metropolitan*
métrop. métropole, 大都市, *metropolis*
mév. mévente, 売れ行き不振, *slump*
MeV méga-électron-volt, メガ電子ボルト, *mega-electron-volt*
MEV mémoire vive, ランダムアクセスメモリー：通称はラム(RAM), *RAM＝random access memory*
MEX Mexique, メキシコ：国際自動車識別記号；国際オリン

ピック委員会の国名表記(1923年承認), *Mexico*

mexic. mexicain, メキシコの, *Mexican*

Mez. voc. mezza voce, メッザヴォーチェ

mezz. mezzanine, 中二階, *mezzanine*

MF moyenne fréquence, 中波, *MF＝medium frequency*

MF modulation de fréquence, 周波数変調, *FM＝frequency modulation*

mf mezzo-forte, メゾフォルテ, *mezzo forte*

MF mark finlandais, フィンランド・マルッカ, *Finish markka*

MF million de francs, 百万フラン

MF méga franc, 百万フラン

MF milliard de francs, 十億フラン

MFDC Mouvement des forces démocratiques de la Casamance, (セネガルの)カザマンス民主勢力運動

MFPF Mouvement français pour le planning familial, 家族計画フランス運動

MFQ Mouvement français pour la qualité, フランスQC運動協会, *French QC Movement*

MFV maison familiale de vacances, 休暇家族宿舎

MG médecin généraliste, 一般医

mg milligramme, ミリグラム, *milligram*

Mg magnésium, マグネシウム, *Mg＝magnesium*

MG minimum garanti, 賃金最低保障額

MGD magnéto-dynamique des gaz, 磁気体力学, *MGD＝magnetogasdynamics*

MGE Bourse des grains de Minneapolis, (英語略語のままで)ミネアポリス穀物取引所, *MGE＝Minneapolis Grain Exchange*

MGEN Mutuelle générale de l'éducation nationale, 全国教職員共済組合

MGF franc malgache, (通貨単位で)マダガスカル・フラン, *Madagascan franc*

Mgr monseigneur, 殿下：尊称として用いる, *His Royal Highness*

mGy milligray, ミリグレイ, *milligray*

mH millihenry, ミリヘンリー, *millihenry*

MHD magnétohydrodynamique, 電磁流体力学, *MHD＝magnetohydrodynamics*

MHS messagerie, (英語略語のままで)メッセージハンドリングシステム, *MHS＝message handling system*

MHz mégahertz, メガヘルツ, *megahertz*
MI minimum invalidité, 障害者最低限所得
MIA porté disparu, (英語略語のままで)戦闘中行方不明(兵士), *MIA =missing in action*
MIA modulation d'impulsions en amplitude, パルス振幅変調, *PAM =pulse amplitude modulation*
MIACA Mission interministérielle d'aménagement de la côte aquitaine, アキテーヌ沿岸整備省際団
MIB Matif intervention bancaire, スタートアップ企業用MATIF
MIC modulation par impulsion et codage, パルス符合変調, *PCM =pulse code modulation*
MICDA modulation par impulsion et codage différentiel adaptatifs, 適応差分パルス符号変調, *ADPCM =adaptive differential pulse code modulation*
micr. microbe, 微生物, *microbe*
micro micro-informatique, パソコン製造業, *microcomputing*
micro microphone, マイクロフォン, *microphone*
micro micro-ordinateur, パソコン, *microcomputer*
microbiol. microbiologie, 微生物学, *microbiology*
microéd. microédition, デスクトップパブリッシング, *desktop publishing*
microphys. microphysique, 微視的物理学, *microphysics*
MID modulation par impulsion de durée, パルス幅変調, *PDM =pulse duration modulation*
MIDEM Marché international du disque, de l'édition musicale et de la vidéo-musique, (ヌーイー市の)レコード・音楽出版・ビデオ音楽国際市場
MIDIST Mission interministérielle de l'information scientifique et technique, 科学技術情報省際団
MIEL Mouvement d'information et d'expression des lesbiennes, レズビアン情報交換と表現の自由運動
migr. migration, 移住, *migration*
mil. milieu, 中央, *middle*
mil. militaire, 軍事の, *military*
MILAN missile léger antichars, 対戦車ミサイル, *anti-tank missile*
MILIA Marché international de l'industrie audiovisuelle, 国際視聴覚産業見本市
milit. militarisme, 軍国主義, *militarism*

millén. millénaire, 千年を経た, *thousand years old*
MILS Mission interministérielle de lutte contre les sectes, オカルト教団撲滅省際団
mim. mimétique, 擬態の, *mimetic*
MIMD multiflux d'instruction-multiflux de données, 多重命令多重データ, *MIMD = multiple-instruction multiple-data*
mimogr. mimographe, ミモス劇
mimol. mimologie, 人の動作のまね
min. ministre, 大臣, *minister*
MIN marché d'intérêt national, 国民物流市場
min. minimum, 最低の, *minimum*
min minute, 分, *minute*
min. minuscule, 小文字, *small letter*
min. minéral, 鉱物の, *mineral*
minéral. minéralogie, 鉱物学, *mineralogy*
minerv. minervois, ミネルヴォワ：赤ワインの銘柄
mini mini-ordinateur, 小型コンピュータ
mini minimum, 最低の, *minimum*
miniaturis. miniaturisation, 小型化, *miniaturization*
minist. ministère, 省, *ministry*
minor. minoration, 減額, *reduction*
MINUAR Mission des Nations unies pour l'assistance au Rwanda, 国連ルワンダ支援団, *UNAMIR = United Nations Assistance Mission in Rwanda*
MINUBH Mission des Nations unies en Bosnie-Herzégovine, 国連ボスニア・ヘルツェゴビナ・ミッション, *UNMINBH = United Nations Mission in Bosnia and Herzegovina*
MINUEE Mission des Nations unies en Ethiopie et en Erythrée, 国連エチオピア・エリトリア・ミッション, *UNMEE = United Nations Mission in Ethiopia and Eritrea*
MINUGUA Mission de vérification des Nations unies au Guatemala, 国連グアテマラ人権検証団, *MINUGUA = United Nations Verification Mission in Guatemala*
MINUHA Mission des Nations unies en Haïti, 国連ハイチ・ミッション, *UNMIH = United Nations Mission in Haiti*
MINUK Mission des Nations unies pour l'administration intérimaire au Kosovo, 国連コソボ暫定統治ミッション, *UNMIK = United Nations Interim Administration Mission in Kosovo*
MINURCA Mission des Nations unies en République cen-

trafricaine, 国連中央アフリカ共和国ミッション, *MINURCA＝United Nations Mission in the Central African Republic*

MINURSO Mission des Nations unies pour le référendum au Sahara occidental, 国連西サハラ住民投票監視団, *MINURSO＝United Nations Mission for the Referendum in Western Sahara*

minus minuscule, 小文字, *small letter*

MINUSIL Mission des Nations unies en Sierra Leone, 国連シエラレオネ・ミッション, *UNAMSIL＝United Nations Mission in Sierra Leone*

minut. minuterie, 自動消灯スイッチ, *time switch*

MIPRENUC Mission préparatoire des Nations unies au Cambodge, 国連カンボジア先遣ミッション, *UNAMIC＝United Nations Advance Mission in Cambodia*

MIPS millions d'instructions par seconde, 100万命令毎秒, *MIPS＝million instructions per second*

MIPTV Marché international des programmes de télévision, テレビ番組国際市場

mir. miracle, 奇跡, *miracle*

MIRE Mission Recherche, 調査担当団

MIRE Mission interministérielle de recherche et d'expérimentation, 実験研究省際団

miroit. miroiterie, 鏡製造所, *mirror factory*

MIRV fusée à têtes multiples, (英語略語のままで)多弾頭各個目標再突入弾道弾, *MIRV＝multiple independently targeted reentry vehicle*

miscib. miscibilité, 混和性, *miscibility*

misér. misérable, 悲惨な, *wretched*

misér. miséreux, みすぼらしい, *poverty-stricken*

miss. missive, 書簡, *missive*

miss. mission, 使命, *mission*

mit. mitard, 独房

MITNUH Mission de transition des Nations unies en Haïti, 国連暫定ハイチ・ミッション, *UNTMIH＝United Nations Transition Mission in Haiti*

mitraill. mitraillage, 機銃掃射, *machine-gunning*

mitraill. mitraillette, 軽機関銃, *submachine gun*

MJ mégajoule, メガジュール

MJC maison des jeunes et de la culture, 青年の家, *youth club and arts center*

MJI Mouvement de la jeunesse islamique, (モロッコの政治組織)イスラム青年運動

MJS Mouvement des jeunes socialistes, (フランスの)社会主義青年運動

MKD denar, (マケドニアの通貨単位で)デナール, *denar*

MKS mètre, kilogramme, seconde, メートル・キログラム・秒(システム), *meter, kilogram, second*

MKSA mètre, kilogramme, seconde, ampère, メートル・キログラム・秒・アンペア(システム), *meter, kilogram, second, ampere*

ml millilitre, ミリリットル, *milliliter*

ML mandat-lettre, 封書為替, *postal order*

MLAC Mouvement pour la liberté de l'avortement et de la contraception, 堕胎避妊の自由運動, *Association for the Liberation of Abortion and Contraception*

MLF mouvement de libération de la femme, 女性解放運動

Mlle mademoiselle, (未婚婦人への敬称で)マドモワゼル, *Miss*

Mlles mesdemoiselles, (複数の未婚婦人への敬称で)嬢

MLM modes longitudinaux multiples, 複数軸モード(レーザー), *MLM = multilongitudinal modes*

MLR roupie maldivienne, (通貨単位で)モルディブ・ルピー, *Maldivian rupee*

MLS système d'atterrissage hyperfréquence, (英語略語のままで)マイクロ波着陸装置, *MLS = microwave landing system*

mm millimètre, ミリメートル, *millimeter*

Mm mégamètre, 百万メートル, *megameter*

MM. messieurs, 殿方 : monsieur の複数形

MM Messageries maritimes, MM(エムエム)汽船

mm^2 millimètre carré, 平方ミリメートル, *square millimeter*

Mme madame, (既婚婦人への敬称で)マダム, *Mrs.*

Mmes mesdames, (複数の既婚婦人への敬称で.)夫人

MMI interface homme-machine, (英語略語のままで)マンマシン・インターフェース, *MMI = man-machine interface*

MMI Marché monétaire international, (シカゴの金融先物市場)国際通貨市場, *IMM = International Monetary Market*

MMIC circuit intégré monolithique micro-ondes, (英語略語のままで)モノリシックマイクロ波集積回路, *MMIC = monolithic microwave integrated circuit*

MMK kyat, (ミャンマーの通貨単位で)チャット, *kyat*

MMTC modèle multilatéral de taux de change, 多通貨間為替レートモデル, *MERM = multilateral exchange rate model*

MMU —, 宇宙遊泳用推進装置, *MMU = manned maneuvering unit*

mN millinewton, 千ニュートンの

MN méganewton, メガニュートン, *meganewton*

Mn manganèse, マンガン, *manganese*

MNEF Mutuelle nationale des étudiants de France, フランス全国学生共済組合

mnémon. mnémonique, 記憶に関する, *mnemonic*

MNG Mongolie, 蒙古, *Mongolia*

MNNG N-méthyl-N-nitro-N-nitrosoguanidine, メチルニトロニトロソグアニジン：発癌性の化学物質, *MNNG = N-methyl-N-nitro-N-nitrosoguanidine*

MNR Mouvement national républicain, (フランスの政党で)国民共和運動：Bruno Mégret が党首の極右政党で、1999年2月に国民戦線国民運動をこう改名

mns moins, マイナス, *minus*

mns-val. moins-value, 減価, *depreciation*

MNT tugrik, (モンゴルの通貨単位で)トゥグリク, *tugrik*

MO matière oxydable, (汚水の)酸化物質

Mo molybdène, モリブデン, *Mo = molybdenum*

Mo méga-octet, メガバイト, *MB = megabyte*

MO magnéto-optique, 光磁気の, *MO = magneto-optical*

MOAN Sommet économique pour le Moyen-Orient et l'Afrique du Nord, 中東・北アフリカ経済サミット, *summit conference of Middle East-North African Nations*

mob. mobilier, 動産の, *movable*

mobilis. mobilisation, 動員, *mobilization*

MOC Mozambique, モザンビーク：国際自動車識別記号, *Mozambique*

MOC Mouvement des objecteurs de conscience, 良心的兵役拒否者運動

MOCI Moniteur officiel du commerce et de l'industrie, フランス貿易センター週報

MOCN machines-outils à commandes numériques, 数値制御工作機械, *numerically controlled machine tools*

mod. moderne, 近代的な, *modern*

mod. modèle, モデル, *model*

MODEF Mouvement de défense des exploitations familia-

les, 家族経営農場擁護運動
MODEFEN Mouvement pour les droits de la femme noire, 黒人女性の権利運動
modél. modélisation, (理論的)モデルの立案, *modeling*
modél. modélisme, モデル製作, *model-making*
modem modulateur-démodulateur, モデム, *modem*
modér. modération, 節度, *moderation*
modern. modernité, 現代性, *modernity*
modern. modernisme, 現代風, *modernism*
modernis. modernisation, 近代化, *modernization*
modif. modification, 変更, *modification*
modul. modulaire, モジュラー方式の, *modular*
MOF meilleur ouvrier de France, フランス優秀職人賞
MOF facilité à options multiples, (英語略語のままで)マルチプル・オプション・ファシリティ：国際資本市場における資金調達可能性, *MOF=multiple option financing facility*
MOI Mouvement main-d'œuvre immigrée, 移民労働力運動
moissonn. moissonneuse, 刈り取り機, *reaper*
mol mole, モル：グラム分子, *mol=mole*
moléc. molécule, 分子, *molecule*
moléc. moléculaire, 分子の, *molecular*
moléc.-g molécule-gramme, グラム分子, *gram molecule*
moll. mollusque, 軟体動物, *mollusk*
MOMA Musée d'art moderne de New York, (英語略語のままで)ニューヨーク近代美術館, *MOMA=Museum of Modern Art (New York)*
mon. monument, モニュメント, *monument*
monast. monastère, 修道院, *monastery*
mondialis. mondialisation, グローバリゼーション, *globalization*
mondov. mondovision, 世界テレビ放送, *world television*
monég. monégasque, モナコの, *Monacan*
MONEP Marché d'options négociables de Paris, パリオプション取引市場, *Paris traded options market*
monét. monétaire, 通貨の, *monetary*
monét. monétique, 電子マネー, *electric money*
monétaris. monétarisation, 貨幣鋳造, *monetization*
mongol. mongolisme, ダウン症候群, *Down's syndrome*
monn. monnaie, 通貨, *money*
mono moniteur, モニター, *monitor*
mono monophonie, モノフォニー, *monophony*

monol. monologue, モノローグ, *monologue*
monstr. monstruosité, 奇怪, *monstrosity*
mont. montagne, 山, *mountain*
montmartr. montmartrois, モンマルトルの, *of Montmartre*
montpell. montpelliérain, モンペリエの, *of Montpellier*
montréal. montréalais, モントリオールの, *of Montreal*
MONUC Mission de l'Organisation des Nations unies en République démocratique du Congo, 国連コンゴ民主共和国ミッション, *MONUC = United Nations Organization Mission in the Democratic Republic of the Congo*
MONUG Mission d'observation des Nations unies en Géorgie, 国連グルジア監視団, *UNOMIG = United Nations Observer Mission in Georgia*
MONUIK Mission d'observation des Nations unies pour l'Irak et le Koweit, 国連イラク・クウェート監視団, *UNIKOM = United Nations on Iraq-Kuwait Observation Mission*
MONUL Mission d'observation des Nations unies au Libéria, 国連リベリア監視団, *UNOMIL = United Nations Observer Mission in Liberia*
MONUOR Mission d'observation des Nations unies en Ouganda-Rwanda, 国連ウガンダ・ルワンダ監視団, *UNOMUR = United Nations Observer Mission in Uganda-Rwanda*
MONUP Mission d'observation des Nations unies à Prevlaka, 国連プレブラカ監視団, *UNMOP = United Nations Mission of Observers in Prevlaka*
MONUT Mission d'observation des Nations unies au Tadjikistan, 国連タジキスタン監視団, *UNMOT = United Nations Mission of Observers in Tajikistan*
MOP pataca, (マカオの通貨単位で)パタカ, *pataca*
Mor. morendo, モレンドの
mor. moralité, 道徳性, *morality*
moralis. moralisation, 道徳心を向上させること, *moralization*
morat. moratoire, モラトリアム, *moratorium*
morph. morphème, 形態素, *morpheme*
morphol. morphologie, 形態学, *morphology*
Mos. Moselle, モーゼル県(57)
moscov. moscovite, モスクワの, *Muscovite*

mosq. mosquée, 回教寺院, *mosque*
mot. moteur, モーター, *motor*
motiv. motivation, 動機, *motivation*
moto motocyclette, オートバイ, *motorbike*
moton. motoneige, スノーモビル, *snowmobile*
motop. motopompe, 自動ポンプ, *motor pump*
motr. motricité, 器官機能, *motor function*
mouch. mouchoir, ハンカチ, *handkerchief*
moul. moulage, 鋳造, *casting*
moulur. mouluration, くり形装飾
moust. moustache, ひげ, *moustache*
moust. moustique, 蚊, *mosquito*
mout. mouture, 製粉, *milling*
mouv. mouvement, 運動, *movement*
moy. moyen, 中間の, *middle*
moy.-courr. moyen-courrier, 中距離機, *medium-range aircraft*
mozamb. mozambicain, モザンビークの, *Mozambican*
MP médecin principal, 主任医師
MP modulation de phase, 位相変調, *PM = phase modulation*
mp mezzo-piano, メゾピアノ
MP mandat-postal, 郵便為替, *postal order*
MPa mégapascal, メガパスカル, *megapascal*
MPC mode de production capitaliste, 資本主義的生産様式, *capitalist production method*
MPF multiplexage par partage des fréquences, 周波数分割多重化, *FDM = frequency-division multiplexing*
MPF Mouvement pour la France, (フランスの政党で Philippe de Villiers の) フランスのための運動
MPLA mouvement populaire pour la libération de l'Angola, アンゴラ解放人民運動, *MPLA = Popular Movement for the Liberation of Angola*
MRAP Mouvement contre le racisme et pour l'amitié entre les peuples, 人種差別防止人民友好促進運動
MRAP Mouvement contre le racisme, l'antisémitisme et pour la paix, 人種差別反ユダヤ主義防止平和促進運動
MRC multiplexage par répartition de code, 符号分割多重化, *CDM = code-division multiplexing*
Mrd(s) milliard(s), (何)十億, *billion(s)*
MRF multiplexage par répartition en fréquence, 周波数分

割多重化, *FDM = frequency-division multiplexing*
MRG Mouvement des radicaux de gauche, (フランスの政党で)急進左翼運動
Mrie mairie, 市庁, *city hall*
MRJC Mouvement rural de jeunesse chrétienne, キリスト教青年農村運動
MRL multiplexage par répartition en longueur d'onde, 波長分割多重化, *WDM = wavelength division multiplexing*
MRO ouguiya, (モーリタニアの通貨単位で)ウーギア, *ouguiya*
MRP Mouvement républicain populaire, (フランスの政党で)人民共和運動
MRS spectroscopie à résonance magnétique, (英語略語のままで)磁気共鳴分光, *MRS = magnetic resonance spectroscopy*
MRT multiplexage par répartition dans le temps, 時分割多重化, *TDM = time-division multiplexing*
MRT Mauritanie, モーリタニア, *Mauritania*
MRT ministère de la Recherche et de la Technologie, 研究技術省
MRTA Mouvement révolutionnaire de Tupac Amaru, トゥパクアマル革命運動, *MRTA = Tupac Amaru Revolutionary Movement*
ms milliseconde, ミリ秒, *millisecond*
MS Maurice, モーリシャス:国際自動車識別記号, *Mauritius*
ms manuscrit, 手書きの, *handwritten*
MSA Mutuelle sociale agricole, 農業経営者年金共済
MSA mutualité sociale agricole, 農業者社会共済制度
MSBS mer-sol balistique stratégique, 艦対地戦略ミサイル, *strategic sea-to-surface missile*
MSC centre de commutation mobile, (英語略語のままで)移動電話交換センター, *MSC = mobile switching center*
MSD chiffre de poids fort, (英語略語のままで)最上位桁, *MSD = most significant digit*
MSE erreur quadratique moyenne, (英語略語のままで)平均自乗誤差, *MSE = mean square error*
MSF Médecins sans frontières, 国境なき医師団, *French Doctors*
MSG glutamate de sodium, (英語略語のままで)グルタミン酸ソーダ, *MSG = monosodium glutamate*
MSG maîtrise de sciences de gestion, 経営科学修士号

MSI intégration à moyenne échelle, (英語略語のままで)中規模集積(回路), *MSI＝medium scale integration*

MSK modulation à déplacement minimal, (英語略語のままで)最小シフトキーイング, *MSK＝minimum-shift keying*

MSP Mouvement de la société pour la paix, (アルジェリアの政党で)平和のための社会運動

MSP Mouvement pour le socialisme par la participation, 参加による社会主義のための運動

mss manuscrits, 手書き文書, *handwritten texts*

MST maladie sexuellement transmissible, 性病, *STD＝sexually transmitted diseases*

MST maîtrise de sciences et techniques, 科学技術修士号

mt millier de tonnes, 千トンの

Mt mégatonne, メガトン, *megaton*

MTBF moyenne de temps de bon fonctionnement, 平均故障間隔, *MTBF＝mean time between failures*

MTC mécanisme de taux de change, 為替相場メカニズム, *ERM＝exchange rate mechanism*

MTCR régime de contrôle des technologies de missiles, (英語略語のままで)ミサイル関連技術輸出規制, *MTCR＝Missile Technology Control Regime*

Mtec million de tonnes équivalent charbon, 百万石炭換算トン, *Mtce＝million tonnes coal equivalent*

Mtep million de tonnes équivalent pétrole, 百万石油換算トン, *Mtoe＝million tonnes oil equivalent*

mth millithermie, ミリテルミー

MTL lire maltaise, (通貨単位で)マルタ・リラ, *Maltese lira*

MTL logique à transistors fusionnés, (英語略語のままで)マージドトランジスタ論理回路, *MTL＝merged transistor logic*

MTLD Mouvement pour le triomphe des libertés démocratiques, 民主的自由の勝利のための運動：アルジェリアの民族解放運動の一つ

MTP livre maltaise, (通貨単位で)マルタ・ポンド, *Maltese pound*

MTR réacteur d'essais de matériaux, (英語略語のままで)材料試験原子炉, *MTR＝materials testing reactor*

mtre-ass. maître-assistant, 専任講師, *assistant lecturer*

mtre-aut. maître-autel, 中央祭壇, *high altar*

mtre-chien maître-chien, 軍用犬取扱官, *dog-handler*

mtre-cyl. maître-cylindre, マスターシリンダー, *master*

cylinder

MTS mètre, tonne, seconde, メートル・トン・秒(システム), *meter, ton, second*

MTT Association média, télévision et téléspectateurs, メディア・テレビジョン・テレビ視聴者協会

MTTF durée moyenne avant défaillance, (英語略語のままで)平均故障発生時間, *MTTF = mean time to failure*

Mtth Matthieu, マタイ, *Matthew*

MTTR temps moyen de réparation, (英語略語のままで)平均修復時間, *MTTR = mean time to repair*

mucos. mucosité, 粘液, *mucosity*

MUF fréquence maximale utilisable, (英語略語のままで)最高使用周波数, *MUF = maximum usable frequency*

mugiss. mugissement, (牛の)鳴き声, *lowing*

mulhous. mulhousien, ミュルーズの, *of Mulhouse*

multic. multicoque, 多胴船, *multihull*

multic. multicolore, 多色の, *multicolored*

multiplic. multiplication, かけ算, *multiplication*

multit. multitude, 多数, *multitude*

mun. municipal, 市町村の, *municipal*

mun. municipalité, 市町村, *municipality*

munich. munichois, ミュンヘンの, *of Munich*

MUR Mouvement unifié de la résistance, レジスタンス統一運動

MUR roupie de l'île Maurice, (通貨単位で)モーリシャス・ルピー, *Mauritius rupee*

MURS Mouvement universel de la responsabilité scientifique, 世界科学責任運動, *UMSR = Universal Movement for Scientific Responsibility*

mus. musicalité, 音楽性, *musicality*

mus. musée, 博物館, *museum*

mus. musulman, イスラム教徒の, *Moslem*

mus. musique, 音楽, *music*

mus. musical, 音楽の, *musical*

musc. musculaire, 筋肉の, *muscular*

muséogr. muséographie, 博物館展示分類学, *museography*

muséol. muséologie, 博物館学, *museology*

musicol. musicologie, 音楽学, *musicology*

mut. mutualité, 相互保険, *mutual insurance*

mut. mutation, 変化, *change*

mutil. mutilation, 切断, *mutilation*

mutin. mutinerie, 反乱, *rebellion*
mutual. mutualisme, 相互保険, *mutual insurance*
mV millivolt, ミリボルト, *millivolt*
MV minimum vieillesse, 老齢者最低保障額
MV mégavolt, メガボルト, *megavolt*
MVR roupie de Maldives, (モルジブの通貨単位で)ルフィヤ, *rufiyaa*
MW Malawi, マラウイ：国際自動車識別記号, *Malawi*
MW mégawatt, メガワット, *megawatt*
mW milliwatt, ミリワット, *milliwatt*
MWK kwacha, (マラウィの通貨単位で)クワチャ, *Malawian kwacha*
MXN nouveau peso mexicain, (通貨単位で)新メキシコ・ペソ, *New Mexican peso*
MXP peso mexicain, (通貨単位で)メキシコ・ペソ, *Mexican peso*
myc. mycose, 真菌症, *mycosis*
mycod. mycoderme, 皮膜酵母菌
mycol. mycologie, 菌学, *mycology*
myélogr. myélogramme, 脊髄造影像, *myelogram*
myoc. myocarde, 心筋房, *myocardium*
myol. myologie, 筋学, *myology*
myop. myopathie, 筋疾患, *myopathy*
MYR ringgit, (マレーシアの通貨単位で)リンギット, *ringgit*
myst. mystique, 奥義, *mystic*
myst. mystère, 神秘, *mystery*
mystif. mystification, 煙に巻くこと, *mystification*
mythol. mythologie, 神話, *mythology*
mythol. gr. mythologie grecque, ギリシャ神話, *Greek mythology*
mythol. rom. mythologie romaine, ローマ神話, *Roman mythology*
myxo myxomatose, 粘液腫症, *myxomatosis*
MZM metical, (モザンビークの通貨単位で)メティカル, *metical*

N

n nano-, ナノ：10の9乗, *n＝nano-*
N Norvège, ノルウェー：国際自動車識別記号, *Norway*
n. nom, 名詞, *noun*
N newton, ニュートン：SI 単位系の単位, *newton*
N. nord, 北, *north*
N azote, 窒素, *nitrogen*
N. B. nota bene, （ラテン語略語のままで）注意書き
N.-D. Notre-Dame, 聖母マリア, *Our Lady*
N. du T. note du traducteur, 訳者による注
N.-E. nord-est, 北東, *northeast*
n. f. nom féminin, 女性名詞, *feminine*
n. f. pl. nom féminin pluriel, 女性複数名詞
n. m. nom masculin, 男性名詞, *masculine*
N.-N.-E. nord-nord-est, 北北東, *north-northeast*
N.-N.-O. nord-nord-ouest, 北北西, *north-northwest*
N.-O. nord-ouest, 北西, *northwest*
n. pr. nom propre, 固有名詞, *proper noun*
N.-S. nord-sud, 南北の, *North-South*
n. s. nouvelle série, ニューシリーズ, *new series*
N.S.J.-C. Notre Seigneur Jésus-Christ, 主イエスキリスト
N.S.-P. Notre-Saint-Père, 聖父様
N/réf notre référence, 当方参照番号, *our reference*
nΩ nanohm, ナノオーム
NA ouverture numérique, （英語略語のままで）（光ファイバーの）開口数, *NA＝numerical aperture*
NA Antilles néerlandaises, オランダ領アンチル：国際自動車識別記号, *Netherlands Antilles*
Na sodium, ナトリウム, *Na＝sodium*
NABUCO Nouvelle approche budgétaire et comptable, （大学の）予算会計ニューアプローチ
NACE Nomenclature générale des activités économiques dans les Communautés européennes, 欧州共同体経済活動総合分類, *General Industrial Classification of Economic Activities within the European Communities*

NAD dollar namibien, （通貨単位で）ナミビア・ドル, *Namibian dollar*

NAE Nouveaux accords d'emprunt, （IMFの）新借入取極め, *NAB = New arrangements to borrow*

NAIRU taux de chômage non accélérateur de l'inflation, （英語略語のままで）非インフレ加速的失業率, *NAIRU = non-accelerating inflation rate of unemployment*

naiss. naissance, 誕生, *birth*

NAK accusé de réception négatif, （英語略語のままで）否定応答（コード）, *NAK = negative acknowledgment*

nanc. nancéien, ナンシーの, *of Nancy*

nant. nantais, ナントの, *of Nantes*

nantiss. nantissement, 担保, *security*

NAP nomenclature des activités et de produits, 業務・製品分類

napht. naphtaline, ナフタリン, *naphthalene*

napol. napolitain, ナポリの, *Neapolitan*

NAR Nouvelle action royaliste, （フランスの政党で）新王党派アクション

narciss. narcissisme, ナルシズム, *narcissism*

narcol. narcolepsie, 睡眠発作, *narcolepsy*

narcot. narcotique, 麻酔性の, *narcotic*

narr. narration, ナレーション, *narration*

NAS numéro d'assurance sociale, 社会保険番号, *SIN = social insurance number*

NASA Agence nationale de l'aéronautique et de l'espace, （英語略語のままで）米国航空宇宙局, *NASA = National Aeronautics and Space Administration*

nasalis. nasalisation, 鼻音化, *nasalization*

nat. nation, 国民, *nation*

nat. nature, 自然, *nature*

nat. national, 国民の, *national*

nat. natalité, 出生率, *birthrate*

nat. naturel, 自然の, *natural*

nat.-soc. national-socialisme, 国家社会主義, *national-socialism*

NATM nouvelle méthode autrichienne de percement des tunnels, （英語略語のままで）都市ナトム工法, *NATM = New Austrian Tunneling Method*

natur. naturisme, 自然回帰主義, *naturism*

naturalis. naturalisation, 帰化, *naturalization*

NAU Nauru, ナウル：国際自動車識別記号, *Nauru*
naut. nautique, 航海における, *nautical*
nav. navire, 船舶, *ship*
nav.-cit. navire-citerne, タンカー, *tanker*
nav.-hôp. navire-hôpital, 病院船, *hospital ship*
nav.-jum. navire-jumeau, 姉妹船, *twin ship*
navarr. navarrais, ナバラの, *of Navarre*
navig. navigation, 航行, *navigation*
navig. fluv. navigation fluviale, 河川航行, *inland navigation*
navigab. navigabilité, 航行可能性, *navigability*
NB nota bene, （ラテン語略語のままで）注意書き, *note well*
Nb niobium, ニオブ, *Nb = niobium*
NBC nucléaire, biologique et chimique, 核・生物・化学：兵器について言う, *ABC = atomic, biological, chemical*
NBFM modulation de fréquence à bande étroite, （英語略語のままで）狭帯域周波数変調, *NBFM = narrow band frequency modulation*
NC numerus clausus, （ラテン語略語のままで）（特定の人種に対する）入学者制限
NCC centre de gestion de réseau, （英語略語のままで）ネットワーク管理システム, *NCC = network control center*
NCM négociations commerciales multilatérales, 多角的貿易交渉, *MTN = Multilateral Trade Negotiations*
Nd néodyme, ネオジム, *Nd = neodymium*
NDB Nomenclature douanière de Bruxelles, ブリュッセル関税品目分類表, *BTN = Brussels Tariff Nomenclature*
NDE note de l'éditeur, 編者による注
NDLE note de l'éditeur, 編者による注
NDLR note de la rédaction, 編集部による注：著者がつけたものではないことを示すため
NDT essai non destructif, （英語略語のままで）非破壊検査, *NDT = nondestructive testing*
NDT note du traducteur, 翻訳者注
Ne néon, ネオン, *neon*
NE Les nouveaux écologistes, （フランスの政党で）新環境保護派
néandert. néandertalien, ネアンデルタール人の, *Neanderthal*
nébulis. nébulisation, 霧状化, *nebulization*
NEC nouveaux pays exportateurs, （英語略語のままで）新

興輸出志向国, *NEC＝new exporting countries*
NEC négociateurs-courtiers, 場内仲買人, *floor broker*
nécess. nécessaire, 必要な, *necessary*
nécessit. nécessiteux, 貧窮している, *needy*
nécrol. nécrologie, 故人略歴, *obituary*
nécrop. nécropole, （古代の）共同墓地
néerl. néerlandais, オランダの, *Dutch*
nég. négation, 否定, *negation*
néga négatif, ネガ, *negative*
négat. négatoscope, 陰画スコープ
néglig. négligence, 怠慢, *negligence*
négo négociation, 交渉, *negotiation*
négoc. négociation, 交渉, *negotiation*
négr. négritude, ネグリテュード, *negritude*
négro-afr. négro-africain, アフリカ黒人の
negro spirit. negro spiritual, 黒人霊歌, *Negro spiritual*
néol. néologie, 新語句, *neology*
NEP Nouvelle politique économique, （英語略語のままで）（ロシア史の）ネップ, *NEP＝New Economic Policy*
nép. népérien, ネイピアの(対数), *Napierian*
NEPAD nouveau partenariat pour le développement de l'Afrique, （英語略語のままで）アフリカ開発のためのニュー・パートナーシップ, *NEPAD＝New Partnership for Africa's Development*
néphr. néphrétique, 腎臓にかかわる, *renal*
népot. népotisme, 親族重用主義, *nepotism*
NES navire à effet de surface, エアクッション艇, *surface effect vehicle / air-cushion vehicle*
NES normes européennes de solvabilité, 欧州連合支払能力規制, *European solvency norms*
nett. netteté, 清潔, *cleanliness*
neurasth. neurasthénie, 憂鬱, *neurasthenia*
neurol. neurologie, 神経学, *neurology*
neurol. neurologique, 神経学の, *neurologic*
neutr. neutron, 中性子, *neutron*
neutr. neutralité, 中立性, *neutrality*
neutralis. neutralisation, 無力化, *neutralization*
neuv. neuvième, 九番目の, *ninth*
névr. névralgie, 神経痛, *neuralgia*
névrot. névrotique, ノイローゼの, *neurotic*
nf neuf, 新しい, *new*

nF nanofarad, ナノファラド, *nanofarad*
NF nouveau franc, 新フラン, *new franc*
NF norme française, フランス国家規格, *French Standard*
NF Terre-Neuve, ニューファンドランド：国際自動車識別記号, *Newfoundland*
NGN naira, (ナイジェリアの通貨単位で)ナイラ, *naira*
nH nanohenry, ナノヘンリー, *nano-henry*
Ni nickel, ニッケル, *nickel*
NI non inscrits, (政治家の)無所属
NIC Nicaragua, ニカラグア：国際自動車識別記号, *Nicaragua*
NIC Nouvel instrument communautaire, (欧州投資銀行の中小企業向け)欧州共同体新貸付手段, *NCI＝New Community Instrument*
NIC cordoba, (ニカラグアの通貨単位で)コルドバ, *cordoba (Nicaragua)*
NIE nouvelles économies industrielles, (英語略語のままで)新興工業経済地域, *NIEs＝newly industrializing economies*
nigér. nigérien, ニジェールの, *Nigerien*
nigér. nigérian, ナイジェリアの, *Nigerian*
nîm nîmois, ニームの, *of Nîmes*
NIP négociateur individuel de parquet, 場内仲買人, *floor trader*
NIP numéro d'identification personnelle, 個人識別番号, *PIN＝personal identification number*
NIRS Institut national des sciences radiologiques, (英語略語のままで)(日本の)放射線医学総合研究所, *NIRS＝National Institute of Radiological Sciences (Japan)*
nitr. nitrique, 窒素の, *nitric*
nitrif. nitrification, 窒素化合, *nitrification*
nitrobenz. nitrobenzène, ニトロベンゼン, *nitrobenzene*
nitrocell. nitrocellulose, 硝酸繊維素, *nitrocellulose*
nivell. nivellement, 平らにすること, *leveling*
nivern. nivernais, ヌヴェールの, *of Nevers*
NJO cordoba, (ニカラグアの通貨単位で)コルドバ, *cordoba*
NL Pays-Bas, オランダ：国際自動車識別記号, *Netherlands*
NL nouvelle lune, 新月, *new moon*
NLG florin néerlandais, (通貨単位で)オランダ・ギルダー, *Dutch guilder*
NLM module logiciel téléchargeable, (英語略語のままで)

(コンピュータの)ネットウエアーローダブルモジュール, *NLM =netware loadable module*

nm nanomètre, ナノメートル, *nanometer*

NM newton-mètre, ニュートンメートル, *newton-meter*

NMD Défense nationale antimissile, (英語略語のままで)国家ミサイル防衛, *NMD =National Missile Defense*

NMPP Nouvelles messageries de la presse parisienne, 新パリ新聞配送会社

NN.SS. Nos Seigneurs, 閣下:司祭に対する尊称として用いる

No nobélium, ノーベリウム, *No =nobelium*

nº / Nº numéro, 数字, *number*

nobil. nobiliaire, 貴族名鑑, *peerage list*

nociv. nocivité, 有毒性, *harmfulness*

noct. nocturne, 夜の, *nocturnal*

noctamb. noctambule, 夜遊びする, *night owl*

nod. nodule, ノジュール, *nodule*

NOEI Nouvel ordre économique international, (1974年に宣言された)新国際経済秩序, *NIEO =New International Economic Order*

noirciss. noircissure, 黒斑, *black mark*

NOK couronne norvégienne, (通貨単位で)ノルウェー・クローネ, *Norwegian krone*

nombr. nombreux, 多数の, *numerous*

nomencl. nomenclature, 学術用語, *nomenclature*

nomin. nominal, 名前の, *nominal*

nomin. nominatif, 主格, *nominative*

nord-afr. nord-africain, 北アフリカの, *North African*

nord-amér. nord-américain, 北アメリカの, *North American*

nord-cor. nord-coréen, 北朝鮮の, *North Korean*

NOREX normes et règlements techniques pour l'exportation, (フランスの)輸出品適用基準, *source of information rules governing goods for export*

norm. normand, ノルマンの, *Norman*

norm. normalien, 高等師範の, *of the Ecole Normale*

norm. normal, 正常な, *normal*

normalis. normalisation, 規格化, *normalization*

norvég. norvégien, ノルウェーの, *Norwegian*

NOS système d'exploitation de réseau, (英語略語のままで)ネットワーク運用システム, *NOS =network operating system*

nosol. nosologie, 疾病分類学, *nosology*

not. notaire, 公証人, *notary*

notamm. notamment, とりわけ, *notably*

notar. notariat, 公証人会

notif. notification, 通告, *notification*

notor. notoriété, 周知, *reputation*

nourr. nourrisson, 乳飲み子, *young baby*

nourr. nourrice, 乳母, *child minder*

nouv. nouveau, 新しい, *new*

nov. novation, 更改

nov. novembre, 十一月, *November*

Np neptunium, ネプツニウム, *Np = neptunium*

NPAA Programmes nationaux pour l'adoption des acquis communautaires, (英語略語のままで)アキ・コミュノテール受諾のための国家プログラム, *NPAA = National Programs for the Adoption of the Acquis*

NPAFC Commission des pêches anadromes du Pacifique du Nord, (英語略語のままで)北太平洋さく河性魚類委員会, *NPAFC = North Pacific Anadromous Fish Commission*

NPI nouveaux pays industrialisés, 新興工業国, *NIC = Newly Industrializing Countries*

NPR roupie népalaise, (通貨単位で)ネパール・ルピー, *Nepali rupee*

NPS Nouveau parti socialiste, (フランス社会党の派閥である)新社会党

NQA niveau de qualité acceptable, 合格品質水準, *AQL = acceptable quality level*

NR naira, (ナイジェリアの通貨単位で)ナイラ, *naira*

NRE nouvelles régulations économiques, 新経済規制

NRF Nouvelle Revue française, 新フランス評論:文芸誌

NRM mode normal de réponse, (英語略語のままで)正規応答モード, *NRM = normal response mode*

NRPH rupiah, (インドネシアの通貨単位で)ルピア, *rupiah*

NRZ non retour à zéro, (データ通信の)ノンリターントゥゼロ, *NRZ = non-return to zero*

NRZI non retour à zéro inversé, (データ通信の)ノンリターントゥゼロインバーテッド, *NRZI = non-return to zero inverted*

ns nanoseconde, ナノ秒, *nanosecond*

NSPCC Comité national pour la prévention des mauvais traitements envers les enfants, (英語略語のままで)(英国の)幼児虐待防止全国委員会, *NSPCC = National Society for* *the Prevention of Cruelty to Children*

nt nit, ニト:一平方メートルのカンデラの輝度, *nit*

NTC nouvelles technologies de communication, 新通信技術, *New Communication Technology*

NTE Norme de télécommunication européenne, 欧州電気通信標準, *ETS =European Telecommunication Standard*

NTIC nouvelles technologies de l'information et de la communication, 情報化・通信新技術

NTM Nuque ta mère, エヌ・テー・エム:フランスのボーカルグループで警官を罵倒する歌で6カ月の出演停止となった

NTM nouveau marché transatlantique, (英語略語のままで)(不成立に終わった)米欧自由貿易条約, *NTM =New Transatlantic Market*

NTSB Commission nationale pour la sécurité des transports, (英語略語のままで)(米国の)国家輸送安全委員会, *NTSB =National Transportation Safety Board (USA)*

nucl. nucléaire, 原子力の, *nuclear*

nuis. nuisance, 公害, *nuisance*

nuit. nuitée, 宿泊, *overnight stay*

NUL caractère nul, ヌル文字, *NUL =null character*

null. nullité, 無価値, *nullity*

num. numéral, 数の, *numeral*

num. claus. numerus clausus, (ラテン語略語のままで)(特定の人種に対する)入学者制限

numér. numérisation, 数え方

numér. numérique, デジタルの, *digital*

NUMERIS réseau numérique à intégration de services, フランス版ISDN

numéris. numérisation, 数値化, *digitalization*

numis. numismatique, 古銭学の, *numismatic*

nurs. nursing, 看護, *nursing*

nutri. nutrition, 栄養, *nutrition*

nymph. nymphomane, 色情症の, *nymphomaniac*

NZ Nouvelle-Zélande, ニュージーランド:国際自動車識別記号, *New Zealand*

NZD dollar néo-zélandais, (通貨単位で)ニュージーランド・ドル, *New Zealand dollar*

O

O oxygène, 酸素, *oxygen*

O. ouest, 西, *west*

o.-Atl. outre-Atlantique, 大西洋の向こう, *across the Atlantic*

o.i. origine inconnue, 出所不明の

o.-Mche outre-Manche, ドーバー海峡の向こう, *across the Channel*

O.-N.-O. ouest-nord-ouest, 西北西, *west-northwest*

o.-Rhin outre-Rhin, ライン川の向こう, *across the Rhine*

O.-S.-O. ouest-sud-ouest, 西南西, *west-southwest*

OA officier d'académie, 教育功労勲章受勲者

OA bureautique, (英語略語のままで)自動化オフィス, *OA = office automation*

OAA Organisation (des Nations unies) pour l'alimentation et l'agriculture, 国連食糧農業機関, *FAO =(United Nations) Food and Agriculture Organization*

OAB offre anormalement basse, (官公需市場での)超低価格での入札

OACI Organisation de l'aviation civile internationale, 国際民間航空機関, *ICAO =International Civil Aviation Organization*

OADA Organisation arabe de développement agricole, アラブ農業開発組織, *AOAD =Arab Organization for Agricultural Development*

OADH Organisation arabe des droits de l'homme, アラブ人権組織

OADI Organisation arabe pour le développement industriel, アラブ工業開発機関, *AIDO =Arab Industrial Development Organization*

OAM exploitation, gestion et maintenance, (英語略語のままで)交換管理保守, *OAM =operation administration and maintenance*

OAMCE Organisation africaine et malgache de coopération économique, アフリカ・マダガスカル経済協力機構,

Afro-Malagasy Organization for Economic Cooperation

OAP Organisation asiatique de productivité, アジア生産性機構, *APO＝Asian Productivity Organization*

OAS Organisation de l'armée secrète, (アルジェリア独立反対の)秘密軍事組織, *OAS＝Secret Army Organization*

OASSR Organisation de l'aérostation scientifique et de la surveillance des radiations, 気象観測放射観測協会, *SBARMO＝Scientific Ballooning and Radiations Monitoring Organization*

OAT obligation assimilable du Trésor, 統合性長期国債, *French government's notional bond*

OATi obligation assimilable du Trésor indexée, インデックス化された統合性長期国債

obéiss. obéissance, 服従, *obedience*

obél. obélisque, オベリスク, *obelisk*

obj. objection, 異議, *objection*

obj. objectif, 客観的な, *objective*

obj. objet, 物体, *thing*

object. objectivité, 客観性, *objectivity*

obl. oblique, 斜めの, *oblique*

oblig. obligatoire, 強制の, *obligatory*

oblig. obligataire, 債券の, *bond*

oblitér. oblitération, (医学で)閉塞, *obstruction*

OBSA obligations à souscription d'actions, ワラント債, *warrant bond*

OBSAR obligation à bons de souscription d'achat avec la faculté de rachat des bons, 買戻可能ワラント債, *bond with redeemable share warrants*

obscur. obscurité, 闇, *darkness*

obscurant. obscurantisme, 反啓蒙主義, *obscurantism*

observ. observation, 観察, *observation*

OBSO obligation à bons de souscription d'obligations, 債券購入ワラント付債券, *bond with bond-buying warrant*

obsol. obsolescence, すたれること, *obsolescence*

obstétr. obstétrique, 産科学, *obstetrics*

obstin. obstination, ねばり強さ, *obstinacy*

obstr. obstruction, 妨害, *blocking*

obt. obtention, 取得, *obtaining*

obtur. obturation, 塞ぐこと, *sealing*

Oc Occitania (Occitanie), オック地方：原則禁止だが、一部の人が自動車識別記号として使用, *Occitania*

oc. océan, 大洋, *ocean*

OC ondes courtes, 短波, *short waves*

OCAM Organisation commune africaine et malgache, (1966-1973年までの)アフリカ・マダガスカル共同機構, *Common Afro-Malagasy Organization*

OCAM Organisation commune africaine et mauricienne, (1973-1985年までの)アフリカ・モーリシャス共同機構, *OCAM =Common Afro-Mauritian Organization*

OCAMM Organisation commune africaine, malgache et mauricienne, アフリカ・マダガスカル・モーリシャス共同機構, *AASMM =Associated African States, Madagascar and Mauritius*

OCBV Office communautaire du bétail et de la viande, (CEAOの)共同体家畜食肉局

OCCAJ Organisation centrale des camps et activités de jeunesse et du tourisme populaire, 青少年キャンプ・大衆観光中央機構

occas. occasion, 機会, *chance*

Occid. Occident, 西洋, *Occident*

occid. occidental, 西洋の, *western*

occidentalis. occidentalisation, 西洋化, *westernization*

occit. occitan, オック語の

occlus. occlusion, 閉塞, *occlusion*

occult. occultation, 隠蔽, *concealment*

occup. occupation, 仕事, *occupancy*

occurr. occurrence, (言語学で)出現, *occurrence*

OCDE Organisation de coopération et de développement économiques, 経済協力開発機構, *OECD =Organization for Economic Cooperation and Development*

océanogr. océanographie, 海洋学, *oceanography*

océanol. océanologie, 海洋研究, *oceanology*

OCEI Organisation de coopération économique internationale, 国際経済協力機構, *OIEC =Organization for International Economic Cooperation*

OCI Organisation communiste internationale, 国際共産主義組織, *International Communist Organization*

OCI Organisation de la conférence islamique, イスラム諸国会議機構, *OIC =Organization of Islamic Conference*

OCIC Office catholique international du cinéma, 国際映画カトリック局

OCIL Office central interprofessionnel du logement, 住宅

業種関連中央局

OCM organisation commune de marché, 市場共通組織メカニズム：共通農業政策で主要農産物全体を規制する

OCORA Office de coopération radiophonique, 無線通信協力局

OCP Office chérifien des phosphates, （モロッコの）国営燐酸局, *National Phosphates Board (Morocco)*

OCPE Office communautaire de promotion des échanges, （CEAOの）共同体貿易振興局

OCRB officier central de la répression du banditisme, 犯罪撲滅中央取締官

OCRFM Office central pour la répression du faux monnayage, （フランスの）偽札取締中央局

OCRGDF Office central pour la répression de la grande délinquance financière, （1990年5月9日内務省下に設置の）大規模金融犯罪取締局

OCRTEH Office central pour la répression de la traite des êtres humains, （フランスの）人身売買取締中央局

OCRTIS Office central pour la répression du trafic illicite de stupéfiants, （フランスの）麻薬取締中央局

oct. octave, オクターブ, *octave*

oct. octobre, 十月, *October*

octog. octogonal, 八角形の, *octagonal*

octosyllab. octosyllabique, 8音節の, *octosyllabic*

ocul. oculiste, 眼科医, *eye specialist*

OD oxygène dissous, 溶存酸素, *DO = dissolved oxygen*

OD déficit d'oxygène, （英語略語のままで）酸素不足, *OD = oxygen deficit*

ODECA Organisation des Etats centraméricains, 中米諸国機構, *OCAS = Organization of Central-American States*

obéd. obédience, 服従, *obedience*

odont. odontalgie, 歯痛, *odontalgia*

odontol. odontologie, 歯科学, *odontology*

odor. odorat, 嗅覚, *smell*

odorif. odoriférant, 芳香性の, *sweat-smelling*

ODPE obligation pour le développement de la petite entreprise, 小企業開発債, *SBDB = small business development bond*

OEA Organisation des Etats américains, 米州機構, *OAS = Organization of American States*

OEB Office européen des brevets, 欧州特許庁, *EPO =*

European Patent Organization
OEBM Organisation européenne de biologie moléculaire, 欧州分子生物機構, *EMBO = European Molecular Biology Organization*
OECCA Ordre des experts comptables et des comptables agréés, (フランスの)会計士団体:公認会計士協会, *Order of Accounting Experts (France)*
OECE Organisation européenne de coopération économique, 欧州経済協力機構:OECDの前身, *OEEC = Organization for European Economic Cooperation*
OECF Fonds de coopération économique du Japon, (英語略語のままで)(日本の)海外経済協力基金, *OECF = Overseas Economic Cooperation Fund (Japan)*
œcum. œcuménique, 全世界的な, *ecumenical*
œnol. œnologie, ワイン醸造学, *enology*
OEP Observatoire économique de Paris, パリ経済研究所
OEPP Organisation européenne et méditerranéenne pour la protection des plantes, 欧州植物保護機構, *EPPO = European and Mediterranean Plant Protection Organization*
OERN Organisation européenne pour la recherche nucléaire, 欧州原子核共同研究機関, *European Organization for Nuclear Research*
OERS Organisation des Etats riverains du fleuve Sénégal, セネガル川流域国家機構
OERTC Organisation européenne de recherche sur le traitement du cancer, 欧州癌研究治療学会, *EORTC = European Organization for Research on Treatment of Cancer*
œsoph. œsophage, 食道, *esophagus*
OEST Observatoire économique et statistique des transports, 運輸経済統計研究所
œstr. œstrogène, 発情させる, *estrogen*
OFAJ Office franco-allemand pour la jeunesse, 青年のための仏独オフィス
OFCE Observatoire français des conjonctures économiques, フランス経済景気研究所, *French Office of Economic Cycle*
OFERMAT Office français de coopération pour les chemins de fer et les matériels d'équipement, 鉄道施設フランス協力事務所

off. office, 事務所, *office*
off. officiel, 公式の, *official*
off. officier, 将校, *officer*
officialis. officialisation, 公示, *officialization*
OFIVAL Office national interprofessionnel des viandes, de l'élevage et de l'aviculture, 国立食肉・牧畜・養禽関連業種局
OFPRA Office français de protection des réfugiés et apatrides, フランス難民無国籍保護局
OGAF opérations groupées d'aménagement foncier, 土地整備合同事業
OGD Observatoire géopolitique des drogues, 麻薬地政学研究所
OGM organisme génétiquement modifié, 遺伝子操作生物, *GMO = genetically modified organism*
OHI Organisation hydrographique internationale, 国際水路機関, *IHO = International Hydrographic Organization*
OHQ ouvrier hautement qualifié, 高度熟練労働者, *high skilled worker*
OIAC Organisation pour l'interdiction des armes chimiques, 化学兵器禁止機関, *OPCW = Organization for the Prohibition of Chemical Weapons*
OIBT Organisation internationale des bois tropicaux, 国際熱帯材木機関, *ITTO = International Tropical Timber Organization*
OIC Organisation internationale du commerce, (実現せずに終わった)国際貿易機構, *ITO = International Trade Organization*
OIC Organisation internationale du cacao, 国際ココア機関, *ICCO = International Cocoa Organization*
OIC Organisation internationale du café, 国際コーヒー機関, *ICO = International Coffee Organization*
OICM Office intercantons de contrôle des médicaments, (スイスの)州際麻薬管理事務所
OICS Organe international de contrôle des stupéfiants, 国際麻薬統制委員会, *INCB = International Narcotics Control Board*
OICV Organisation internationale des commissions des valeurs mobilières, 証券取引監督者国際機構, *IOSCO = International Organization of Securities Commissions*
OID opération intégrée du développement, 開発統合事業
OID Organisation interaméricaine de défense, 米州防衛委

OIE Organisation internationale des employeurs, 国際経営者団体連盟, *IOE =International Organization of Employers*

OIE Office international des épizooties, 国際獣疫事務局, *IOE =International Office of Epizootics*

OIELAO Organisation internationale pour l'étude des langues anciennes par ordinateur, 国際古代言語研究コンピュータ利用機構, *OIELAO =International Organization for the Study of Ancient Languages by Computer*

OIG Omnium immobilier de gestion, 不動産管理総合会社:クレディリコネ銀行の子会社

OIJ Organisation internationale des journalistes, 国際ジャーナリスト機構, *IOJ =International Organization of Journalists*

OILB Organisation internationale de lutte biologique contre les animaux et les plantes nuisibles, 国際毒性動植物防除機構, *IOBC =International Organization for Biological Control of Noxious Animals and Plants*

OIM Organisation internationnal pour les migrations, 国際移住機構, *IOM =International Organization for Migration*

OIML Organisation internationale de métrologie légale, 国際法定計量機関, *International Organization of Legal Metrology*

OING organisation internationale à caractère non gouvernemental, 非政府間国際機関, *Non-Governmental International Organization*

OIP Organisation internationale de la paléobotanique, 国際古代植物学研究機構, *IOP =International Organization Palaeobotany*

OIPC Organisation internationale de police criminelle, インターポール:別名は国際刑事警察機構, *ICPO =International Criminal Police Organization*

OIPEEC Organisation internationale pour l'étude de l'endurance des câbles, 国際鋼網耐久性研究協会, *OIPEEC =International Organization for the Study of the Endurance of Wire Ropes*

OIR Organisation internationale pour les réfugiés, (旧)国際難民機関, *IRO =International Refugee Organization*

OIRT Organisation internationale de radiodiffusion et

OIS télévision, 国際放送機構, *International Broadcasting Organization*

OIS Organisation internationale du sucre, 国際砂糖機関, *ISO =International Sugar Organization*

ois. oiseau, 鳥, *bird*

ois.-lyre oiseau-lyre, コトドリ, *lyrebird*

ois.-mouche oiseau-mouche, ハチドリ, *hummingbird*

oisell. oisellerie, 小鳥飼育, *bird breeding*

OIT Organisation internationale du travail, 国際労働機関, *ILO =International Labor Organization*

OIV Office international de la vigne et du vin, 国際ワイン局

OJD Office de justification de la diffusion des supports de publicité, 新聞雑誌部数公査機関：Diffusion contrôle の旧称

OJTI Observatoire juridique des technologies de l'information, 情報技術問題法律相談所

OLAP Observatoire des loyers de l'agglomération parisienne, パリ都市圏区域家賃調査所

OLAS Organisation latino-américaine de solidarité, 中南米連帯機構

oléag. oléagineux, 油性の, *oleaginous*

oléic. oléiculture, オリーブ栽培, *olive growing*

olig. oligarchie, 寡頭政治, *oligarchy*

oliv. olivaison, オリーブの収穫

oliv. olivier, オリーブの木, *olive tree*

OLLMC obligation livrable la moins chère, 最高利回り受渡適格銘柄

OLP Organisation de libération de la Palestine, パレスチナ解放機構, *PLO =Palestine Liberation Organization*

OLRT temps réel en ligne,（英語略語のままで）オンラインリアルタイム操作, *OLRT =on-line real-time*

olymp. olympiade, オリンピア紀, *Olympiad*

olymp. olympique, オリンピックの, *Olympic*

OM outre-mer, 海外

OM Olympique de Marseille, オランピックドマルセイユ：プロサッカーチーム

OM obligations militaires, 兵役, *liability to military service*

ombr. ombrage, 木陰, *shade*

OMC Organisation mondiale du commerce, 世界貿易機関, *WTO =World Trade Organization*

OMCI Organisation maritime consultative intergouvernementale, 政府間海事協議機構：国際海事機関の旧称, *IMCO*

=*Inter-Governmental Maritime Consultative Organization*

OMCS Organisation mondiale de cybernétique et systèmes, 世界サイバネティックス機構, *WOGSC* = *World Organization of General Systems and Cybernetics*

OMEASE Organisation des ministres de l'éducation d'Asie du Sud-Est, 東南アジア文部大臣機構, *SEAMEO* = *Southeast Asian Ministers of Education Organization*

OMED Organisation mondiale d'endoscopie digestive, 世界消化器内視鏡学会, *OMED* = *World Organization for Digestive Endoscopy*

OMEP Organisation mondiale pour l'éducation préscolaire, 国際幼児教育機構, *OMEP* = *World Organization for Early Childhood Education*

OMGE Organisation mondiale de gastro-entérologie, 世界消化器病学会, *OMGE* = *World Organization of Gastroenterology*

OMI Organisation maritime internationale, 国際海事機関, *IMO* = *International Maritime Organization*

OMI Office des migrations internationales, (フランスの)移民労働局

OMIPE Office mondial d'information sur les problèmes d'environnement, 世界環境問題情報局, *WOIEP* = *World Office of Information on Environmental Problems*

omiss. omission, 言い落とし, *omission*

OMM Organisation météorologique mondiale, 世界気象機関, *WMO* = *World Meteorological Organization*

OMN Oman, オマーン, *Oman*

omniv. omnivore, 雑食性の, *omnivorous*

OMO observation en milieu ouvert, 社会内観察:囚人について

OMPI Organisation mondiale de la propriété intellectuelle, 世界知的所有権機関, *WIPO* = *World Intellectual Property Organization*

OMR lecture optique de marques, (英語略語のままで)光学的マーク読取, *OMR* = *optical mark reading*

OMR rial omani, (通貨単位で)オーマン・リアル, *Omani rial*

OMS système de manœuvre en orbite, (英語略語のままで)軌道修正エンジン, *OMS* = *orbital maneuvering system*

OMS Organisation mondiale de la santé, 世界保健機構, *WHO* = *World Health Organization*

OMT Organisation mondiale du tourisme, 世界観光機関, *WTO =World Tourism Organization*

OMVG Organisation pour la mise en valeur du fleuve Gambie, ガンビア川開発機構, *OMVG =Organization for the Development of the Gambia River*

OMVS Organisation pour la mise en valeur du fleuve Sénégal, セネガル川開発機構, *SADO =Senegal River Development Organization*

ON indice octane, (英語略語のままで)オクタン価, *ON = octane number*

ONACVG Office national des anciens combattants et victimes de guerre, 国立在郷軍人・戦争犠牲者局

ONC Office national de la chasse, 国立狩猟局

onchocerc. onchocercose, オンコセルカ症, *onchocerciasis*

oncog. oncogène, 腫瘍遺伝子, *oncogene*

oncol. oncologie, 腫瘍学, *oncology*

onct. onctuosité, なめらかさ, *smoothness*

ONDAH Office national des débouchés agricoles et horticoles, (ベルギーの)全国農業・園芸製品販促協会, *National Office for the Promotion of Agricultural and Horticultural Products (Belgium)*

ondul. ondulation, 波動, *undulation*

ONERA Office national d'études et de recherches aérospatiales, 国立宇宙空間研究所

ONF Office national des forêts, 国立森林局, *National Forest Office*

ONG organisation non gouvernementale, 非政府機関, *NGO =non-governmental organization*

ONI Office national d'immigration, 国立移民局, *National Immigration Office (France)*

ONIA Office national industriel de l'azote, 国立窒素産業局

ONIBEV Office national interprofessionnel du bétail et des viandes, 国立家畜・食肉関連業種局

ONIC Office national interprofessionnel des céréales, 全国穀物関連業種局

ONIDOL Organisation nationale interprofessionnelle des oléagineux, 採油植物関連業種全国機構

ONIFLHOR Office national interprofessionnel des fruits, des légumes et de l'horticulture, 全国果実・野菜・園芸関連業種局

ONILAIT Office national interprofessionnel du lait et des produits laitiers, 全国牛乳・乳製品関連業種局

ONIPPAM Office national interprofessionnel des plantes à parfum, aromatiques et médicinales, 全国香水・香草・薬草関連業種局

onir. onirisme, 夢幻症, *hallucination*

ONISEP Office national d'information sur les enseignements et les professions, 国立教育職業情報機構

ONIVINS Office national interprofessionnel des vins, 国立ワイン関連業種局

ONM Office national météorologique, 国立気象局

ONN Office national de la navigation, 海運公団

onomat. onomatopée, オノマトペ, *onomatopoeia*

ONPI Office national de la propriété industrielle, 国立工業所有権局

ONSER Organisation nationale pour la sécurité routière, 交通安全全国機構

ontogen. ontogenèse, 個体発生, *ontogenesis*

ontol. ontologie, 存在論, *ontology*

ONU Organisation des Nations unies, 国連, *UNO = United Nations Organization*

ONUC Opération des Nations unies au Congo, 国連コンゴ活動, *ONUC = United Nations Operation in the Congo*

ONUCA groupe d'observateurs des Nations unies en Amérique centrale, 国連中米監視団, *ONUCA = United Nations Observer Group in Central America*

ONUDI Organisation des Nations unies pour le développement industriel, 国連工業開発機関, *UNIDO = United Nations Industrial Development Organization*

ONUMOZ Opération des Nations unies en Mozambique, 国連モザンビーク活動

ONURC Opération des Nations unies pour le rétablissement de la confiance en Croatie, 国連クロアチア信頼回復活動, *UNCRO = United Nations Confidence Restoration Operation in Croatia*

ONUSAL Misson d'observation des Nations unies en El Salvador, 国連エルサルバドル監視団, *United Nations Observer Mission in El Salvador*

ONUSOM Opération des Nations unies en Somalie, 国連ソマリア活動, *UNOSOM = United Nations Operation in Somalia*

ONUST Organisme des Nations unies chargé de l'observation de la trêve en Palestine, 国連パレスチナ休戦監視機構, *UNTSO = United Nations Truce Supervision Organization in Palestine*

ONUVEN Mission d'observation des Nations unies chargée de la vérification du procesus électoral au Nicaragua, 国連ニカラグア選挙監視団, *ONUVEN = United Nations Observer Mission to Verify the Electoral Process in Nicaragua*

OOR oscillateur à ondes rétrogrades, 後方進行波発振管, *BWO = backward wave oscillator*

op. opus, (音楽で)作品番号, *opus*

OP ouvrier professionnel, 専門労働者, *skilled worker*

OP ordinateur personnel, パソコン, *PC = personal computer*

op. opération, 手術, *operation*

op. opéra, オペラ, *opera*

op. cit. opere citato, (ラテン語略語のままで)前掲書中に

op.-com. opéra-comique, オペラコミック

OPA offre publique d'achat, 公開買付, *public purchase offer*

opac. opacité, 不透明, *opacity*

OPAC Office public d'aménagement et de construction de la ville, 都市整備建設公社

opacif. opacification, 不透明化, *making opaque*

OPAEP Organisation des pays arabes exportateurs de pétrole, アラブ石油輸出国機構, *OAPEC = Organization of Arab Petroleum Exporting Countries*

opal. opaline, 白ガラス, *opaline*

OPANO Organisation des pêcheries de l'Atlantique du Nord-Ouest, 北西大西洋漁業機関, *NAFO = Northwest Atlantic Fisheries Organization*

OPC orthographe pas certaine, 綴り字不明

OPCA organisme paritaire collecteur agréé, 資格取得目的訓練助成機関

OPCVM organisme de placement collectif en valeurs mobilières, 有価証券共同投資機関, *collective investment schemes*

OPCVM-M organisme de placement collectif en valeurs mobilières monétaires, 短期金融有価証券共同投資機関

OPCVM-OATC organisme de placement collectif en valeurs mobilières obligations et autres titres de créances, 債券・その他債務証書有価証券共同投資機関

OPE offre publique d'échange, 株式公開交換, *public exchange offer*

OPECNA Agence de l'Organisation des pays exportateurs de pétrole, (英語略語のままで)石油輸出国機構通信, *OPECNA＝Organization of Petroleum Exporting Countries News Agency*

OPECST Office parlementaire d'évaluation des choix scientifiques et technologiques, (フランスの)議会科学技術政策評価局, *Office of Technology Assessment (France)*

OPEP Organisation des pays exportateurs de pétrole, 石油輸出国機構, *OPEC＝Organization of Petroleum Exporting Countries*

opér. opératoire, 手術の, *operating*

opér. opérateur, 機械を操作する人, *operator*

OPF offre à prix ferme, (数量限定での)確約値段での売出し

OPHLM Office public d'habitation à loyer modéré, 低家賃住宅事務所

opht. ophtalmie, 眼炎, *ophthalmia*

ophtalmol. ophtalmologie, 眼科学, *ophthalmology*

opin. opinion, 意見, *opinion*

OPJ officier de police judiciaire, 司法警察職員

OPM offre à prix minimal, 最低分売価格設定での売出し

OPM opérateurs principaux du marché, 割引ブローカー, *discount brokers*

OPNM organisation publique non marchande, (公的予算で運営の)公共サービス提供機関

OPOCE Office des publications officielles des Communautés européennes, 欧州共同体公刊物発行局, *Office for Official Publications of the European Communities*

OPPBTP Organisme professionnel de prévention du bâtiment et des travaux publics, 建設・公共工事予防専門機構

opport. opportun, 時宜を得た, *well-timed*

oppos. opposition, 反対, *opposition*

oppress. oppression, 圧制, *oppression*

OPQCB organisme professionnel de qualification et de classification du bâtiment, (フランスの)建設業格付分類機関

OPR offre publique de retrait, 公開買戻

OPS Organisation panaméricaine de la santé, 汎米保健機構, *Pan-American Health Organization*

opt. optique, 光学, *optics*

optimis. optimisation, 最適化, *optimization*

opul. opulence, 富裕, *opulence*

OPV offre publique de vente, (株式の)公開売出し, *public*

offering

OQA Observatoire de la qualité de l'air intérieur, 室内空気良好度観察局, *Indoor Air Quality Observatory*

or. oreille, 耳, *ear*

Or. Orient, 東洋, *Orient*

ORA obligation remboursable en actions, 株式償還債券, *bond redeemable in shares*

ORAF Organisation régionale africaine, (国際自由労働組合連盟の)アフリカ地方組織

orais. oraison, 祈祷, *prayer*

orb. orbite, 軌道, *orbit*

ORB Office régional du bilinguisme, 二言語併用地方オフィス

orb. orbital, 軌道の, *orbital*

orbit. orbitaire, 眼点, *orbitale*

orch. orchestre, オーケストラ, *orchestra*

orchestr. orchestration, 管弦楽法, *orchestration*

ORCI obligation remboursable en certificat d'investissement, 投資証券償還債券

Ord. ordonnance, 命令, *administration order*

ordin. ordinaire, 通常の, *ordinary*

ordinogr. ordinogramme, フローチャート, *flow chart*

ordonn. ordonnance, 処方箋, *prescription*

ordonn. ordonnateur, 主催者, *organizer*

OREAM Organisme d'études et d'aménagement des aires métropolitaines, 大都市圏整備検討機関

orf. orfèvre, 金銀細工師, *goldsmith / silversmith*

orfèvr. orfèvrerie, 金銀細工術, *goldsmith / silversmith*

organ. organique, 有機の, *organic*

ORGANIC Caisse de compensation de l'organisation autonome nationale d'assurance vieillesse de l'industrie et du commerce, 全国商工業養老保険自治組織調整金庫

organigr. organigramme, 組織図, *organization chart*

organis. organisation, 組織, *organization*

organis. organisateur, 主催者, *organizer*

organol. organologie, 器官研究, *organology*

organothér. organothérapie, 臓器療法, *organotherapy*

ORGECO Organisation générale des consommateurs, 消費者総合組織

orient. oriental, 東洋の, *eastern*

orient. orientable, 向きを変えられる, *adjustable*

oriental. orientalisme, 東洋学, *orientalism*
orif. orifice, 開口部, *opening*
orig. original, 原始の, *original*
orig. origine, 起源, *origin*
ORL oto-rhino-laryngologie, 耳鼻咽喉科, *otorinolaryngology*
orléan. orléanais, オルレアンの, *of Orléans*
orn. ornement, 飾り, *ornament*
ornem. ornemaniste, 室内装飾工
ornement. ornementation, 装飾, *decoration*
ornithol. ornithologie, 鳥類学, *ornithology*
orogr. orographie, 山岳学, *orography*
orph. orphelin, 孤児, *orphan*
ORSEC Organisation des secours, 災害救助組織, *Rescue Organization*
ORSTOM Office de la recherche scientifique et technique d'outre-mer, 海外科学技術研究局
ort. oratoire, 演説の, *oratorical*
ORT obligation renouvelable du Trésor, 更新可能国債, *renewable treasury bond*
ORTF Office de radiodiffusion-télévision française, (旧)フランスラジオテレビ放送局, *French Broadcasting Office*
orthochrom. orthochromatique, 整色性の, *orthochromatic*
orthod. orthodontie, 歯科矯正学, *orthodontics*
orthod. orthodoxie, 正説たること, *orthodoxy*
orthog. orthogonal, 直交の, *orthogonal*
orthogen. orthogenèse, 定向進化, *orthogenesis*
orthogr. orthographe, 正書法, *spelling*
orthop. orthopédie, 整形外科, *orthopedics*
orthoph. orthophonie, 発音矯正, *correct pronunciation*
ORTO Organisation de radio et de télédiffusion olympique, オリンピック放送機構, *Olympic Radio and Television Organization*
OS ouvrier spécialisé, 一般工, *semi-skilled worker*
Os osmium, オスミウム, *Os=osmium*
OSCAR satellites porteurs d'équipements radio-amateurs, (英語略語のままで)アマチュア無線家向け電波伝播実験衛星, *OSCAR=Orbiting Satellites Carrying Amateur Radio*
OSCAR obligation spéciale à coupons à réinvestir, バニーボンド, *bunny bond*
OSCE Office statistique des Communautés européennes,

欧州共同体統計局, *SOEC =Statistical Office of the European Communities*

OSCE Organisation pour la sécurité et la coopération en Europe, 全欧安全保障協力機構, *OSCE =Organization for Security and Cooperation in Europe*

oscill. oscillation, 振動, *oscillation*

oscill. oscilloscope, オシロスコープ, *oscilloscope*

oscillogr. oscillogramme, オシログラム, *oscillogram*

OSHR organisme spécialisé d'habitat rural, 農村住居専門機構

osm. osmose, 浸透, *osmosis*

OSPAA Organisation de solidarité des peuples afro-asiatiques, アジア・アフリカ人民連帯機構, *AAPSO =Afro-Asian Peoples' Solidarity Organization*

OSPAAAL Organisation de solidarité des peuples d'Afrique, d'Asie et d'Amérique latine, 三大陸人民連帯機構, *Asia-African Latin-American Peoples' Organization*

OSR réflecteur solaire optique, (英語略語のままで)光学太陽反射板, *OSR =optical solar reflector*

oss. ossuaire, 納骨堂, *ossuary*

oss. ossature, 骨格, *frame*

ossif. ossification, 骨化, *ossification*

OSSL Organisation scolaire de séjours linguistiques, 語学研修・留学機関

OST organisation scientifique du travail, 科学的経営管理制度, *Scientific Management of F.W. Taylor*

ostens. ostensible, これ見よがしの, *ostensible*

ostent. ostentation, 見せびらかし, *ostentation*

ostéol. ostéologie, 骨学, *osteology*

ostéop. ostéopathie, 整骨療法, *osteopathy*

ostréic. ostréiculture, 牡蠣養殖, *ostreiculture*

ostrac. ostracisme, 追放, *ostracism*

OT office de tourisme, 観光局, *tourism office*

OTAN Organisation du traité de l'Atlantique Nord, 北大西洋条約機構, *NATO =North Atlantic Treaty Organization*

OTASE Organisation du traité de (défense collective pour) l'Asie du Sud-Est, 東南アジア条約機構, *SEATO =Southeast Asia Treaty Organization*

OTDR réflectométrie optique dans le domaine temporel, (英語略語のままで)光学的時間領域反射計, *OTDR =optical time domain reflectometry*

OTOB Marché à terme et d'options autrichien, (ドイツ語略語のままで)オーストリア先物・オプション市場, *Austrian Exchange OTOB*

otosc. otoscope, 耳鏡, *otoscope*

OTS Ordre du Temple solaire, 太陽寺院教団, *Order of the Solar Temple*

ottom. ottoman, オスマン帝国の, *Ottoman*

OTU Organisation pour le tourisme universitaire, 大学観光機構

OTUA Office technique pour l'utilisation de l'acier, 鉄鋼利用技術局

OTV obligations à taux variable, 変動利付債, *floating rate bonds*

OUA Organisation de l'unité africaine, アフリカ統一機構, *OAU = Organization of African Unity*

ougand. ougandais, ウガンダの, *Ugandan*

OULIPO Ouvroir de littérature potentielle, 潜在文学作業室：実験文学のアトリエ

OURS Office universitaire de recherche socialiste, 社会主義研究大学局

OUSA Organisation de l'unité syndicale africaine, アフリカ労働組合統一機構：FSAの後身, *OATUU = Organization of African Trade Union Unity*

outill. outillage, 道具一式, *tools*

outr. outrance, 過度, *excess*

ouv. ouvert, 開いた, *open*

ouvert. ouverture, 開放, *opening*

ouvr. ouvrage, 仕事, *works*

ouvr. ouvrable, 営業できる, *working (day)*

ouvr. ouvrier, 労働者, *worker*

ouvr. cité ouvrage cité, 引用された著作, *quoted book*

ovalis. ovalisation, 楕円形化, *ovalization*

OVNI objet volant non identifié, 未確認飛行物体, *UFO = unidentified flying object*

ovul. ovulation, 排卵, *ovulation*

oxyd. oxydation, 酸化, *oxidization*

oxygén. oxygénation, 酸素添加, *oxygenation*

oxyhémogl. oxyhémoglobine, 酸素ヘモグロビン, *oxyhemoglobin*

ozonis. ozonisation, オゾン化, *ozonization*

P

p. pence, ペンス, *penny*
p pico-, ピコ：1兆分の1, *p=pico-*
p. passé, 過去, *past*
P phosphore, 燐, *phosphorus*
p. pièce, 部屋, *room*
P Portugal, ポルトガル：国際自動車識別記号, *Portugal*
P. Père, (敬称で)神父, *Father*
p piano, (音楽で弱くを意味する)ピアノ, *piano*
p. participe, 分詞, *participle*
P peta-, ペタ：10の15乗, *peta-*
p.-à-p. porte-à-porte, 戸別訪問, *door-to-door career*
p.-aff. porte-affiches, 掲示板, *bulletin board*
p.-aig. porte-aiguilles, 針刺し, *needle holder*
p. allus. par allusion, (はっきり言わずに)遠回しに, *allusively*
p.-am. porte-amarre, 救命火箭, *line-throwing apparatus*
p. anal. par analogie, 類推により, *by analogy*
p.-autos porte-autos, 自動車運搬用の
p.-av. porte-avions, 空母, *aircraft career*
P.-B. Pays-Bas, オランダ, *Netherlands*
p.-bag. porte-bagages, 荷台, *luggage rack*
p.-bal. porte-balais, ブラシホルダー, *brush holder*
p.-bande passe-bande, 帯域フィルター
p.-bann. porte-bannière, 旗手, *standard bearer*
p.-bébé porte-bébé, ベビーキャリア, *baby career*
p.-bill. porte-billets, 札入れ, *billfold*
p.-bonh. porte-bonheur, お守り, *charm*
p.-bouq. porte-bouquet, 花挿し
p.-bout. porte-bouteilles, ワインラック, *wine rack*
p.-branc. porte-brancard, 軛革吊革
p.-cartes porte-cartes, 名刺入れ, *card holder*
p.-cig. porte-cigarettes, シガレットケース, *cigarette case*
p.-clés porte-clés, キーホルダー, *key ring*
p. compar. par comparaison, 比較で, *by comparison*

p.-cont. porte-conteneurs, コンテナ船, *container ship*
p.-copie porte-copie, 原稿台, *copy holder*
p.-crayon porte-crayon, ペンシルホルダー, *pencil holder*
P.-de-C. Pas-de-Calais, パ・ド・カレー県(62)
P.-de-D. Puy-de-Dôme, プイ・ド・ドーム県(63)
p.-de-p. pas-de-porte, 権利金, *key money*
p. de t. page de titre, タイトルページ, *title page*
p. de t. pierre de taille, 石材, *dressed stone*
p. de terre pomme de terre, じゃがいも, *potato*
p.-doc. porte-documents, 書類鞄, *briefcase*
p.-drap. porte-drapeau, 旗手, *standard bearer*
p.-droit passe-droit, 特権, *favor*
p.-ê. peut-être, 多分, *perhaps*
p.-écr. page-écran, (コンピュータの)スクリーンページ, *screen page*
P. et Ch. Ponts et Chaussées, 国立土木学校
P et P pertes et profits, 損益, *P&L＝profit and loss*
P et T Postes et télécommunications, 郵便電信局, *Posts and Telecommunications / General Post Office*
p.-étend. porte-étendard, 旗手, *standard bearer*
p. ex. par exemple, 例えば, *for example*
p. exagér. par exagération, 誇張により, *by exaggeration*
p. ext. par extension, 広義には, *by extension*
p.-fen. porte-fenêtre, フランス窓, *French door*
p. gd-chose pas grand-chose, 大したことがない
p.-hélicopt. porte-hélicoptères, ヘリ母艦, *helicopter career*
p. int. par intérim, 代行で, *by interim*
p. iron. par ironie, 皮肉に, *by irony*
p.-jarr. porte-jarretelles, ガーターベルト, *garter belt*
p.-menu porte-menu, メニュー台, *menu holder*
p.-monn. porte-monnaie, 財布, *purse*
p.-mont. passe-montagne, 目出帽, *balaclava*
p. o. par ordre, 命令により, *by order*
p.-out. porte-outil, ツールホルダー, *tool holder*
p.-pap. porte-papier, トイレットペーパーホルダー, *toilet roll holder*
p.-par. porte-parole, スポークスマン, *spokesman*
p.-parapl. porte-parapluies, 傘立て, *umbrella stand*
p.-part. passe-partout, マスターキー, *master key*
p.-plat passe-plat, (食堂と台所の間の)ハッチ, *serving hatch*

p.-plume porte-plume, ペン軸, *penholder*
P. P^on par procuration, 代理で, *by proxy*
p.-sav. porte-savon, 石鹸入れ, *soap dish*
p.-serv. porte-serviettes, タオル掛け, *towel rack*
p.-tps passe-temps, 趣味, *hobby*
p.-vent porte-vent, 羽口, *air duct*
p.-voix porte-voix, 伝声管, *megaphone*
Pa protactinium, プロトアクチニウム, *Pa=proactinium*
PA amplificateur de puissance, (英語略語のままで)(高周波)電力増幅器, *PA=power amplifier*
Pa pascal, パスカル, *pascal*
PA Panama, パナマ:国際自動車識別記号, *Panama*
PA porte-avions, 航空母艦, *aircraft carrier*
Pa.s pascal-seconde, パスカル秒
PAB balboa, (パナマの通貨単位で)バルボア, *balboa*
PAB acide para-aminobenzoïque, パラアミノ安息香酸, *PABA=para-aminobenzoic acid*
PAB port autonome de Bordeaux, ボルドー自治港
PABX autocommutateur privé, (英語略語のままで)構内自動電話交換機, *PABX=private automatic branch exchange*
PAC politique agricole commune, (EUの)共通農業政策, *CAP=Common Agricultural Policy*
PACA Provence-Alpes-Côte d'Azur, プロヴァンス・アルプ・コート・ダジュール地域圏(21)
pacif. pacification, 講和, *pacification*
PACJC pour autant que je comprenne, 私の理解の限りでは
PACS pacte civil de solidarité, 連帯に基づく市民契約
PACT Protéger, améliorer, conserver, transformer, 保護改善保存改築:新あばら家対策
PACT Centre de propagande et d'actions contre les taudis, あばら屋住宅改善センター
PACT programme d'aménagement concerté du territoire, 領土協議改善計画
PAD assembleur-désassembleur de paquets, (英語略語のままで)(情報通信の)パケット組立分解機能, *PAD=packet assembler/disassembler*
PAD port autonome de Dunkerque, ダンケルク自治港
PADOG plan d'aménagement et d'organisation générale, 整備・総合組織プラン
PAF (Service central de la) police de l'air et des fron-

tières, (フランスの)航空国境警察(本部), *border police*
PAF paysage audiovisuel français, フランス視聴覚業界
PAFT Plan d'action forestier tropical, (FAO の)熱帯林行動計画, *TFAP＝Tropical Forestry Action Plan*
pagin. pagination, 頁付け, *pagination*
PAH port autonome du Havre, ルアーブル自治港
PAIO Permanence d'accueil, d'information et d'orientation, 職業相談所
pais. paisible, 温和な, *peaceful*
PAJ point d'accueil pour les jeunes, 若者受入地点
PAK Pakistan, パキスタン：国際自動車識別記号；国際オリンピック委員会の国名表記(1948年承認), *Pakistan*
pakist. pakistanais, パキスタンの, *Pakistani*
pal. palette, パレット, *palette*
pal. palais, 宮殿, *palace*
PAL 一, パル：カラーテレビ標準方式, *PAL＝phase alternation by line*
PAL circuit logique programmable, (英語略語のままで)プログラマブル配列論理回路, *PAL＝programmable array logic*
palat. palatin, (ローマ皇帝)宮廷の, *palatine*
palest. palestinien, パレスチナの, *Palestinian*
palettis. palettisation, パレット輸送, *palletization*
palingén. palingénésie, 新生, *palingenesis*
paliss. palissade, 矢来(やらい), *palisade*
palm. palmer, マイクロメーター, *micrometer*
palm. palmarès, 受賞者名簿, *honors list*
palm. palmeraie, シュロ林
palm. palmier, 椰子, *palm*
palmar. palmarium, 熱帯植物栽培用温室, *palmarium*
palmip. palmipède, 蹼足の, *web-footed*
palp. palpation, 触診, *palpation*
palpit. palpitation, 動悸, *palpitation*
palu paludisme, マラリア, *malaria*
palud. paludisme, マラリア, *malaria*
paludar. paludarium, 沼沢動物飼育場
PALULOS prime à l'amélioration des logements à usage locatif et à occupation sociale, 賃貸社会目的向け住宅改善手当
PAM port autonome de Marseille, マルセイユ自治港
PAM programme alimentaire mondial, 世界食糧計画, *WFP＝World Food Program*

pamphl. pamphlet, 風刺攻撃文書, *satirical tract*
PAN peroxyacétylnitrate, 硝酸過酸化アセチル, *PAN = peroxyacetyl nitrate*
PAN programme architecture nouvelle, 新建築計画
PAN port autonome de Nantes, ナント自治港
panafr. panafricanisme, 汎アフリカ主義, *Pan-Africanism*
panafr. panafricain, 汎アフリカ主義の, *Pan-African*
panam. panaméen, パナマの, *Panamanian*
panamér. panaméricain, 汎アメリカの, *Pan-American*
panarab. panarabisme, 汎アラブ主義, *Pan-Arabism*
pancr. pancréatite, 膵臓炎, *pancreatitis*
pancr. pancréas, 膵臓, *pancreas*
pandém. pandémonium, 悪魔の巣窟, *den of vice*
panég. panégyrique, 賛辞, *panegyric*
pangerm. pangermanisme, 汎ドイツ主義, *Pan-Germanism*
panhellén. panhellénisme, 汎ギリシア主義, *Panhellenism*
panislam. panislamisme, 汎イスラム主義, *Pan-Islamism*
panor. panoramique, パノラマの, *panoramic*
panslav. panslavisme, 汎スラブ主義, *Pan-Slavism*
pant. pantalon, ズボン, *pants*
pantogr. pantographe, パンタグラフ, *pantograph*
pantom. pantomime, パントマイム, *pantomime*
PAO publication assistée par ordinateur, デスクトップパブリッシング, *DTP = desktop publishing*
PAO production assistée par ordinateur, コンピュータ利用生産, *CAP = computer-aided production*
pap. papal, ローマ法王の, *papal*
PAP prêt d'aide à l'accession à la propriété, 住宅取得援助ローン, *home acquisition or improvement loan*
PAP programme d'actions prioritaires, 優先アクション計画
PAP prêt aidé en accession à la propriété, 持家取得援助融資
pap. papiste, 教皇主義の, *Roman-Catholic*
pap. calq. papier-calque, トレーシングペーパー, *tracing paper*
pap. émeri papier émeri, 紙やすり, *emery paper*
pap.-filtre papier-filtre, 濾過紙, *filter paper*
pap.-journ. papier-journal, 新聞用紙, *newsprint*
pap.-monn. papier-monnaie, 紙幣, *paper money*
papav. papavérine, パパベリン, *papaverine*

paperass. paperasserie, (無用の)書類の山, *papers*
papill. papillote, バター紙, *buttered paper*
papill. papillon, 蝶々, *butterfly*
PAPIR programme d'actions prioritaires d'initiative régionale, 地方発案優先アクション計画
papyrol. papyrologie, パピルス古文書学, *papyrology*
paq. paquetage, (兵士の)整備, *pack*
paq. paquebot, 大型客船, *ship*
PAQE préparation active à la qualification et à l'emploi, 技能修得及び雇用への積極的準備
PAQJS pour autant que je sache, 私が知る限りでは
par. parité, 同一, *parity*
par. parent, 両親, *parent*
PAR plan d'aménagement rural, 農村整備プラン
PAR poste d'aiguillage et de régulation, 列車指令所
PAR port autonome de Rouen, ルーアン自治港
par. paroisse, 小教区, *parish*
parab. parabole, たとえ話, *parable*
paracent. paracentèse, 穿刺, *paracentese*
parach. parachutage, 落下傘降下, *parachuting*
parad. paradoxe, 逆説, *paradox*
paraff. paraffine, パラフィン, *paraffin*
paragr. paragraphe, パラグラフ, *paragraph*
paral. paralysie, 麻痺, *paralysis*
parall. parallaxe, 視差, *parallax*
parall. parallèle, 平行の, *parallel*
parallélogr. parallélogramme, 平行四角形, *parallelogram*
paran. paranoïa, 偏執狂, *paranoia*
parang. parangonnage, 行揃え, *justification*
parano paranoïaque, 偏執狂の(患者), *paranoiac*
parasit. parasitisme, 寄食, *parasitism*
parasitol. parasitologie, 寄生体学, *parasitology*
parch. parchemin, 羊皮, *parchment*
parcim. parcimonie, 倹約, *thrift*
PARE plan d'aide au retour à l'emploi, 再就職援助計画
parench. parenchyme, (器官や腺の)実質, *parenchyma*
parenth. parenthèse, 丸括弧, *parenthesis*
paress. paresseux, 怠惰な, *lazy*
paresth. paresthésie, 感覚異常, *paresthesia*
parf. parfait, 完全な, *perfect*
parf. parfum, 香水, *perfume*

parf. parfois, 時折, *sometimes*
pariét. pariétal, 壁在の, *parietal*
paris. parisien, パリの, *Parisian*
park. parking, パーキング, *parking*
parl. parloir, 面会所, *parlor*
parl. parlement, 議会, *Parliament*
parlem. parlementaire, 議会の, *parliamentary*
parlement. parlementarisme, 議院内閣制, *parliamentarism Government*
parnass. parnassien, 高踏の, *Parnassian*
parodontol. parodontologie, 歯周病学
paroiss. paroissial, 小教区の, *parish*
paron. paronyme, 類音語, *paronym*
parox. paroxysme, (病気の)発作, *crisis*
parr. parrainage, 後援, *sponsorship*
parr. parrain, 代父, *godfather*
parrain. parrainage, 後援, *sponsorship*
parric. parricide, 親殺し, *parricide*
part. partage, 分割, *division*
part. partialité, 偏り, *bias*
part. partie, 部分, *part*
part. partition, 分割, *partition*
parten. partenaire, パートナー, *partner*
partic. particule, 微粒子, *particle*
particip. participation, 参加, *participation*
particul. particularisme, 自主独立主義, *particularism*
particularis. particularisation, 特殊化, *particularization*
partis. partisan, 党員, *supporter*
parur. parurerie, 服飾品製造業, *ornament manufacturing*
parv. parvis, 広場, *square*
PAS programmes d'ajustements structurels, (IMFの)構造調整計画, *SAP = structural adjustment programs*
pass. passage, 通過, *crossing*
pass. passif, 受け身の, *passive*
pass. passivité, 受動性, *passiveness*
pass. passation, 調印, *signing*
pass laissez-passer, 通行証, *pass*
pass.-shot passing-shot, パッシングショット, *passing shot*
passement. passementerie, 飾り紐類販売業, *notions trade*
passep. passeport, パスポート, *passport*
passer. passerelle, 歩道橋, *footbridge*

pasteur. pasteurien, パスツールの, *of Pasteur*
pasteuris. pasteurisation, 低温殺菌法, *pasteurization*
pastor. pastorat, 牧師の職, *pastorate*
PAT prime à l'aménagement du territoire, 国土整備助成金
PAT prototype à terre, (原子力潜水艦用の)地上原型炉
pat. patente, 営業税, *tax paid by traders*
patchw. patchwork, パッチワーク, *patchwork*
patern. paternalisme, 家父長主義, *paternalism*
pathog. pathogène, 病原の, *pathogenic*
pathol. pathologie, 病理学, *pathology*
patin. patinage, スケート, *skating*
pâtiss. pâtisserie, ケーキ, *pastry*
PATLD pollution atmosphérique transfrontalière à longue distance, 長距離越境大気汚染, *LRTAP = long-range transboundary air pollution*
PATOS personnel administratif, technique, ouvrier et service, (大学の)事務・技術・労務・サービス職員
patrim. patrimoine, 遺産, *heritage*
patriot. patriotique, 愛国の, *patriotic*
patron. patronage, 後援, *patronage*
patron. patronyme, 姓, *patronymic*
paupéris. paupérisation, 貧困化, *impoverishment*
pauv. pauvreté, 貧困, *poverty*
pav. pavillon, 独立家屋, *lodge*
pav. pavement, 舗装, *paving*
PAX central automatique privé, (英語略語のままで)構内電話自動交換機, *PAX = private automatic exchange*
paysag. paysager, 風景式の, *landscaped*
PAZ plan d'aménagement de zone, 区域整備プラン
pb point de base, ベーシスポイント(0.01%), *basis point*
Pb plomb, 鉛, *lead*
PBX autocommutateur privé, (英語略語のままで)構内電話交換機, *PBX = private branch exchange*
PC programme communautaire, EU計画, *EU program*
PC prix courant, 時価, *current price*
PC prêt conventionné, 協約ローン, *low-interest loan*
PC poste de commandement, (鉄道の)地区管理所, *control center*
PC poste de commandement, 軍司令部, *headquarters*
pc parsec, パーセク:約3.26光年, *parsec*
PC ordinateur personnel, (英語略語のままで)パソコン,

PC =*personal computer*
PC parti communiste, 共産党, *communist party*
PCA plan construction et architecture, 建築建設プラン
PCB carte de circuit imprimé, (英語略語のままで)プリント回路基板, *PCB* =*printed circuit board*
PCB certificat d'études supérieures de sciences physiques, chimiques et biologiques, 物理化学生物学高等修了証
PCB polybiphényle chloré, (英語略語のままで)ポリ塩化ビフェニール:発癌性の化学物質, *PCB* =*polychlorinated biphenyl*
PCC politique commerciale commune, (EUの)共通貿易政策, *CCP* =*common commercial policy*
PCC pour copie conforme, 原本通り, *certified copy*
PCC poste de commande centralisée, 列車集中制御装置, *CTC* =*centralized traffic control*
PCD pays capitalistes développés, 先進資本主義国, *developed capitalist countries*
Pce pièce, 部品, *part*
PCEM premier cycle d'études médicales, 前期医学教育
PCF parti communiste français, フランス共産党, *French Communist Party*
PCG plan comptable général, (フランスの)企業会計原則, *uniform chart of accounts*
PCGA principes comptables généralement admis, 一般に認められた会計原則, *GAAP* =*generally accepted accounting principles*
PCGR principes comptables généralement reconnus, 一般に認められた会計原則, *GAAP* =*generally accepted accounting principles*
PCGR plan comptable général révisé, 改正企業会計原則, *revised uniform chart of accounts*
PCIAOH Commission permanente et association internationale pour la médecine du travail, (英語略語のままで)国際労働衛生学会常置委員会, *PCIAOH* =*Permanent Commission and International Association on Occupational Health*
PCMLF parti communiste marxiste-léniniste de France, フランスマルクスレーニン主義共産党
PCP politique commune de la pêche, (欧州連合の)漁業共通政策, *common fisheries policy*
PCP-SL parti communiste péruvien Sentier Lumineux, ペルー共産党センデロルミノソ, *Peruvian Communist*

Party Sendero Luminoso

PCR parti communiste réunionnais, レユニオン島共産党

PCRD programme commun de recherche et de développement, 研究開発共同計画, *joint research and development program*

PCS pouvoir calorifique supérieur, (暖房の)総発熱量, *gross calorific value*

PCS silice gratinée de plastique, (英語略語のままで)プラスチッククラッド石英グラス, *PCS = plastic-clad silica*

PCT température maximale de la gaine, (英語略語のままで)燃料被膜最高温度, *PCT = peak cladding temperature*

PCT Traité de coopération en matière de brevets, (英語略語のままで)特許協力条約, *PCT = Patent Cooperation Treaty*

PCUS parti communiste de l'Union soviétique, ソ連共産党, *Soviet Union Communist Party*

PCV recyclage des gaz de carter, (英語略語のままで)ポジティブクランクケースベンチレーション:ブローバイガスを吸気系統に戻す方式, *PCV = positive crankcase ventilation*

PCV paiement contre vérification, コレクトコール, *collect call*

PCVD procédé de dépôt chimique en phase vapeur active au plasma, (英語略語のままで)プラズマ励起化学気相沈積法, *PCVD = plasma-activated chemical vapor deposition*

Pd palladium, パラジウム, *Pd = palladium*

PD port dû, 送料受取人払い, *postage due*

PDEM pays développés à économie de marché, 市場経済体制の先進国, *industrialized countries of market economy*

PDF fonction de densité de probabilité, (英語略語のままで)確率密度関数, *PDF = probability density function*

PDG président-directeur général, 社長, *President and CEO*

PDI prime de développement industriel, 産業開発助成金

PDI revenu personnel disponible, (英語略語のままで)個人可処分所得, *PDI = personal disposable income*

PDI programme départemental d'insertion, 県参入プログラム:社会復帰最低所得保障の一環

PDK parti démocratique du Kurdistan (d'Irak), (イラクの)クルド民主党, *KDP = Kurdistan Democratic Party (Iraq)*

PDLB parti démocratique libéral bouddhiste, (カンボジアの)仏教自由民主党, *BLDP = Buddhist Liberal Democratic*

Party
PDNP pays en développement non pétrolier, 非産油開発途上国, *NODC =non-oil developing country*
PDR programme de développement régional, 地域圏開発計画
PDR prêteur du dernier ressort, 最後の貸し手, *lender of the last resort*
PDR prime de développement régional, 地方開発助成金
PDR plan de développement régional, 地域圏開発プラン
PDRE population disponible à la recherche d'un emploi, 就職可能求職者人口, *population looking for a job*
pds poids, 重量, *weight*
pds atom. poids atomique, 原子量, *atomic weight*
pds moléc. poids moléculaire, 分子量, *molecular weight*
pds volum. poids volumique, 比重, *specific gravity*
PDT programme de développement technique, 技術開発計画
PDTRA poids total roulant autorisé en charge, (トレーラーの)連結総重量
PDU unité de données du protocole, (英語略語のままで)プロトコルデータ装置, *PDU =protocol data unit*
PE Pérou, ペルー：国際自動車識別記号, *Peru*
PE enregistrement en modulation de phase, (英語略語のままで)位相変調方式, *PE =phase encoding*
PE Parlement européen, 欧州議会, *EP =European Parliament*
PEA plan d'épargne en actions, (フランスの)株式貯蓄計画：1992年創設で、60万フランを限度の免税特典あり, *PEP =personal equity plan*
PEAT programme élargi d'assistance technique, (UNDPの)拡大技術援助計画, *EPTA =Expanded Program of Technical Assistance*
peauss. peausserie, 皮なめし業, *skin trade*
PEB puissance équivalente de bruit, 雑音等価信号強度, *NEP =noise equivalent power*
PEC cellule photoélectrique, (英語略語のままで)光電池, *PEC =photoelectric cell*
pêch. pêcherie, 漁業, *fishery*
PECO pays d'Europe centrale et orientale, 中東欧諸国, *CEEC =Central and Eastern European Countries*
pect. pectine, ペクチン, *pectin*

pécun. pécuniaire, 金銭の, *financial*
péd. pédiatrie, 小児科, *pediatrics*
PED pays en développement, 発展途上国, *developing countries*
pédag. pédagogie, 教育学, *pedagogy*
pédago pédagogue, 教育家, *educationalist*
PEDAP programme spécifique pour le développement de l'agriculture portugaise, ポルトガル農業特別計画, *PEDAP = Program for the Development of Portuguese Agriculture*
PEDC politique européenne de défense commune, 欧州共同防衛政策
pédic. pédicure, 足治療医, *chiropodist*
PEDIP programme spécifique pour le développement des industries portugaises, ポルトガル産業開発特別計画, *PEDIP = Program for the Development of Portuguese Industry*
pédol. pédologie, 土壌学, *pedology*
PEE Poste d'expansion économique, (フランス大使館)経済部
PEE plan d'épargne d'entreprise, 企業貯蓄プラン
PEEP Fédération des parents d'élèves de l'enseignement public, 公立生徒父母連盟
PEGC professeur d'enseignement général de collège, 中学普通教育担当教員
PEI inti, (ペルーの1985-91年の通貨単位で)インティ, *inti*
peign. peignoir, 化粧着, *dressing gown*
peint. peinture, 絵画, *painting*
péjor. péjoratif, 軽蔑的, *pejorative*
pékin. pékinois, 北京の, *Pekinese*
pel. pelouse, 芝生, *lawn*
PEL plan d'épargne logement, 住宅貯蓄プラン
pèl. pèlerin, 巡礼者, *pilgrim*
pèlerin. pèlerinage, 巡礼, *pilgrimage*
pellic. pelliculaire, 薄皮をなす
pellic. pelliculage, ストリッピング, *stripping*
pellic. pellicule, フィルムの, *film*
pelot. peloton, 小さな毛糸玉, *ball*
pelv. pelvien, 骨盤の, *pelvic*
pelvigr. pelvigraphie, 骨盤計測, *pelvimetry*
PEN Fédération internationale des PEN Clubs, 国際ペンクラブ, *International PEN*

PEN nuevo sol, (ペルーの通貨単位で)新ソル, *new sol*
pén. pénible, 骨の折れる, *laborious*
pén. pénal, 刑事の, *penal*
pén. pénurie, 不足, *shortage*
pend. pendant, (..の)間, *during*
pend. pendulaire, 振り子の, *swinging*
pendais. pendaison, つるし首, *hanging*
pénétr. pénétration, 侵入, *penetration*
pénicill. pénicilline, ペニシリン, *penicillin*
pénins. péninsulaire, 半島の, *peninsular*
pénit. pénitencier, 監獄, *prison*
pénit. pénitentiaire, 刑務所の, *of prison*
pennsylv. pennsylvanien, ペンシルバニアの, *Pennsylvanian*
pensionn. pensionnaire, 寄宿生, *boarder*
pentag. pentagone, 五角形, *pentagon*
pentam. pentamètre, 五歩格の, *pentameter*
pentathl. pentathlon, 五種競技, *pentathlon*
penthiobarb. penthiobarbital, ペントバールビタール, *penthiobarbital*
pénult. pénultième, 終わりから二番目の, *penultimate*
PEP pays exportateurs de pétrole, 石油輸出国, *petroleum exporting countries*
PEP plan d'épargne populaire, 庶民貯蓄計画, *popular saving plan*
pépin. pépinière, 苗床, *nursery*
PEPP professeur d'enseignement professionnel pratique, 実践専門教育担当教員
PEPS premier entré, premier sorti, 先入先出法, *FIFO = First-In First-Out*
PEPT professeur d'enseignement professionnel théorique, 理論専門教育担当教員
PER plan d'épargne retraite, 退職貯蓄プラン, *retirement savings plan*
percept. perception, 知覚, *perception*
perch. perchiste, 棒高跳びの選手, *pole vaulter*
perchl. perchlorate, 過塩素酸塩, *perchlorate*
percol. percolation, 濾過, *percolation*
percuss. percussion, 衝撃, *percussion*
percuss. percussion, (医学の)打診, *sounding*
perd. perdition, 堕落, *perdition*

pérempt. péremption, （権利の）消滅, *lapsing*
pérennis. pérennisation, 永続化, *perpetuation*
péréq. péréquation, 調整, *equalization*
perf performance, 成績, *performance*
perf. perfection, 完全, *perfection*
perfo perforatrice, （女性）キーパンチャー, *punch card operator*
perfo perforateur, キーパンチャー, *punch card operator*
perfo-vérif perforatrice-vérificatrice, （女性の）キーパンチャー, *punch card operator*
perform. performant, 高性能の, *high-performance*
perform. performance, 成績, *performance*
perfus. perfusion, 灌流, *drip*
péric. péricarde, 心膜, *pericardium*
périd. péridurale, 硬膜外麻酔, *epidural*
périm. périmètre, 周囲の大きさ, *perimeter*
périnat. périnatal, 周期的な, *perinatal*
périod. périodique, 周期的な, *periodic*
périph. périphérie, 周囲, *periphery*
périph. périphérique, （コンピュータの）周辺装置, *peripheral*
périsc. périscope, 潜望鏡, *periscope*
périscol. périscolaire, 課外の, *extracurricular*
périt. péritoine, 腹膜, *peritoneum*
perm. permission, 許可, *permission*
perman. permanence, 永続性, *permanence*
perman. permanent, 永続的な, *permanent*
permiss. permissivité, 自由放任, *permissiveness*
permiss. permissionnaire, 休暇中の軍人, *man on leave*
permut. permutation, 配置転換, *exchange of posts*
péron. péronisme, ペロン主義, *Peronism*
péror. péroraison, 熱弁の結論, *peroration*
perpendic. perpendiculaire, 直角に交わる, *perpendicular*
perpét. perpétuation, 永続, *perpetuation*
perpétr. perpétration, 犯行, *perpetration*
perpign. perpignanais, ペルピニャンの, *of Perpignan*
perquis. perquisition, 家宅捜索, *search*
pers. personnage, 人物, *important person*
pers. persan, ペルシア, *Persian*
pers. personnel, 個人的な, *personal*
perséc. persécution, 迫害, *persecution*

persév. persévérance, ねばり強さ, *perseverance*
persist. persistance, 持続, *persistence*
perso. personnel, 個人用の, *personal*
personnif. personnification, 擬人化, *personification*
perspect. perspective, 予想, *prospect*
persuas. persuasion, 説得, *persuasion*
PERT méthode du planning PERT, (英語略語のままで) パート：プロジェクト計画管理方法, *PERT = program evaluation and review technique*
pertin. pertinence, 適切さ, *pertinence*
perturb. perturbation, 混乱, *disruption*
péruv. péruvien, ペルーの, *Peruvian*
pervers. perversion, 腐敗, *perversion*
pervers. perversité, (病的な)悪意, *perversity*
pesant. pesanteur, 重量, *gravity*
PESC politique étrangère et de sécurité commune, (EUの)共通外交安全保障政策, *CFSP = Common foreign and security policy*
pèse-ac. pèse-acide, 酸定量器, *acidmeter*
pèse-alc. pèse-alcool, アルコール計, *alcoholometer*
pèse-l. pèse-lettre, 手紙秤, *letter scales*
pèse-pers. pèse-personne, 体重計, *scales*
pèse-sir. pèse-sirop, 糖度計
pest. pesticide, 殺虫剤, *pesticide*
pét. pétition, 陳情書, *petition*
pet. petit, 小さな, *small*
PET polyéthylène téréphtalate, ポリエチレンテレフタレート, *PET = poly-ethylene terephtalate*
pét. pétanque, ペタンク：鉄のボールを投げるゲーム, *bowls*
pet.-b. petit-beurre, プチブール：ビスケットの一種
pet.-bourg. petit-bourgeois, プチブル
pet.-caps petites-capitales, スモール・キャピタル：小型頭文字, *small cap*
pet.-enf. petits-enfants, 孫達, *grandchildren*
pet.-f. petite-fille, 孫娘, *granddaughter*
pet.-fils petit-fils, 孫, *grandson*
pet.-nce petite-nièce, 甥の娘, *great-niece*
pet.-nev. petit-neveu, 甥の息子, *great-nephew*
pet.-suisse petit-suisse, プチスイス：チーズの一種, *petit-suisse*

petit déj. petit déjeuner, 朝食, *breakfast*

PETN tétranitrate de pentaérythrite, (英語略語のままで) 四硝酸ペンタエリスリトール, *PETN = pentaerithritol tetranitrate*

pétr. pétrole, 石油, *petroleum*

pétrif. pétrification, 石化, *petrification*

pétrochim. pétrochimie, 石油化学, *petrochemistry*

PETT professeur d'enseignement technique théorique, 理論技術教育担当教員

peupl. peuplement, 人口を増やすこと, *populating*

peur. peureux, 臆病な, *timid*

pf pfennig, ペニッヒ：100分の1マルク, *pfennig*

pF picofarad, ピコファラド, *picofarad*

PFL prélèvement forfaitaire libératoire, (利子などの)源泉徴収課税

PFN parti des forces nouvelles, (フランスの政党で)新たな力党

PFR pays à faible revenu, 低所得国, *low income countries*

PFR redémarrage automatique, (英語略語のままで)電源故障リスタート, *PFR = power fail restart*

PG procureur général, 検事総長, *Attorney General*

PG prisonnier de guerre, 戦争捕虜, *prisoner of war*

PGCD plus grand commun diviseur, 最大公約数, *HCF = highest common factor*

PGH Projet sur le génome humain, ヒトゲノム解析計画, *HGP = Human Genome Project*

PGK kina, (パプア・ニューギニアの通貨単位で)キナ, *kina*

PH porte-hélicoptères, ヘリ空母, *helicopter carrier*

PH paraboloïde hyperbolique, 双曲放物面, *hyperbolic paraboloid*

ph phot, フォト：照明の単位, *phot*

pH potentiel d'hydrogène, 水素イオン指数, *hydrogen ion exponent*

phal. phalange, 指節, *phalanx*

phant. phantasme, 幻想, *phantasm*

phar. pharaon, ファラオ：古代エジプト王の称号, *Pharaoh*

PHARE Pologne Hongrie : Assistance à la restructuration des économies, ファーレプログラム：東欧援助計画

pharm. pharmacie, 薬局, *pharmacy*

pharm. pharmaceutique, 薬の, *pharmaceutical*

pharmacodép. pharmacodépendance, 薬物依存, *drug dependency*

pharmacol. pharmacologie, 薬理学, *pharmacology*

pharyng. pharyngite, 咽頭炎, *pharyngitis*

PhC connexion physique, (英語略語のままで)物理接続, *PhC = physical connection*

phénic. phénicien, フェニキアの, *Phoenician*

phéno phénomène, 現象, *phenomenon*

phénylbut. phénylbutazone, フェニルブタゾン, *phenylbutazone*

PHF facteur de pointe, (英語略語のままで)ピーク時ファクター, *PHF = peak hour factor*

phila philatéliste, 切手蒐集家, *philatelist*

philanthr. philanthropie, 博愛, *philanthropy*

philat. philatélie, 切手蒐集, *philately*

philharm. philharmonie, 音楽同好会, *philharmonic society*

philo philosophie, 哲学, *philosophy*

philol. philologie, 文献学, *philology*

phléb. phlébite, 静脈炎, *phlebitis*

pHm pH-mètre, ペーハーメーター, *pH-meter*

phon. phonème, 音素, *phoneme*

phon. phonétique, 音声の, *phonetic*

phon. phoniatrie, 音声医学, *speech therapy*

phonogr. phonogramme, 表意文字, *phonogram*

phonogr. phonographe, 蓄音機, *phonograph*

phonol. phonologie, 音韻論, *phonology*

phonom. phonométrie, 測音, *phonometry*

phosph. phosphoreux, 燐を含む, *phosphorous*

phosph. phosphate, 燐酸塩, *phosphate*

phosphat. phosphatation, 燐酸塩被覆法

phot. photographie, 写真, *photography*

photocomp. photocomposeuse, 写真植字機, *photocomposer*

photocompo photocomposition, 写真植字, *photocomposition*

photogr. photogravure, 写真製版, *photogravure*

phototh. photothèque, 写真資料, *picture library*

PHP peso philippin, (通貨単位で)フィリピン・ペソ, *Philippine peso*

phr. phrase, 文, *sentence*

phraséol. phraséologie, 慣用語法, *phraseology*
phréat. phréatique, 井戸につながる
phrénol. phrénologie, 骨相学, *phrenology*
PhS service physique, (英語略語のままで)物理的サービス, *PhS = physical service*
PHS bi-pop nippon, (英語略語のままで)(電話の)PHS, *PHS = Personal Handy Phone System*
phyllox. phylloxéra, ネアブラムシ, *phylloxera*
phys. physique, 肉体の, *physical*
phys. nucl. physique nucléaire, 原子核物理学, *nuclear physics*
physiol. physiologie, 生理学, *physiology*
physion. physionomie, 顔つき, *physiognomy*
physiopathol. physiopathologie, 病理生理学, *physiopathology*
physiothér. physiothérapie, 薬用植物療法, *natural medicine*
phytoz. phytozoaire, 植虫類
PI Philippines, フィリピン:国際自動車識別記号, *Philippine*
pi par intérim, 代理
PIB produit intérieur brut, 国内総生産, *GDP = Gross Domestic Product*
PIBM produit intérieur brut marchand, 商品国内総生産, *commercial GDP*
PIC prêt immobilier conventionné, 協定不動産貸付, *property loan discounted by Credit Foncier*
picar. picaresque, 悪漢の, *picaresque*
pictogr. pictogramme, 絵文字, *pictogram*
PID proportionnel-intégral-dérivé, (自動制御方式で)比例・積分・微分, *PID = proportional-integral-derivative*
PIE principaux indicateurs économiques, 主要経済指標, *MEI = main economic indicators*
piémont. piémontais, ピエモンテの, *Piedmontese*
piét. piéton, 歩行者, *pedestrian*
pigm. pigment, 色素, *pigment*
pigment. pigmentation, 色素形成, *pigmentation*
PIL programme d'insertion locale, 地方再就職計画
PILA présentation de l'identification de la ligne appelante, 発信者番号表示, *CLID = calling line identification display*
PILA propriété industrielle littéraire et artistique, 文学的

及び芸術的工業所有権
pill. pillage, 略奪, *pillaging*
pilonn. pilonnage, すりつぶすこと, *pounding*
pilos. pilosité, 体毛, *pilosity*
pilot. pilotage, 操縦, *piloting*
PIM organisateur, (英語略語のままで)(コンピュータの) PIM：システム手帳ソフト, *PIM=personal information manager*
PIM programme intégré méditerranéen, 地中海統合計画, *Integrated Mediterranean Program*
PIN produit intérieur net, 国内純生産, *net domestic product*
pin. pinède, 松林, *pine forest*
pinacoth. pinacothèque, 絵画陳列館, *art gallery*
pince-mons. pince-monseigneur, 金てこ, *jimmy*
pinx. pinxit, (作者の名前の後に書いて)..画
PIP programme individuel de partenariat, 個別協力計画
PIPB programme intégré pour les produits de base, (UNCTADの)一次産品総合計画, *IPC=Integrated Program for Commodities (UNCTAD)*
pipér. pipérine, ピペリン, *piperine*
piq. piqueur, 厩舎係, *groom*
piquet. piquetage, 杭打ち, *staking*
pir. pirogue, 丸木舟, *pirogue*
PIRE puissance isotope rayonnée équivalente, 等価等方輻射パワー, *EIRP=equivalent isotopically-radiated power*
piscic. pisciculture, 養魚, *fish breeding*
piscic. piscicole, 養魚の
pist. pistage, (動物の)追跡, *tracking*
pist. pistolet, ピストル, *pistol*
PIT temporisateur programmable, (英語略語のままで)プログラマブル間隔タイマー, *PIT=programmable interval timer*
pitaine capitaine, 大尉, *Captain*
pittor. pittoresque, 絵になる, *picturesque*
pix. pixel, 画素, *pixel*
PJ police judiciaire, 司法警察
PJJ protection judiciaire de la jeunesse, 裁判所による少年保護措置
PJV parti de la juste voie, (トルコの)正道党, *True Path (DYP=Dogru yol Patisi* トルコ語)
PKD parti du Kampuchéa démocratique, 民主カンボジア

党, *Democratic Kampuchea Party*
PKK parti des travailleurs du Kurdistan (de Turquie), (トルコの)クルジスタン労働者党
PKR roupie pakistanaise, (通貨単位で)パキスタン・ルピー, *Pakistani rupee*
PL liaison primaire, (英語略語のままで)一次リンク, *PL = primary link*
PL pleine lune, 満月, *full moon*
PL Pologne, ポーランド:国際自動車識別記号, *Poland*
pl. plante, 植物, *plant*
pl. planche, 板, *plank*
pl. pluriel, 複数の, *plural*
pl. plaque, 板, *plate*
pl.-empl. plein-emploi, 完全雇用, *full employment*
pl.-pied (de) plain-pied, 同一平面(に), *same level (on the)*
pl.-q.-parf. plus-que-parfait, 大過去, *pluperfect*
pl. sol. plein soleil, かんかん照りの, *full heat of the sun*
pl.-tps plein-temps, フルタイム, *full-time*
pl.-val. plus-value, 値上がり, *capital gain*
pl.-vent plein-vent, 立木作りの果樹
PLA réseau logique programmable, (英語略語のままで)プログラマブル論理回路配列, *PLA = programmable logic array*
PLA prêt locatif aidé, 援助賃貸ローン
plac. placement, 職業紹介, *placement*
plaç. plaçure, 本の中身を揃える作業
plac. fin. placement financier, 金融投資, *financial investment*
plaf. plafond, 天井, *ceiling*
plafonn. plafonnier, 天井灯, *ceiling light*
plaid. plaidoirie, 弁論, *defense*
plais. plaisance, 船遊び, *pleasure*
plais. plaisir, 楽しみ, *pleasure*
plaisant. plaisanterie, 冗談, *joke*
plan. planète, 惑星, *planet*
planch. planchiste, ウインドサーファー, *windsurfer*
planét. planétaire, 惑星の, *planetary*
planét. planétarium, プラネタリウム, *planetarium*
planif. planification, (経済の)計画化, *planning*
planisph. planisphère, 平面天球図, *planisphere*
plant. plantaire, 足底の, *plantar*
plantigr. plantigrade, 蹠行(せきこう)動物, *plantigrade*

plast. plastique, 造形の, *plastic*
plat. plateau, 台地, *plateau*
plat. platitude, 平凡, *dullness*
plate-b. plate-bande, 花壇, *flower bed*
plate-f. plate-forme, (バスの)デッキ部分, *platform*
PLD plafond légal de densité, 法定上限密度
plébisc. plébiscite, 国民投票, *plebiscite*
plén. plénitude, 充足, *fullness*
plénipot. plénipotentiaire, 使節, *plenipotentiary*
pléon. pléonasme, 冗語法, *pleonasm*
pléth. pléthore, 過剰, *plethora*
pleur. pleurésie, 胸膜炎, *pleurisy*
Plexi Plexiglas, プレキシガラス, *Plexiglas*
PLF projet de loi de finances, 予算案, *budget bill*
PLFSS projet de loi de financement de la sécurité sociale, 社会保障資金調達法案
PLH programme local de l'habitat, 地元住宅計画
PLL boucle à blocage de phase, (英語略語のままで)位相同期ループ, *PLL=phase-locked loop*
PLN parti de la loi naturelle, (フランスの政党で)自然法党
PLO oscillateur asservi en phase, (英語略語のままで)位相同期発振器, *PLO=phase-locked oscillator*
plomb. plomberie, 配管, *plumbing*
plombag. plombagine, 鉛酸塩, *black lead*
PLR programme de logements à loyer réduit, 割引家賃住宅計画
plur. pluralité, 複数性, *plurality*
plus. plusieurs, いくつかの, *several*
plut. plutôt, むしろ, *rather*
pluv. pluvieux, 雨がちな, *rainy*
pluviom. pluviométrie, 降水量測定
PLV publicité sur le lieu de vente, 店頭広告, *point of purchasing advertising*
PLZ zloty, (ポーランドの通貨単位で)ズウォティ, *zloty*
Pm prométhéum, プロメチウム, *Pm=promethium*
PM stimulateur cardiaque, (英語略語のままで)(心臓の)ペースメーカー, *PM=pacemaker*
pm picomètre, ピコメートル, *picometer*
PM préparation militaire, 入隊前教育
PM pistolet-mitrailleur, 小型機関銃
PM police militaire, 軍事警察, *MP=military police*

PMA pays les moins avancés, 後発発展途上国, *LDC = least developed countries*

PMA procréation médicalement assistée, 医学支援生殖, *medically aided procreation*

PMA prise maximale autorisée, 漁獲許容量, *TAC = total allowable catch*

PMB point mort bas, (シリンダーの)ボトムデッドセンター, *BDC = bottom dead center*

PMBX commutateur privé manuel, (英語略語のままで)手動式構内交換設備, *PMBX = private manual branch exchange*

PMC propension marginale à consommer, 限界消費性向, *MPC = marginal propensity to consume*

PMDRE population marginale disponible à la recherche d'un emploi, 境界的就職可能求職者人口：耳寄りな話があれば就職を望む人々

PME petites et moyennes entreprises, 中小企業, *medium and small enterprises*

PME propension marginale à épargner, 限界貯蓄性向, *MPS = marginal propensity to save*

PME programme de modernisation et d'équipement, 近代化・設備計画

PMF Pierre Mendès France, (元フランス首相)ピエール・マンデス・フランス, *Pierre Mendès France*

PMFAA personnel militaire féminin de l'armée de l'air, 空軍婦人兵団

PMFAT personnel militaire féminin de l'armée de terre, 陸軍婦人兵団

PMH point mort haut, (エンジンのシリンダーの)トップデッドセンター, *TDC = top dead center*

PMH pari mutuel sur hippodrome, 場内勝ち馬投票

PMI protection maternelle et infantile, 母性小児保護

PMI pension militaire d'invalidité, 廃兵年金

PMI petites et moyennes industries, 中小産業, *small and medium size industrial firms*

PMMA polyméthacrylate de méthyle, (英語略語のままで)ポリメチルメタクリレート, PMMA = polymethyl methacrylate

PMR personne à mobilité réduite, 移動困難者

PMRC programme mondial de recherche sur le climat, 世界気候研究計画, *WCRP = World Climate Research Pro-*

PMS préparation militaire supérieure, 高等軍事準備教育
PMU pari mutuel urbain, 場外馬券制度
PN notification positive, (英語略語のままで)正通知, *PN = positive notification*
PN passage à niveau, 踏切, *level crossing*
PNB produit national brut, 国民総生産, *GNP = gross national product*
PNC personnel naviguant commercial, 民間航空搭乗員, *cabin crew*
PNET Traité sur les explosions nucléaires à des fins pacifiques, (英語略語のままで)平和目的核爆発条約, *PNET = Peaceful Nuclear Explosions Treaty*
pneum. pneumonie, 肺炎, *pneumonia*
pneum. pneumatique, 空気の, *pneumatic*
PNG Papouasie-Nouvelle-Guinée, パプア・ニューギニア：国際自動車識別記号；国際オリンピック委員会の国名表記 (1974年承認), *Papua New Guinea*
PNI pays nouvellement industrialisés, 新興工業国, *NICs = newly industrializing countries*
PNIC programme national d'intérêt communautaire, EU利益国家計画
PNN produit national net, 国民純生産, *NNP = net national product*
PNR parti national républicain, (フランスの政党で)国民共和党
PNUAP programme des Nations unies pour les activités en matière de population, 国連人口活動計画, *United Nations Program for Population Activities*
PNUCID programme des Nations unies pour le contrôle international des drogues, 国連薬物統制計画, *UNDCP = United Nations International Drug Control Program*
PNUD programme des Nations unies pour le développement, 国連開発計画, *UNDP = United Nations Development Program*
PNUE programme des Nations unies pour l'environnement, 国連環境計画, *UNEP = United Nations Environment Program*
PNX commutateur de réseau privé, (英語略語のままで)専用通信網交換機, *PNX = private network exchange*
PO par ordre, 指図により

PO petites ondes, 中波
Po polonium, ポロニウム, *Po=polonium*
PO programme opérationnel, 実戦プログラム, *operational program*
podol. podologie, 足学, *podiatry*
poés. poésie, 詩, *poetry*
poét. poétique, 詩の, *poetic*
poinç. poinçon, 錐, *awl*
point. pointure, (靴などの)サイズ, *size*
point. pointeuse, タイムレコーダー, *time keeper*
pointill. pointilliste, 点描の, *pointillist*
pointill. pointillisme, 点描画法
pois. poison, 毒, *poison*
poiss. poisson, 魚, *fish*
poiss.-chat poisson-chat, ナマズ, *catfish*
poiss.-épée poisson-épée, メカジキ
poiss.-lune poisson-lune, マンボウ
poissonn. poissonnerie, 魚屋, *fish shop*
poitev. poitevin, ポワトゥーの, *of Poitou*
poitr. poitrine, 胸, *chest*
poivr. poivrier, 胡椒の木, *pepper plant*
poivr. poivron, ピーマン, *bell pepper*
pol. police, 警察, *police*
Pol. Pologne, ポーランド, *Poland*
polar. polarité, 極性, *polarity*
polaris. polarisation, (電気の)分極, *polarization*
polém. polémique, 論戦, *argument*
polémol. polémologie, 戦争術, *study of war*
polio poliomyélite, ポリオ, *poliolitis*
poliss. polisseuse, つや出し機, *polisher*
poliss. polissage, 磨き, *polishing*
polit. politique, 政治の, *political*
polit. politicien, 政治屋, *politico*
polit. politesse, 礼儀正しさ, *politeness*
poll. pollution, 汚染, *pollution*
polon. polonais, ポーランドの, *Polish*
polyg. polygamie, 一夫多妻, *polygamy*
polygl. polyglotte, 数カ国語を話す人, *polyglot*
polym. polymère, 重合体, *polymer*
polyn. polynésien, ポリネシアの, *Polynesian*
polyph. polyphasé, 多相の, *polyphase*

polyph. polyphonie, 多声音楽, *polyphony*
polyprop. polypropylène, ポリプロピレン, *polypropylene*
polypt. polyptère, ポリプテラス：淡水魚の一種
polys. polysémie, 多義, *polysemy*
POM polyoxyméthylène, ポリオキシメチレン, *POM =polyoxymethylene*
POM pays d'outre-mer, 海外諸国：フラン圏とマグレブ
pomm. pommade, 軟膏, *ointment*
pomol. pomologie, 果樹園芸, *pomology*
pomp. pompier, 消防士, *fireman*
PON réseau optique passif, (英語略語のままで)受動的光ネットワーク, *PON =passive optical network*
ponct. ponctualité, 時間厳守, *punctuality*
pond. pondaison, 産卵期, *egg-laying time*
pondér. pondération, 均衡, *balance*
pontif. pontificat, ローマ教皇の, *pontifical*
POP programme opérationnel plurifonds, 複数資金利用実戦的プログラム
POP polluants organiques persistants, 残留性有機汚染物質, *POP =persistent organic pollutants*
POP procédure opérationnelle permanente, (軍の)管理運用規定, *SOP =standing operating procedure*
pop. populaire, 人気のある, *popular*
popu populaire, 庶民の, *popular*
popul. population, 人口, *population*
popul. popularité, 人気, *popularity*
porcel. porcelaine, 磁器, *porcelain*
porch. porcherie, 豚小屋, *piggery*
poros. porosité, 多孔性, *porosity*
port. portugais, ポルトガルの, *Portuguese*
port. portail, 扉口, *portal*
Port. Portugal, ポルトガル, *Portugal*
portemant. portemanteau, コートハンガー, *coat rack*
portor. portoricain, プエルトリコの, *Puerto Rican*
portr. portrait, ポートレート, *portrait*
pos. position, 位置, *position*
pos. positif, 確実な, *positive*
POS plan d'occupation des sols, 土地占有計画, *zoning regulation*
posit. positivisme, 実証主義, *positivism*
posit. positivité, 積極性, *positivity*

posol. posologie, 薬用量学, *posology*
poss. possesseur, 持ち主, *owner*
poss. possession, 所有, *possession*
posséd. possédants, 財産家, *haves (the)*
possib. possibilité, 可能性, *possibility*
post. postal, 郵便の, *mail*
post. postier, 郵便局員, *postal worker*
post. postulat, 公準, *postulate*
postér. postériorité, (時間的に)後であること, *posterity*
postér. postérieur, 以後の, *later*
postf. postface, 後書き, *postscript*
posth. posthume, 死後に生まれた, *posthumous*
pot. potage, スープ, *soup*
pot. potence, 直角の支柱, *bracket*
potentiom. potentiomètre, 電位差計, *potentiometer*
poub. poubelle, ゴミ箱, *garbage can*
poudr. poudrerie, 火薬工場, *powder factory*
poujad. poujadisme, プジャード運動, *Poujadism*
poum. poumon, 肺, *lung*
pourp. pourpoint, プルポワン:中世の胴衣, *pourpoint*
pourr. pourriture, 腐敗, *rotting*
pourt. pourtant, しかしながら, *yet*
poutr. poutrelle, 小梁, *girder*
pp pianissimo, ピアニッシモ
pp pages, (複数の)ページ, *pp=pages*
pp. participe passé, 過去分詞, *past participle*
PP port payé, 送料支払済みで, *postage paid*
PP premier président, (高等法院の)院長
PP préfecture de police, 警視庁
PP calculateur périphérique, (英語略語のままで)周辺プロセッサー, *PP=peripheral processor*
PP. Pères, (敬称で)神父の方々, *Fathers*
PPA parité des pouvoirs d'achat, 購買力平価, *PPP=purchasing power parity*
Ppal principal, 主要な, *principal*
PPC pour prendre congé, 暇乞いをするために
PPCM plus petit commun multiple, 最小公倍数, *LCM=least common multiple*
PPDF parti populaire pour la démocratie française, (フランスの政党でUDF系の)フランス民主主義人民党
PPE Association de protection des plantes et de l'environ-

nement, 植物保護環境団体
PPE parti populaire européen, 欧州人民党, *EPP =European People's Party*
PPE programme prioritaire d'exécution, 優先実施プログラム
PPESV plan partenarial d'épargne salariale volontaire, 自発的給与所得者貯蓄パートナープラン
PPL parti pour la liberté, (フランスの政党で Claude Reichman の)自由のための党
PPM modulation d'impulsion en position, (英語略語のままで)パルス位置変調, *PPM =pulse position modulation*
PPM parties par million, 百万分率, *PPM =parts per million*
ppp points par pouce, (プリンターの解像度で)dpi, *dpi =dots per inch*
ppp pianissimo, ピアニッシモ
PPP principe <pollueur-payeur>, 汚染者負担原則, *PPP =polluter pays principle*
PPP partenariat pour la paix, 平和のためのパートナーシップ, *PFP =Partnership for Peace*
ppr. participe présent, 現在分詞, *present participle*
PPRL parti populaire révolutionnaire laotien, ラオス人民革命党, *LPRP =Lao People's Revolutionary Party*
PPS pouces par seconde, インチ数毎秒, *IPS =inches per second*
pps impulsions par seconde, (英語略語のままで)パルス数毎秒, *pps =pulses per second*
PPTE pays pauvres très endettés, 重債務貧困国, *HIPC =heavily indebted poor countries*
PPV péage à la consommation, (英語略語のままで)(ケーブルテレビの)ペイパービュー方式, *PPV =pay per view*
PPZ protoporphyrine de zinc, 亜鉛プロトポルフィリン, *ZPP =zinc protoporphyrin*
PQ papier-cul, (俗語で)トイレットペーパー, *toilet paper*
PQ premier quartier, (月の)上弦, *first quarter*
PQ province de Québec, ケベック州, *province of Quebec*
PQ parti québécois, (カナダの政党で)ケベック党
PR parti républicain, 共和党, *Republican Party*
Pr praséodyme, プラセオジム:希土類元素, *praseodymium*
PR poste restante, 局留め
pr. propre, 清潔な, *clean*

praesid. praesidium, ソビエト最高会議幹部会, *presidium*
prag. pragois, プラハの, *of Prague*
prat. pratique, 便利な, *practical*
PRBS séquence binaire pseudoaléatoire, (英語略語のままで)準ランダムバイナリーシーケンス, *PRBS =pseudorandom binary sequence*
PRCE primes régionales à la création d'entreprises, (地域圏交付の)企業創設補助金
PRDE plan régional de développement économique, 経済開発地方プラン
PRE pétrolier ravitailleur d'escadre, 艦隊給油用タンカー
PRE primes régionales à l'emploi, (地域圏交付の)雇用助成金
préal. préalable, あらかじめの, *previous*
préb. prébende, 実入りのいい公職, *sizeable income*
préc. précaire, 不安定な, *precarious*
précios. préciosité, プレシオジテ
précipit. précipitation, 大急ぎ, *haste*
précis. précision, 正確, *accuracy*
prédic. prédication, 宣教, *preaching*
préf. préfet, 知事, *prefect*
préf. préfixe, 接頭辞, *prefix*
préf. préface, 序文, *preface*
préf. préférence, 好み, *preference*
PREFON prévoyance de la fonction publique, 公務員保障
préhist. préhistoire, 先史, *prehistory*
préj. préjugé, 偏見, *prejudice*
prél. prélat, 高位者, *prelate*
prem. premier, 一番目の, *first*
prén. prénom, 名, *first name*
prép. préposition, 前置詞, *preposition*
prép préparation, 準備, *preparation*
prépa préparation, 準備, *preparation*
prépar. préparation, 準備, *preparation*
prés. président, 議長, *president*
prés. présence, 存在, *presence*
prés. présent, 現在, *present*
presbyt. presbytère, 司祭館, *presbytery*
prescr. prescription, 処方, *prescription*
présent. présentation, 紹介, *presentation*
préserv. préservation, 予防, *preservation*

présid. présidence, 大統領の職, *presidency*
présid. présidium, ソビエト最高会議幹部会, *presidium*
press. pression, 圧力, *pressure*
press. pressing, プレス専門店, *pressing*
pressuris. pressurisation, 与圧, *pressurization*
prest. prestation, 給与, *benefit*
prestidigit. prestidigitation, 手品, *magic*
prét. prétoire, 法廷, *court*
prét. prétention, 要求, *pretension*
prév. prévenance, 気が付くこと, *kindness*
prév. prévention, 予防, *prevention*
prévaric. prévarication, 背任, *breach of trust*
prévent. préventorium, 結核予防診療所, *tuberculosis sanatorium*
prévis. prévision, 予想, *forecast*
prévis. prévisible, 予想できる, *foreseeable*
PRF fréquence de répétition des impulsions, (英語略語のままで)パルス繰り返し周波数, *PRF =pulse repetition frequency*
PRG provisions pour reconstitution de gisement, 鉱床油田再現引当金, *reserve for reconstitution or restoration of the mineral resources*
PRI pays à revenu intermédiaire, 中所得国, *middle income country*
prim. primauté, 優位, *supremacy*
prim. primitif, 原初の, *primitive*
primatol. primatologie, 霊長類学, *primatology*
princ. principal, 主要な, *principal*
PRIPS Pôle régional d'information et de prévention du sida, (フランスの各種資料提供機関)エイズ情報提供予防地方センター
pris. prison, 牢獄, *prison*
PRISMA préparation des entreprises dans la perspective du Marché unique, 統一市場に向けての企業準備
priv. privatif, 専用の, *private*
privatis. privatisation, 民営化, *privatization*
privil. privilège, 特権, *privilege*
PRL parti républicain de la liberté, (フランスの政党で)自由共和党
PNR point de non-retour, (航空機の)最遠折り返し点, *point of no return*

pro professionnel, 専門家, *professional*
prob. probable, ありそうな, *probable*
prob. probation, 保護観察, *probation*
probab. probabilité, 確からしさ, *probability*
probl. problème, 問題, *problem*
procéd. procédure, 手続, *procedure*
process. processus, プロセス, *process*
process. procession, 行列, *procession*
proch. prochain, 次の, *next*
procur. procuration, 委任, *proxy*
prod. prodige, 驚くべき事, *wonder*
prod. produit, 製品, *product*
prod. production, 生産, *production*
prod. alim. produit alimentaire, 食品, *food product*
prod. manuf. produit manufacturé, 加工品, *manufactured product*
prod. progr. produit-programme, (コンピュータの)パッケージプログラム, *package program*
produc production, 生産, *product*
product. productivité, 生産性, *productivity*
prof. profit, 利益, *profit*
prof. professeur, 教授, *teacher*
prof. profondeur, 深さ, *depth*
profan. profanation, 神聖なものをけがすこと, *desecration*
profess. professionnel, 職業の, *professional*
profess. profession, 職業, *profession*
profess. lib. profession libérale, 自由業, *liberal profession*
professor. professorat, 教授職, *teaching profession*
profus. profusion, 豊富, *profusion*
progén. progéniture, 子孫, *progeny*
progest. progestérone, プロゲステロン, *progesterone*
progr. programmation, プログラム化, *programming*
progress. progressivité, 累進性, *progressiveness*
progress. progression, 前進, *progression*
prohib. prohibition, 禁止, *prohibition*
proj. projection, 発射, *projection*
prolét. prolétariat, 無産者階級, *proletariat*
prolétaris. prolétarisation, プロレタリア化, *proletarianization*
prolifér. prolifération, 増殖, *proliferation*

prolo prolétaire, 無産者, *proletarian*
prolong. prolongation, 延長, *prolongation*
PROM ROM programmable, (英語略語のままで)再書込可能な読取専用メモリー, *PROM =programmable read-only memory*
prom. promenade, 散歩, *walk*
promisc. promiscuité, 雑居, *overcrowding*
promo promotion, (グランゼコールの)同期入学生
promulg. promulgation, 発布, *promulgation*
pron. pronom, 代名詞, *pronoun*
pron. dém. pronom démonstratif, 指示代名詞, *demonstrative pronoun*
pron. indéf. pronom indéfini, 不定代名詞, *indefinite pronoun*
pron. pers. pronom personnel, 人称代名詞, *personal pronoun*
pron. poss. pronom possessif, 所有形容詞, *possessive pronoun*
pron. rel. pronom relatif, 関係代名詞, *relative pronoun*
PRONIC Salon international des équipements et produits pour l'électronique, (パリの)国際電気部品製造装置見本市
prononc. prononciation, 発音, *pronunciation*
pronunc. pronunciamiento, プロヌンシアメント, *pronunciamento*
prop. propulsion, 推進, *propulsion*
prop. propagande, 宣伝, *propaganda*
prop. proportion, 釣り合い, *proportion*
prop. propagation, 普及, *propagation*
PROPARCO Société de promotion et de participation pour la coopération économique, 経済協力推進参加会社
proph. prophète, 予言者, *prophet*
prophyl. prophylaxie, 予防, *prophylaxis*
propos. proposition, 提案, *proposition*
propr. propreté, 清潔, *cleanliness*
propriét. propriétaire, 大家, *owner*
proprio propriétaire, 所有者, *owner*
prorog. prorogation, 延期, *extension*
pros. prosodie, 韻律法, *prosody*
proscr. proscription, 追放, *proscription*
prosp. prospection, 探鉱, *prospecting*
prospér. prospérité, 繁栄, *prosperity*

prost. prostate, 前立腺, *prostate*
prostagl. prostaglandine, プロスタグランジン, *prostaglandin*
prostit. prostitution, 売春, *prostitution*
prot. proton, 陽子, *proton*
protag. protagoniste, 主役, *protagonist*
protec. protection, 保護, *protection*
protect. protectorat, 保護関係, *protectorate*
protest. protestation, 抗議, *protestation*
protest. protestant, 新教徒, *protestant*
proth. prothèse, 補綴, *prosthesis*
proto prototype, 試作品, *prototype*
protoc. protocole, 公式儀礼, *protocol*
protox. protoxyde, 最低酸化数の酸化物, *monoxide*
protoz. protozoaires, 原生動物, *Protozoa*
protub. protubérance, 隆起, *protuberance*
prov. provençal, プロヴァンス地方の, *of the Provence*
prov. proverbe, 諺, *proverb*
prov. province, (パリに対して)地方, *provinces*
prov. provenance, 出所, *source*
provid. providence, 摂理, *providence*
provis. proviseur, 校長, *headmaster*
provis. provision, 貯蔵, *stock*
provoc. provocation, 挑発, *provocation*
proxén. proxénétisme, 売春斡旋, *pimping*
proxim. proximité, 近さ, *proximity*
PRP préretraite progressive, 段階的定年前退職
PRPB parti de la révolution populaire du Bénin, ベニン人民革命党, *Benin People's Revolutionary Party*
PRS parti radical-socialiste, (フランスの政党で)急進社会党
PRT transport en commun personnalisé, (英語略語のままで)少人数高速輸送システム, *PRT = personal rapid transit*
prud. prudence, 慎重さ, *prudence*
PS post-scriptum, (ラテン語略語のままで)追伸, *PS = post-scriptum*
PS commutateur de paquets, (英語略語のままで)パケット交換機, *PS = packet switch*
PS point sensible, (防衛の)弱点
PS parti socialiste, 社会党, *Socialist Party*
ps picoseconde, ピコ秒, *picosecond*
PS programmation structurée, 構造化プログラミング, *SP*

=*structured programming*
ps. psaume, 詩篇, *psalm*
PSA parti socialiste albanais, アルバニア社会党, *Socialist Party of Albania*
PSA granulomètre, (英語略語のままで)粒子サイズ測定機, *PSA＝particle size analyzer*
PSC produits de substitution des céréales, 穀物代替産品
PSC parti socialiste chrétien, キリスト教社会党
PSD parti social démocrate, (フランスの)社会民主党
PSD pays sous-développé, 低開発国, *underdeveloped country*
PSD prestation spécifique dépendante, 要看護高齢者特別給付：60歳以上の貧窮老人向けで2002年から APA と名称変更
PSDE plan et schéma directeur d'équipement, 設備プラン・基本計画
PSE environnement d'aide à la programmation, (英語略語のままで)(コンピュータの)プログラムサポート環境, *PSE＝programming support environment*
PSE centre de commutation de paquets, (英語略語のままで)パケット交換局, *PSE＝packet switching exchange*
PSE placement sous surveillance électronique à domicile, 電子監視システム
PSE parti socialiste européen, 欧州社会党, *PES＝Party of European Socialists*
PSERE personnes sans emploi à la recherche d'un emploi, 求職活動者, *jobless person looking for a job*
pseud. pseudonyme, 筆名, *pseudonym*
PSG Paris Saint-Germain, パリ・サンジェルマン：プロサッカーチーム
psi livres par pouce carré, (英語略語のままで)ポンド／平方インチ, *psi＝pounds per square inch*
PSN réseau de commutation par paquets, (英語略語のままで)パケット交換網, *PSN＝packet-switched network*
PSN nœud à commutation de paquets, (英語略語のままで)パケット交換ノード, *PSN＝packet switching node*
PSR programme social de relogement, 住宅付与社会計画
PSU parti socialiste unifié, 統一社会党
PSV pilotage sans visibilité, 無視界飛行, *instrument flying*
PSV profil sismique vertical, 垂直地震プロファイル, *VSP＝vertical seismic profile*
PSW mot d'état du programme, (英語略語のままで)プログ

ラムステータスワード, *PSW* = *program status word*
psy psychologue, 心理学者, *psychologist*
psy psychanalyste, 精神分析医, *psychoanalyst*
psych. psychique, 心理の, *psychic*
psychan. psychanalyse, 精神分析, *psychoanalysis*
psychol. psychologie, 心理学, *psychology*
Pt platine, プラチナ, *Pt* = *platinum*
PT pa'anga, (トンガの通貨単位で)パーアンガ, *pa'anga*
pt point, 点, *point*
PT parti des travailleurs, (フランスの政党で)労働者党
pt pont, 橋, *bridge*
pt-basc. pont-bascule, 車両重量台
pt de vue point de vue, 観点, *point of view*
pt-prom. pont-promenade, 遊歩甲板, *promenade deck*
pt-rail pont-rail, 鉄道橋
pt-route pont-route, 道路橋
PTA professeur technique adjoint, 技術教員助手
PTA peseta d'Andorre, (通貨単位で)アンドラ・ペセタ, *Andorran peseta*
PTAC poids total autorisé en charge, 車両総重量
Ptaire propriétaire, 所有者, *owner*
PTC poids total en charge autorisé, 車両総重量, *GVW* = *gross vehicle weight*
PTE escudo portugais, (通貨単位で)ポルトガル・エスクード, *Portuguese escudo*
PTE ministère des Postes, des Télécommunications et de l'Espace, 郵便宇宙省, *Ministry of Posts, Telecommunications and Space*
pte porte, ドア, *door*
Pté propriété, 所有権, *ownership*
PTEP professeur technique d'enseignement professionnel, 職業教育技術教員
ptérop. ptéropode, 翼足類, *pteropod*
PTI parité des taux d'intérêt, 利子率平価, *interest rate parity*
PTM poids total maximum, 車両総重量, *GVW* = *gross vehicle weight*
PTPE perte au titre d'un placement d'entreprise, 企業投資損失, *BIL* = *business investment loss*
PTRA poids total roulant autorisé en charge, トレーラー・トラックの連結総重量, *GCW* = *gross combination weight*

PTSD troubles du stress post-traumatique, (英語略語のまま で)心的外傷後ストレス障害, *PTSD = post-traumatic stress disorder*

PTT ministère des Postes, Télégraphes et Télécommunications, (旧)郵政省, *Ministry of Posts, Telegraphs and Telecommunications*

PTT poursuite télémesure et télécommande, 遠隔測定・操作追跡, *TTC = tracking telemetry and command*

Pu plutonium, プルトニウム, *Pu = plutonium*

PU unité de protocole, (英語略語のままで)プロトコルユニット, *PU = protocol unit*

pub publicité, 宣伝, *publicity*

publ. public, 公的な, *public*

publ. publication, 出版, *publication*

puéric. puériculture, 育児学, *child care*

PUF Presse Universitaire de France, PUF出版社

puiss. puissance, 権力, *power*

pulm. pulmonaire, 肺の, *pulmonary*

puls. pulsation, 拍動, *beating*

puls. pulsion, 欲動, *impulse*

pulvér. pulvérulence, 粉末状態, *powderiness*

pulvéris. pulvérisation, 噴霧, *pulverizing*

pup. pupille, 孤児, *pupil*

purg. purgatif, 下剤, *purgative*

purif. purification, 浄化, *purification*

purit. puritain, 清教徒, *Puritan*

putréf. putréfaction, 腐敗, *putrefaction*

PV point de vente, 販売時点情報管理, *POS = point-of-sales*

PV poids à vide, 車両重量

PV valeur de paramètre, (英語略語のままで)パラメーター値, *PV = parameter value*

PV procès-verbal, 調書

PVC polyvinylechlorure, ポリ塩化ビニル, *PVC = polyvinyl chloride*

PVC circuit virtuel permanent, (英語略語のままで)相手固定接続, *PVC = permanent virtual circuit*

PVC pression veineuse centrale, 中心静脈圧, *CVP = central venous pressure*

PVD pays en voie de développement, 発展途上国, *developing countries*

PVD paquet avec valeur déclarée, 価格表記小包

PVP polyvinylpyrrolidone, ポリビニルピロリドン, *PVP = polyvinylpyrrolidone*

PVP portée visuelle de piste, 滑走路視程, *RVR = runway visual range*

PW liaison spécialisée, (英語略語のままで)プライベート線, *PW = private wire*

PWM modulation d'impulsions en largeur, (英語略語のままで)パルス幅変調, *PWM = pulse width modulation*

px prix, 価格, *price*

PY Paraguay, パラグアイ:国際自動車識別記号, *Paraguay*

PYG guarani, (パラグアイの通貨単位で)グアラニー, *guarani*

pyl. pylône, 鉄塔, *pylon*

Pyr.-Or. Pyrénées-Orientales, ピレネー・オリアンタル県 (66)

pyram. pyramide, ピラミッド, *pyramid*

pyrén. pyrénéen, ピレネーの, *Pyrenean*

pyrol. pyrolyse, 熱分解, *pyrolysis*

pyrom. pyromanie, 放火癖, *pyromania*

pyrom. pyromane, 放火犯, *pyromaniac*

pyrotechn. pyrotechnie, 火薬学, *pyrotechnics*

pyrotechn. pyrotechnique, 火工術の, *pyrotechnical*

pythagor. pythagoricien, ピタゴラス主義の, *Pythagorean*

Q

Q quadrillion, クァドリリオン：フランスでは10の24乗, *Q =quadrillion*

Q quetzal, （グアテマラの通貨単位で）ケッツァル, *quetzal*

Q. question, 質問, *question*

q quintal, メトリックキンタル：100キログラム, *quintal*

q.-d'ar. queue-d'aronde, 蟻柄(ありほぞ)

q.-de-chev. queue-de-cheval, ポニーテール, *ponytail*

q.-de-mor. queue-de-morue, 刷毛, *flat brush*

q.-de-pie queue-de-pie, 燕尾服, *tail coat*

q.-de-rat queue-de-rat, 脈状しぼられ：鋳物の欠陥, *rat tail*

QA assurance de la qualité, （英語略語のままで）品質保証, *QA=quality assurance*

QAR riyal du Qatar, （通貨単位で）カタール・リヤル, *Qatar riyal*

QC maîtrise de qualité, （英語略語のままで）品質管理, *QC=quality control*

QCM questionnaire à choix multiple, 多項選択式質問状

QE question écrite, 書面による質問

QG quartier général, 司令部, *headquarters*

QHS quartier de haute sécurité, 重警備獄舎

QI quotient intellectuel, 知能指数, *intelligence quotient*

QIT quotas individuels éventuellement transférables, 移転可能個別漁獲割当て

QL langage d'interrogation, （英語略語のままで）問い合わせ言語, *QL=query language*

QMAC qualité moyenne après contrôle, 平均出検品質, *AOQ=average outgoing quality*

QOS qualité de service, （英語略語のままで）サービスの質, *QOS=quality of service*

qq. quelque, なにかの

qq1 quelqu'un, （携帯メールでの略語で）誰か, *somebody*

qqch. quelque chose, なにか, *something*

qqf. quelquefois, 時折, *sometimes*

qqn quelqu'un, 誰か, *someone*

qqns quelques-uns, いくつか, *some*
QR riyal du Qatar, (通貨単位で)カタール・リヤル, *Qatar riyal*
QS quantité suffisante, 十分な量, *sufficient quantity*
QSG galaxie quasi-stellaire, (英語略語のままで)恒星状小宇宙, *QSG =quasi-stellar galaxy*
QSO objet quasi-stellaire, (英語略語のままで)恒星状天体, *QSO =quasi-stellar object*
QSP quantité suffisante pour, (薬調合に)必要十分な量
QSR quartier de sécurité renforcée, (刑務所内の)監視強化地区
QSS radiosource quasi-stellaire, (英語略語のままで)恒星状電波源, *QSS =quasi-stellar radio source*
qu. quai, 波止場, *wharf*
quadr. quadruple, 四倍の, *quadruple*
quadrag. quadragénaire, 四十歳代の, *quadragenarian*
quadrang. quadrangulaire, 四角の, *quadrangular*
quadri. quadrichromie, 四色刷り, *four color printing*
qual. qualité, 品質, *quality*
qualif. qualification, 形容, *qualification*
qualit. qualitatif, 質的な, *qualitative*
quant. quantité, 量, *quantity*
quant. quantième, 日付, *day of the month*
quantif. quantification, 量子化, *quantification*
quarant. quarantaine, 約四十, *about forty*
quarant. quarantième, 四十番目の, *fortieth*
quart. quartier, 四分の一, *quarter*
quart. quartier, 地区, *district*
quart.-m. quartier-maître, 主計将校, *leading reamer*
quasi-contr. quasi-contrat, 準契約, *implied contract*
quasi-contr.-dél. quasi-contrat-délit, 準不法行為, *technical offence*
quat. quatuor, カルテット, *quartet*
quatorz. quatorzième, 十四番目の, *fourteenth*
quatr. quatrième, 四番目の, *fourth*
quatr. quatrain, 四行詩, *quatrain*
quattroc. quattrocento, 十五世紀イタリア美術, *quattrocento*
québec. québécois, ケベックの, *of Quebec*
quelc. quelconque, なんらかの, *any*
quen. quenelle, クネル：魚のすり身の料理, *quenelle*

quer. querelle, 喧嘩, *quarrel*
quercin. quercinois, ケルシー地方の, *of the Quercy*
quest. question, 質問, *question*
quest. questionnaire, 質問事項, *questionnaire*
quic. quiconque, (..する者は)誰も, *whoever*
quiét. quiétude, 静けさ, *peacefulness*
quinc. quinconce, 五点形に, *quincunx*
quincaill. quincaillerie, 金物類, *hardware*
quinq. quinquennat, 五年間, *five year term*
quinquag. quinquagénaire, 五十歳代の, *fifty-year-old*
quint. quintette, 五重奏, *quintet*
quint. quintuple, 五倍の, *quintuple*
quintess. quintessence, 本質, *quintessence*
quinz. quinzaine, 約十五, *fifteen or so*
quinz. quinzième, 十五番目の, *fifteenth*
quipr. quiproquo, 取り違え, *case of mistaken identity*
quitt. quittance, 領収書, *receipt*
quor. quorum, 定足数, *quorum*
quot. quotidien, 毎日の, *daily*
QWL qualité de la vie au travail, (英語略語のままで)労働生活質的充実(運動), *QWL=quality of working life*

R

r. rue, 通り, *street*
R. réponse, 返事, *answer*
R rœntgen, レントゲン：X線の強さの単位, *roentgen*
r. rive, 川岸, *bank*
R rand, (南ア連邦の通貨単位で)ラント, *rand*
r.-de-ch. rez-de-chaussée, 一階, *first floor*
r.-de-jard. rez-de-jardin, (床が庭と同じ高さにある)一階, *garden level*
r. dr. rive droite, (セーヌ川の)右岸, *Right Bank*
R et D recherche et développement, 研究開発, *R&D = Research and Development*
r. g. rive gauche, (セーヌ川の)左岸, *Left Bank*
r.-le-b. ras-le-bol, 飽き
R. P. Révérend Père, (敬称で)神父, *Reverend Father*
R + Rhésus positif, Rh プラス, *Rh positive*
R - Rhésus négatif, Rh マイナス, *Rh negative*
r/mn tour par minute, (英語略語のままで)回毎分, *r/m = rounds per minute*
r/s tour par seconde, (英語略語のままで)毎秒回転数, *r/s = rounds per second*
RA région aérienne, 空軍管区
RA Argentine, アルゼンチン：国際自動車識別記号, *Argentina*
Ra radium, ラジウム, *Ra = radium*
RA régime accéléré, 急行貨物便システム
RAA rhumatisme articulaire aigu, 急性関節リウマチ, *acute articular rheumatism*
rab. rabot, 鉋, *plane*
rabatt. rabatteur, 狩りだし係, *beater*
rabb. rabbin, (ユダヤ教シナゴーグの)祭司, *rabbi*
rac. racisme, 人種主義, *racism*
racc. raccord, 接合, *join*
rach. rachidien, 脊椎の, *rachidian*
rachit. rachitisme, くる病, *rackets*

racl. racloir, 削り道具, *scraper*
racol. racolage, 勧誘, *soliciting*
rad radian, ラジアン, *radian*
rad radiation, ラド：吸収線量の単位, *rad*
rad. radical, 根源にある, *radical*
rad. radiale, 撓骨動脈, *radial*
rad.-soc. radical-socialisme, 急進社会主義, *radical-socialism*
rad.-soc. radical-socialiste, 急進社会主義の, *radical-socialist*
rad/s radian par seconde, ラジアン毎秒, *radians per second*
radiat. radiateur, ラジエター, *radiator*
radic. radicalisme, 急進主義, *radicalism*
radiesth. radiesthésiste, 磁気感知占い師, *dowser*
radiol. radiologie, 放射線学, *radiology*
radiol. radiologiste, 放射線科医, *radiologist*
radiom. radiomètre, 放射計, *radiometer*
radioph. radiophare, 無線標識, *radio beacon*
radios. radiosonde, ラジオソンデ, *radiosonde*
radios. radiosource, 宇宙電波源, *radio source*
raff. raffinerie, 精油所, *refinery*
RAI indication d'alarme distante, （英語略語のままで）遠隔警報表示, *RAI =remote alarm indication*
RAID recherche, assistance, intervention et dissuation, フランス警察精鋭部隊
rais. raison, 理由, *reason*
raj. rajout, 付加, *addition*
ral. ralenti, ゆっくりした, *slow*
rall. rallonge, （テーブルの）継ぎ足し板, *leaf*
ram. ramure, 枝, *branches*
ramass. ramassage, 寄せ集めること, *collection*
ramif. ramification, 枝分かれ, *ramification*
ramolliss. ramollissement, 軟化, *softening*
RAMSES rapport annuel mondial sur le système économique et les stratégies, 経済システムと戦略に関する世界年報
ranc. rancune, 恨み, *spite*
ranç. rançon, 身代金, *ransom*
RANFRANOM Rassemblement national des Français rapatriés d'Afrique du Nord et d'Outre-Mer, 北アフリカ・海外からの帰国フランス人全国連合

rap. rapidité, 速さ, *speed*
RAP récupération assistée du pétrole, 石油回収増進法, *EOR =enhanced oil recovery*
rap. rapide, 速い, *fast*
RAP règlement d'administration publique, 公行政規則
RAP Régie autonome des pétroles, 石油公団
rapatr. rapatriement, 本国送還, *repatriation*
rapp. rappel, 呼び戻し, *recall*
rapp. rapport, 報告書, *report*
rapp. rapporteur, レポーター, *reporter*
RARE Réseaux associés pour la recherche européenne, 欧州研究ネットワーク協会, *European Organization of Computer Networks*
raréf. raréfaction, 希薄化, *rarefaction*
RAS rien à signaler, 指摘事項なし
rasc. rascasse, カサゴ, *scorpion fish*
RASD République arabe sahraouie démocratique, サハラアラブ民主共和国, *SADR =Sahara Arab Democratic Republic*
rassembl. rassemblement, 集めること, *assembling*
rassort. rassortiment, (セットの)揃え直し, *matching*
RASURA radar de surveillance rapprochée, 接近監視レーダー
rat. rature, 削除する線, *crossing-out*
RATAC radar d'acquisition et de tir de l'artillerie de campagne, 野戦ミサイル捕捉・射統レーダー
ratat. ratatouille, ラタトゥーイユ:野菜の炒め煮料理, *ratatouille*
ratif. ratification, 批准, *ratification*
rationalis. rationalisation, 合理化, *rationalization*
rationn. rationnement, 配膳, *rationing*
ratiss. ratissage, かきならし, *raking*
RATP Régie autonome des transports parisiens, パリ市交通公団
rattrap. rattrapage, 取り戻し, *catching up*
RAU République arabe unie, アラブ連合共和国, *UAR =United Arab Republic*
RAV revue d'aptitude au sol, 飛行準備点検, *FRR =flight readiness review*
rav. ravin, 峡谷, *ravine*
raval. ravalement, (建物壁面の)けれん, *repointing*

ravitaill. ravitaillement, 補給, *supplying*
ray. rayon, 棚, *shelf*
RB Botswana, ボツワナ：国際自動車識別記号, *Botswana*
RBE revenu brut d'exploitation, 総売上収益
RBL rouble, (ロシアの通貨単位で)ルーブル, *rouble*
RBT terminal de télétraitement, (英語略語のままで)リモートバッチ端末, *RBT＝remote batch terminal*
RC rez-de-chaussée, 一階, *first floor*
RC Taïwan, 台湾：国際自動車識別記号, *Taiwan*
RC résistance-capacité, 抵抗容量, *RC＝resistance-capacitance*
RC registre du commerce, 商業登記簿, *trade register*
RCA République centrafricaine, 中央アフリカ共和国：国際自動車識別記号, *Central African Republic*
RCB République populaire du Congo, コンゴ人民共和国：国際自動車識別記号, *People's Republic of Congo*
RCB rationalisation des choix budgétaires, 予算編成の合理化, *PPBS＝Planning Programming Budgeting System*
RCH Chili, チリ：国際自動車識別記号, *Chili*
RCI rentabilité des capitaux investis, 投下資本収益, *ROCE＝return on capital employed*
RCV Radical Citoyen Vert, (フランスの政党で)急進・市民・緑の党
RD route départementale, 県道
RD rive droite, (セーヌ川の)右岸, *Right Bank*
RDA République démocratique allemande, (旧)ドイツ民主共和国, *GDR＝German Democratic Republic*
RDB revenu disponible brut, 粗可処分所得, *gross disposable income*
RDF radiogoniomètre, (英語略語のままで)無線方向探知機, *RDF＝radio direction finder*
RDP Revue du droit public et de la science politique, 公法政治学雑誌
RDPL République démocratique populaire lao, ラオス人民民主共和国, *LPDR＝Lao People's Democratic Republic*
RDR densité de référence d'un document opaque, (英語略語のままで)反射濃度基準, *RDR＝reflection density reference*
RDRP Rassemblement des démocrates et républicains de progrès, (フランスの政党で)進歩の民主派・共和派連合
RDS remboursement de la dette sociale, (フランスの)社会保障債務返済(税)

Re nombre de Reynolds, (流体中の物体の)レイノルズ数, *Re = Reynolds number*
RE revenu d'existence, 生活所得
Re rhénium, レニウム, *Re = rhenium*
réa réanimation, 蘇生, *resuscitation*
réac réactionnaire, 反動的な人, *reactionary*
réact. réaction, 反応, *reaction*
réact. réactivité, 反応性, *reactivity*
réadapt. réadaptation, 再適応, *readaptation*
REAGIR Réagir par des enquêtes sur les accidents graves et par des initiatives pour y remédier, 重大事故への調査と泣き寝入り防止発案による反発協会
réal. réalité, 現実, *reality*
réalés. réalésage, 内側を磨き直すこと, *rebore*
réalis. réalisation, 実現, *implementation*
réanim. réanimation, 蘇生, *resuscitation*
réass. réassurance, 再保険, *reinsurance*
REB réacteur à eau bouillante, 沸騰水型原子炉, *BWR = boiling water reactor*
rébell. rébellion, 反逆, *rebellion*
rebois. reboisement, 再造林, *reforestation*
rebond. redondance, (コンピュータの)冗長, *redundancy*
rec. recueil, 文集, *collection*
rec. recette, 収益, *takings*
réc. récent, 最近の, *recent*
recens. recensement, 国勢調査, *census*
récept. réceptacle, 集まるところ, *receptacle*
récept. récepteur, 受信機, *receiver*
récess. récession, 景気後退, *recession*
recev. receveur, 受取人, *recipient*
rech. recherche, 学術研究, *research*
rechap. rechapage, (古タイヤの)再生, *retreading*
RECHAR reconversion des bassins charbonniers, (1990年開始の EC による)旧炭田地帯再転換
récid. récidive, 再び同じ過ちを犯すこと, *repeat offense*
récit. récital, リサイタル, *recital*
réclam. réclamation, 苦情, *complaint*
réclus. réclusion, 懲役, *imprisonment*
recomm. recommandé, 書留の, *registered*
recommand. recommandation, 推薦, *recommendation*
récomp. récompense, 褒美, *reward*

récré récréation, 休憩, *recreation*
récrimin. récrimination, 非難, *recrimination*
rect. rectorat, 大学区長の職, *rectorship*
rect. rectangle, 直角の, *right-angled*
rectif. rectification, 訂正, *amendment*
récup. récupération, 回収, *recovery*
récus. récusation, 忌避, *challenging*
réd. réduction, 削減, *reduction*
réd. rédaction, 起草, *drafting*
rédac rédaction, 作成, *drafting*
redev. redevance, 使用料, *licence fee*
rédhib. rédhibition, 売買契約の解除, *cancellation of sale due to a material defect*
réduc réduction, 削減, *reduction*
réduct. réduction, 削減, *reduction*
réf. réforme, 改革, *reform*
ref. refus, 拒否, *rebuff*
ref. refait, 復旧した, *repaired*
réf. référence, 準拠, *reference*
référ. référendum, 国民投票, *referendum*
réfl. réfléchi, 熟考された, *considered*
réflect. réflecteur, 反射装置, *reflecting*
réflex. réflexion, 熟考, *reflection*
refr. refrain, リフレーン, *refrain*
réfr. réfraction, 屈折, *refraction*
réfrigér. réfrigérateur, 冷蔵庫, *refrigerator*
réfring. réfringence, 屈折性, *refrigency*
réfut. réfutation, 反論, *refutation*
reg. regard, 視線, *look*
rég. régate, レガッタ, *regatta*
rég. régiment, 連隊, *regiment*
rég. région, 地方, *region*
régénér. régénération, 再生, *regeneration*
régic. régicide, 王の殺害者, *regicide*
région. régional, 地方の, *regional*
régiss. régisseur, 管理人, *agent*
registr. registre, 登録簿, *register*
registr. registration, 登録, *registration*
règl. règlement, 規則, *settlement*
régl. réglure, 罫引き, *ruling*
réglem. réglementaire, 規則通りの, *statutory*

réglement. réglementation, 規制, *regulating*
réglo réglementaire, 規則通りの, *statutory*
regr. regret, 後悔, *regret*
régress. régression, 後退, *regression*
régul. régularité, 適法性, *regularity*
régul. régulation, 規制, *regulation*
régurgit. régurgitation, 吐出, *regurgitation*
REI rachat d'une entreprise par des investisseurs, 投資家による会社買取り, *LMBI =leveraged management buyout by investors*
rel. relieur, バインダー, *binder*
rel. relation, 関係, *relation*
rel. relais, (作業の)交代, *shift*
relativis. relativisation, 相対化, *relativization*
relig. religieux, 宗教の, *religious*
RELIT règlement-livraison de titres, 証券資金同時決済システム
rem. remorque, 曳航, *towing*
rém. rémois, ランスの, *of Rheims*
REM remarque, 注意, *remark*
rem. remise, 引き渡し, *delivery*
rem rem, (英語略語のままで)レム：放射線の RBE 線量単位, *rem =roentgen equivalent in man*
réman. rémanence, 残留磁化, *remanence*
rembours. remboursement, 返済, *reimbursement*
remerc. remerciements, 感謝, *thanks*
rémiss. rémission, 赦免, *remission*
remont. remontoir, (ぜんまいの)巻き上げ装置, *winder*
remp. rempart, 城壁, *rampart*
rémunér. rémunération, 報酬, *payment*
RENAMO Résistance nationale mozambicaine, (ポルトガル入植者主体のゲリラ)モザンビーク民族レジスタンス, *RENAMO =Resistência Nacional Moçambicana* (ポルトガル語)
renc. rencontre, 出会い, *meeting*
renf. renfort, 増援, *reinforcement*
renn. rennais, レンヌの, *of Rennes*
rénov. rénovation, 改修, *renovation*
rens. renseignement, 情報, *information*
rentab. rentabilité, 収益性, *cost-effectiveness*
renv. renvoi, 返送, *return*

REOSC Association de recherches et études d'optique et de sciences connexes, 光学と光学密接科学調査研究協会

rep. repas, 食事, *meal*

rép. république, 共和国, *republic*

REP réacteur à eau pressurisée, 加圧水型原子炉, *PWR = pressurized water reactor*

rep. repère, 手がかり, *landmark*

REP réseau d'éducation prioritaire, 教育優先網

rép. réponse, 返答, *answer*

rép. auton. république autonome, 自治共和国, *autonomous republic*

rép. démocr. république démocratique, 民主共和制, *democratic republic*

rép. féd. république fédérale, 連邦共和制, *federal republic*

rép. pop. république populaire, 人民共和制, *people's republic*

répar. réparation, 修理, *repair*

répart. répartition, 分配, *distribution*

repér. repérage, 測定, *location*

répét. répétition, 繰り返し, *repetition*

répli. réplique, 返答, *retort*

réplic. réplication, (DNAなどの)複製, *replication*

repo 一, (現先に似た)レポ, *repo = repurchase agreement*

répond. répondeur, 留守電話, *answerphone*

report. reporteur, リポーター, *reporter*

représ. représailles, 報復, *reprisals*

répress. répression, 抑圧, *repression*

réprob. réprobation, 激しい非難, *reproof*

rept. reptile, 爬虫類, *reptile*

républ. républicain, 共和主義の, *republican*

réput. réputation, 評判, *reputation*

req. requiem, レクイエム, *requiem*

Req. Chambre de requêtes, (破毀院の)審理部

réquis. réquisition, 徴用, *requisitioning*

réquisit. réquisitoire, 告発, *prosecution address*

RER Réseau express régional, 首都圏高速鉄道網:パリの新地下鉄, *express rail network serving Paris and its suburbs*

rés. résumé, 要旨, *summary*

rés. résultat, 結果, *result*

rés. réseau, ネットワーク, *network*

RES reprise de l'entreprise par ses salariés, 従業員による

会社買取り, *LMBO* =*leveraged management buyout*
RES ratio européen de solvabilité, EC支払能力比率, *European Community's solvency ratio*
résa réservation, 予約, *reservation*
resc. rescousse, 奪還, *rescue*
réserv. réservoir, 貯水池, *reservoir*
réserv. réservation, 予約, *reservation*
résid. résident, 弁理公使, *resident*
résil. résiliation, 解約, *termination*
résist. résistance, 抵抗, *resistance*
résol. résolution, 決意, *resolution*
resp. responsable, 責任がある, *responsible*
respir. respiration, 呼吸, *breathing*
responsab. responsabilité, 責任, *responsibility*
ress. ressources, 資産, *resources*
ress. ressort, ばね, *elasticity*
restau restaurant, レストラン, *restaurant*
restit. restitution, 返還, *restoration*
RESURCA régime supplémentaire de retraite des cadres et assimilés, 管理職年金補足制度
résurr. résurrection, 復活, *resurrection*
rét. réticence, ためらい, *hesitation*
rét. rétention, 滞留, *holding back*
ret. retouche, 修正, *retouching*
rétic. réticule, 小さな手提げ袋, *ladies' handbag*
réticul. réticulation, (写真の)縮緬皺, *reticulation*
retir. retiration, 裏版刷り
retr. retrait, 放棄, *withdraw*
rétrib. rétribution, 報酬, *remuneration*
rétrogr. rétrograde, 逆行の, *retrograde*
réunionn. réunionnais, レユニオン島の, *of Réunion*
rev. revanche, 仕返し, *revenge*
rév. réveil, 目覚め, *waking*
rév.-mat. réveille-matin, 目覚まし時計, *alarm clock*
réveill. réveillon, 夜食, *midnight supper*
révél. révélation, ひらめき, *revelation*
revendic. revendication, 要求, *claiming*
révér. révérend, 尊い, *reverend*
révers. réversion, 先祖返り, *reversion*
révis. révision, 修正, *revision*
révoc. révocation, 罷免, *removal*

révol. révolution, 革命, *revolution*
révuls. révulsion, (血液の)誘導法, *revulsion*
Rf rutherfordium, ラザフォーディウム, *Rf=rutherfordium*
RF République française, フランス共和国, *French Republic*
RF radiofréquence, 無線周波数, *RF=radio frequency*
RFA République fédérale allemande, ドイツ連邦共和国, *FRG=Federal Republic of Germany*
RFI Radio-France Internationale, ラジオフランス・アンテルナショナル：フランスの国際放送
RFO Radio-France outre-mer, 海外ラジオフランス
RFP Régie française de publicité, (フランスの)放送広告審査監督局
RFY République fédérale de Yougoslavie, ユーゴスラビア連邦共和国, *Federal Republic of Yugoslavia*
RG Renseignements généraux, 総合情報局
RG rive gauche, (セーヌ川の)左岸, *Left Bank*
RG Guinée, ギニア：国際自動車識別記号, *Guinea*
RGDI Revue générale de droit international, 国際法総合雑誌
RGP recensement général de la population, 総合国勢調査, *General Census of the Population*
RGR Rassemblement des gauches républicaines, (フランスの政党で)共和派左翼連合
RGT réseau de gestion des télécommunications, (英語略語のままで)電気通信管理ネットワーク, *TMN=telecommunications management network*
RGTF Recueil général des traités et accords de France, フランス条約集
Rh Rhésus, Rh抗原, *Rh factor*
Rh rhodium, ロジウム, *Rh=rhodium*
rhéol. rhéologie, レオロジー, *rheology*
rhét. rhétorique, 修辞学, *rhetoric*
rhumat. rhumatisme, リウマチ, *rheumatism*
rhumato rhumatologie, リウマチ学, *rheumatology*
rhumatol. rhumatologie, リウマチ学, *rheumatology*
RHV Burkina Faso, ブルキナファソ：国際自動車識別記号, *Burkina Faso*
RI Rotary International, 国際ロータリー, *RI=Rotary International*
RI répartiteur intermédiaire, 中間配線盤, *IDF=intermediate distribution frame*

RI Républicains indépendants, (フランスの政党で)独立共和派

RI Indonésie, インドネシア:国際自動車識別記号, *Indonesia*

RI régiment d'infanterie, 歩兵連隊

Ri 129 rien de neuf, (携帯メールでの略語で)何の変わりもない, *nothing new*

RIB relevé d'identité bancaire, 銀行取引証明, *statement of bank account*

RICA Réseau d'information comptable agricole, 農業経営簿記調査制度

rich. richesse, 富, *wealth*

ridic. ridicule, 滑稽な, *ridiculous*

rigid. rigidité, 堅さ, *rigidity*

RILEM Réunion internationale des laboratoires d'essais et de recherches sur les matériaux et constructions, 国際材料構造試験研究機関連合, *RILEM = International Union of Testing and Research Laboratories for Materials and Structures*

RIM Mauritanie, モーリタニア:国際自動車識別記号, *Mauritania*

RIP relevé d'identité postal, (フランスの)郵便振替口座勘定明細書, *statement of postal account (France)*

RIPE Réseaux Internet protocole européenne, 欧州研究インターネット

RIPS régime interprofessionnel de prévoyance des salariés, 給与所得者保障職業間制度

RISA Revue internationale des sciences administratives, 行政学国際雑誌

RISC ordinateur à jeu d'instructions réduit, (英語略語のままで)縮小命令セットコンピュータ, *RISC = reduced instruction set computer*

RISCPT Registre international des substances potentiellement toxiques, 国際有害化学物質登録システム, *IRPTC = International Register of Potentially Toxic Chemicals*

rit. rituel, 儀式の, *ritual*

RITA réseau intégré des transmissions automatiques, 自動送信統合網

RITA réseau intégré des transmissions des armées, 三軍送信統合網

riv. rivière, 河, *river*

RIVP Régie immobilière de la ville de Paris, パリ市住宅公団
rizic. riziculture, 稲作, *rice growing*
RJE soumission des travaux à distance, (英語略語のままで)遠隔ジョブ入力, *RJE = remote job entry*
RL Liban, レバノン:国際自動車識別記号, *Lebanon*
RL rial iranien, (通貨単位で)イラン・リアル, *Iranian rial*
RLAS riyal saoudite, (通貨単位で)サウジ・リヤル, *Saudi riyal*
RLBI réseau large bande intégré, 統合広帯域通信網, *IBCN = integrated broadband communication network*
RLE réseau local d'entreprise, ローカルエリアネットワーク, *LAN = local area network*
RM réarmement moral, 道徳再武装運動, *Moral Rearmament*
RM région militaire, 陸軍軍管区
RM Madagascar, マダガスカル:国際自動車識別記号, *Madagascar*
RM marché à règlement mensuel, 月末決済市場, *monthly settlement market*
RMC retraite mutualiste du combattant, 戦闘員共済年金
RMC reconnaissance magnétique de caractères, 磁気インク文字認識, *MICR = magnetic ink character recognition*
RMC Radio Monte-Carlo, モンテカルロラジオ放送
RME revenu minimum d'existence, 生活最低限所得
RMG revenu minimum garanti, 最低所得保障, *guaranteed minimum income*
RMI revenu minimum d'insertion, 社会復帰最低所得保障, *income support*
RMM Mali, マリ:国際自動車識別記号, *Mali*
RMN résonance magnétique nucléaire, 核磁気共鳴, *NMR = nuclear magnetic resonance*
RMN Réunion des musées nationaux, 国立美術館連合
RMS valeur quadratique moyenne, (英語略語のままで)自乗平均根, *RMS = root mean square*
Rn radon, ラドン, *radon*
RN revenu national, 国民所得, *national income*
RN route nationale, 国道, *main road*
RNB revenu national brut, 国民総所得, *GNI = gross national income*
RND Rassemblement national démocratique, (アルジェリ

アの政党で)民主国民連合
RND revenu national disponible, 国民可処分所得, *NDI = national disposable income*
RNI Rassemblement national des indépendants, (モロッコの政党で)独立国民連合
RNI réseau numérique intégré, 統合デジタル網, *IDN = integrated digital network*
RNIS réseau numérique à intégration de services, 総合デジタル通信網, *ISDN = integrated services digital network*
RNIS-LB réseau numérique avec intégration des services à large bande, 広帯域統合サービスデジタル網, *B-ISDN = broadband integrated services digital network*
RNP Rassemblement national populaire français, (フランスの政党で)フランス人民全国連合
RNPG résultat net part du groupe, 連結純利益
RNR Zambie, ザンビア: 国際自動車識別記号, *Zambia*
RNR réacteur à neutrons rapides, 速中性子炉
RNRT réseau national de recherche en télécommunications, 電信研究全国網
RNUR Régie nationale des usines Renault, ルノー公団
RO recherche opérationnelle, オペレーションズリサーチ, *OR = operations research*
RO Roumanie, ルーマニア: 国際自動車識別記号, *Romania*
RO-RO navire roulier, (英語略語のままで)ローロー船, *RO-RO = roll-on roll-off ship*
robotis. robotisation, ロボット化, *robotization*
ROC reconnaissance optique des caractères, 光学式文字読取, *OCR = optical character recognition*
roc. rocade, バイパス, *bypass*
ROC Rassemblement des opposants à la chasse, 狩猟反対者連合
ROK Corée, 韓国: 国際自動車識別記号, *Republic of Korea*
ROL leu, (ルーマニアの通貨単位で)レウ, *leu*
rom. roman, ロマンス語の, *Romance*
rom. romain, ローマの, *Roman*
rom. romance, 恋愛詩, *sentimental song*
rom.-feuill. roman-feuilleton, (新聞)連載小説, *serial*
rom.-fl. roman-fleuve, 大河小説
rom.-photo roman-photo, 写真小説, *photo-story*
romar. romarin, ローズマリー, *rosemary*
ROP registre des oppositions à prélèvement, (フランスで

臓器移植に反対する人の)採取防止台帳

ROS rapport d'onde stationnaire, 定常波比:別名は定在波比, *SWR =standing wave ratio*

rotat. rotativiste, 輪転機工

rotat. rotative, 輪転機, *press*

rôtiss. rôtissoire, ロースター, *rotating spit*

roto rotative, 輪転機, *press*

ROU Uruguay, ウルグアイ:国際自動車識別記号, *Uruguay*

rouenn. rouennais, ルーアンの, *of Rouen*

roul. roulement, 転がること, *rolling*

roum. roumain, ルーマニアの, *Rumanian*

rout. routier, トラック運転手, *teamster*

rout. routage, 仕分け, *routing*

roy. royaume, 王国, *kingdom*

RP représentation proportionnelle, 比例代表, *proportional representation*

RP relations publiques, 渉外, *public relations*

RP réponse payée, 送信料先払い電報

RP Représentation Permanente, (EUの)常駐代表部, *Permanent Representation (EU)*

RP Philippines, フィリピン:国際自動車識別記号, *Philippine*

RPCR Rassemblement pour la Calédonie dans la République, (ニューカレドニアの政党で)カレドニア共和国連合

RPDC République populaire démocratique de Corée, 朝鮮民主主義人民共和国, *Democratic People's Republic of Korea*

RPE résonance paramagnétique électronique, 電子スピン共鳴, *ESR =electron spin resonance*

RPF Rassemblement pour la France, フランスのための連合:Charles Pasquaが党首の政党で当初はMPFも参加した

RPF Rassemblement du peuple français, (フランス政党史で)フランス人民連合

RPIS réseau privé à intégration de services, (情報通信の)プライベートISDN, *private integrated services digital network*

RPP revenu des personnes physiques, 自然人所得

RPR Rassemblement pour la République, (フランスの政党で)共和国連合:2002.9に解体されてUMPへと発展

RR.PP. Révérends Pères, (敬称で)神父の方々, *Reverend Fathers*

RRR remise, rabais, ristourne, 割引きと割戻し, *discounts and allowances*

RS séparateur d'articles, (英語略語のままで)記録分離記号, *RS=record separator*

RSA République sud-africaine, 南アフリカ共和国, *Republic of South-Africa*

RSFSR République soviétique fédérative socialiste de Russie, (ソ連当時の)ロシア共和国

RSM Saint-Marin, サンマリノ:国際自動車識別記号, *San Marino*

RSP réserve spéciale de participation, (フランスの)従業員参加特別予備金

RSR Zimbabwe, ジンバブエ:国際自動車識別記号, *Zimbabwe*

RSS réseau santé social, 健康保険ネットワーク

RSVA réseau de services à valeur ajoutée, (情報通信の)VANサービス, *VANS=valued added network service*

RSVP/rsvp répondez s'il vous plaît, 折り返しご返事ください, *RSVP=please reply*

RT localisation par radar, レーダー追跡, *RT=radar tracking*

RTBF Radio télévision belge francophone, ベルギー・フランス語圏ラジオテレビ局

RTC réseau téléphonique commuté, (情報通信の)公衆電話網, *PSTN=public switched telephone network*

RTC camion citerne, (英語略語のままで)タンクローリー, *RTC=road tank car*

RTF Radiodiffusion-télévision française, フランス放送協会, *French Radio and Television*

RTL Radio-Télévision Luxembourg, (周辺放送局の)ルクセンブルク放送

RTLMF Réunion des théâtres lyriques municipaux de France, フランス市町村歌劇場連合

RTLN Réunion des théâtres lyriques nationaux, 国立歌劇場連合

RTS radio télévision scolaire, 学校ラジオ・テレビ放送

RTT réduction du temps de travail, 労働時間削減, *reduction of working hours*

Ru ruthénium, ルテニウム, *Ru=ruthenium*

RU Burundi, ブルンジ:国際自動車識別記号, *Burundi*

ruand. ruandais, ルワンダの, *Rwandan*

rub. rubéole, 風疹, *rubella*

rubr. rubrique, 見出し, *heading*

RUF Front révolutionnaire uni, (英語略語のままで)(シエラレオネの)革命統一戦線, *RUF＝Revolutionary United Front*

rum. rumeur, 噂, *distant murmur*

RUPI roupie indienne, (通貨単位で)インド・ルピー, *Indian rupee*

RUPP roupie pakistanaise, (通貨単位で)パキスタン・ルピー, *Pakistani rupee*

rupt. rupteur, 遮断器, *contact breaker*

rur. rural, 田舎の, *rural*

RUR rouble, (ロシアの通貨単位で)ルーブル, *ruble*

RV rendez-vous, アポイントメント, *appointment*

RVA réseau (informatique) à valeur ajoutée, 付加価値通信ネットワーク, *VAN＝value-added network*

RVB rouge vert bleu, (テレビの3原色)赤・緑・青, *RGB＝red green blue*

RVC rendez-vous citoyen, (兵役に代わる)市民としての結集

RVE restriction volontaire des exportations, 輸出自主規制, *VER＝voluntary export restraint*

RWA Rwanda, ルワンダ:国際自動車識別記号;国際オリンピック委員会の国名表記(1984年承認), *Rwanda*

RWF franc du Rwanda, (通貨単位で)ルワンダ・フラン, *Rwandese franc*

S

S. Recueil Sirey, シレー判例集
S siemens, (単位で)ジーメンス, *siemens*
S. seigneur, 領主, *lord*
S. Seine, (1964年以前の)セーヌ県
s seconde, 秒, *second*
s. sans, なしで, *without*
S soufre, 硫黄, *sulfur*
S Suède, スウェーデン：国際自動車識別記号, *Sweden*
s. siècle, 世紀, *century*
S. sœur, (修道女の敬称で)シスター, *sister*
s. salle, 部屋, *room*
s. sud, 南, *south*
S.A. Son Altesse, 殿下：尊称として用いる, *His Highness*
S.A.Em. Son Altesse Eminentissime, いとも徳高き殿下：尊称として用いる,
S.A.I. Son Altesse Impériale, 殿下：直系皇族に対する尊称として用いる, *His Imperial Highness*
s. à m. salle à manger, 食堂, *dining room*
S.A.R. Son Altesse Royale, 殿下：直系王族に対する尊称として用いる, *His Royal Highness*
S.A.S. Son Altesse Sérénissime, 殿下：傍系王族・皇族に対する尊称として用いる
s.-abri sans-abri, ホームレス, *homeless person*
s.-afr. sud-africain, 南アフリカの, *South African*
s.-amér. sud-américain, 南米の, *South American*
s.-chev. sèche-cheveux, ヘアドライヤー, *hair drier*
s.-cor. sud-coréen, 韓国の, *South Korean*
s. d. sans date, 日付なしの, *without date*
s. de bns salle de bains, 浴室, *bathroom*
S.E. Son Excellence, 閣下：尊称として用いる, *His Excellency*
S.-E. sud-est, 東南, *Southeast*
s.-emploi sans-emploi, 失業者, *jobless person*
S.-et-L. Saône-et-Loire, ソーヌ・エ・ロアール県(71)
S.-et-M. Seine-et-Marne, セーヌ・エ・マルヌ県(77)

S.-et-O. Seine-et-Oise, (1964年以前の)セーヌ・エ・オアズ県

S.Exc. Son Excellence, 猊下：司祭に対する尊称として用いる, *His Excellency*

S.F. sans frais, 費用なしで

s.-faire savoir-faire, ノウハウ, *know-how*

s.-file serre-file, 押伍（おうご）

s.-fils serre-fils, コネクタークランプ, *wire-retaining screw*

s.-fr. serre-freins, 連結係, *brakeman*

S.G. Sa Grandeur, 閣下：旧体制における貴族の尊称として用いた, *His Grace*

S.G. Sa Grandeur (l'archevêque), 猊下：大司教に対する尊称として用いる, *His Grace (the Archbishop)*

S.Gr. Sa Grâce, 猊下：英国の司教に対する尊称として用いる, *His Grace*

S.Gr. Sa Grâce, 閣下：英国の公爵に対する尊称として用いる, *His Grace*

S.H. Son Honneur, 閣下：高位の人に対する尊称として用いる, *His Honor*

S.H. Sa Hautesse, 陛下：トルコ皇帝に対する尊称として用いる

s. i. sauf imprévus, 予期せぬ事のない限り

s. interr. sans interruption, 休止なしに, *without a break*

s.-joints serre-joints, クランプ, *clamp*

s.l.n.d. sans lieu ni date, （書類が）作成場所も日付も明記がなく

s.-linge sèche-linge, （下着などの）乾燥機, *tumble drier*

s.-liv. serre-livres, ブックエンド, *book end*

S.M. Sa Majesté, 陛下：尊称として用いる, *His Majesty*

S.M.B. Sa Majesté Britannique, 英国国宝陛下：尊称として用いる, *His British Majesty*

S.M.C. Sa Majesté Catholique, カトリック王陛下：スペイン国王に対する尊称として用いる, *His Catholic Majesty*

S.M.I. Sa Majesté Impériale, 皇帝陛下：尊称として用いる, *His Imperial Majesty*

S.M.R. Sa Majesté Royale, 国王陛下：尊称として用いる, *His Royal Majesty*

S.M.T.C. Sa Majesté Très Chrétienne, 信仰厚き陛下：フランス国王に対する尊称として用いる

s.-mains sèche-mains, 温風乾燥機, *hand drier*

S.-Mar. Seine-Maritime, セーヌ・マリティーム県(76)

S.-O. sud-ouest, 南西, *southwest*

S.-P. Saint-Père, 聖父, *Holy Father*

s.q.n. sine qua non, (ラテン語略語のままで)必要不可欠の
S.-S. Saint-Siège, 聖座, *Holy See*
S.S. Sa Sainteté, 聖下：教皇に対する尊称として用いる, *His Holiness*
S.-S.-E. sud-sud-est, 南南東, *south-southeast*
S.-S.-O. sud-sud-ouest, 南南西, *south-southwest*
S.-St-D. Seine-Saint-Denis, セーヌ・サン・ドニ県(93)
S.T.G.M. Sa Très Gracieuse Majesté, 大変情け深い陛下：尊称として用いる
s.-tête serre-tête, ヘアバンド, *headband*
S.V.P. / s.v.p. s'il vous plaît, どうぞ, *please*
s.-vivre savoir-vivre, 礼儀作法, *good manners*
s/pl sur place, その場で, *on the spot*
SA secrétaire administratif, 行政事務官
SA société anonyme, 株式会社, *public limited liability company*
SA sol-air, (ミサイルの)地対空, *surface-to-air*
SA Arabie Saoudite, サウジアラビア：国際自動車識別記号, *Saudi Arabia*
SAARC Association de coopération régionale pour l'Asie du Sud, (英語略語のままで)南アジア地域協力連合, *SAARC=South Asia Association for Regional Cooperation*
SABENA Société anonyme belge d'exploitation de la navigation aérienne, (旧)サベナベルギー航空, *SABENA*
SAC Service d'action civique, 民間行動隊：ドゴール派が秩序維持のために創設
sacchar. saccharine, サッカリン, *saccharine*
SACD Société des auteurs et compositeurs dramatiques, 劇作家・作曲家協会
SACEM société des auteurs, compositeurs et éditeurs de musique, 作詩作曲家楽譜出版者協会
sacerd. sacerdoce, 聖職, *priesthood*
SACEUR Commandement suprême des forces alliées en Europe, (英語略語のままで)欧州連合軍最高司令官, *SACEUR=Supreme Allied Commander, Europe*
sacr. sacrifice, 犠牲, *sacrifice*
SACR Société d'archéologues de la céramique romaine, ローマ陶器考古学協会, *RCRF=Association of Roman Ceramic Archaeologists*
sacralis. sacralisation, 神聖化, *sacralization*
sacril. sacrilège, 冒涜, *sacrilege*

sacrist. sacristain, 聖具室係, *sacristan*

SAD section d'automatisme documentaire, 資料自動化部門

sad. sadisme, サディズム, *sadism*

SAD dépression saisonnière, (英語略語のままで)季節的情緒障害, *SAD = seasonal affective disorder*

SADC Communauté pour le développement de l'Afrique australe, (英語略語のままで)南部アフリカ開発共同体, *SADC = Southern African Development Community*

sadomaso sadomasochisme, サド・マゾヒズム, *sadomasochism*

SAET système automatique d'exploitation des trains, 電車活用自動化システム

SAF Syndicat des avocats de France, フランス弁護士組合

SAFARI système automatisé pour les fichiers administratifs et le répertoire des individus, 行政ファイル及び個人目録自動化システム

SAFER société d'aménagement foncier et d'établissement rural, (農地保有合理化をはかる)土地整備農業施設会社

SAGE schéma d'aménagement et de gestion des eaux, 水整備管理計画

sage-f. sage-femme, 助産婦, *midwife*

SAGITTAIRE système automatique de gestion intégrée par télétransmission de transactions avec imputation des règlements étrangers, サジテール：SWIFT利用の国際決済

sahar. saharien, サハラ砂漠の, *Saharan*

sahél. sahélien, サヘル地方の, *of the Sahel*

SAIF Société agricole d'investissement foncier, 土地投資農業会社

sais. saison, 季節, *season*

sais. saisine, 提訴, *referral to a court*

sal. salaire, 給与, *salary*

sal. salon, 居間, *living room*

SALA Système économique latino-américain, ラテンアメリカ経済組織, *LAES = Latin American Economic System*

salicyl. (acide) salicylique, サリセル(酸), *salicylic (acid)*

salle d'op. salle d'opération, 手術室, *operating room*

SALT négociations sur la limitation des armes stratégiques, (英語略語のままで)戦略兵器制限交渉, *SALT = Strategic Arms Limitation Talks*

salubr. salubrité, 健康によいこと, *healthiness*

salut. salutation, 儀礼, *salutation*

salvad. salvadorien, エルサルバドルの, *Salvadorean*

SAM secteur d'aménagement de la montagne, 山岳整備部門

SAM engin sol-air, (英語略語のままで)地対空ミサイル, *SAM=surface-to-air missile*

SAM salaire annuel moyen, 平均賃金年額

SAMU service d'aide médicale urgente, 緊急医療救助サービス, *ambulance service*

sana sanatorium, サナトリウム, *sanatorium*

sanct. sanctuaire, 神聖な場所, *sanctuary*

sanctif. sanctification, 神聖化, *sanctification*

sandw. sandwich, サンドイッチ, *sandwich*

sanit. sanitaires, トイレ, *toilet*

sanit. sanitaire, 保健衛生の, *medical*

sanskr. sanskrit, 梵語, *Sanskrit*

SAOS société anonyme à objet sportif, スポーツ目的株式会社

saoud. saoudien, サウジアラビアの, *Saudi*

sap. sapeur, 工兵, *sapper*

sap.-pomp. sapeur-pompier, 消防士, *fire fighter*

SAPI identificateur de point d'accès au réseau, (英語略語のままで)サービスアクセスポイント識別子, *SAPI=service access point identifier*

SAR riyal saoudite, (通貨単位で)サウジ・リヤル, *Saudi riyal*

sarc. sarcasme, 痛烈な皮肉, *sarcasm*

sarc. sarcome, 肉腫, *sarcoma*

SARL société à responsabilité limitée, 有限会社, *private limited liability company*

SAROS satellite de radiodiffusion en orbite stationnaire, 静止ラジオ衛星

sarr. sarrois, ザールの, *of the Saar*

SARSAT système de recherche et de sauvetage assistés par satellite, (英語略語のままで)捜索救助用衛星支援追跡システム, *SARSAT=Search and Rescue Satellite-Aided Tracking*

SAS société par actions simplifiées, 株式単純会社:別名は略式株式会社

SAS Son Altesse Sérénissime, (傍系王族／皇族に対して)殿下:Gérard de Villiers 作のスパイ小説主人公 le prince Malko の通称でもある

SASA Service de l'action sociale des armées, 三軍社会福祉

局

SASU société par actions simplifiées unipersonnelle, 株式単純一人会社

sat. satellite, 衛星, *satellite*

SATEC Société d'aide technique et de coopération, 技術援助・協力会社

satellis. satellisation, 軌道に乗せること, *putting into orbit*

SATESE Service d'assistance technique aux exploitations de stations d'épuration, 下水処理事業者技術援助機関

satir. satiriste, 風刺作家, *satirist*

satisf. satisfaction, 満足, *satisfaction*

satur. saturation, 飽和, *saturation*

SATURNE système de règlement-livraison de la Banque de France des créances négociables, (フランス銀行)TB振替決済システム

SAU superficie agricole utile, 農地面積

SAUM schéma d'aménagement et d'utilisation de la mer, 海洋整備・利用構想

sauv. sauvage, 野生の, *savage*

sauveg. sauvegarde, 保護, *safeguard*

sauvet. sauvetage, 救助, *rescue*

sav. savon, 石鹸, *soap*

SAV service après-vente, アフターサービス

SAW onde acoustique de surface, (英語略語のままで)表面弾性波, *SAW = surface acoustic wave*

saxo saxophone, サクソフォーン, *saxophone*

sayn. saynète, サイネーテ, *playlet*

Sb antimoine, アンチモン, *antimony*

sb stilb, スチルブ：輝度の慣用単位, *stilb*

SBA bouillie explosive, (英語略語のままで)ペースト状火薬, *SBA = slurry-blasting agent*

SBAM sourire-bonjour-au revoir-merci, 接客態度の良さ

SBD dollar de Salomon, (通貨単位で)サロモン・ドル, *Salomon dollar*

SBF Société des Bourses françaises, フランス証券市場執行部：現在は Paris Bourse と改名, *French stock market's executive body*

SBS Société de banque suisse, スイス銀行：正式名はスイスバンクコーポレーション, *SBC = Swiss Bank Corporation*

SBSMP Société Bernoulli pour la statistique mathématique et la probabilité, 国際数理統計確率論学会, *BSMSP*

=*Bernoulli Society for Mathematical and Statistics Probability*

SBST revêtement monocouche, (英語略語のままで)一層式舗装, *SBST=single bituminous surface treatment*

sc. sculpsit, (ラテン語略語のままで)謹刻

Sc scandium, スカンジウム, *Sc=scandium*

SC Secours catholique, カトリック救済会

sc. science, 科学, *science*

sc. scène, 舞台, *stage*

sc. appl. sciences appliquées, 応用科学, *applied science*

sc. biol. sciences biologiques, 生物科学, *biological science*

sc. éco sciences économiques, 経済学, *economics*

sc. écon. sciences économiques, 経済学, *economics*

sc.-fict. science-fiction, SF：サイエンス・フィクション, *science fiction*

sc. nat. sciences naturelles, 自然科学, *natural science*

sc. odontol. sciences odontologiques, 歯科学, *odontological science*

sc. phys. sciences physiques, 物理学, *physics*

sc. po. sciences politiques, 政治学, *political science*

SCA Syndicat communautaire d'aménagement, 整備共同体組合

SCADOA service commun d'armements desservant l'Ouest africain, アフリカ西部向け兵器共同サービス

SCAM sens contraire des aiguilles d'une montre, 左回りの, *CCW=counterclockwise*

SCAM Société civile des auteurs multimédia, (フランスの)マルチメディア著作権料徴収民事会社

scan scanner, スキャナー, *scanner*

scand. scandinave, スカンジナビアの, *Scandinavian*

scand. scandale, スキャンダル, *scandal*

scanogr. scanographe, 精密検査, *scanning*

scap. scapulaire, 肩の, *scapular*

scaph. scaphandre, 潜水服, *diving suit*

scarlat. scarlatine, 猩紅熱, *scarlet fever*

scatol. scatologie, 糞尿談, *scatology*

SCB Société de chimie biologique, (フランスの)生化学会, *Society of Biochemistry*

SCCST Service central des chiffres et de la sécurité des télécommunications, 暗号・電信安全中央本部

SCE société coopérative européenne, 欧州協同組合, *Euro-*

pean Cooperative Society

SCEES Service central des enquêtes et études statistiques, 統計調査研究中央本部
scell. scellement, はめ込むこと, *bedding*
scén. scénario, 筋書き, *scenario*
scénogr. scénographie, 舞台装置, *scenography*
scénol. scénologie, 舞台演出学
SCENRAC Syndicat chrétien de l'éducation nationale, de la recherche et des affaires culturelles, キリスト教国民教育・リサーチ・文化問題協会
scept. sceptique, 懐疑論の, *skeptic*
sceptic. scepticisme, 懐疑論, *skepticism*
SCET Société centrale pour l'équipement du territoire, 国土設備向け中央会社
SCH schilling, (オーストリアの通貨単位で)シリング, *schilling*
sch. schéma, 図, *diagram*
schém schéma, 図, *diagram*
schématis. schématisation, 図表化, *schematization*
schizo schizophrénie, 分裂症, *schizophrenia*
schizophr. schizophrénie, 分裂症, *schizophrenia*
SCI société civile immobilière, 民事不動産会社
SCI Service civil international, 国際義勇奉仕団, *IVS = International Voluntary Service*
scient. scientisme, 科学主義, *scientism*
scientif. scientifique, 科学的な, *scientific*
scintigr. scintigraphie, シンチグラフィー, *scintigraphy*
sclér. sclérose, 硬化症, *sclerosis*
SCMA Service cinématographique du ministère de l'Agriculture, 農業省映画課
SCMC société de compensation des marchés conditionnels, オプション市場決済会社, *Options Clearing House*
SCN système de comptabilité nationale, (国連)国民経済計算, *System of National Accounts (UN)*
scol. scolaire, 学校の, *academic*
scolast. scolastique, スコラ哲学の, *scholastic*
SCOP société coopérative ouvrière de production, 労働者生産協同組合
SCORE système de contrôle d'organisation et de régulation pour l'exploitation des émissaires, 下水道制御連携調整システム

scout. scoutisme, ボーイスカウト運動, *scouting*

SCP société civile professionnelle, 専門職民事会社

SCPC porteuse monovoie, （英語略語のままで）SCPC：一つのチャンネルに対して一つの無線搬送周波数を割り当てる方式, *SCPC = single channel per carrier*

SCPI société civile de placement immobilier, 不動産投資民事会社

SCPRI Service central de protection contre les rayonnements ionisants, イオン放射保護中央本部

SCR redresseur au silicium commandé, （英語略語のままで）シリコン制御整流器, *SCR = silicon-controlled rectifier*

SCR société de capital-risque, ベンチャーキャピタル会社, *venture capital company*

SCR roupie des Seychelles, （通貨単位で）セーシェル・ルピー, *Seychelles rupee*

SCRA système de compensation et de règlement automatisé, 自動決済制度, *ACSS = Automated Clearing Settlement System*

scrut. scrutin, 投票, *poll*

scrut. scrutateur, 探索の, *searching*

SCSIN Service central de sûreté des installations nucléaires de base, 基本核施設安全中央本部

SCSSI Service central de la sécurité des systèmes d'information, 情報システム安全中央本部

SCTIP Service de coopération technique internationale de la police, 警察国際技術協力課

sculpt sculpsit, （ラテン語略語のままで）謹刻

sculpt. sculpture, 彫刻, *sculpture*

SD Swaziland, スワジランド：国際自動車識別記号, *Swaziland*

SD dégradation du signal, （英語略語のままで）信号分配装置, *SD = signal distributor*

sd-muet sourd-muet, 聾唖の, *deaf-and-dumb*

SDAU schéma directeur d'aménagement et d'urbanisme, 整備都市計画基本方針

SDD dinar soudanais, （通貨単位で）スーダン・ディナール, *Sudan dinar*

SDECE Service de documentation extérieure et de contre-espionnage, （フランスの）国外情報収集・スパイ取締部, *French Intelligence Service*

SDF sans domicile fixe, 住所不定者：別名はホームレス,

homeless

SDF Scouts de France, フランスカトリックスカウト連盟

SDIM Société de droit international médical, 世界医事法学会, *WMLA=World Medical Law Association*

SDIS Service départemental d'incendie et de secours, 県火事・救助課

SDLC procédure de commande de transmission synchrone, (英語略語のままで)同期式データリンク制御, *SDLC=synchronous data link control*

SDN Société des Nations, 国際連盟, *League of Nations*

SDP livre soudanaise, (通貨単位で)スーダン・ポンド, *Sudanese pound*

SDR société de développement régional, 地域圏開発組合

SDRM Société internationale pour le développement des recherches sur le magnésium, 国際マグネシウム研究開発協会

SDRM Société pour l'administration du droit de reproduction mécanique, (フランスの)レコード著作権管理協会

SDRM Société de développement de la région méditerranéenne, 地中海地方開発会社

SDT système de simplification des tâches, 作業単純化制度, *job simplification*

SDU unité de données de service, (英語略語のままで)(電気通信の)サービスデータユニット, *SDU=service data unit*

Se sélénium, セレン, *Se=selenium*

SE bouillie explosive, (英語略語のままで)ペースト状火薬, *SE=slurry explosive*

SE sud-est, 南東, *South-East*

SEAFDEC Centre de développement des pêches de l'Asie du Sud-Est, (英語略語のままで)東南アジア漁業開発センター, *SEAFDEC=Southeast Asian Fisheries Development Center*

SEAQ marché secondaire international des actions automatisé, (英語略語のままで)ロンドン証券取引所市況情報システム, *SEAQ=Stock Exchange Automated Quotation*

SEATER Service d'études et d'aménagement pour le tourisme en espace rural, 農村領域観光向け研究・整備課

SEATL Service d'études et d'aménagement touristique du littoral, 沿岸研究・観光整備課

SEATM Service d'études et d'aménagement touristique en montagne, 山岳地帯研究・観光整備課

SEAU Union de l'Asie du Sud-Est, (英語略語のままで)東南アジア連合, *SEAU =Southeast Asia Union*

SEBC système européen de banques centrales, 欧州中央銀行制度, *ESCB =European System of Central Banks*

SEC système européen de comptes économiques intégrés, 欧州総合国民経済勘定システム

SEC Commission (américaine) des valeurs mobilières et des Bourses, (英語略語のままで)米証券取引委員会, *SEC =Securities and Exchange Commission*

sec. secondaire, 副次的な, *secondary*

sec. second, 二番目の, *second*

SECAM (système) séquentiel couleur à mémoire, (テレビの)セカム方式, *SECAM*

SECAR Service des enquêtes de coûts de l'armement, 兵器配備価格調査室

sécess. sécession, 離脱, *secession*

séch. sécheresse, 乾燥, *dryness*

SECN système élargi de comptabilité nationale, 拡大国民経済計算, *Enlarged System of National Accounts*

sectoris. sectorisation, 部分化, *division into sections*

secour. secourisme, 救急法, *first aid*

sécr. sécrétion, 分泌, *secretion*

secr. secrétaire, 秘書, *secretary*

secr. gén. secrétaire général, 事務局長, *secretary general*

Sect. section, (法典などの)款

sect. secteur, 地区, *area*

sécul. séculaire, 一世紀を経た, *centuries-old*

sécur. sécurité, 安全, *security*

séd. séduction, 誘惑, *seduction*

séd. sédation, 鎮静, *sedation*

sédent. sédentaire, 座ったままの, *sedentary*

sédim. sédimentation, 堆積, *sedimentation*

sédim. sédiment, 堆積物, *sediment*

séduc séduction, 誘惑, *seduction*

SEE Société des électriciens, des électroniciens et des radio-électriciens, 電気技師・電子技師・レントゲン技師協会

SEE Service de l'expansion économique, (フランス大使館)経済部

SEFERIF Société d'exploitation des mines du Rif, (モロッコの)リフ鉱山会社, *Rif Mining Company*

SEFRANE Service pour l'emploi des Français à l'étranger,

海外フランス人雇用局
SEFT section d'études et de fabrication des télécommunications, 電気通信研究・製作部門
SEGA Solidarité, écologie, gauche alternative, (フランスの政党で)連帯・環境・左翼第三の道
SEGESA Société d'études géographiques, économiques et sociologiques appliquées, 応用地理学経済学社会学研究協会
segm. segmentation, 分割, *segmentation*
segm. segment, 部分, *segment*
ségrég. ségrégation, 差別, *segregation*
ségrég. ségrégationnisme, 人種分離政策, *racial segregation*
SEH Société européenne d'hématologie, 欧州血液学会, *European Society of Hematology*
SEIS Service des études informatiques et statistiques, 情報科学・統計研究課
séismol. séismologie, 地震学, *seismology*
SEITA Société nationale (旧 Service) d'exploitation industrielle des tabacs et des allumettes, タバコマッチ専売公社, *Service for the Industrial Exploitation of Tobacco and Matches (France)*
seiz. seizième, 十六番目の, *sixteenth*
séj. séjour, 滞在, *stay*
SEK couronne suédoise, (通貨単位で)スウェーデン・クローナ, *Swedish krona*
SEL société d'exercice libéral, 自由職業社
SEL société d'exploitation libre, 自由経営会社
sél. sélection, 選別, *selection*
SELCAL système d'appel sélectif, (英語略語のままで)選択呼出方式, *SELCAL=selective calling system*
sélec sélection, 選択, *selection*
sélect. sélecteur, セレクター, *selector*
sélect. sélectivité, 選択度, *selectivity*
sell. sellerie, 馬具製造業, *saddlery*
sem. semestre, 半年, *half-year*
SEM société d'économie mixte, 半官半民企業, *semi-government corporation*
sém. sémantique, 意味論, *semantics*
sem. semaine, 週, *week*
SEMA Société d'encouragement aux métiers d'art, 伝統技術奨励協会
sembl. semblable, 類似の, *similar*

sémiol. sémiologie, 記号学, *semiology*
sen. senior, シニア, *senior*
Sén. Sénégal, セネガル, *Senegal*
sén. sénat, 上院, *senate*
sénég. sénégalais, セネガルの, *Senegalese*
sénil. sénilité, 老齢, *senility*
sens. sensible, 敏感な, *sensitive*
sensa sensationnel, センセーショナルな, *sensational*
sensibilis. sensibilisation, 関心を持たせること, *sensitization*
sent. sentence, 判決, *sentence*
sentim. sentiment, 感情, *feeling*
SEO sauf erreur ou omission, 誤謬遺漏のない限り, *errors and omissions excepted*
sép. sépulcre, 墓, *sepulcher*
sép. sépulture, 墓, *burial*
sépar. séparation, 分割, *separation*
séparat. séparatisme, 分離主義, *separatism*
SEPC Service d'études pénales et criminologiques, 刑法・犯罪学研究課
sept. septembre, 九月, *September*
sept. septième, 七番目の, *seventh*
SEPT Société d'édition de programmes de télévision, (テレビ番組制作会社)セットプロダクション
septenn. septennat, 七年の期間, *seven-year term*
septentr. septentrional, 北の, *northern*
septic. septicémie, 敗血症, *blood poisoning*
séq. séquence, 一続きのもの, *sequence*
séquestr. séquestration, 監禁, *sequestration*
sér. série, 一続きの, *series*
SER sources d'énergie renouvelable, 再生可能エネルギー源
sér. sérum, 血清, *serum*
sér. sérieux, 真剣な, *serious*
sérén. sérénissime, 殿下
serg. sergent, 伍長, *sergeant*
serg.-chef sergent-chef, 軍曹, *staff sergeant*
serg.-maj. sergent-major, 特務軍曹
séricic. sériciculture, 養蚕, *silkworm breeding*
sérigr. sérigraphie, スクリーン印刷, *silk-screen printing*
serm. sermon, 説教, *sermon*

SERNAM Service national de messageries, セルナム：鉄道小荷物扱い会社
sérol. sérologie, 血清学, *serology*
séros. sérosité, 漿液, *serous fluid*
serrur. serrurerie, 錠前製造, *locksmith's trade*
SERT Service des études, de la recherche et de la technologie, 調査研究テクノロジー部
serv. service, サービス, *service*
serv. servitude, 服従, *servitude*
serv.-ép. serviette-éponge, タオル, *terry towel*
SES section d'éducation spécialisée, 特殊教育クラス
SESAM Stage européen en alternance dans les métiers, 職業転換欧州研修
SESORI Service de synthèse et d'orientation de la recherche en informatique, 情報科学総括・指導・リサーチ課
sess. session, 会期, *session*
SETRA Service d'études techniques des routes et autoroutes, 一般道路高速道路技術調査所
SEV véhicule à effet de sol, （英語略語のままで）エアクッション艇, *SEV＝surface effect vehicle*
sex. sexualité, 性的行動, *sexuality*
sexol. sexologie, 性科学, *sexology*
SF Finlande, フィンランド：国際自動車識別記号, *Finland*
SF science-fiction, サイエンスフィクション, *SF＝science fiction*
sf sauf, （..を）除き, *except*
SF sans faute, 間違いなしの, *without fail*
SFA Société française d'affacturage, SFA（エスエフアー）：ファクタリング会社
SFDG Société française de graphologie, フランス筆跡学協会
SFEN Société française d'énergie nucléaire, フランス原子力協会
SFET technique de codage à fréquence synchrone, （英語略語のままで）同期周波数符号化技術, *SFET＝synchronous frequency encoding technique*
SFI Société financière internationale, 国際金融公社, *International Finance Corporation*
SFIC section française de l'Internationale communiste, 共産主義インターナショナルフランス支部
SFIO section française de l'Internationale ouvrière, 労働

者インターナショナルフランス支部

SFJEO Société franco-japonaise des études orientales, 日仏東洋学会

SFJSE Société franco-japonaise des sciences de l'éducation, 日仏教育学会

SFOR Force de stabilisation, (英語略語のままで)(ボスニア・ヘルツェゴビナなどの)平和安定軍, *SFOR = Stabilization Force*

Sforz. sforzando, スフォルツァンド

SFP service de la formation professionnelle, 職業訓練課

SFP Société française de production et de création audiovisuelles, フランス番組制作会社

SFR Société française de radiotéléphonie, SFR 携帯電話会社

SFU unité d'enregistrement et de retransmission, (英語略語のままで)蓄積ユニット, *SFU = store-and-forward unit*

SG secrétaire général, 事務局長

SGA secrétariat général pour l'administration, 管理事務局

SGAR Secrétariat général pour les affaires régionales, 地域圏務局

SGAR Secrétariat général à l'action régionale, 地方行動委員会事務局

SGBCI Société générale des banques en Côte-d'Ivoire, 象牙海岸ソシエテ・ジェネラル・デ・バンク銀行

SGBD système de gestion de base de données, データベース管理システム, *DBMS = database management system*

SGBDR système de gestion de bases de données relationnelles, リレーショナルデータベース管理システム, *RDBMS = relational database management system*

SGCICE Secrétariat général du comité interministériel pour les questions de coopération économique, 経済協力問題向け省際委員会事務局

SGD dollar singapourien, (通貨単位で)シンガポール・ドル, *Singaporean dollar*

SGDG sans garantie du gouvernement, (特許品に関し)政府保証なしに, *without Government guarantee of quality*

SGDN Secrétariat général de la défense nationale, 国防事務総局

SGEC Secrétariat général de l'enseignement catholique, カトリック系教育事務局

SGEN Syndicat général de l'éducation nationale, 国家教

員一般組合

SGF statistique générale de la France, フランス総合統計

SGF système de gestion financière, 財務管理システム, *financial management system*

SGG Secrétariat général du gouvernement, 内閣官房

SGL Société des gens de lettres, 文士協会

SGML langage standard généralisé de balisage, (英語略語のままで)汎用マークアップ言語規約, *SGML=Standard Generalized Mark-up Language*

SGMM Secrétariat général de la marine marchande, 商船事務総局

SGP Singapour, シンガポール：国際自動車識別記号, *Singapore*

SGP système généralisé des préférences, 一般特恵関税制度, *GSP=generalized system of preferences*

SGPC système global de préférences commerciales, 貿易特恵包括制度

SGPEN Syndicat général des personnels de l'éducation nationale, 文部省職員総組合

SGPR Secrétariat général de la présidence de la République, 大統領府官房

SGQ Secrétariat général de la questure, 会計管理事務局

sh sinus hyperbolique, 双曲正弦, *sinh=hyperbolic sine*

shakesp. shakespearien, シェークスピアの, *Shakespearian*

shamp. shampooing, シャンプー, *shampoo*

SHC conteneur spécial hors-cotes, (英語略語のままで)特殊大型コンテナ, *SHC=super high cube*

SHDA Société d'histoire des droits de l'antiquité, 古代法制史学会, *SHDA=Society for History of Law in Antiquity*

SHF supra-haute fréquence, 超高周波, *SHF=superhigh frequency*

SHK shilling du Kenya, (通貨単位で)ケニア・シリング, *Kenyan shilling*

SHOM Service hydrographique et océanographique de la Marine, 海軍水圏学・海洋学課

SHT shilling tanzanien, (通貨単位で)タンザニア・シリング, *Tanzanian shilling*

SI système international d'unités, 国際単位系, *SI=International System of Units*

Si silicium, 珪素, *Si=silicon*

SI syndicat d'initiative, 観光協会
SIA Société internationale arthurienne, 国際アーサー王協会, *SIA=International Arthurian Society*
SIA Société internationale d'acupuncture, 国際鍼学会, *SIA=International Society of Acupuncture*
SIAAP Syndicat interdépartemental pour l'assainissement de l'agglomération parisienne, パリ都市圏諸県下水道事務組合
SIAL Salon international de l'alimentation, (パリ)国際食品見本市: 通称はシアル
SIAR Service de surveillance industrielle de l'armement, 兵器産業監督課
SIB Société ivoirienne des banques, ソシエテイボアリエンヌデバンク銀行
SIB Société internationale de biométéorologie, 国際生気象学会, *ISB=International Society of Biometeorology*
SIBC Association mondiale des sociétés d'anatomie pathologique et de biologie clinique, 国際臨床病理学会, *WASP=World Association of Societies, Anatomic and Clinical Pathology*
sibér. sibérien, シベリアの, *Siberian*
SIBEV Société interprofessionnelle du bétail et des viandes, 家畜・食肉関連業種協会
SIBMAS Société internationale des bibliothèques et musées des arts et du spectacle, 国際演劇図書館博物館協会, *ISPALM=International Society of Performing Arts Libraries and Museums*
SIC Société internationale de chirurgie, 万国外科学会, *ISS=International Society of Surgery*
SIC Société internationale de cardiologie, 国際心臓学会, *ISC=International Society of Cardiology*
SICA société d'intérêt collectif agricole, 農業集団利益会社
SICAF société d'investissement à capital fixe, クローズド型投資信託, *closed-ended investment company*
SICAHR Société d'intérêt collectif agricole d'habitat rural, 農村住居農業集団利益会社
SICAV société d'investissement à capital variable, オープンエンド会社型投資信託, *open-ended investment company*
SICI société immobilière pour le commerce et l'industrie, 商工向け不動産会社
sicil. sicilien, シチリアの, *Sicilian*

SICOB Salon international de l'informatique, de la télématique, de la communication, de l'organisation du bureau et de la bureautique, フランスデータショウ
SICOMI Société immobilière pour le commerce et l'industrie, 商工業不動産会社
SICOVAM société interprofessionnelle pour la compensation des valeurs mobilières, 有価証券振替決済共同会社, *Paris Stock Exchange clearing system*
SICVERL Syndicat des industries de la caravane, des véhicules et résidences de loisirs, キャラバン・RV車・レジャーハウス産業組合
SID système d'information douanier, 税関情報システム
SID Service d'information et de diffusion, (フランスの首相官邸の)情報提供・普及課
SIDA syndrome d'immunodéficience acquise, エイズ, *AIDS = acquired immune-deficiency syndrome*
sidér. sidérurgie, 製鉄, *iron and steel industry*
SIDH Société internationale pour les droits de l'homme, 国際人権協会, *ISHR = International Society for Human Rights*
SIDO Société interprofessionnelle des oléagineux, protéagineux et cultures textiles, 採油植物・プロテイン製品・繊維栽培関連業種協会
SIDS mort subite du nourrisson, (英語略語のままで)乳幼児急死症候群, *SIDS = sudden infant death syndrome*
SIE Société internationale d'électrochimie, 国際電気化学会, *ISE = International Society of Electrochemistry*
SIEDS Société internationale d'études du dix-huitième siècle, 国際十八世紀学会, *ISECS = International Society for Eighteenth Century Studies*
SIEH Société internationale d'écologie humaine, 国際ヒューマンエコロジー学会
SIEP Société internationale pour l'étude des primates, 国際霊長類学会, *IPS = International Primatological Society*
SIF société d'investissement foncier, 土地投資会社
SIFE stage d'insertion et de formation à l'emploi, 雇用促進向け参入・職業養成実習
SIFIDA Société internationale financière pour les investissements et le développement en Afrique, アフリカ民間投資開発国際金融会社
SIG Société internationale de gastro-entérologie, 国際胃腸

病学会, *International Society of Gastroenterology*

SIG système intégré de gestion, 経営情報システム, *MIS =management information system*

SIGF Syndicat interprofessionnel du gruyère français, フランス産グリュイエールチーズ関連業種組合

sign. signature, 署名, *signature*

signalis. signalisation, 信号システム, *signs and markings*

signif. signification, 意味, *meaning*

SIH Société internationale d'hématologie, 国際血液学会, *ISH =International Society of Hematology*

SIH sens inverse horaire, 左回りの, *CCW =counterclockwise*

SII société immobilière d'investissement, 投資不動産会社

SIL Société internationale de la lèpre, 国際ライ病学会, *ILA =International Leprosy Association*

sil. silence, 沈黙, *silence*

SILA Syndicat intercommunal du lac d'Annecy, アヌシー湖市町村間事務組合

SILC Séjours internationaux linguistiques et culturels, 語学文化研修国際滞在協会

silh. silhouette, シルエット, *silhouette*

silic. silicate, ケイ酸塩, *silicate*

silic. silicose, 珪肺, *silicosis*

SILP boîtier à une rangée de broches, (英語略語のままで) シングルインラインパッケージ, *SILP =single-in-line package*

SIM Société internationale de musicologie, 国際音楽学会, *IMS =International Musicological Society*

SIM système d'information en marketing, マーケティング情報システム, *Marketing Information System*

SIMC Société internationale de médecine cybernétique, 国際サイバネティックス医学会, *SIMC =International Society of Cybernetic Medicine*

SIMC Société internationale pour la musique contemporaine, 国際現代音楽協会, *ISCM =International Society for Contemporary Music*

SIMCA Société industrielle de mécanique et carrosserie automatique, (昔のフランスの自動車メーカー)シムカ

SIMHA Société internationale de mycologie humaine et animale, 国際ヒト動物真菌学会, *ISHAM =International Society of for Human and Animal Mycology*

simil. similitude, 類似, *similarity*

simili similigravure, 網版法, *half-tone engraving*

SIMM module de mémoire à une rangée de broches, (英語略語のままで)シングルインラインメモリーモジュール：通称はSIMM(シム), *SIMM = single-in-line memory module*

simplif. simplification, 単純化, *simplification*

SIMS spectroscopie de masse aux ions secondaires, (英語略語のままで)二次イオン質量分析法, *SIMS = secondary ion mass spectrometry*

simul. simulation, シミュレーション, *simulation*

sin sinus, (数学の)サイン, *sine*

sinéc. sinécure, 閑職, *sinecure*

sing. singulier, 単数の, *singular*

sinol. sinologie, シナ学, *Sinology*

SIO entrée / sortie série, (英語略語のままで)直列入／出力, *SIO = sequential input/output*

SIP Société internationale de photogrammétrie, 国際写真測量学会, *ISP = International Society for Photogrammetry*

SIP boîtier à une rangée de broches, (英語略語のままで)シングルインラインパッケージ, *SIP = single-in-line package*

SIPE Société internationale de psychologie de l'écriture, 国際書相心理学会, *ISPW = International Society for the Psychology of Writing*

SIPG Société internationale de pathologie géographique, 国際地理病理学会, *ISGP = International Society of Geographical Pathology*

SIPRI Institut international de la recherche de la paix de Stockholm, (英語略語のままで)ストックホルム国際平和問題研究所, *SIPRI = Stockholm International Peace Research Institute*

SIPROCOM Comité pour la simplification des procédures du commerce international, (英語略語のままで)国際貿易手続簡易化委員会, *SIPROCOM = Committee for the Simplification of International Trade Procedures*

SIRENE système informatique pour le répertoire des entreprises et des établissements, 企業事業所台帳情報システム

SIRET système informatique pour le répertoire des entreprises sur le territoire, (9桁の)商業登録番号

SIROCO système informatique répertoriant les opérations de constructions, 建築作業目録情報化システム

SIRP Service de l'information et de relations publiques, (内務省)情報・渉外課

SIRPA Service d'information et de relations publiques des armées, 国防省情報・渉外部

SIRTI Syndicat interprofessionnel des radios et télévisions indépendantes, 独立系ラジオ・テレビ関連業種組合

SIS système d'information Schengen, シェンゲン情報システム, *SIS = Schengen Information System*

SIS Sida Info Service, (フランスの)エイズ情報サービス

SISH Société internationale de la science horticole, 国際園芸学会, *ISHS = International Society for Horticultural Science*

sism. sismique, 地震学, *seismic*

sismol. sismologie, 地震学, *seismology*

SIT système interbancaire de télétransmission, 銀行間電送制度

SIT système interbancaire de télécompensation, 銀行間電送決済システム

SIT Service de l'inspection du travail, 労働監督課

SITS Société internationale de transfusion sanguine, 国際輸血学会, *ISBT = International Society of Blood Transfusion*

SIU Société internationale d'urologie, 国際泌尿器科学会, *ISU = International Society of Urology*

SIVOM Syndicat intercommunal à vocation multiple, 多目的市町村共同組合

SIVP stage d'initiation à la vie professionnelle, 職業生活への指導契約実践

SIVU Syndicat intercommunal à vocation unique, 単一目的市町村共同組合

six. sixième, 六番目の, *sixth*

SJ Société de Jésus, イエズス会, *Society of Jesus*

SJ direction des services judiciaires, 司法サービス局

SJF Syndicat des journalistes français, フランス記者組合

SJTI Service juridique et technique de l'information, 情報関係法令技術部

SLAR radar aéroporté à balayage latéral, (英語略語のまま)側方監視機上レーダー, *SLAR = sideways-looking airborne radar*

SLC Salut les copains!, サリューレコパン : 1968年4月まで10年以上続いたラジオ音楽番組と同名の雑誌

SLC joncteur d'abonné, (英語略語のままで)加入者線集中機, *SLC＝subscriber line concentrator*

SLFP parti ceylanais pour la liberté, (英語略語のままで)スリランカ自由党, *SLFP＝Sri Lanka Freedom Party*

SLIM simplification de la législation du marché intérieur, 国民市場法制簡素化

SLL leone, (シエラレオネの通貨単位で)レオネ, *leone*

SLM mode longitudinal unique, (英語略語のままで)(レーザーの)単一軸モード, *SLM＝single-longitudinal mode*

slov. slovène, スロヴェニアの, *Slovenia*

SLT satellite lourd des télécommunications, 電気通信重量衛星

SLV El Salvador, エルサルバドル, *El Salvador*

SLV Slovénie, スロヴェニア, *Slovenia*

SM sol-mer, (ミサイルの)地対海

Sm samarium, サマリウム:希土類元素, *Sm＝samarium*

SM sécurité militaire, 軍事安全保障

SM Syndicat de la magistrature, 司法官労働組合

SM service militaire, 兵役, *military service*

SMAG salaire minimum agricole garanti, 農業最低賃金, *guaranteed minimum agricultural wage*

SMAW soudage à l'arc avec électrode enrobée, (英語略語のままで)(原子炉の)被膜金属アーク溶接, *SMAW＝shielded metal arc welding*

SMB scanneur multibande, (宇宙技術の)多スペクトル走査装置, *MSS＝multispectral scanner*

SMB Société mondiale de buiatrie, 国際牛疫病協会, *WAB ＝World Association for Buiatrics*

SMC salaire minimum de croissance, スライド制最低賃金

SMDEA Syndicat mixte départemental d'eau et d'assainissement, 県上下水道混成事務組合

SMDS service commuté de données multimégabit, (英語略語のままで)交換マルチメガビットデータサービス, *SMDS ＝switched multimegabit data service*

SMDSM système mondial de détresse et de sécurité en mer, 広域海上遭難安全システム, *GMDSS＝Global Maritime Distress and Safety System*

SME Société mondiale d'ékistique, 世界居住学会, *WSE ＝World Society for Ekistics*

SME Surinam, スリナム:国際自動車識別記号, *Surinam*

SME système monétaire européen, 欧州通貨制度, *EMS＝*

European Monetary System

SMEG salaire minimum européen garanti, 欧州保障最低賃金

SMI système monétaire international, 国際通貨制度, *International Monetary System*

SMI surface minimum d'installation, 自立下限面積

SMIA société mixte d'intérêt agricole, 農業利益混合会社

SMIBTP Service médical interentreprises du bâtiment et des travaux publics, 建設・公共工事関連企業医療サービス

SMIC salaire minimum interprofessionnel de croissance, 全産業一律スライド制最低賃金, *minimum salary*

SMIG salaire minimum interprofessionnel garanti, (フランスの)全産業一律最低保障賃金, *national guaranteed minimum wage (France)*

SMNP salaire minimum national professionnel, 全国職業最低賃金

Smorz. smorzando, スモルツァンドの

SMP sinistre maximum prévisible, MFL:保険の予見可能最高損害額, *MFL = maximum foreseeable loss*

SMS mini-messages que l'on s'échange sur les téléphones portables, (英語略語のままで)携帯電話メール, *SMS = short message service*

SMSH somali shilling, (通貨単位で)ソマリア・シリング, *Somali shilling*

SMT système modulaire thermique, (フランス軍戦車用の)熱視システム, *thermal imager*

SMUH Secrétariat des missions pour l'urbanisme et l'habitat, 都市開発住居担当事務局

SMUR Service médicale d'urgence et de réanimation, 緊急・蘇生移動サービス

sn sthène, ステーヌ:力の慣用単位

Sn étain, 錫, *tin*

SN service national, 国民役務

SN Sénégal, セネガル:国際自動車識別記号, *Senegal*

SN numéro d'abonné, (英語略語のままで)加入者番号, *SN = subscriber number*

SNA sous-marin nucléaire d'attaque, 攻撃用原子力潜水艦

SNA système nerveux autonome, 自律神経系, *ANS = autonomic nervous system*

SNA architecture unifiée de réseau, (英語略語のままで)システム網アーキテクチャ:IBM社開発の通信体系, *SNA =*

systems network architecture

SNAAG Société nationale des amis et anciens de la gendarmerie, 憲兵隊友の会・OB会全国協会

SNADEM Syndicat national des enseignants du dessin, de l'éducation physique et de la musique, デッサン・体育・音楽教員全国組合

SNAEN Syndicat national des agents de l'éducation nationale, 文部職員全国組合

SNAES Syndicat national autonome des enseignements spéciaux, 特別教育全国自治組合

SNALC Syndicat national des lycées et collèges, 高校中学全国組合

SNAM Syndicat national des personnels administratifs des services extérieurs de l'éducation nationale, 文部外部サービス事務職員全国組合

SNAPCC Syndicat national autonome du personnel des chambres de commerce, 商業会議所従業員全国自治組合

SNAU Syndicat national de l'administration universitaire, 大学事務全国組合

SNAV Syndicat national des agents de voyage, 旅行エージェント全国組合

SNC société en nom collectif, 合名会社, *ordinary partnership*

SNC Syndicat national des collèges, 中学全国組合

SNCB Société nationale des chemins de fer belges, ベルギー国有鉄道, *Belgian National Railways*

SNCEEL Syndicat national des chefs d'établissements d'enseignement libre, ミッション系教育機関校長全国組合

SNCF Société nationale des chemins de fer français, フランス国有鉄道, *French National Railways*

SNCM Société nationale Corse-Méditerranée, 国営コルシカ地中海会社

SNCS Syndicat national des chercheurs scientifiques, 科学研究者全国組合

SNCTA Syndicat national des contrôleurs du trafic aérien, 航空管制官全国組合

SNCTPE Syndicat national des conseillers techniques, pédagogiques de l'éducation nationale, 文部専門・教育顧問全国組合

SNE-sup Syndicat national des enseignants du supérieur, 高等教育教員全国組合

SNEA Société nationale Elf-Aquitaine, エルフ・アキテーヌ国営会社

SNEC Syndicat national de l'enseignement chrétien, キリスト教教育全国組合

SNECMA Société nationale d'étude et de construction de moteurs d'avion, (フランスの)国立航空機エンジン開発製造公社

SNEEPS Syndicat national des maîtres de l'enseignement de l'éducation physique et sportive, 体育・スポーツ教育教員全国組合

SNEIC système national d'échanges d'images chèques, 全国小切手記録交換制度

SNEMAG station nationale d'essais des matériels de génie civil, 土木工学機材テスト全国基地

SNEP Syndicat national de l'éducation physique, 体操教育全国組合

SNEP Société nationale des entreprises de presse, プレス企業没収財産管理国有会社

SNEPC Service national des examens du permis de conduire, 全国運転免許試験局

SNES Syndicat national des enseignements du second degré, 中等教育全国組合

SNETAA Syndicat national de l'enseignement technique apprentissage autonome, 技術教育全国組合

SNETAP Syndicat national de l'enseignement technique agricole public, 農業技術公共教育全国組合

SNI Syndicat national des instituteurs, 小学教員全国組合

SNIAS Société nationale industrielle aérospatiale, 航空宇宙産業公社

SNIDEN Syndicat national des inspecteurs départementaux de l'éducation nationale, 文部省県監察官全国組合

SNIEN Syndicat national de l'intendance de l'éducation nationale, 文部省会計課全国組合

SNIET Syndicat national des inspecteurs de l'enseignement technique, 専門教育監察官全国組合

SNIGREF Syndicat national des ingénieurs du génie rural, des eaux et des forêts, 土木工事・水資源・森林技師全国組合

SNIPEGC Syndicat national des instituteurs et des professeurs d'enseignement général de collèges, 全国初等・中等学校教員組合

SNIPJS Syndicat national des directeurs généraux et inspecteurs principaux de la Jeunesse et des Sports, 青年スポーツ省局長・監察主任全国組合

SNJ Syndicat national des journalistes, 全国新聞記者連合, *National Union of Journalists*

SNLC-FO Syndicat national des lycées et collèges-Force ouvrière, 高校中学全国組合・労働者の力

SNLE sous-marin nucléaire lance-engins, ミサイル発射原子力潜水艦

SNP Syndicat national des psychologues, 心理学者全国組合

SNP protection de numéro de séquence, (英語略語のままで)シーケンス番号プロテクション, *SNP = sequence number protection*

SNPA Société nationale des pétroles d'Aquitaine, アキテーヌ石油国営会社

SNPALES Syndicat national des personnels d'administration des lycées et établissements secondaires, 高校中等教育機関事務職員全国組合

SNPC Syndicat national des principaux de collèges, 中学校長全国組合

SNPCEN Syndicat national des personnels contractuels de l'éducation nationale, 文部省契約職員全国組合

SNPD substances nocives et potentiellement dangereuses, 有毒で潜在的に危険な物質

SNPDES Syndicat national du personnel de direction des établissements secondaires, 中等教育機関首脳陣全国組合

SNPEN Syndicat national des professeurs d'écoles normales, 高等師範学校教授全国組合

SNPEP Syndicat national des professeurs de l'enseignement privé, 私立教育教員全国組合

SNPESB Syndicat national des personnels de l'enseignement supérieur et des bibliothèques, 高等教育・図書館職員全国連盟

SNPMI Syndicat national du patronat moderne et indépendant, 全国独立近代経営者協会

SNPMI Syndicat national des petites et moyennes industries, 全国中小産業協会：全国独立近代経営者協会の旧称

SNPN Société nationale de protection de la nature, 自然保護全国協会

SNPQR Syndicat national de la presse quotidienne régionale, 地方日刊新聞全国組合

SNPTES Syndicat national du personnel technique de l'enseignement supérieur, 高等教育専門職員全国同盟

SNR rapport signal-bruit, (英語略語のままで)信号対雑音比, *SNR = signal-to-noise ratio*

SNRT Syndicat national de radio-télévision, ラジオテレビ全国組合

SNSM Société nationale de sauvetage en mer, 海難救助全国協会：別名は国立海難救助協会

SNTRS Syndicat national des travailleurs de la recherche scientifique, 科学研究勤労者全国組合

SNUI Syndicat national unifié des impôts, 全国統一租税組合

SO sud-ouest, 南西, *south-west*

SO Somalie, ソマリア：国際自動車識別記号, *Somalia*

soc. socialiste, 社会主義者, *socialist*

soc. socialisme, 社会主義, *socialism*

soc. social, 社会の, *social*

soc.-chrét. social-chrétien, キリスト教社会党の

soc.-démocr. social-démocratie, 社会民主主義, *social democracy*

soc.-démocr. social-démocrate, 社会民主党の, *Social Democratic*

soc.-impér. social-impérialisme, 社会帝国主義, *social-imperialism*

SOCAMI Société coopérative de caution mutuelle immobilière, 不動産共済保証協同組合

sociét. sociétaire, 団員, *member*

sociol. sociologie, 社会学, *sociology*

SOCOREC Société coopérative pour la rénovation de l'équipement et du commerce, 設備更新・商業協同組合

SOCOTEC Société de contrôle technique et d'expertise de la construction, 建築技術検査・鑑定協会

SOCRATE système organique commutant rapidement les abonnés et les taxant électroniquement, 電話加入者迅速接続・電子料金計算システム

SOCREDOM Société de crédit pour le développement des départements d'outre-mer, 海外県開発ローン会社

SOFAL Société pour favoriser l'acquisition de logements et l'amélioration de l'habitation, 住宅取得・住居改善促進協会

SOFARIS Société française pour l'assurance du capital risque des petites et moyennes entreprises, フランス中小ベンチャー企業保険会社：フランス中小企業融資保証会社の1982-1991年までの旧名, *General Confederation of small and medium-sized companies*

SOFI système d'ordinateur pour le traitement du fret international, 国際カーゴ便情報システム

SOFIA système d'ordinateurs pour le fret international aérien, 国際航空カーゴ便情報システム

SOFICA Société de financement des industries cinématographiques et audiovisuelles, 映画視聴覚産業金融会社

SOFIRAD Société financière de radiodiffusion, （フランスの）ラジオ放送財団

SOFRES Société française d'enquêtes par sondage, フランス世論調査会社

soft software, ソフトウェア, *software*

SOH ―, （データ通信の）ヘッダーの開始, *SOH = start of header*

soixant. soixantième, 六十番目の, *sixtieth*

sol. soleil, 太陽, *sun*

sol. solution, 解答, *solution*

solar. solarium, サンルーム, *solarium*

SOLAS Convention internationale pour la sauvegarde de la vie humaine en mer, （英語略語のままで）(1960年の)海上人命安全条約, *SOLAS = International Convention for the Safety of Life at Sea*

solenn. solennel, 盛大な, *solemn*

solf. solfège, ソルフェージュ, *music theory*

solid. solidité, 固いこと, *solidity*

solid. solidarité, 連帯, *solidarity*

solit. solitaire, 孤独な, *solitary*

sollicit. sollicitation, 懇願, *request*

solub. solubilité, 溶解性, *solubility*

SOM début de message, （英語略語のままで）電文開始, *SOM = start of message*

somatis. somatisation, （精神的苦痛が）身体的症状に転換すること, *somatization*

somm. sommaire, 要約, *summary*

sommell. sommellerie, ワインの貯蔵室, *wine cellar*

somnif. somnifère, 睡眠薬, *sleeping tablet*

somnol. somnolence, まどろみ, *sleepiness*

sompt. somptueux, 豪華さ, *sumptuous*
SONACOTRA Société nationale de construction de logements pour les travailleurs, 勤労者住宅建設全国協会
SONARID Société nationale de sidérurgie, (モロッコの)国営製鉄会社, *National Iron and Steel Industry*
SONATRACH Société nationale pour la recherche, la production, le transport, la transformation et la commercialisation des hydrocarbures, ソナトラック：アルジェリアの石油会社
sond. sondage, 世論調査, *poll*
sonn. sonnerie, 鳴る音, *ringing*
sonoris. sonorisation, 有声化, *voicing*
SOPEXA Société pour l'expansion des ventes de produits agricoles et alimentaires, 農産物・食糧品輸出振興協会
sophrol. sophrologie, 自律訓練法, *sophrology*
sopr. soprano, ソプラノ, *soprano*
sorcell. sorcellerie, 魔法, *witchcraft*
SOS 一, 救難信号：SOS Médecins (応急医療サービス) 等の救助機関名に冠される, *SOS = save our souls*
SOS silicium sur saphir, (英語略語のままで)サファイア上シリコン, *SOS = silicon on sapphire*
SOS somali shilling, (通貨単位で)ソマリア・シリング, *Somali shilling*
Sot. voc. sotto voce, (音楽で)声を和らげてひそやかに
soud. soudain, 突如の, *sudden*
Soud. Soudan, スーダン, *Sudan*
soudan. soudanais, スーダンの, *Sudanese*
souffl. soufflerie, (オルガンの)送風機, *bellows*
souffr. souffrance, 苦痛, *suffering*
souh. souhait, 願い, *wish*
soulèv. soulèvement, 持ち上げること, *rising*
soumiss. soumission, 服従, *submission*
soupl. souplesse, 柔らかさ, *suppleness*
souscr. souscription, 応募, *subscription*
souv. souvenir, 思い出, *memory*
souver. souveraineté, 主権, *sovereignty*
soviét. soviétique, ソビエトの, *Soviet*
sovkh. sovkhoze, ソフホーズ
sp. sport, スポーツ, *sport*
SP service de presse, プレスサービス, *press service*
SP sapeurs-pompiers, 消防団, *fire brigade*

SP direction centrale de la sécurité publique, 治安中央局
SP secteur postal, 野戦郵便区域
SP soucoupe plongeante, 潜水円盤, *diving saucer*
SPA standard de pouvoir d'achat, 購買力平価, *PPP = purchasing power parity*
SPA Société protectrice des animaux, 動物愛護協会, *Society for the Prevention of Cruelty of Animals*
SPA standard de pouvoir d'achat, 標準購買力, *SPP = standard of purchasing power*
SPADATS système de surveillance d'espace et de poursuite, (英語略語のままで)宇宙空間探知追跡網, *SPADATS = space detection and tracking system*
spagh. spaghetti, スパゲッティ, *spaghetti*
spasmod. spasmodique, 痙攣の, *spasmodic*
spasmoph. spasmophilie, 痙攣質, *spasmophilia*
SPAV Syndicat de la presse audiovisuelle, ラジオテレビ報道組合
SPB Service des phares et balises, 灯台航行標識課
SPBI Société de participation banque industrie, 銀行・産業協力機構
SPD parti social démocrate, (ドイツ語略語のままで)(独の)社会民主党, *SPD = Sozialdemokratische Partei Deutschlands* (ドイツ語)
spéc. spécial, 特別の, *special*
spécif. spécification, 明示, *specification*
spécim. spécimen, 見本, *specimen*
spect. spectacle, ショー, *show*
spect. spectateur, 観客, *spectator*
SPECT tomographie informatisée à émission de photon unique, (英語略語のままで)単一光子放出コンピュータ断層撮影, *SPECT = single photon emission computer tomography*
spectr. spectroscopie, 分光学, *spectroscopy*
spectrogr. spectrographie, 分光写真法, *spectrography*
spectrogr. spectrographe, 分光器, *spectrograph*
spécul. spéculation, 投機, *speculation*
SPEIN Syndicat patronal d'entreprises et d'industries du Niger, ニジェール企業産業経営者団体
spéléo spéléologue, 洞穴探検家, *spelunker*
spéléol. spéléologie, 洞穴学, *speleology*
SPEN Syndicat des psychologues de l'éducation nationa-

le, 文部心理学者組合
spermatoz. spermatozoïde, 精子, *spermatozoon*
SPF Secours populaire français, フランス人民救済会：社会福祉機関
SPG système de préférences généralisées, 一般特恵関税制度, *GSP =generalized system of preferences*
sph. sphère, 球体, *sphere*
SPIP Service pénitentiaire d'insertion et de probation, 社会復帰・保護観察行刑監察部
spirit. spiritisme, 交霊術, *spiritualism*
spirit. spiritualité, 精神的生活, *spirituality*
SPLEF Société pour la propagation des langues étrangères en France, フランスの外国語普及協会
SPM Saint-Pierre et Miquelon, サンピエール・エ・ミクロン：海外領土
spol. spoliation, 略奪, *despoiling*
spons. sponsoring, 後援, *sponsorship*
spons. sponsor, スポンサー, *sponsor*
sport. sportif, スポーツの, *sports*
SPOT système probatoire d'observation de la Terre, （フランスの）地球観測衛星, *SPOT*
SPP Syndicat de la presse parisienne, パリ報道組合
SPPEF Société pour la protection des paysages et de l'esthétique de la France, フランス風景・美観保護協会
SPPPI Secrétariat permanent pour la prévention des pollutions industrielles, 産業汚染予防常設事務局
sq. sequens, （ラテン語略語のままで）次の, *following*
sqq. sequentes, （ラテン語略語のままで）次に続く, *following ones (the)*
SQS sociétés et quasi-sociétés non financières, （金融機関を除く）事業会社
SQUALPI Service de la qualité des produits industriels et de la normalisation, 工業製品品質・標準化課
squel. squelette, 骸骨, *skeleton*
SQUID interféromètre quantique, （英語略語のままで）超伝導量子干渉素子, *SQUID =superconducting quantum interference device*
sr stéradian, ステラジアン：立法角の大きさの単位, *sr =steradian*
Sr strontium, ストロンチウム, *Sr =strontium*
SR service de renseignements, 案内課

SRA Service de recherches de l'aéronautique, 航空研究課
SRAE Service régional de l'aménagement des eaux, 地方水資源整備局
SRAF Service régional d'aménagement forestier, 森林整備地方局
SRAM RAM statique, (英語略語のままで)スタティックラム, *SRAM =static RAM*
SRD service de règlement différé, 延期決済サービス
SRET satellite de recherches et essais technologiques, 技術工学研究試験衛星
SRF Société des réalisateurs de films, 映画監督協会
SRF Service de répression des fraudes, 不正行為取締課
SRF supplément de revenu familial, 家族補足手当
SRG florin de Surinam, (通貨単位で)スリナム・ギルダー, *Surinam guilder*
SRI signalisation routière internationale, 国際道路標識, *international road signs*
SROT situation résumée des opérations du Trésor, 国庫局予算実施状況
SRPJ Service régional de la police judiciaire, 司法警察地方局, *regional crime unit*
SS sécurité sociale, 社会保障, *social security*
SS sol-sol, (ミサイルの)地対地, *surface-to-surface*
SS sous-sol, 地下, *basement*
SS —, (ドイツ語略語のままで)ナチス親衛隊員, *SS = Schutz-Staffel*(ドイツ語)
ss-acq. sous-acquéreur, 転得者
ss-affl. sous-affluent, 支流の支流
ss-affrèt. sous-affrètement, 下傭船
ss-alim. sous-alimentation, 栄養不足, *malnutrition*
ss-amend. sous-amendement, 再修正
ss-arrond. sous-arrondissement, 海域の小管区
ss-chef sous-chef, 長代理, *assistant manager*
ss-commiss. sous-commission, 小委員会, *sub-committee*
ss-consomm. sous-consommation, 過少消費, *underconsumption*
ss-cont. sous-continent, 亜大陸, *subcontinent*
ss-dév. sous-développement, 低開発性, *underdevelopment*
ss-empl. sous-emploi, 不完全雇用, *underemployment*
ss-ens. sous-ensemble, 部分集合, *subset*
ss-ent. sous-entendu, 言外の意味, *implication*

ss-équip. sous-équipement, 産業設備の不整備, *under-equipment*

ss-estim. sous-estimation, 過小評価, *underestimation*

ss-éval. sous-évaluation, 過小評価, *undervaluation*

ss-exploit. sous-exploitation, 不十分な開発

ss-expos. sous-exposition, 露出不足, *underexposure*

ss-fam. sous-famille, 亜科, *subfamily*

ss-gouv. sous-gouverneur, 副総裁, *deputy governor*

ss-gr. sous-groupe, 部分郡, *subgroup*

ss-lieut. sous-lieutenant, 少尉, *second lieutenant*

ss-loc. sous-locataire, 転借人, *subtenant*

ss-loc. sous-location, 転貸借, *subletting*

ss-mar. sous-marin, 潜水艦, *submarine*

ss-maxill. sous-maxillaire, 下顎の, *submaxillary*

ss-nutr. sous-nutrition, 栄養不足, *malnutrition*

ss-off. sous-officier, 下士官, *non-commissioned officer*

ss-ordre sous-ordre, 下役, *subordinate*

ss-peupl. sous-peuplement, 人口過疎, *underpopulation*

ss-préf. sous-préfecture, 郡庁, *subprefecture*

ss-préf. sous-préfet, 副知事, *subprefect*

ss-progr. sous-programme, サブリーチン, *subroutine*

ss-prolét. sous-prolétariat, 下層ブルジョワ階級, *underclass*

ss-secr. sous-secrétaire, 閣外相補佐官, *undersecretary*

ss-secr. sous-secrétariat, 閣外相補佐官の職, *undersecretaryship*

ss-sol sous-sol, 地下, *basement*

ss-st. sous-station, 変電所, *substation*

ss-syst. sous-système, 下部組織, *subsystem*

ss-t. sous-titre, サブタイトル, *subtitle*

ss-titr. sous-titrage, 字幕をつけること, *subtitling*

ss-vêt. sous-vêtement, 下着, *undergarment*

SS 2 I société de services et d'ingénierie en informatique, データバンクデータソフト会社, *computer services company*

SSAE Service social d'aide aux émigrants, 移民援助社会福祉課

SSAU schéma de secteur d'aménagement et d'urbanisme, 都市整備地区計画

SSBS sol-sol balistique stratégique, 地対地戦略弾道ミサイル, *surface-to-surface ballistic missile*

SSI intégration à faible échelle, (英語略語のままで)小規模

集積回路, *SSI =small-scale integration*
ssi. si et seulement si, である場合及びその場合に限って, *iff. =if and only if*
SSII société de services et d'ingénierie en informatique, データバンクデータソフト会社, *computer services company*
SSMOE Service social de la main-d'œuvre étrangère, 外人労働力社会福祉課
SSP soins de santé primaires, 一次医療, *PHC =primary health care*
SSR Service social rural, 農村社会福祉課
SST transport supersonique, (英語略語のままで)超音速旅客機, *SST =supersonic transport*
st. station, 地下鉄の駅, *subway station*
st. stère, ステール：薪の体積を計る単位, *stere*
ST Société de transplantation, 移植学会, *TS =Transplantation Society*
S^t saint, 聖..., *Holy*
st. stade, スタジアム, *stadium*
st. baln. station balnéaire, 海水浴場, *seaside resort*
St-O. Saint-Office, 検邪聖省, *Holy Office*
st.-serv. station-service, ガソリンスタンド, *gas station*
st. therm. station thermale, 温泉, *spa*
STABEX stabilisation des recettes d'exportation, 輸出所得補償制度, *STABEX =Stabilization of Export Earnings*
STAD système de traitement automatisé de données, データ自動処理システム, *automatic data processing system*
stagn. stagnation, 不振, *stagnation*
stand. standing, 地位, *standing*
STAPS sciences et techniques des activités physiques et sportives, 体育活動科学技術
star-sys. star-système, スターシステム, *star system*
START négociations sur la réduction des armements stratégiques, (英語略語のままで)戦略兵器削減交渉, *START =Strategic Arms Reduction Talks*
stat. statut, 地位, *status*
STD dobra, (サントーメ・プリンシペの通貨単位で)ドブラ, *dobra*
std stand, 展示会場, *stand*
S^{te} sainte, 聖・・・：女性名詞の前で使用, *Holy*
Sté société, 会社, *company*
STEMME Service technique d'études des moyens moder-

sténo sténodactylo, 速記者, *shorthand typist*
stéphan. stéphanois, サンテチエンヌの, *of Saint-Etienne*
stérilis. stérilisation, 断種, *sterilization*
STI Service des transmissions de l'intérieur, 国内通信課
Stie sortie, (掲示としての)出口, *exit*
STIL Service technique interprofessionnel du lait, 酪農関連業種専門局
stimul. stimulation, 刺激, *stimulation*
STISI Service du traitement de l'information et des statistiques industrielles, 情報処理・産業統計課
stitre surtitre, 小見出し, *strap-line*
STM mode de transfert synchrone, (英語略語のままで)同期転送モード, *STM = synchronous transfer mode*
STN société transnationale, 多国籍企業, *transnational company*
STO service du travail obligatoire, 強制労働役務:ナチス占領時代のドイツへの労力提供
STP/ stp s'il te plaît, どうぞ, *please*
STP point de transfert sémaphore, (英語略語のままで)(PHSの)信号中継点, *STP = signaling transfer point*
STPE Service technique des poudres et explosifs, 火薬爆薬専門科
strat. stratégie, 戦略, *strategy*
stratosph. stratosphère, 成層圏, *stratosphere*
strepto streptocoque, 連鎖球菌, *streptococcus*
STRIDA système de traitement et de représentation des informations de défense aérienne, 防空情報処理・表示システム
strob. stroboscope, ストロボスコープ, *stroboscope*
structur. structuralisme, 構造論, *structuralism*
STS système de transport spatial, (英語略語のままで)(衛星用の)宇宙輸送システム:スペースシャトルをさす, *STS = space transportation system*
STS section de techniciens supérieurs, 上級技師部門
STT Service des télégrammes téléphonés, 電話電報課
STU Service technique de l'urbanisme, 都市開発専門科
stud. studio, スタジオ, *studio*
stup. stupéfiant, 麻薬, *drug*
stup. stupeur, 麻痺, *stupor*
stupéf. stupéfaction, びっくり仰天, *stupefaction*

STX début de texte, (英語略語のままで)電文の開始, *STX = start of text*
stylis. stylisation, 様式化, *stylization*
stylo stylographe, 万年筆, *fountain pen*
SU Union soviétique, ソ連：国際自動車識別記号, *Soviet Union*
SU salaire unique, 単一給与
SUAD service d'utilité agricole et de développement, 農業普及振興組織
subj. subjectif, 主観的な, *subjective*
subj. subjonctif, 接続法, *subjunctive*
sublim. sublimation, 純化, *sublimation*
subord. subordonnée, 従属節, *subordinate clause*
subrog. subrogation, 代位, *subrogation*
subsist. subsistance, 生活の糧, *subsistence*
subst. substance, 物質, *substance*
suburb. suburbain, 近郊の, *suburban*
subv. subvention, 助成金, *subsidy*
SUC sucre, (エクアドルの通貨単位で)スクレ, *sucre*
succ. succursale, 支店, *branch*
success. succession, 連続, *succession*
suéd. suédois, スウェーデンの, *Swedish*
suff. suffisant, 十分な, *sufficient*
suff. suffixe, 接尾辞, *suffix*
SUFH système universel des fuseaux horaires, 世界時間帯システム
suggest. suggestion, 提案, *suggestion*
suic. suicide, 自殺, *suicide*
suiv. suivant, 次の, *following*
suj. sujet, 主題, *subject*
sulfur. sulfureux, 硫黄質の, *sulfurous*
SUMER surveillance médicale des risques professionnels, 職業リスクの医学的監視：雇用連帯省による調査
sup. superbe, すばらしい, *superb*
superf. superficie, 表面積, *surface*
superl. superlatif, 最上級, *superlative*
superm. supermarché, スーパーマーケット, *supermarket*
superpuiss. superpuissance, 異常な力, *superpower*
superson. supersonique, 超高速の, *supersonic*
superst. superstition, 迷信, *superstition*
supervis. supervision, 監督, *supervision*

supp. support, 支柱, *support*
suppl. suppléance, 代理職, *temporary post*
suppl. supplément, 追加, *additional*
suppos. supposition, 推測, *supposition*
suppress. suppression, 除去, *deletion*
suprém. suprématie, 至高, *supremacy*
SUR rouble, (ソ連の通貨単位で)ルーブル, *rouble*
surd. surdité, 難聴, *deafness*
surf. surface, 表面, *surface*
surgél. surgélation, 冷凍, *deep freezing*
surgéné surgénérateur, 増殖炉, *breeder reactor*
surréal. surréalisme, 超現実主義, *surrealism*
surt. surtitre, 小見出し, *strap-line*
SURT Syndicat unifié de radio et de télévision, ラジオテレビ統一組合
survêt. survêtement, トレーニングウェア, *tracksuit*
suspens. suspension, つるすこと, *suspension*
sustent. sustentation, (飛行機の)揚力, *left*
Sv sievert, シーベルト:電離放射線の線量当量のSI単位, *sievert*
SVA société à valeur ajoutée, ソフトサービス会社
SVC colon salvadorien, (通貨単位で)エルサルバドル・コロン, *colon (El Salvador)*
SVC appel du superviseur, (英語略語のままで)管理者呼出(命令), *SVC =supervisor call*
SVP/ svp s'il vous plaît, どうぞ, *please*
SVP spécialiste en valeurs du secteur public, (フランスの)公共債プライマリーディーラー, *specialist in public securities (France)*
SVS stations villages de Savoie, サヴォワ村落保養地
SVT spécialiste en valeurs du Trésor, (フランスの)国債プライマリーディーラー, *specialist in Treasury securities (France)*
SWA Sud-Ouest africain, 南西アフリカ:国際自動車識別記号、ナミビアの旧称, *South-West Africa*
SWAPO Organisation du peuple du Sud-Ouest africain, (英語略語のままで)南西アフリカ人民機構, *SWAPO =South West African People's Organization*
SY Seychelles, セーシェル:国際自動車識別記号, *Seychelles*
SYDAS Syndicat des artistes du spectacle, 興行芸人組合

syll. syllabe, 音節, *syllable*
sylvic. sylviculture, 造林, *foresting*
sym. symétrie, 左右対称, *symmetry*
symb. symbole, 象徴, *symbol*
symp. symposium, 学会, *symposium*
symph. symphonie, 交響曲, *symphony*
sympt. symptôme, 症状, *symptom*
syn. synonyme, 同義語, *synonym*
SYN caractère de synchronisation, (英語略語のままで)同期信号文字, *SYN＝synchronous idle character*
SYNAPAC Syndicat national des professions artistiques et culturelles, 芸術文化関連業種全国組合
synchr. synchrone, 同時の, *synchronous*
synchr. synchrotron, シンクロトロン, *synchrotron*
synd. syndicat, 労働組合, *trade union*
syndr. syndrome, 症候群, *syndrome*
SYNEP Syndicat national de l'enseignement privé, 私立教育全国組合
synopt. synoptique, 梗概の, *synoptic*
synt. syntaxe, 構文法, *syntax*
synthét. synthétiseur, シンセサイザー, *synthesizer*
SYP livre syrienne, (通貨単位で)シリア・ポンド, *Syrian pound*
SYR Syrie, シリア：国際自動車識別記号；国際オリンピック委員会の国名表記(1948年承認), *Syria*
SYSMIN système de soutien pour la production minière, (ロメ協定による)鉱産物制度
syst. système, システム, *system*
SZL lilangeni, (スワジランドの通貨単位で)リランジェニ, *lilangeni*

T

T tesla, テスラ：磁束密度の mks 系単位, *tesla*
T Thaïlande, タイ：国際自動車識別記号, *Thailand*
T téra-, テラ：SI 単位で一兆倍, *T =tera-*
t tonne, トン, *ton*
t. tome, 巻, *volume*
t.-à-q. tête-à-queue, 急な反転, *sudden turn*
t.-à-t. tête-à-tête, 面談, *private interview*
t.-am. timbre-amende, 罰金納入用印紙
T-C tiroir-caisse, 金銭登録機, *cash register*
T. com. Tribunal de commerce, 商事裁判所, *Commercial Court*
T.-de-B. Territoire-de-Belfort, テリトワール・ド・ベルフォール県(90)
T de C tour de contrôle, 管制塔, *control tower*
t.-douce taille-douce, (銅版の)凹版, *copper plate engraving*
T.-et-G. Tarn-et-Garonne, タルン・エ・ガロンヌ県(82)
t.-mond. tiers-mondiste, 第三世界主義者, *supporter of the Third World*
t.-pl. terre-plein, 床台地, *earth platform*
t.-poste timbre-poste, 郵便切手, *stamp*
t.-quitt. timbre-quittance, 収入印紙, *receipt stamp*
TΩ téraohm, テラオーム, *teraohm*
T4M taux moyen mensuel du marché monétaire, 短期金融市場月間平均金利, *money market monthly average rate*
TA tribunal administratif, 行政裁判所
Ta tantale, タンタル：希少金属元素の一つ, *Ta =tantalum*
TA adapteur de terminal, (英語略語のままで)端末アダプター, *TA =terminal adaptor*
TA tension artérielle, 基礎血圧, *arterial tension*
TA titrage alcalimétrique, アルカリ滴定, *alkalimetry*
TAAF terres australes et antarctiques françaises, 南極大陸内フランス領土
TAB connexion sur bande, (英語略語のままで)テープ自動

化ポジション, *TAB =tape automated bonding*
TAB obligation d'impôts anticipés, (英語略語のままで)(米国の)納税準備証券, *TAB =tax anticipation bill (USA)*
TAB touche de tabulation, (英語略語のままで)タブキー, *TAB =tabulator key*
TAB vaccin TAB, (英語略語のままで)チフス・パラチフスA／Bワクチン, *TAB =typhoid-paratypoid A and B vaccine*
tabl. tableau, 絵, *painting*
tablx tableaux, (複数で)絵, *paintings*
tabul. tabulatrice, タビュレーター, *tabulator*
TAC totaux autorisés de captures, 許容漁獲総量, *TAC =total allowable catch*
TAC titre alcalimétrique complet, 全アルカリ分, *total alkali content*
tachyc. tachycardie, 頻脈, *tachycardia*
TACIS —, (EUの)独立国家共同体向け技術援助計画, *TACIS =Technical Assistance to the CIS (EU)*
TACV aéroglisseur guidé, (英語略語のままで)高速空圧電車, *TACV =tracked air cushion vehicle*
TAD traitement automatique des données, 自動データ処理, *ADP =automatic data processing*
TADB taxe additionnelle au droit de bail, 賃貸借追加税
TAF taxe sur les activités financières, (1968-78年の)金融業務税, *Financial activities tax (France)*
tahit. tahitien, タヒチの, *Tahitian*
TAI transports aériens intercontinentaux, 大陸間航空輸送
TAI temps atomique international, 国際原子時, *IAT =International Atomic Time*
TAIC taxe sur les activités industrielles et commerciales, 商工業務税
tal. talent, 天分, *talent*
talk.-walk. talkie-walkie, トランシーバー, *walkie-talkie*
TAM taux annuel monétaire, 短期金融市場金利, *annual monetary rate*
tamb.-maj. tambour-major, 鼓笛隊隊長, *drum major*
tamp. tampon, (穴を塞ぐ)詰め物, *plug*
TAN indice d'acidité, (英語略語のままで)酸性指数, *TAN =total acid number*
tand. tandem, 二人組, *twosome*
tang. tangentiel, 接線の, *tangential*

tann. tannage, なめし, *tanning*
TAO taylorisme assisté par ordinateur, (従来のテイラー主義を QC 導入で現代化した)ノウハウ型労働管理, *computer-aided Taylorism*
TAO traduction assistée par ordinateur, コンピュータ支援翻訳, *MAT = machine-aided translation*
TAO test assisté par ordinateur, コンピュータ支援テスト, *CAT = computer-aided testing*
TAOIT Tribunal administratif de l'Organisation internationale du travail, 国際労働機関行政裁判所, *International Labor Organization Administrative Tribunal*
TAP troupes aéroportées, 空輸部隊
tardenois. tardenoisien, タルドノア期の, *Tardenoisian*
TARGET système transeuropéen de transfert express automatisé à règlement brut en temps réel, (英語略語のままで)全欧州自動リアルタイム決済システム, *TARGET = Trans-European Automated Real-Time Gross Settlement Express Transfer System*
TARIC tarif douanier intégré des Communautés européennes, 欧州共同体統合関税, *Integrated Customs Tariff of the European Communities*
TAS vitesse propre, (英語略語のままで)真対気速度, *TAS = true air speed*
TAT transports aériens transrégionaux, 地域圏間航空輸送
TAT Transport aérien transrégional, TAT 航空
taurom. tauromachie, 闘牛, *bullfighting*
tautol. tautologie, 同語反復, *tautology*
taxid. taxidermie, 剥製術, *taxidermy*
Tb terbium, テルビウム, *Tb = terbium*
TBB taux de base bancaire, 最優遇貸出金利, *bank base rate / prime rate*
TBE Fédération européenne des fabricants de tuiles et de briques, 欧州煉瓦タイルメーカー連盟, *European Association of Brick and Tile Manufacturers*
TBF très basse fréquence, 超長波, *VLF = very low frequency*
TBM taux bancaire moyen, 銀行平均貸出金利:四半期ベース
TC indicatif interurbain, (英語略語のままで)長距離電話番号, *TC = trunk code*
TC tribunal des conflits, 権限裁判所

Tc technétium, テクネチウム, *Tc=technetium*
TC temps de coagulation, 凝固時間, *coagulation time*
TC taxe complémentaire, 補完税
TCA taxe sur le chiffre d'affaires, 売上げ税, *turnover tax*
TCCF Association touring camping caravaning de France, フランスツーリングキャンピングキャラバニング協会
TCD transport de chalands de débarquement, 上陸用船艇輸送
TCE tous corps d'Etat, 国家の全官吏職団
TCF Touring Club de France, フランスツーリングクラブ, *France Touring Club*
tch. tchèque, チェコの, *Czech*
tchad. tchadien, チャドの, *Chadian*
Tchéc. Tchécoslovaquie, チェコスロバキア, *Czechoslovakia*
tchécosl. tchécoslovaque, チャコスロバキアの, *Czechoslovak*
TCN titre de créance négociable, (CDやCPなどの)短期債権証書
TCO coût total de possession, (英語略語のままで)所有総費用, *TCO=total cost of ownership*
TCR taxe de coopération régionale, 地域協力税
TCV taxe de circulation sur les viandes, 食肉輸送税
TD traitement de données, データ処理, *DP=data processing*
TD travaux dirigés, 演習
TDC taux de dénudation des cations, 陽イオン露出率, *cation denudation rate*
TDC tarif douanier commun, 共通関税, *CCT=Common Customs Tariff*
TDEV taxe départementale d'espaces verts, 県緑地税
TDF répartiteur de jonction, (英語略語のままで)中継線用配線盤, *TDF=trunk distribution frame*
TDF Télédiffusion de France, フランステレビ放送
TDI diisocyanate de toluène, (英語略語のままで)二シアン化トルエン, *TDI=toluene diisocyanate*
TDM troupes de Marine, 海兵部隊
TdT traitement de texte, ワープロ, *WP=word processing*
Te tellure, テルル, *Te=tellurium*
TE transversal électrique, TEモード:電磁波モード, *TE=transverse electric*

TEB taux d'erreurs binaires, ビット誤り率, *BER = bit error rate*

TEC tarif extérieur commun, (欧州共同体の)対外共通関税, *CET = Common External Tariff*

TEC transistor à effet de champs, 電界効果トランジスタ, *FET = field-effect transistor*

TEC tonne équivalent charbon, 石炭換算トン, *TCE = tonne coal equivalent*

techn. technique, 技術の, *technical*

techn.-comm. technico-commercial, セールスエンジニア, *sales engineer*

technol. technologie, 技術工学, *technology*

tecton. tectonique, 構造地質学, *tectonics*

TED transfert électronique de données, 電子データ交換, *EDI = electronic data interchange*

TEE Trans-Europe-Express, 欧州横断国際急行列車, *TEE = Trans-Europe-Express*

TEE tableau économique d'ensemble, 総合経済表, *comprehensive economic table*

TEF test d'évaluation de français, (パリ商工会議所の)フランス語能力認定試験

TEF technicien d'études et de fabrication, 研究・製造技士

TEF transfert électronique de fonds, 電子資金振替, *EFT = electronic funds transfer*

TEG taux effectif global, (ローンの諸費用込の)包括実効年率, *APR = annualized percentage rate*

TEG taux effectif garanti, (賃金の)保証実効率

TEI traitement électronique de l'information, エレクトロニックデータプロセッシング, *EDP = electronic data processing*

teintur. teinturerie, 染色業, *dyeing*

tél. téléphone, 電話, *telephone*

télé télévision, テレビジョン, *television*

télécom télécommunication, 電気通信, *telecommunication*

télés. télésiège, チェアリフト, *chair lift*

télesc. télescope, 望遠鏡, *telescope*

télévis. télévisuel, テレビの, *television*

tém. témoin, 証人, *witness*

temp. température, 温度, *temperature*

Tempé Taux moyen pondéré en euros, ユーロ・オーバー

ナイトインデックス平均金利, *Euro Overnight Index Average*

tempor. temporaire, 一時的な, *temporary*

temporis. temporisation, 時間稼ぎ, *playing for time*

tend. tendance, 傾向, *tendency*

tens. tension, 張り, *tension*

TEOM taxe d'enlèvement des ordures ménagères, 家庭用ゴミ収集税

TEP tonne équivalent pétrole, 石油換算トン, *TOE = tonne oil equivalent*

TEP terminal électronique de paiement, 電子決済ターミナル, *electronic payment terminal*

TEP tomographie par émission de positons, 陽電子放射断層撮影, *positron-emission tomography*

TER train express régional, 地方高速列車

tératol. tératologie, 奇形学, *teratology*

term. terminal, 末端の, *final*

TERMIA Association internationale de terminologie, 国際術語学協会, *Association of Terminology*

termin. terminaison, 語尾, *ending*

terminol. terminologie, 専門用語, *terminology*

terr. terrain, 土地, *land*

territ. territorial, 領土の, *territorial*

territ. territoire, 領土, *territory*

terror. terrorisme, テロリズム, *terrorism*

tert. tertiaire, 第三次産業, *tertiary sector*

TES tableau entrées-sorties, 投入産出表, *input-output table*

test. testament, 遺言, *testament*

testam. testamentaire, 遺言の, *testamentary*

testostér. testostérone, テストステロン, *testosterone*

tétanis. tétanisation, (筋肉の)強直痙攣を起こさせること, *tetanization*

tétrachlor. tétrachlorure, 四塩化物, *tetrachloride*

tétral. tétralogie, 四部刷り, *tetralogy*

tétrapl. tétraplégie, 四肢麻痺, *tetraplegia*

text. textile, 繊維, *textile*

TF1 Télévision française première chaîne, テーエフアン:フランスのテレビ局

TFPB taxe foncière sur les propriétés bâties, 既建築固定資産税

TFT transistor en couche mince, (英語略語のままで)薄膜

トランジスタ, *TFT = thin film transistor*

TG Togo, トーゴ：国際自動車識別記号, *Togo*

TGA analyseur thermogravimétrique, (英語略語のままで)熱重量分析機, *TGA = thermogravimetric analyzer*

TGAP taxe générale sur les activités polluantes, (フランスの)汚染活動一般税

TGB Très Grande Bibliothèque, 新国立図書館, *New National Library (France)*

TGDPA transport à grande distance des polluants aéroportés, 空気伝送汚染物長距離輸送, *long-range transport of airborne pollutants*

TGI tribunal de grande instance, 大審裁判所

TGMH teneur globulaire moyenne en hémoglobine, 血球内平均ヘモグロビン量

TGTB très gros transporteur de brut, 大型油送船：別名は大型タンカー, *VLCC = very large crude carrier*

TGV train à grande vitesse, (フランスの)高速新幹線, *High Speed Train (France)*

Th thorium, トリウム, *Th = thorium*

th thermie, テルミ：熱量の慣用単位

th tangente hyperbolique, 双曲正接, *tanh = hyperbolic tangent*

th. thèse, 命題, *thesis*

TH taxe d'habitation, 住居税

th. univ. thèse universitaire, 学位論文

thaïland. thaïlandais, タイの, *Thai*

thalassothér. thalassothérapie, 海洋療法, *thalassotherapy*

THB baht thaïlandais, (通貨単位で)タイ・バーツ, *baht of Thailand*

THB taux hebdomadaire des bons du Trésor, 国債年率の実質評価

théâtr. théâtre, 劇場, *theater*

théocr. théocratie, 神権政治, *theocracy*

théol. théologie, 神学, *theology*

théor. théorie, 理論, *theory*

théor. théorème, 定理, *theorem*

thér. thérapie, 療法, *therapy*

thérap. thérapeutique, 治療学, *therapeutics*

thérap. thérapeute, 臨床医, *therapist*

therm. thermoscope, 測温器, *thermoscope*

THERMIE Technologies européennes pour la maîtrise de l'énergie, EU新エネルギー技術計画, *European Technologies for Energy Management*

thermoc. thermocouple, サーモカップル, *thermocouple*

thermogr. thermographie, サーモグラフィ, *thermography*

thermom. thermomètre, 温度計, *thermometer*

thermost. thermostat, サーモスタット, *thermostat*

thesaur. thesaurus, 辞書, *thesaurus*

thésauris. thésaurisation, 退蔵, *hoarding (of money)*

THS transactions hors séance, 場外取引, *transactions outside the stock exchange*

THT très haute tension, 超高圧, *EHT = extra high tension*

thurif. thuriféraire, おべっか使い, *flatterer*

thyr. thyroïde, 甲状腺, *thyroid*

TI Tribunal d'instance, 予審裁判所

Ti titane, チタン, *Ti = titanium*

tibét. tibétain, チベットの, *Tibetan*

TICAD-I Première Conférence internationale de Tokyo sur le développement de l'Afrique, (英語略語のままで)(1993年東京での)第一回アフリカ開発会議, *TICAD-I = First Tokyo International Conference on African Development*

TICAD-II Seconde Conférence internationale de Tokyo sur le développement de l'Afrique, (英語略語のままで)(1998年東京での)第二回アフリカ開発会議, *TICAD-II = Second Tokyo International Conference on African Development*

TICE traité d'interdiction complète des essais nucléaires, 包括的核実験禁止条約, *CTBT = Comprehensive Test Ban Treaty*

TIDE Territorialité et identité dans le domaine européen, 欧州領域における属地性とアイデンティティー

TIG travaux d'intérêt général, 社会全体利益作業

TIGR Institut pour la recherche du génome, (英語略語のままで)ゲノム研究所, *TIGR = The Institute for Genomic Research*

TIO taux interbancaire offert, 銀行間取引金利, *IBOR = interbank offered rate*

TIOL taux interbancaire offert à Londres, ロンドン銀行間取引金利, *LIBOR = London Interbank Offered Rate*

TIOP   taux interbancaire offert à Paris, パリ銀行間取引金利, *PIBOR = Paris Interbank Offered Rate*

TIOS   taux interbancaire offert à Singapour, シンガポール銀行間取引金利, *SIBOR = Singapore Interbank Offered Rate*

TIOT   taux interbancaire offert à Tokyo, 東京銀行間取引金利, *TIBOR = Tokyo Interbank Offered Rate*

TIP   titre interbancaire de paiement, 銀行間支払証書

TIPP   taxe intérieure sur les produits pétroliers, 石油産品内国消費税

TIR   transports internationaux routiers, 国際道路輸送, *international road transport*

TIR   taux interne de rentabilité, 内部収益率, *internal rate of return*

TIRU   traitement industriel des résidus urbains, 都市廃棄物焼却処理

tiss.   tissage, 機織り, *weaving*

Tit.   Titre, (法典などの)章

TITEN   traité sur l'interdiction totale des essais nucléaires, 包括的核実験禁止条約, *CTBT = Comprehensive Test Ban Treaty*

titularis.   titularisation, 正職員にすること, *establishment*

TIV   tableau indicateur de vitesse, (フランス国鉄の)速度計, *speed meter (SNCF)*

TJA   Tadjikistan, タジキスタン, *Tajikistan*

TJB   tonneau de jauge brute, (船舶の)総トン

TJD   traversée-jonction double, (鉄道の)ダブルスリップスイッチ, *diamond crossing with double slip*

TJJ   taux d'argent au jour le jour, 翌日物金利, *call money rate*

tjrs   toujours, いつも, *always*

TJS   traversée-jonction simple, (鉄道の)シングルスリップスイッチ, *diamond crossing with single slip*

TKO   intervention ligne-réseau, (英語略語のままで)市外割込み, *TKO = trunk offer*

TL   taxe locale, 地方税

Tl   thallium, タリウム, *Tl = thallium*

TLC   chromatographie sur couche mince, (英語略語のままで)薄層クロマトグラフィー, *TLC = thin-layer chromatography*

TLE   taxe locale d'équipement, 設備地方税, *local tax of*

equipment

TLET Tigres libérateurs de l'Eelam tamoul, タミールイーラム解放のトラ, *LTTE＝Liberation Tigers of Tamil Eelam*

TLNC taxe locale non comprise, 地方税別

TLU taxe locale d'urbanisation, 都市化地方税

TLV concentration maximale admissible, （英語略語のままで）許容濃度, *TLV＝threshold limit value*

Tm thulium, ツリウム, *Tm＝thulium*

TM magnétique transversal, （英語略語のままで）横磁場, *TM＝transverse magnetic*

Tm téramètre, テラメーター

TMB taux moyen mensuel des bons du Trésor, （13週間の）国債月平均利率

TMD défense antimissiles de théâtre, （英語略語のままで）戦域ミサイル防衛, *TMD＝theater missile defense*

TME taux moyen des emprunts d'Etat, （7年以上の）国債平均利率

TMF Tendances et Médias, Formation-communication, テーエムエフ：日仏バイリンガル放送

TMG Temps Moyen de Greenwich, グリニッジ平均時, *GMT＝Greenwich Mean Time*

TMI tendance marginale à importer, 限界輸入性向, *MPI＝marginal propensity to import*

TMM manat, （トルクメニスタンの通貨単位で）マナト, *manat*

TMM taux du marché monétaire, 金融市場金利, *money market rate*

TMMMM taux moyen mensuel du marché monétaire, 短期金融市場月間平均金利, *money market monthly average rate*

TMO taux du marché obligataire, 債券市場金利, *bond market rate*

TMO taux moyen obligataire, 債券平均金利, *average coupon rate*

TMP taux moyen pondéré, 加重平均金利, *average weighted rate*

TN Tunisie, チュニジア：国際自動車識別記号, *Tunisia*

TNAB taux nominal annuel brut, 年間株式利回り

TND dinar tunisien, （通貨単位で）チュニジア・ディナール, *Tunisian dinar*

TNP théâtre national populaire, 国立民衆劇場

TNP Traité sur la non-prolifération des armes nucléaires, 核拡散防止条約, *NPT＝Nuclear Non-Proliferation Treaty*

TNS travailleur non salarié, 非給与所得労働者

TNT trinitrotoluène, トリニトロトルエン, *trinitrotoluene*

TNT télévision numérique terrestre, 地上波デジタルテレビ放送

TO traversée oblique, ダイヤモンドクロッシング, *diamond crossing*

TOE théâtres d'opérations extérieures, 国外作戦地域

TOF tableau des opérations financières, 金融取引連関表, *financial operation table*

toilett. toilettage, 毛並みの手入れ, *grooming*

toit. toiture, 屋根組み, *roofing*

toit.-terr. toiture-terrasse, 陸(ろく)屋根

tolér. tolérance, 寛容, *tolerance*

TOM territoire d'outre-mer, 海外領土, *overseas territory*

tom. tomaison, 巻数表示, *volume numbering*

tomogr. tomographie, 断層撮影, *tomography*

TON Tonga, トンガ, *Tonga*

tonnelle. tonnellerie, 樽製造, *cooperage*

TOP pa'anga, (トンガの通貨単位で)パーアンガ, *pa'anga*

TOP tube à onde progressive, 進行波管, *TWT＝traveling-wave tube*

topogr. topographie, 地形測量, *topography*

topol. topologie, 位相, *topology*

topon. toponymie, 地名, *place name*

torréf. torréfaction, 焙煎, *roasting*

tortionn. tortionnaire, 拷問する人, *torturer*

tot. total, 合計, *total*

totalis. totalisation, 合算, *totaling*

totalit. totalitarisme, 全体主義, *totalism*

toulonn. toulonnais, ツーロンの, *of Toulon*

toulous. toulousain, ツールーズの, *of Toulouse*

tour. tourisme, 観光, *tourism*

tour-op. tour-opérateur, 旅行業者, *tour operator*

tourn. tournage, 撮影, *shooting*

toxic. toxicose, 乳児期中毒症, *toxicosis*

toxicol. toxicologie, 中毒学, *toxicology*

toxicom. toxicomanie, 麻薬中毒, *drug addiction*

TP travaux pratiques, 実習

TP traitement de transactions, (英語略語のままで)トラン

ザクション処理, *TP =transaction processing*

TP taxe professionnelle, 職業税

TP travaux publics, 公共事業, *public works*

TPE travaux personnels encadrés, 担当付き個人勉強

TPE escudo de Timor, (ティモールの通貨単位で)エスクード, *Timor escudo*

TPG trésorier payeur général, 県出納長

TPI pistes par pouce, (英語略語のままで)トラックスパーインチ:フロッピーディスクの記録密度の単位, *TPI =tracks per inch*

TPICE Tribunal de première instance des Communautés européennes, 欧州共同体第一審裁判所, *Court of First Instance of the European Communities*

TPIR Tribunal pénal international pour le Rwanda, ルワンダ国際刑事裁判所, *International Criminal Court for Rwanda*

TPIY Tribunal pénal international pour l'ex-Yougoslavie, 旧ユーゴ国際刑事裁判所, *International Criminal Court for ex-Yugoslavia*

TPN température normale, 標準温度, *STP =standard temperature*

TPS Télévision par satellite, (フランスの民間企業)サテライトテレビ局

TPS taxe de prestation de service, サービス提供税

tps temps, 時間, *time*

TPV Testé pour vous, テステ・プール・ヴー:「あなたのためにテストした」という消費者保護団体

TPV terminal point de vente, POS(ポス)ターミナル, *point-of-sale terminal*

TQC contrôle de qualité globale, (英語略語のままで)総合的品質管理, *TQC =total quality control*

TQM management total de la qualité, (英語略語のままで)ティーキューエム運動, *TQM =total quality management*

TR affluent, (英語略語のままで)端局, *TR =tributary*

tr tour, タワー, *tower*

TR Turquie, トルコ:国際自動車識別記号, *Turkey*

tr. traité, 条約, *treaty*

tr.-artère tranchée-artère, 気管, *windpipe*

tr.-bronchite trachéo-bronchite, 気管気管支炎, *tracheo-bronchitis*

tr.-ferry train-ferry, 列車航送船, *train-ferry*

tr/mn　tour par minute, 回毎分, *r/m＝rounds per minute*
tr/s　tour par seconde, 回毎秒, *r/s＝rounds per second*
TRA　taux révisable annuel, 年率変動金利
TRAAB　taux de rendement actuariel annuel brut, 年間株式表面利回り
tracass.　tracasserie, (役所の手続などの)煩わしさ, *harassment*
TRACFIN　traitement du renseignement et action contre les circuits financiers clandestins, トラクファン：麻薬取引資金浄化関連情報受理機関
tract.　traction, 牽引, *traction*
tract.　tractations, 交渉, *dealings*
trad.　traducteur, 翻訳家, *translator*
trad.　tradition, 伝統, *tradition*
traduc　traduction, 翻訳, *translation*
trag.　tragédie, 悲劇, *tragedy*
trahis.　trahison, 裏切り, *betrayal*
trait.　traitement, 処理, *treatment*
traj.　trajet, 道のり, *journey*
traj.　trajectoire, 弾道, *trajectory*
tranq.　tranquille, 静かな, *quiet*
tranquill.　tranquillisant, 安心させる, *reassuring*
trans.　transaction, 取り引き, *transactions*
transat　transatlantique, 大西洋横断の, *transatlantic*
transbord.　transbordement, 積換え, *transshipment*
transcr.　transcription, 書き写すこと, *transcription*
transf.　transfert, 移転, *transfer*
transfo　transformateur, 変圧器, *transformer*
transgress.　transgression (maritime), 海進, *transgression*
transhum.　transhumance, 移牧, *move to summer pasture*
transm.　transmission, 伝達, *transmission*
transp.　transport, 輸送, *transport*
transp.　transparence, 透明, *transparency*
TRANSPAC　réseau de transmission de données par paquets, 公衆データ網サービス：パケット伝送によるデータ交換システム, *packet data transmission network*
transpir.　transpiration, 汗, *sweat*
transport.　transportation, 流刑, *penal transportation*
transv.　transversal, 横断の, *transverse*
TRAPIL　Société des transports pétroliers par pipe-line, パイプライン石油輸送会社

traumatol. traumatologie, 外傷学, *study of trauma*
trav. travers, 欠点, *failing*
trav. travail, 仕事, *work*
travx travaux, 作業, *work*
TRC tube à rayons cathodiques, ディスプレイ装置, *CRT =cathode ray tube*
treiz. treizième, 十三番目の, *thirteenth*
trés. trésor, 宝, *treasure*
TRI taux de rentabilité d'un investissement, 投資収益率, *ROI =return on investment*
TRI taux de rentabilité interne, 内部収益率
trib. tribunal, 裁判所, *court*
Trib. civ. Tribunal civil, 民事裁判所, *Civil Court*
tricent. tricentenaire, 三百年祭, *tercentenary*
tricho trichomonas, トリコモナス, *trichomonad*
triglyc. triglycéride, トリグリセリド, *triglyceride*
trigo trigonométrie, 三角法, *trigonometry*
tril. trilingue, 三カ国語で書かれた, *trilingual*
TRILD temps réduit indemnisé de longue durée, (解雇回数の縮小による)長期失業者手当拡大防止システム
trim. trimestre, 四半期, *quarter*
tript. triptyque, トリプティカ, *triptych*
tris. trisaïeul, 高祖父, *great-great-grandfather*
tritur. trituration, 粉砕, *grinding*
triv. trivial, 下品な, *vulgar*
TRL livre turque, (通貨単位で)トルコ・ポンド, *Turkish pound*
TRO taux révisable par référence au marché obligataire, 債券平均金利対応型調整可能金利:3年毎に過去2カ月のTMOにより次の3年分固定金利を決定
trois. troisième, 三番目の, *third*
troquet mastroquet, 居酒屋, *bar*
ts tous, 全員, *all (of them)*
TSAP tableau statistique de l'activité des praticiens, 保険医業務統計表
TSDI titre subordonné à durée indéterminée, 永久劣後債, *perpetual subordinated bond*
TSE Bourse de Tokyo, (英語略語のままで)東京証券取引所, *TSE =Tokyo Stock Exchange*
TSF télégraphie sans fil, 無線電信, *wireless*
TSH taux de salaire horaire, 時間当たり賃金率, *hourly*

wage rate
TSI commutateur temporel, （英語略語のままで）時間スロット交換機, *TSI = time slot interchanger*
TSM tarif syndical minimum, 最低組合協定賃金
TSP phosphate trisodique, （英語略語のままで）燐酸三ナトリウム, *TSP = trisodium phosphate*
TSR titre subordonné remboursable, 返済可能な劣後債, *reimbursable subordinated security*
TSR Télévision suisse romande, スイスロマンド・テレビ局
TSS transport supersonique, 超音速輸送
TSVP/ tsvp tournez s'il vous plaît, 裏ページに続く, *PTO = please turn over*
TT transit temporaire, 仮輸入：フランスの自動車のナンバープレートの一部を構成するアルファベット記号
tt tout, すべて, *all*
TT taxe sur les transactions, 取引税
TT Trinité et Tobago, トリニダードトバゴ：国際自動車識別記号, *Trinidad and Tobago*
TT transfert télégraphique, 電信為替, *TT = telegraphic transfer*
tt-à-l'égout tout-à-l'égout, 下水道の合流式, *mains drainage*
Tt cft tout confort, （貸家・ホテルなどが）近代設備完備, *all modern conveniences*
tt-puiss. tout-puissant, 全能の, *all-powerful*
tt-venant tout-venant, 粗炭, *unsorted coal*
TTA transfert temporel asynchrone, （データ通信での）非同期伝送モード, *ATM = asynchronous transfer mode*
TTBT Traité du seuil, （英語略語のままで）地下核実験制限条約, *TTBT = Threshold Test Ban Treaty*
TTC toutes taxes comprises, 税込, *all taxes included*
TTD dollar de Trinité-et-Tobago, （通貨単位で）トリニダードトバゴ・ドル, *Trinidad and Tobago dollar*
TTE taxe de transmission à l'exportation, 輸出譲渡税
TTL logique transistor-transistor, （英語略語のままで）トランジスタトランジスタ論理, *TTL = transistor-transistor logic*
t-t-t tolérance temps-température, 許容温度時間, *t-t-t = time-temperature-tolerance*
TTY télétype, テレタイプ, *TTY = teletype*
TU temps universel, 世界時, *UT = universal time*

TU unité d'affluents, (英語略語のままで)端局ユニット, *TU＝tributary unit*

tuberc. tuberculose, 結核, *tuberculosis*

TUC temps universel coordonné, 協定世界時, *UTC＝universal time coordinated*

TUC travaux d'utilité collective, (失業対策の)公共事業雇用：別名は公共役務, *youth training scheme*

TUG groupe d'unité d'affluents, (英語略語のままで)端局ユニットグループ, *TUG＝tributary-unit group*

TULIP transport urbain libre individuel public, 乗り捨てコミューター

tun. tunnel, トンネル, *tunnel*

tunis. tunisien, チュニジアの, *Tunisian*

TUP titre universel de paiement, 一括支払証, *universal payment order*

TUPI transport urbain public individualisé, (電気自動車利用の)パーソナル公共交通手段

TUV Tuvalu, ツバル, *Tuvalu*

tuyaut. tuyauterie, 配管, *piping*

TV télévision, テレビ, *TV＝television*

TVA taxe sur la valeur ajoutée, 付加価値税, *VAT＝value-added tax*

TVC commande de contrôle de poussée, (英語略語のままで)推力方向制御, *TVC＝thrust vector control*

TVHD télévision à haute définition, 高品位テレビ, *HDTV＝high definition TV*

TVM Trans-Val-de-Marne, (路面電車の路線で)トランスバルドマルヌ

TVP protéine végétale texturée, (英語略語のままで)代用肉, *TVP＝textured vegetable protein*

TWD dollar taïwanais, (通貨単位で)台湾ドル, *Taiwan dollar*

typo typographie, 活版印刷, *typography*

typogr. typographie, 活版印刷, *typography*

typol. typologie, 類型学, *typology*

tyrol. tyrolien, チロルの, *Tyrolean*

TZS shilling tanzanien, (通貨単位で)タンザニア・シリング, *Tanzanian shilling*

U

U Uruguay, ウルグアイ：国際自動車識別記号, *Uruguay*
U uranium, ウラニウム, *U=uranium*
u. unité, 単位, *unit*
U 2000 plan Université 2000, 二千年の大学計画
u. c. unité de compte, 勘定単位, *unit of account*
UA zone de l'utilisateur, (英語略語のままで) ユーザー領域, *UA=user area*
UA unité astronomique, 天文単位, *AU=astronomical unit*
UA Union africaine, アフリカ連合：アフリカ統一機構の後身, *AU=African Union*
UAI Union astronomique internationale, 国際天文学連合, *IAU=International Astronomical Union*
UAI Union académique internationale, 国際学士院連合, *UAI=International Academic Union*
UAI Union des associations internationales, 国際協会連合, *UIA=Union of International Associations*
UAK karbovanet, (ウクライナの旧通貨単位で) カロバネット, *karbovanet*
UAL unité arithmétique et logique, 算術論理演算装置：コンピュータの CPU の演算回路部分, *ALU=arithmetic logic unit*
UAM Union africaine et malgache, アフリカ・マダガスカル連合, *AMU=Africa-Madagascar Union*
UAM Union des artistes modernes, 近代芸術家同盟
UAMCE Union africaine et malgache de coopération économique, アフリカ・マダガスカル経済協力連合, *African and Malagasy Economic Cooperation Union*
UAP Union des assurances de Paris, UAP 保険会社
UAR Union de l'Asie et du Pacifique de radiodiffusion, アジア太平洋放送連合, *ABU=Asian Pacific Broadcasting Union*
UASPTT Union des associations sportives des PTT, 郵政省スポーツ団体連盟
UATI Union des associations techniques internationales,

国際工学団体連合, *UATI＝Union of International Engineering Organization*

UAV drone, (英語略語のままで)無人飛行機, *UAV＝unmanned aerial vehicle*

UAX central automatique de localité, (英語略語のままで)小自動局, *UAX＝unit automatic exchange*

UBAF Union de banques arabes et françaises, アラブフランス連合銀行：通称はユバフ, *UBAF*

UBAtc Union belge pour l'agrément technique dans la construction, ベルギー建設用品技術認可連合

UC unité de compte, 計算単位, *unit of account*

UC unité centrale de traitement, (コンピュータの)中央処理装置, *CPU＝Central Processing Unit*

UC Union constitutionnelle, (モロッコの政党で)立憲同盟

UCAD Union centrale des arts décoratifs, 造形美術中央連盟

UCANSS Union des caisses nationales de sécurité sociale, 全国社会保障金庫連合

UCAPT Union des coopératives agricoles des planteurs de tabac, タバコ栽培者農協連盟

UCCMA Union des caisses centrales de la mutualité agricole, 農業共済中央金庫同盟

UCDP Union centriste des démocrates de progrès, 進歩民主派中央同盟

UCE unité de compte européenne, 欧州計算単位, *EUA＝European Unit of Account*

UCEL Union coopérative équipement de loisirs, レジャー設備協同組合同盟

UCI Union cycliste internationale, 国際自転車競技連合, *ICU＝International Cyclist Union*

UCJF Union chrétienne des jeunes filles, YWCA, *YWCA＝Young Women's Christian Association*

UCJG Union chrétienne des jeunes gens, YMCA, *YMCA＝Young Men's Christian Association*

UCLAT Unité de coordination de la lutte antiterroriste, (フランスの)テロ対策調整組織

UCPA Union nationale de centres sportifs de plein air, 野外スポーツセンター全国同盟

UCSIP Union des chambres syndicales des industries du pétrole, 石油化学工業組合

UCT unité de contrôle de transmission, (情報通信の)伝送

制御装置, *TCU* =*transmission control unit*

UDA Union des annonceurs, (フランスの)広告主協会

UDAA Union douanière de l'Afrique australe, 南部アフリカ関税同盟, *SACU* =*Southern African Customs Union*

UDAC Union départementale des anciens combattants et victimes de guerre, 在郷軍人・戦争犠牲者県連盟

UDAF Union départementale des associations familiales, 家族協会県連盟

UDAO Union douanière de l'Afrique de l'Ouest, 西アフリカ関税同盟

UDC Union des centristes, (フランスの政治団体で)中道連合

UDCA Union de défense des commerçants et artisans, 商店主・手工業者防衛同盟：Poujadisme の母体

UDCVR Union départementale des combattants volontaires de la résistance, レジスタンス志願兵県連盟

UDE Union douanière équatoriale, 赤道アフリカ関税同盟

UDEAC Union douanière et économique de l'Afrique centrale, 中部アフリカ関税経済同盟, *UDEAC* =*Central African Customs and Economic Union*

UDEAO Union douanière des Etats de l'Afrique occidentale, 西アフリカ関税同盟, *Customs Union of West African Countries*

UDF Union pour la démocratie française, フランス民主主義連合

UDF-FD Union pour la démocratie française: Force démocrate, フランス民主主義連合所属の民主の力

UDF-RD Union pour la démocratie française: parti républicain, フランス民主主義連合所属の共和党

UDI Union démocratique internationale, 国際民主同盟, *IDU* =*International Democratic Union*

UDR Union des démocrates pour la République, (フランスの政党で)共和国民主連合：RPR の旧称

UDR Union pour la défense de la République, (フランス政党史で)共和国防衛連合

UDSF Union de la sommellerie française, フランスソムリエ連盟

UDSOR Union départementale des sous-officiers en retraite, 退役下士官県連盟

UDSR Union démocratique et socialiste de la Résistance, (フランスの)レジスタンス民主社会主義連合

UDT Union démocratique du travail, (フランス政党史で)

労働民主連合
UE unité d'essence, 燃料部隊
UE Union européenne, 欧州連合, *EU＝European Union*
UEAC Union des Etas de l'Afrique centrale, 中部アフリカ諸国連合, *Union of Central-African States*
UEAtc Union européenne pour l'agrément technique dans la construction, 欧州建築用品技術認可連合
UEBL Union économique belgo-luxembourgeoise, ベルギー・ルクセンブルク経済同盟
UEC Union des étudiants communistes, 共産主義学生連盟
UEDE Union économique et douanière de l'Europe, 欧州経済関税同盟
UEF Union européenne féminine, 欧州婦人連盟, *EUW＝European Union of Women*
UEFA Union européenne de football association, 欧州サッカー連盟, *UEFA＝Union of European Football Associations*
UEJF Union des étudiants juifs de France, フランスユダヤ人学生連盟
UEM Union économique et monétaire, 経済通貨同盟, *EMU＝Economic and Monetary Union*
UEM Unité électromagnétique, 電磁単位, *electromagnetic unit*
UEM Union en mouvement, 動く同盟：シラク大統領支援目的の保守結束運動
UEMO Union européenne de médecins omnipraticiens, 欧州一般診療医連合, *European Union of General Practitioners*
UEMOA Union économique et monétaire ouest-africaine, 西アフリカ経済通貨同盟, *West African Economic and Monetary Union*
UEMS Union européenne de médecins spécialistes, 欧州専門医連合, *European Union of Medical Specialists*
UEMS Union européenne de médecine sociale, 欧州社会医学連合, *European Union of Social Medicine*
UEO Union de l'Europe occidentale, 西欧同盟, *WEU＝Western European Union*
UEP Union européenne des paiements, (1958年までの)欧州決済同盟, *EPU＝European Payments Union*
UER Union européenne de radio-télévision, 欧州放送連盟, *EBU＝European Broadcasting Union*
UER unité d'enseignement et de recherche, 教育研究単位

UEREPS unité d'enseignement et de recherche d'éducation physique et sportive, 体育・スポーツ教育研究単位

UF unité de feu, 弾薬補給単位

UFAC Union française des associations de combattants et victimes de guerre, 戦闘員戦争犠牲者協会フランス連盟

UFAFC Union fédérale des associations françaises de combattants, フランス戦闘員団体総同盟

UFAM Union fédérale des associations de mutilés, 傷痍軍人団体総同盟

UFC Union fédérale des consommateurs, 消費者総同盟

UFCA Union pour le financement du cinéma et de l'audiovisuel, 映画テレビ関連金融組合

UFCC Union fédérale des coopératives de commerçants, 商人協同組合総同盟

UFCS Union féminine civique et sociale, 市民と社会婦人連盟

UFDI Union française des designers industriels, フランス工業デザイナー連盟

UFF Union des femmes françaises, フランス婦人連盟

UFF Union financière de France banque, フランス資産運用顧問業連合

UFG Union française des géologues, フランス地質学者同盟

UFI Union des foires internationales, 国際見本市連盟, *UFI = Union of International Fairs*

UFINEX Union pour le financement et l'expansion du commerce international, 貿易金融振興組合

UFJT Union des foyers des jeunes travailleurs, 青年勤労者会館連合

UFMF Union des familles musulmanes de France, フランスイスラム家族連盟

UFO Union française des œnologues, フランスワイン醸造学者連盟

UFOLEIS Union française des œuvres laïques pour l'éducation par l'image et le son, ジャン・ヴィゴ連盟:通称はユフォレイス

UFR unité de formation et de recherche, 養成研究単位

UFT Union française du travail, フランス労働組合

UGAGI Union générale des aveugles et grands infirmes, 盲人・重度障害者総同盟

UGAP Union des groupements d'achats publics, (フランス各省の)公用調達班本部

UGB unité de gros bétail, 家畜単位

UGC Union générale cinématographique, ユジェセ社：映画配給会社

UGCS Union des groupes et clubs socialistes, 社会主義グループ・クラブ同盟

UGE Union des grandes écoles, グランゼコール同盟

UGGI Union géodésique et géophysique internationale, 国際測地学・地球物理学連合, *IUGG*=*International Union of Geodesy and Geophysics*

UGI Union géographique internationale, 国際地理学連合, *IGU*=*International Geographical Union*

UGIC Union générale des ingénieurs et cadres, 技術者・管理職総同盟

UGPB ultragros porteur de brut, (25トン以上の)超大型石油輸送船, *ULCC*=*ultralarge crude carrier*

UGS shilling ougandais, (通貨単位で)ウガンダ・シリング, *Ugandan shilling*

UGSD Union de la gauche socialiste et démocrate, 社会主義民主左翼連合

UGSEL Union générale sportive de l'enseignement libre, ミッション系教育スポーツ総同盟

UGTA Union générale des travailleurs algériens, アルジェリア労働総同盟

UGTAN Union générale des travailleurs d'Afrique noire, ブラックアフリカ勤労者総同盟

UGTT Union générale des travailleurs tunisiens, チュニジア労働者総同盟

UHF ultra-haute fréquence, 極超短波, *UHF*=*ultrahigh frequency*

UHT ultra-haute température, 超高温熱処理, *UHT*=*ultra high temperature treatment*

UI information non numérotée, (英語略語のままで)アンナンバードインフォメーション：送信状態変数や受信状態変数に無関係なデータ転送, *UI*=*un-numbered information*

UI unité internationale, 国際単位, *IU*=*international unit*

UIA Union internationale des architectes, 国際建築家連合, *UIA*=*International Union of Architects*

UIAA Union internationale des assureurs aériens, 国際航空保険連合, *IUAI*=*International Union of Aviation Insurers*

UIAA Union internationale des associations d'alpinistes,

国際アルピニスト連盟, *IUAA＝International Union of Alpinists Associations*

UIAT Union internationale d'assurances transport, 国際運送保険連合

UIB Union internationale de biochimie, 国際生化学連合, *IUB＝International Union of Biochemistry*

UIB Union internationale de biathlon, 国際バイアスロン連合, *IBU＝International Biathlon Union*

UIC Union des industries chimiques, 化学工業組合

UIC Union internationale des chemins de fer, 国際鉄道連合, *IUR＝International Union of Railways*

UICC Union internationale contre le cancer, 国際対癌連合, *IUAC＝International Union Against Cancer*

UICF Union internationale des chemins de fer, 国際鉄道連合, *IUR＝International Union of Railways*

UICN Union internationale pour la conservation de la nature et de ses ressources, 国際自然保護連合, *IUCN＝International Union for Conservation of Nature and Natural Resources*

UICPA Union internationale de chimie pure et appliquée, 国際純粋・応用化学連合, *IUPAC＝International Union of Pure and Applied Chemistry*

UICT Union internationale contre la tuberculose, 国際結核予防連合, *IUAT＝International Union Against Tuberculosis*

UIE Union internationale des étudiants, 国際学生連盟, *IUS＝International Union of Students*

UIE Union internationale des éditeurs, 国際出版社協会, *IPA＝International Publishers Association*

UIEIS Union internationale pour l'étude des insectes sociaux, 国際群生昆虫類研究連合, *IUSSI＝International Union for the Study of Social Insects*

UIEOA Union internationale des études orientales et asiatiques, 国際オリエント・アジア研究連合, *UIEOA＝International Union for Oriental and Asian Studies*

UIESP Union internationale pour l'étude scientifique de la population, 国際人口問題研究連合, *IUSSP＝International Union for the Scientific Study of Population*

UIHMSU Union internationale d'hygiène et de médecine scolaires et universitaires, 国際学校保健連合, *IUSUHM＝International Union of School and University Health and*

Medicine

UIIG Union internationale de l'industrie du gaz, 国際ガス連合, *IGU = International Gas Union*

UIIS Union internationale des institutions d'archéologie, d'histoire et d'histoire d'art à Rome, 国際ローマ考古学・歴史学・美術史協会連合, *UIIS = International Union of Institutions of Archaeology, History and Art History in Rome*

UIMC Union internationale des services médicaux des chemins de fer, 国際鉄道医療連合, *UIMC = International Union of Railway Medical Services*

UIMM Union des industries métallurgiques et minières, 金属産業・鉱業組合

UIMTA Union internationale de mécanique théorique et appliquée, 国際理論・応用力学連合, *IUTAM = International Union of Theoretical and Applied Mechanics*

UINF Union internationale de navigation fluviale, 国際河川航行同盟

UIOF Union internationale des organismes familiaux, 国際家族機関連合, *IUFO = International Union of Family Organizations*

UIOOT Union internationale des organismes officiels de tourisme, 官設観光機関国際同盟：別名は公的旅行機関国際同盟, *IUOTO = International Union of Official Travel Organizations*

UIP Union interparlementaire, 列国議会同盟, *IPU = Inter-Parliamentary Union*

UIP Union internationale de patinage, 国際スケート連盟, *ISU = International Skating Union*

UIP Union internationale de phlébologie, 国際静脈外科連合, *IUP = International Union of Phlebology*

UIPE Union internationale pour la protection de l'enfance, 国際児童福祉連合, *IUCW = International Union for Child Welfare*

UIPM Union internationale de la presse médicale, 国際医学出版連合, *International Union of the Medical Press*

UIPPA Union internationale de physique pure et appliquée, 国際純粋・応用物理学連合, *IUPAP = International Union of Pure and Applied Physics*

UIPPI Union internationale pour la protection de la propriété industrielle, 工業所有権保護同盟, *IUPIP = International Union for the Protection of Industrial Property*

UIPVT Union internationale contre le péril vénérien et les tréponématoses, 国際性病予防連合, *IUVDT＝International Union Against the Venereal Diseases and the Treponematoses*

UIRR Union internationale des transports rail-route, 国際鉄道輸送連盟, *UIRR＝International Union of Rail-Road Transport*

UIS Union internationale de spéléologie, 国際洞穴学連合, *UIS＝International Speleological Union*

UISAE Union internationale des sciences anthropologiques et ethnologiques, 国際人類学・民族学連合, *UISAE＝International Union of Anthropological and Ethnological Sciences*

UISB Union internationale des sciences biologiques, 国際生物科学連合, *IUBS＝International Union of Biological Sciences*

UISC Unité d'instruction de la sécurité civile, 民間安全訓練部隊

UISG Union internationale des sciences géologiques, 国際地質科学連合, *IUGS＝International Union of Geological Sciences*

UISN Union internationale des sciences de la nutrition, 国際栄養科学連合, *IUNS＝International Union of Nutritional Sciences*

UISPP Union internationale des sciences préhistoriques et protohistoriques, 国際先史学・原史学連合, *UISPP＝International Union of Prehistoric and Protohistoric Sciences*

UISTAV Union internationale pour la science, la technique et les applications du vide, 真空の科学、技術、応用に関する国際連合, *IUVSTA＝International Union for Vacuum Science, Technique and Applications*

UIT Union internationale des télécommunications, 国際電気通信連合, *ITU＝International Telecommunication Union*

UIT Union des industries textiles, 繊維工業組合

UIT-T Union internationale des télécommunications-standardisation du secteur des télécommunications, 国際電気通信連合電気通信標準化部門, *ITU-TSS＝International Telecommunication Union-Telecommunication Standardization Sector*

UITA Union internationale des travailleurs de l'alimentation et des branches connexes, 食品・食品周辺産業労働者

国際同盟, *IUF =International Union of Food and allied workers association*

UITP Union internationale des transports publics, 国際公共輸送連合, *UITP =International Union of Public Transport*

UITR Union internationale des transports routiers, 国際道路輸送連盟, *IRU =International Road Transport Union*

UIV Union internationale des villes et pouvoirs locaux, 国際地方自治体連合, *IULA =International Union of Local Authorities*

UIVB Union interprofessionnelle des vins de Bourgogne, ブルゴーニュワイン関業者連盟

UJP Union des jeunes pour le progrès, (政治団体で)進歩のための青年同盟

ukrain. ukrainien, ウクライナの, *Ukrainian*

ulc. ulcère, 潰瘍, *ulcer*

ulcér. ulcération, 潰瘍形成, *ulceration*

ULM ultra-léger motorisé, 超軽量飛行機, *ultralight plane*

ULSI intégration à ultra grande échelle, (英語略語のままで)超超大規模集積回路, *ULSI =ultra large scale integration*

ult. ultérieur, 将来の, *later*

ultim. ultimatum, 最後通牒, *ultimatum*

ultras. ultrason, 超音波, *ultrasound*

UM ouguiya, (モーリタニアの通貨単位で)ウーギア, *ouguiya*

UM marche en unités multiples, (鉄道の)総括制御運転, *multiple unit control*

UMA Union du Maghreb arabe, アラブマグレブ連合, *AMU =Arab Maghreb Union*

UME Union monétaire européenne, 欧州通貨同盟, *EMU =European Monetary Union*

UMEM Union mondiale des écrivains-médecins, 世界医学執筆者連盟, *WUMW =World Union of Medical Writers*

UMHP Union mondiale des sociétés d'histoire pharmaceutique, 世界薬学史学会機構, *UMHP =World Organization of Society of Pharmaceutical History*

UMIP Unité mobile d'intervention et de protection, パリ重要建造物防御・介入機動部隊

UMML Union médicale de la Méditerranée latine, ラテン地中海諸国医学連盟, *Medical Union of Latin Mediterranean Countries*

UMOA Union monétaire ouest africaine, 西アフリカ通貨同盟:別名は西アフリカ通貨連合

UMOSEA Union mondiale des organismes pour la sauvegarde de l'enfance et de l'adolescence, 世界青年保護団体連合, *WUOSY = World Union of Organizations for the Safeguard of Youth*

UMP Union pour la majorité présidentielle, 大統領多数派連合

UMP Union pour un mouvement populaire, 民衆運動連合:シラク支持の大統領多数派連合の新名称

UMPL Union mondiale des professions libérales, 世界自由業連盟

UMSCP Union mondiale des sociétés catholiques de philosophie, 世界カトリック哲学協会連合, *UMSCP = World Union of Catholic Philosophical Societies*

un. unique, 唯一の, *only*

UNA Union nationale des avocats, 弁護士全国同盟

UNAADMR Union nationale des associations d'aide à domicile en milieu rural, 農村地帯在宅扶助協会全国連合

UNAAPE Union nationale des associations autonomes de parents d'élèves, 独立系学徒父母協会全国連合

UNAC Union nationale des auteurs et compositeurs, 作詩作曲家全国連合

UNACS Union nationale des associations de centres de soins, 治療センター協会全国連合

UNADFI Union nationale des associations de défense des familles et des individus, 家族と個人を守る会全国同盟

UNADIF Union des associations de déportés, internés, et leurs familles, 強制収容所監禁経験者・その家族協会連盟

UNAF Union nationale des associations familiales, 家族協会全国連合

UNAF Union nationale des arbitres de football, サッカー審判全国連合

UNAFALT Union nationale familiale de lutte contre les toxicomanies, 麻薬中毒撲滅全国家族連合

UNAFORMEC Union nationale des associations de formation médicale continue, 継続医学訓練協会全国同盟

UNAPEI Union nationale des associations de parents d'enfants inadaptés, 適応不良児父母団体全国連合

UNAPEL Union nationale des associations de parents d'élèves de l'enseignement libre, ミッション系教育学徒父母

協会全国連合
- **UNAPL** Union nationale des associations de professions libérales, 自由職団体全国連合
- **UNASSAD** Union nationale des associations de soins et de services à domicile, 在宅扶助とサービス協会全国連合
- **UNAT** Union nationale des associations de tourisme et de plein air, 観光・野外団体全国連合
- **UNAVEM** Mission de vérification des Nations unies en Angola, (英語略語のままで)国連アンゴラ検証団, *UNAVEM = United Nations Angola Verification Mission*
- **UNBASF** Union nationale des bureaux d'aide sociale de France et d'outre-mer, フランス・海外社会福祉援助事務所全国同盟
- **UNC** Union nationale des combattants, 戦闘員全国連合
- **UNC** classe d'exploitation asymétrique en mode réponse normal, (英語略語のままで)不平衡形正規応答モードクラス, *UNC = unbalanced operation normal response mode class*
- **UNCAC** Union nationale des coopératives agricoles de céréales, 穀物農業協同組合全国連合
- **UNCAL** Union nationale des comités d'action lycéens, 高校生行動委員会全国同盟
- **UNCAP** Union des commerçants, artisans et professions libérales, 商人・職人・自由業者同盟
- **UNCPIE** Union nationale des centres permanents d'initiation à l'environnement, 環境問題紹介常設センター全国連合
- **undergr.** underground, アングラの, *underground*
- **UNDRO** Bureau des Nations unies pour les secours en cas de catastrophe, (英語略語のままで)国連災害救済事務所, *UNDRO = United Nations Disaster Relief Office*
- **UNECD** Union nationale des étudiants en chirurgie dentaire, 歯科学生全国連合
- **UNED** Union nationale des exploitants du déchet, 廃棄物処理業者全国同盟
- **UNEDIC** Union nationale interprofessionnelle pour l'emploi dans l'industrie et le commerce, 商工業雇用関連業種全国連合, *National Commercial and Industrial Employment Federation (France)*
- **UNEDSEP** Union nationale des étudiants en droit, sciences économiques et politiques, 法律経済政治学生全国

連合
UNEF Union nationale des étudiants de France, フランス学生全国連合
UNEFID Union nationale des étudiants de France indépendante et démocratique, フランス学生全国連合独立民主派
UNEL Union nationale des étudiants locataires, 間借り人学生全国連合
UNESCO Organisation des Nations unies pour l'éducation, la science et la culture, (英語略語のままで)ユネスコ (国連教育科学文化機関), *UNESCO = United Nations Educational, Scientific and Cultural Organization*
UNETP Union nationale de l'enseignement technique privé, 私立専門教育全国同盟
UNFDC Union nationale des fédérations départementales de chasseurs, ハンター県連盟全国連合
UNFICYP Forces des Nations unies chargées du maintien de la paix à Chypre, (英語略語のままで)国連キプロス平和維持軍, *UNFICYP = United Nations Peace-Keeping Force in Cyprus*
UNFOHLM Union nationale des fédérations d'organismes d'HLM, 団地機関連盟全国連合
UNFP Union nationaliste des forces populaires, (モロッコの政党で)モロッコ人民勢力同盟
UNFSCF Union nationale des femmes seules et femmes chefs de famille, 単身婦人・家長婦人全国連合
UNGG uranium naturel, graphite, gaz, 黒鉛減速・炭酸ガス冷却・天然ウラン原子炉
UNGOMAP Mission de bons offices des Nations unies en Afghanistan et au Pakistan, (英語略語のままで)国連アフガニスタン・パキスタン仲介ミッション, *UNGOMAP = United Nations Good Office Mission in Afghanistan and Pakistan*
UNI Union nationale interuniversitaire, 大学間全国連合
UNI Union Network International, ユニオンネットワークインターナショナル:世界的労働組合
UNI interface usager-réseau, (英語略語のままで)ユーザーネットワークインターフェース, *UNI = user-network interface*
UNCAF Union nationale des caisses d'allocations familiales, 家族手当金庫全国連合
UNICAM Union confédérale artisanale de la mécanique,

機械職人総同盟
- **UNICE** Union des industries de la Communauté européenne, 欧州産業連盟：別名はユニセ, *UNICE = Union of Industries of the European Community*
- **UNICEF** Fonds des Nations unies pour l'enfance, （英語略語のままで）国連児童基金：別名はユニセフ, *UNICEF = United Nations Children's Fund*
- **UNICRI** Institut interrégional de recherches des Nations unies sur la criminalité et la justice, 国連地域間犯罪司法研究所
- **UNIDIR** Institut des Nations unies pour la recherche sur le désarmement, （英語略語のままで）国連軍縮調査研究所, *UNIDIR = United Nations Institute for Disarmament Research*
- **UNIDROIT** Institut international pour l'unification du droit privé, 私法統一国際協会：別名はユニドロワ, *UNIDROIT = International Institute for the Unification of Private Law*
- **unif.** uniforme, 同形の, *uniform*
- **unif.** unificateur, 統一する, *unifying*
- **unif.** unification, 統一, *unification*
- **UNIFEX** Union pour le financement et l'expansion du commerce international, 貿易金融振興組合
- **UNIGABON** Union interprofessionnelle du Gabon, ガボン関連業種同盟
- **UNIL** Union nationale interprofessionnelle du logement, 住宅関連業種全国連合
- **UNIMAD** Union nationale interprofessionnelle des métiers de l'ameublement et de la décoration, インテリア関連業種全国同盟
- **UNIOPSS** Union nationale interfédérale des œuvres et organismes privés, sanitaires et sociaux, 民間保健・福祉活動と組織の相互連合全国同盟
- **UNIPE** Union inter-professions-enseignement, 教育業種間連盟
- **UNIPEDE** Union internationale des producteurs et des distributeurs d'énergie électrique, 国際電力発電供給連合, *UNIPEDE = International Union of Producers and Distributors of Electrical Energy*
- **UNIPOM** Mission d'observation des Nations unies en Inde et au Pakistan, （英語略語のままで）国連インド・パキ

スタン監視団, *UNIPOM = United Nations India-Pakistan Observer Mission*

UNIRS Union nationale des institutions de retraite des salariés, 給与所得者退職年金制度総連合会, *National Association of Wage Earners Retirement Fund (France)*

UNITA Union nationale pour l'indépendance totale de l'Angora, アンゴラ全面独立民族同盟, *UNITA = União Nacional para a Independência Total de Angola*（ポルトガル語）

UNITAR Institut des Nations unies pour la formation et la recherche, （英語略語のままで）国連訓練調査研修所, *UNITAR = United Nations Institute for Training and Research*

univ. université, 大学, *university*

univ. univers, 宇宙, *universe*

UNK Union nationale karen, （ミャンマーの）カレン民族同盟, *KNU = Karen National Union*

UNMFREO Union nationale des maisons familiales rurales d'éducation et d'orientation, 教育オリエンテーションの農村の家全国連合

UNMOGIP Groupe d'observateurs militaires des Nations unies en Inde et au Pakistan, （英語略語のままで）国連インド・パキスタン軍事監視団, *UNMOGIP = United Nations Military Observer Group in India and Pakistan*

UNOF Union nationale des organisations familiales, 家族組織全国同盟

UNOMIG Mission d'observation des Nations unies en Géorgie, （英語略語のままで）国連グルジア監視団, *UNOMIG = United Nations Observer Mission in Georgia*

UNOSEL Union nationale des organismes de séjours culturels et linguistiques, 文化語学研修滞在組織全国連合

UNP parti national unifié, （英語略語のままで）（スリランカの）統一国民党, *UNP = United National Party*

UNPI Union nationale pour la propriété immobilière, 不動産全国連合

UNPRG Union nationale du personnel en retraite de la gendarmerie, 憲兵隊退役者全国連合

UNR Union pour la nouvelle République, （フランス政党史で）新共和国連合

UNRFNRE Fonds autorenouvelable des Nations unies pour l'exploration des ressources naturelles, （英語略語のままで）国連天然資源探査回転基金, *UNRFNRE = United*

Nations Revolving Fund for Natural Resources Exploration

UNRPA Union nationale des retraités et personnes âgées, 退職者高齢者全国連合

UNRPN Union nationale des retraités de la police nationale, 国家警察退職者全国連合

UNRRA Organisation des Nations unies pour le secours et le relèvement, (英語略語のままで)国連救済復興機関, *UNRRA＝United Nations Relief and Rehabilitation Administration*

UNRWA Office de secours et de travaux des Nations unies pour les réfugiés de Palestine dans le Proche-Orient, (英語略語のままで)国連パレスチナ難民救済事業機関, *UNRWA＝United Nations Relief and Works Agency for Palestine Refugees in the Near East*

UNSCEAR Comité scientifique des Nations unies pour l'étude des effets des rayonnements ionisants, (英語略語のままで)原子放射線の影響に関する国連科学委員会, *UNSCEAR＝United Nations Scientific Committee on the Effects of Atomic Radiation*

UNSCOM Commission spéciale des Nations unies, (英語略語のままで)国連(大量兵器廃棄)特別委員会, *UNSCOM＝United Nations Special Commission*

UNSF Force de sécurité des Nations unies en Nouvelle-Guinée occidentale, (英語略語のままで)国連西ニューギニア保安隊, *UNSF＝United Nations Security Force in West New Guinea*

UNSFA Union nationale des syndicats français d'architectes, フランス建築家組合全国同盟

UNSJ Union nationale des syndicats de journalistes, 記者組合全国同盟

UNSOR Union nationale des sous-officiers de carrière retraités, 退役職業下士官全国連合

UNSS Union nationale du sport scolaire, 学校スポーツ全国同盟

UNU Université des Nations unies, 国連大学, *UNU＝United Nations University*

UNYOM Mission d'observation des Nations unies au Yémen, (英語略語のままで)国連イエメン監視団, *UNYOM＝United Nations Yemen Observation Mission*

UOC urbanisme opérationnel et construction, 実戦的都市開発・建設

UOIF Union des organisations islamiques de France, フランスイスラム組織連盟

UP Union postale, 郵便同盟

UP unité pédagogique, 教育単位

UPA Union des parlements africains, アフリカ議員同盟, *UAP = Union of African Parliaments*

UPA unité de poids atomique, 原子量単位, *AWU = atomic weight unit*

UPA Union professionnelle artisanale, 手工業職業同盟

UPACCIM Union des ports autonomes et des chambres de commerce et d'industrie maritimes, 自治港・海運商工会議所同盟

UPF Union pour la France, フランス連合:1995年の大統領選用の連合

UPEA Union professionnelle des entreprises d'assurance, 保険業者連合

UPEB Union des pays exportateurs de bananes, バナナ輸出国連合, *UBEC = Union of Banana Exporting Countries*

UPH unité de production homogène, 同一生産ユニット

UPK Union patriotique du Kurdistan, (イラクの)クルド愛国同盟, *Patriotic Union of Kurdistan*

UPLG Union populaire pour la libération de la Guadeloupe, グアドループ解放人民連合

UPOV Union internationale pour la protection des obtentions végétales, 植物新品種保護国際同盟, *International Union for the Protection of New Varieties of Plants*

UPRA Union nationale de sélection et de promotion de race, 家畜淘汰改良全国同盟

UPRONA Union pour le progrès national, (ブルンジの)民族進歩連合

UPS Union de prévoyance des salariés, 給与所得者保障同盟

UPSCE Union des partis socialistes de la Communauté européenne, 欧州共同体社会党連合, *Union of the socialist parties of the European Community*

UPU Union postale universelle, 万国郵便連合, *UPU = Universal Post Union*

UQAM Université du Québec à Montréal, モントリオールのケベック州大学

URAC Union des Républiques d'Afrique centrale, 中部アフリカ共和国同盟

URAF Union régionale des associations familiales, 家族協会地方連盟

urb. urbain, 都市の, *urban*

urban. urbanisme, 都市計画, *town planning*

URC unité de réserve collective, 複合準備単位：1964年フランスが提案したが不採用となった, *CRU＝Collective Reserve Unit*

URC Union des républicains de centre,（フランスの政党で）中道共和連合

URCIL Union régionale des comités interprofessionnels du logement, 住宅業種間関連委員会地方同盟

UREF Universités des réseaux d'expression française, フランス語使用ネットワーク大学

UREI Union de républicains et des indépendants, 共和派・独立派同盟

uréth. uréthanne, ウレタン, *urethane*

URF Union routière de France, フランス陸路連盟

urg. urgence, 切迫, *urgency*

URIOPSS Union régionale interfédérale des œuvres et organismes privés, sanitaires et sociaux, 民間保健・福祉活動と組織の相互連合地方同盟

UROC Union régionale des organisations de consommateurs, 消費者組織地方連盟

urol. urologie, 泌尿器科学, *urology*

URSI Union radio-scientifique internationale, 国際無線電信学連合, *USRI＝International Union of Radio Science*

URSS Union des Républiques Socialistes Soviétiques,（旧）ソ連, *USSR＝Union of Soviet Socialist Republics*

URSSAF Union pour le recouvrement des cotisations de la sécurité sociale et des allocations familiales, 社会保障家族手当負担金徴収組合, *organization which collects social security and family allowance payments*

urtic. urticaire, 蕁麻疹, *nettle rash*

urug. uruguayen, ウルグアイの, *Uruguayan*

us. usage, 使用, *use*

us. usuel, 日常用いる, *usual*

us. usine, 工場, *factory*

USA Etats-Unis, アメリカ合衆国：国際自動車識別記号；国際オリンピック委員会の国名表記（1894年承認）, *USA*

USAID Agence des Etas-Unis pour le développement international,（英語略語のままで）アメリカ国際開発局,

USAID =US Agency for International Development

USB bus série universel, (英語略語のままで)(コンピュータの)ユニバーサル・シリアルバス, *USB =Universal Serial Bus*

USB bande latérale supérieure, (英語略語のままで)上側波帯, *USB =upper sideband*

USD dollar des Etats-Unis, (通貨単位で)米ドル, *US dollar*

USFP Union socialiste des forces populaires, (モロッコの政党で)人民勢力社会主義同盟

USM Union syndicale des magistrats, 司法官組合同盟

USNAEN Union syndicale nationale des administrateurs de l'éducation nationale, 文部管理官全国組合同盟

USNEF Union syndicale nationale des enseignants de France, フランス教員全国組合同盟

USOC Comité olympique américain, (英語略語のままで)米国オリンピック委員会, *USOC =United States Olympic Committee*

USPA Union syndicale des producteurs de programmes audiovisuels, (フランスの)AV番組制作組合

USPQR Union des syndicats de la presse quotidienne régionale, 地方日刊新聞組合同盟

USSBE Union des sociétés suisses de biologie expérimentale, スイス実験生物学会連盟, *Union of Swiss Societies for Experimental Biology*

USSR République soviétique socialiste d'Ukraine, (英語略語のままで)ウクライナ・ソビエト社会主義共和国, *USSR = Ukraine Soviet Socialist Republic*

ust. ustensile, 道具, *tool*

USTC Union syndicale des travailleurs de Centrafrique, 中央アフリカ勤労者労働組合同盟

usufr. usufruit, 用益, *usufruct*

usur. usuraire, 高利の, *usurious*

usurp. usurpation, 不当な取得, *usurpation*

ut. utile, 有用な, *useful*

UTA unité de travail annuel, 年労働単位, *ALU =annual labor unit*

UTA Union de transports aériens, ユーティーエーフランス航空

UTAC Union technique de l'automobile, du motocycle et du cycle, 自動車・バイク・ミニバイク技術同盟

UTE Union technique de l'électricité, 電力技術同盟
UTH unité de travail humain, 標準労働単位
util. utilité, 有用性, *usefulness*
utilis. utilisation, 利用, *utilization*
utilit. utilitaire, 実用向きの, *utilitarian*
utop. utopie, 理想郷, *utopia*
UTP Union des transports publics, urbains et régionaux, 公共・都市・地方交通同盟
utric. utriculaire, タヌキモ属, *bladderwort*
UTS unité de travail de séparation isotopique, 分離作業単位
UV ultraviolet, 紫外線, *UV=ultraviolet*
UV unité de valeur, （大学の）取得単位, *credit (university)*
UVP unité de voiture particulière, 乗用車ユニット, *PCU=passenger car unit*
UYP peso d'Uruguay, （通貨単位で）ウルグアイ・ペソ, *Uruguayan peso*
UZS sum, （ウズベキスタンの通貨単位で）スム, *sum*

V

V Cité du Vatican, バチカン市国：国際自動車識別記号, *Vatican City*
v. vers, (..の)方へ, *toward*
v. verbe, 動詞, *verb*
v. vente, 販売, *sale*
v. voir, 参照
V vanadium, バナジウム, V=*vanadium*
V volt, ボルト, *volt*
v.-à-v. vis-à-vis, 向かいの人, *person opposite*
V.-de-M. Val-de-Marne, ヴァル・ド・マルヌ県(94)
V.-d'O. Val-d'Oise, ヴァル・ドアーズ県(95)
v.-dort. ville-dortoir, ベッドタウン, *dormitory town*
V.E. Votre Excellence, 閣下：尊称として呼びかけに用いる, *Your Excellency*
v.-et-v. va-et-vient, 往復運動, *backward and forward motion*
V.G. Votre Grâce, 猊下：英国の司教に対して呼びかけるときの尊称, *Your Grace*
V.G. Votre Grâce, 閣下：英国の公爵に対して呼びかけるときの尊称, *Your Grace*
V.G. Votre Grandeur, 閣下：旧体制において貴族に対する呼びかけに用いた尊称, *Your Grace*
V.G. Votre Grandeur, 猊下：大司教に対して呼びかけるときの尊称, *Your Grace*
v. g. verbi gratia, (ラテン語略語のままで)例えば
V.H. Votre Honneur, 閣下：高位の人に対して呼びかけるときの尊称, *Your Honor*
V. impers. verbe impersonnel, 非人称動詞
V. intr. verbe intransitif, 自動詞, *intransitive verb*
V. pronom. verbe pronominal, 代名動詞
V.S. Votre Sainteté, 聖下：教皇に対して呼びかけるときの尊称, *Your Holiness*
v.-sat. ville-satellite, 衛星都市, *satellite town*
V. tr. verbe transitif, 他動詞, *transitive verb*

V. trans. ind. verbe transitif indirect, 間接他動詞, *indirect transitive verb*

V/m volt par mètre, ボルト毎メートル：電場の強さのSI単位

VA valeur ajoutée, 付加価値, *value added*

VA voltampère, ボルトアンペア, *volt-ampere*

VAB véhicule de l'avant blindé, 前面装甲車

VAC vin d'appellation contrôlée, 呼称統制ワイン

vac. vacances, 休暇, *vacation*

vacat. vacation, 執務時間, *session*

vaccin. vaccination, ワクチン接種, *vaccination*

vaiss. vaisseau, （大きな）船, *ship*

vaissell. vaissellerie, 台所道具類

VAL véhicule automatique léger, （フランスの）バル：自動運転の軽軌道交通システムで自動運転小型車両とも呼ばれる, *AGT system = automated guide-way transit system*

val. valence, 原子価, *valence*

val. valeur, 価値, *value*

val.-g. valence-gramme, グラム原子価

valid. validation, 法律上有効なこと, *validation*

vall. vallée, 谷, *valley*

vall. vallon, 小さな谷, *small valley*

VAN valeur actuelle nette, 純現在価値, *NPV = net present value*

VAN réseau à valeur ajoutée, （英語略語のままで）付加価値通信網, *VAN = value-added network*

vandal. vandalisme, 文化芸術破壊, *Vandalism*

vann. vannerie, かご細工業, *basket making*

VAOC vin d'appellation d'origine contrôlée, 原産地呼称統制ワイン

vaporis. vaporisation, 気化, *spraying*

var. variable, 変わりやすい, *changeable*

var. variation, 変化すること, *change*

var var, バール：無効電力の単位, *var*

VARA vol affrété avec réservation anticipée, チャーター, *charter*

variom. variomètre, （飛行機の）昇降計, *variometer*

vasc. vasculaire, 脈管の, *vascular*

vasect. vasectomie, 精管切除, *vasectomy*

VASFE vérification approfondie de situation fiscale d'ensemble, 特別税務調査

vauclus. vauclusien, ヴォークリューズの, *of Vaucluse*
vaud. vaudois, ヴォー地方の, *of the Vaud*
VBF viande bovine française, フランス産牛肉, *French beef*
VC canal virtuel, (英語略語のままで)仮想チャンネル, *VC = virtual channel*
VCC vin de consommation courante, 大衆ワイン
VCC connexion de canal virtuel, (英語略語のままで)仮想チャンネル接続, *VCC = virtual channel connection*
VCCE extrémité de connexion de canal virtuel, (英語略語のままで)仮想チャンネル接続終端, *VCCE = virtual channel connection endpoint*
VCI indicateur de canal virtuel, (英語略語のままで)仮想チャンネル識別子, *VCI = virtual channel identifier*
VCI véhicule de combat d'infanterie, 歩兵戦闘車
VCO oscillateur commandé en tension, (英語略語のままで)電圧制御発振器, *VCO = voltage-controlled oscillator*
vd vend, 売り
vde viande, 肉, *meat*
VDL vin de liqueur, リキュールワイン
VDN vin doux naturel, 天然甘口ワイン
VDQS vin délimité de qualité supérieure, 上質限定ワイン
vds vends, 売り
VDU console de visualisation, (英語略語のままで)表示装置, *VDU = visual display unit*
VEB bolivar, (ベネズエラの通貨単位で)ボリバル, *bolivar (Venezuela)*
vect. vecteur, ベクトル, *vector*
VEFA vente en état futur d'achèvement, (マンションなどの)将来完成状態での売却
vég. végétal, 植物, *vegetable*
végét. végétation, 植物, *vegetation*
véhic. véhicule, 車両, *vehicle*
vélomot. vélomoteur, 小型オートバイ, *moped*
vén. vénerie, 狩猟, *hunting*
venais. venaison, 野獣肉, *venison*
vénal. vénalité, 金銭ずく, *venality*
vend. vendéen, ヴァンデ地方の, *of the Vendée*
vénér. vénérable, 神聖な, *venerable*
vénézuél. vénézuélien, ベネズエラの, *Venezuelan*
venim. venimeux, 毒のある, *venomous*

ventil. ventilation, 項目分類, *ventilation*
VENUS voix électronique normalisée à l'usage des sourds, 聴覚障害者用の標準化電子ボイス
verb. verbal, 口頭の, *verbal*
verbalis. verbalisation, 調書作成, *verbalization*
vergl. verglas, 雨氷, *glaze*
vérif. vérification, 確認, *checking*
vérit. vérité, 真実, *truth*
vernac. vernaculaire, その地方固有の, *vernacular*
verniss. vernissage, ニスを塗ること, *varnishing*
verrot. verroterie, 彩色ガラス製品, *glass jewelry*
vers. version, バージョン, *version*
versaill. versaillais, ベルサイユの, *of Versailles*
versif. versification, 作詩法, *versification*
vert. vertèbre, 椎骨, *vertebra*
vert. vertical, 縦の, *vertical*
vésic. vésication, 発疱, *vesication*
vésic. vésicule, 小胞, *vesicle*
vest. vestiaire, クローク, *cloakroom*
vest. vestige, 遺跡, *vestige*
vêt. vêtements, 衣服, *clothes*
vétér. vétérinaire, 獣医, *veterinary*
VF fréquence vocale, (英語略語のままで)音声周波数, *VF = voice frequency*
VF version française, (映画で吹き替えた)フランス語版
VGE Valéry Giscard d'Estaing, (元フランス大統領)ヴァレリー・ジスカールデスタン, *Valéry Giscard d'Estaing*
VHD disque électrostatique, (英語略語のままで)ビデオ高密度ディスク, *VHD = video high-density disc*
VHF très haute fréquence, (英語略語のままで)超短波周波数, *VHF = very high-frequency*
VHR variétés à haut rendement, 高収穫品種
VHS —, VHS：ビデオホームシステム, *VHS = video home system*
VI vumètre, (英語略語のままで)音量指示計, *VI = volume indicator*
VIA valorisation pour l'innovation de l'ameublement, 新作家具評価審査会
vibr. vibration, 振動, *vibration*
vicar. vicariat, 助任司祭の職, *curacy*
vice-am. vice-amiral, 海軍少将, *vice admiral*

vice-cons. vice-consul, 領事代理, *vice consul*
vice-présid. vice-présidence, 副会長の職, *vice presidency*
vice-présid. vice-président, 副会長, *vice president*
vice-rect. vice-recteur, 副学長
vichyss. vichyssois, ヴィシーの, *of Vichy*
vicin. vicinal, 地方の, *local*
vict. victime, 犠牲者, *victim*
vid. vidange, オイルチェンジ, *oil change*
vidéocl. vidéoclub, レンタルビデオ店, *video club*
vidéod. vidéodisque, ビデオディスク, *videodisk*
vidéoth. vidéothèque, 映像図書館, *video library*
vienn. viennois, ウィーンの, *Viennese*
vietnam. vietnamien, ベトナムの, *Vietnamese*
vign. vignoble, 葡萄畑, *vineyard*
VIH virus de l'immunodéficience humaine, ヒト免疫不全ウイルス, *HIV = Human Immunodeficiency Virus*
vill. village, 村, *village*
vingt. vingtième, 二十番目の, *twentieth*
vinif. vinification, ワイン醸造, *wine-making*
violonc. violoncelle, チェロ, *cello*
vir. virement, 振り替え, *transfer*
virol. virologie, ウイルス学, *virology*
virt. virtuose, 名手, *virtuoso*
virt. virtuel, 潜在的な, *potential*
vis. vision, 視覚, *sight*
vis. visite, 訪問, *visit*
visib. visibilité, 視界, *visibility*
visualis. visualisation, ディスプレイユニット, *display unit*
vit. vitamine, ビタミン, *vitamin*
vit. vitesse, 速さ, *quickness*
vitic. viticulture, 葡萄栽培, *wine growing*
vitr. vitrail, ステンドグラス, *stained-glass window*
vitrif. vitrification, ガラス化, *vitrification*
viv. vivant, 生きている, *living*
vivisect. vivisection, 生体解剖, *vivisection*
VLA très grand réseau d'antennes, (英語略語のままで)電波望遠鏡網, *VLA = Very Large Array*
VLBA réseau d'antennes à très longue ligne de base, (英語略語のままで)超長基線配列(電波望遠鏡), *VLBA = Very Long Baseline Array*

VLF Association vacances loisirs famille, 休暇レジャー家族団体
VLS Vaincre le sida, (フランスの)エイズ撲滅団体
VLSI intégration à très grande échelle, (英語略語のままで)超大規模集積回路, *VLSI＝very large scale integration*
VMC ventilation mécanique contrôlée, メカニカルコントロール空調, *mechanical control ventilation*
VMEH Association visite des malades en établissements hospitaliers, 病院施設入院患者見舞い団体
VMM veille météorologique mondiale, 世界気象監視(計画), *WWW＝World Weather Watch*
VMS système à mémoire virtuelle, (英語略語のままで)仮想メモリーシステム, *VMS＝virtual memory system*
VN Viêt-Nam, ベトナム：国際自動車識別記号, *Vietnam*
VND dông, (ベトナムの通貨単位で)ドン, *dong (Vietnam)*
VNF Voies navigables de France, (Béthune にある)フランス水運協会
VO version originale, (映画などの)原語版
VO Service central des voyages officiels et de la sécurité des hautes personnalités, 公式訪問・要人警備中央本部
VOA Voix d'Amérique, (英語略語のままで)ボイス・オブ・アメリカ：米国政府の海外向け放送, *VOA＝Voice of America*
vocab. vocabulaire, 語彙, *vocabulary*
vocalis. vocalisation, 母音の発声, *vocalization*
vociférer. vocifération, 怒号, *outcry*
VOD vitesse de détonation, (英語略語のままで)爆発速度, *VOD＝velocity of detonation*
voisin. voisinage, 隣人, *vicinity*
voit. voiture, 自動車, *car*
vol. volume, 量, *volume*
VOR radiophare omnidirectionnel VHF, (英語略語のままで)超短波全方向式無線標識, *VOR＝VHF omnidirectional radio range*
vosg. vosgien, ヴォージュ地方の, *of the Vosges*
voy. voyage, 旅行, *journey*
voy./km voyageur-kilomètre, 旅客キロ
voyag. voyagiste, ツアーオペレーター, *tour operator*
VP vice président, 副会長, *vice president*
VP conduit virtuel, (英語略語のままで)仮想パス, *VP＝virtual path*
VPC vente par correspondance, 通信販売, *mail-order*

VPC connexion de conduit virtuel, (英語略語のままで)仮想パス接続, *VPC = virtual path connection*

VPCE extrémité de connexion de trajet virtuel, (英語略語のままで)仮想パス接続終端, *VPCE = virtual path connection endpoint*

VPI identificateur de conduit virtuel, (英語略語のままで)仮想パス識別子, *VPI = virtual path identifier*

VPT vente par téléphone, テレフォンショッピング, *telesales*

VQPRD vin de qualité produit dans des régions déterminées, 指定地域優良ワイン

VQS vin de qualité supérieure, 上級ワイン

VRC contrôle par redondance verticale, (英語略語のままで)垂直冗長度検査, *VRC = vertical redundancy check*

VRD voirie et réseaux divers, 道路・供給及び配水施設

VRP voyageur représentant placier de commerce, 委託販売外交員, *traveling salesmen and representatives*

VRTS versement représentatif de la taxe sur les salaires, (1978年までのフランス政府の地方団体への)所得税交付金

VSAB véhicule de secours aux asphyxiés et aux blessés, 窒息者・負傷者救助用車両

VSI variomètre, (英語略語のままで)垂直速度計, *VSI = vertical speed indicator*

VSN volontaire du service national, 海外協力役務従事者, *recruit who chooses to carry out his national service by doing voluntary service overseas*

VSNA volontaire du service national actif, 海外協力役務行政機関研修利用者

VSNE volontaire du service national en entreprise, 海外協力役務企業研修利用者：別名は企業内の兵役勤務者

VSS véhicule à suspension supérieure, 浮揚車両システム, *SVS = suspended vehicle system*

VSWR communications rapport d'ondes stationnaires, (英語略語のままで)電圧定在波比, *VSWR = voltage standing-wave ratio*

VT tabulation verticale, (英語略語のままで)(コンピュータの)垂直タブ, *VT = vertical tabulation*

VT terminal virtuel, (英語略語のままで)(コンピュータの)仮想端末, *VT = virtual terminal*

VTC véhicule tous chemins, 全路面万能車

Vte vicomte, 子爵, *viscount*

Vtesse　vicomtesse, 子爵夫人, *viscountess*
VTT　vélo tout terrain, マウンテンバイク, *mountain bike*
VTT　véhicule tout terrain, オフロード車：別名は全地形万能車, *all-terrain vehicle*
VTT　véhicule transport de troupes, 兵員輸送車
VU　véhicule utilitaire, 営業用車, *commercial vehicle*
vulcanis.　vulcanisation, 加硫, *vulcanization*
vulg.　vulgaire, 下品な, *vulgar*
vulnér.　vulnérable, 傷つきやすい, *vulnerable*
VUT　Vanuatu, バヌアツ, *Vanuatu*
VUV　vatu, （バヌアツの通貨単位で）ヴァトゥ, *vatu*
Vve　veuve, 未亡人, *widow*
VVF　Villages vacances familles, 家族バカンス村
vx　vieux, 古い, *old*

W

W tungstène, タングステン, *W=tungsten*
W watt, ワット, *watt*
W wolfram, 鉄マンガン重石, *W=wolfram*
W voiture confiée à un garagiste, (試乗・配送のために自動車販売業者が受ける)仮ナンバー：フランスの自動車のナンバープレートの一部を構成するアルファベット記号
W.-C. water-closets, トイレ, *toilet*
w.-e. week-end, 週末, *weekend*
W/m.K watt par mètre-kelvin, ワット毎メートル毎ケルビン
W/sr watt par stéradian, ワット毎ステラジアン
WAG Gambie, ガンビア：国際自動車識別記号, *Gambia*
wag.-cit. wagon-citerne, (鉄道の)タンク車, *tank car*
wag.-foudre wagon-foudre, (ワイン用の)タンク車, *tank car*
wag.-lit wagon-lit, 寝台車, *sleeping car*
wag.-poste wagon-poste, 郵便車, *mail car*
wag.-réserv. wagon-réservoir, (鉄道の)タンク車, *tank car*
wag.-rest. wagon-restaurant, 食堂車, *dining car*
WAL Sierra Leone, シエラレオネ：国際自動車識別記号, *Sierra Leone*
WAN Nigéria, ナイジェリア：国際自動車識別記号, *Nigeria*
WAN réseaux étendus, (英語略語のままで)広域(データ)網, *WAN=wide area network*
WANO Association mondiale des opérateurs nucléaires, (英語略語のままで)世界原子力発電事業者協会, *WANO=World Association of Nuclear Operators*
Wb weber, ウェーバー：磁束の実用単位, *weber*
WCF Fédération mondiale de curling, (英語略語のままで)世界カーリング連盟, *WCF=World Curling Federation*
WD Dominique, ドミニカ：国際自動車識別記号, *Dominica*
WDX spectromètre à rayons X, (英語略語のままで)波長分散エックス線分光計測, *WDX=wavelength dispersive X-ray spectrometer*

Web 一，ワールドワイドウェブ，*Web*＝*World Wide Web*

WEF Forum mondial de l'économie, (英語略語のままで)世界経済フォーラム：別名はダボス会議，*WEF*＝*World Economic Forum*

Wh wattheure, ワット時，*watt-hour*

WL Wagon-Lits, 寝台車

WL Sainte-Lucie, セントルシア：国際自動車識別記号，*Saint Lucia*

WORM disque inscriptible une seule fois, (英語略語のままで)一度書き・読み出し専用メモリー，*WORM*＝*write-once read memory*

WOW attente mauvaise, (英語略語のままで)天候待ち，*WOW*＝*waiting on weather*

WR wagon-restaurant, 食堂車

WRU qui êtes-vous, (英語略語のままで)どなたですか，*WRU*＝*who-are-you*

WS Samoa occidentales, 西サモア：国際自動車識別記号，*Western Samoa*

WST tala, (サモアの通貨単位で)ターラー，*tala*

wurtemb. wurtembergeois, ヴァルテンベルクの，*of Wurtemberg*

WV Saint-Vincent (îles du Vent), セントビンセント：国際自動車識別記号：別名ウィンドワード諸島，*Saint Vincent (Windward Islands)*

WW immatriculation temporaire, (購入後15日間の)仮ナンバー：フランスの自動車のナンバープレートの一部を構成するアルファベット記号

WWF Fonds mondial pour la nature, 世界野生生物基金，*WWF*＝*World Wildlife Fund*

WWW veille météorologique mondiale, (英語略語のままで)世界気象監視(計画)，*WWW*＝*World Weather Watch*

WWW 一，ワールドワイドウェブ，*WWW*＝*World Wide Web*

WYSIWYG tel vu tel imprimé, (英語略語のままで)ウィジィウィッグ，*WYSIWYG*＝*What you see is what you get*

X

X inconnu, 某：M. X, Mme X のように某氏、某夫人の意味で使用, *unknown*

X Ecole polytechnique, 理工科学校：グランゼコールの一つ

X élève de l'Ecole polytechnique, 理工科学校生：卒業生(ancien)についても使用, *student of the Ecole polytechnique*

XAF franc CFA, (中部アフリカ諸国銀行参加国の通貨単位で)CFAフラン, *CFA franc (BEAC)*

XCD dollar des Caraïbes de l'Est, (通貨単位で)東カリブ・ドル, *East Caribbean dollar*

XDR droits de tirage spéciaux, (国際通貨基金の)特別引出権, *SDR = special drawing rights*

Xe xénon, キセノン：希ガス元素, *Xe = xenon*

xénoph. xénophilie, 外国好き, *xenophilia*

xénoph. xénophobie, 外国嫌い, *xenophobia*

xénoph. xénophile, 外国好きの人, *xenophile*

xénoph. xénophobe, 外国嫌いの人, *xenophobe*

xérogr. xérographie, ゼログラフィー：乾式コピーの一種, *xerography*

XEU unité monétaire européenne/ECU/écu, 欧州通貨単位：別名はエキュー, *ECU = European Currency Unit*

XOF franc CFA, (西アフリカ経済通貨同盟参加国の通貨単位で)CFAフラン, *CFA franc (UEMOA)*

XPF franc des Colonies françaises du Pacifique, (通貨単位で)仏領太平洋植民地フラン, *CFP franc*

xylogr. xylographie, 木版術, *wood-engraving*

Y

Y yttrium, イットリウム, *Y=yttrium*
yacht. yachting, ヨットの操縦, *yachting*
YAG grenat d'yttrium et d'aluminium, (英語略語のままで)イットリウムアルミニウムガーネット, *YAG=yttrium aluminum garnet*
YAR Yémen, イエメン：国際自動車識別記号, *Yemen*
Yb ytterbium, イッテルビウム, *Yb=ytterbium*
YCF Yacht-Club de France, フランスヨットクラブ
YDD dinar du Yémen démocratique populaire, (通貨単位で)南イエメン・ディナール, *South Yemen dinar*
yém. yéménite, イエメンの, *Yemeni*
YER rial du Yémen, (通貨単位で)イエメン・リアル, *Yemenite rial*
YER dinar du Yémen (Sanaa), (通貨単位で)北イエメン・ディナール, *North Yemen dinar*
YIG grenat d'yttrium ferreux, (英語略語のままで)イットリウム鉄ガーネット, *YIG=yttrium iron garnet*
Youg. Yougoslavie, ユーゴスラビア, *Yugoslavia*
YR dinar du Yémen (Sanaa), (通貨単位で)北イエメン・ディナール, *North Yemen dinar*
YR rial yéménite, (通貨単位で)イエメン・リアル, *Yemenite rial*
YU Yougoslavie, ユーゴスラビア：国際自動車識別記号, *Yugoslavia*
YUD dinar yougoslave, (通貨単位で)ユーゴスラビア・ディナール, *Yugoslavian dinar*
YUN dinar yougoslave, (通貨単位で)ユーゴスラビア・ディナール, *Yugoslavian dinar*
Yv. Yvelines, イヴリーヌ県(78)
YV Venezuela, ベネズエラ：国際自動車識別記号, *Venezuela*

Z

Z nombre de protons, 原子番号, *Z = proton number*

Z nombre atomique, 原子番号, *Z = atomic number*

Z Zambie, ザンビア：国際自動車識別記号, *Zambia*

Z$ dollar du Zimbabwe, （通貨単位で）ジンバブエ・ドル, *Zimbabwean dollar*

ZA Afrique du Sud, 南アフリカ：国際自動車識別記号, *South Africa*

ZA zaïre, （ザイールの通貨単位で）ザイール, *zaire*

ZAA zone à autonomie d'acheminement, （情報通信の）自立ルーティングエリア, *self contained routing area*

ZAC zone d'aménagement concerté, 国土整備対象区域, *area where development has been planned*

ZAD zone d'aménagement différé, 長期整備区域, *urban area for which provisions have been made for future development*

ZAE zone d'activité économique, 経済活動地区

ZAF Afrique du Sud, 南アフリカ, *South Africa*

ZAL rand financier, （南ア連邦の通貨単位で）金融ラント, *financial rand*

ZAN zone d'agglomération nouvelle, 新市街地整備区域

ZANU-PF Union nationale africaine du Zimbabwe-Front patriotique, （英語略語のままで）ジンバブエ・アフリカ民族同盟愛国戦線, *ZANU-PF = Zimbabwe African National Union-Patriotic Front*

ZAP zone d'aménagement protégé, 保護整備地区

ZAPI zone d'action prioritaire intégrée, 統合優先行動地区

ZAPU Union du peuple africain du Zimbabwe, （英語略語のままで）ジンバブエ・アフリカ人民同盟, *ZAPU = Zimbabwe African People's Union*

ZAR zone d'action rurale, 農業活動区域

ZAR rand, （南ア連邦の通貨単位で）ラント, *rand*

ZCP zone à caractère pittoresque, 美観地区

ZEAN zone exempte d'armes nucléaires, 非核武装地帯, *denuclearized zone*

ZEAT zone d'études et d'aménagement du territoire, 国土整備研究地区

ZEBRA obligation en Eurosterling à coupon zéro, （英語略語のままで）ゼブラ債：英国ギルト債を加工したゼロクーポン債, *ZEBRAs=zero coupon Eurosterling bearer-registered accruing securities*

ZEDE zone d'étude démographique et d'emploi, 人口動態研究・雇用地区

ZEE zone économique exclusive, 排他的経済水域, *exclusive economic zone*

ZEP Zone d'échanges préférentielle pour l'Afrique orientale et australe, 東部南部アフリカ特恵貿易地帯

ZEP zone d'environnement protégé, 環境保護区域, *environmental protection zone*

ZEP Zone d'éducation prioritaire, 教育優先地区

ZERD zone à économie rurale dominante, 農村中心経済地区

ZFE zones franches d'exportation, 輸出向け免税地区

ZH zone d'habitation, 住宅地区, *residential area*

ZI zone industrielle, 工業地区, *industrial zone*

ZIF zone d'intervention foncière, 土地取引介入区域, *area designated for possible development*

ZIP zone à industrialiser en priorité, 優先工業化地区, *priority industrial development area*

ZIRP politique de taux d'intérêt à zéro, （英語略語のままで）ゼロ金利政策, *ZIRP=zero interest rate policy*

ZIV zone industrielle verticale, 垂直工業地区

Zl zloty, （ポーランドの通貨単位で）ズウォティ, *zloty*

ZMK kwacha zambien, （通貨単位で）ザンビア・クワチャ, *Zambian kwacha*

Zn zinc, 亜鉛, *Zn=zinc*

ZOH zone opérationnelle d'habitat, 企業設置容認住宅地区

zool. zoologie, 動物学, *zoology*

zool. zoologique, 動物学の, *zoological*

zootechn. zootechnique, 動物飼育改良術の, *zootechnical*

ZPIU zone de peuplement industriel et urbain, 近郊工業立地区域

ZPPAU zone de protection du patrimoine architectural et urbain, 都市建造物保護地区

ZR Zaïre, ザイール：国際自動車識別記号, *Zaire*

Zr zirconium, ジルコニウム, *Zr=zirconium*

ZRN nouveau zaïre, (ザイールの通貨単位で)新ザイール, *new zaire*

ZRZ zaïre, (ザイールの通貨単位で)ザイール, *zaire*

ZTA zone de télécommunications avancées, (情報通信の)先進電気通信エリア, *advanced telecommunications area*

ZUP zone à urbaniser par priorité, 優先市街化区域, *priority urban development area*

ZW Zimbabwe, ジンバブエ:国際自動車識別記号, *Zimbabwe*

ZWD dollar du Zimbabwe, (通貨単位で)ジンバブエ・ドル, *Zimbabwean dollar*

付録1：携帯メールで使用される スマイリー及び略語の例

;-^) petit sourire narquois, 皮肉な小スマイル
:-)) sourire vraiment heureux, ほんとにうれしいスマイル
:-(sourire triste, 悲しいスマイル
:-) sourire heureux, ハッピースマイル
:-/ sourire sceptique, 懐疑的スマイル
:-@ sourire grimçant, しかめっ面スマイル
:-D sourire rieur, お笑いスマイル
>:-(sourire coléreux, 怒ったスマイル

2M1 demain, 明日, *tomorrow*
@+ à plus tard, また後で, *see you later*
A+ à plus tard, また後で, *see you later*
A12C4 à un de ces quatre, （携帯メールでの略語で）また近い内に, *see you soon*
ASAP le plus tôt possible, （英語略語のままで）できるだけ早く, *ASAP =as soon as possible*
ASV âge, sexe, ville, 年齢・性別・住んでいる町：パリに住む23歳の男性ならば 23 / M / Paris となる, *age, sex, town*
C moa C'est moi, 私です, *It's me*
Ki C ? Qui c'est ?, 誰なの, *Who is it?*
L8R, 略号, plus tard, （英語略語のままで）後で, *L8R =later*
qq1 quelqu'un, 誰か, *somebody*
Ri 129 rien de neuf, 何の変わりもない, *nothing new*
rstp réponds s'il te plaît, 折り返し返事をくれ, *please reply*
rsvp répondez s'il vous plaît, 折り返しご返事ください, *RSVP =please reply*
stp s'il te plaît, どうぞ, *please*
svp s'il vous plaît, どうぞ, *please*

付録2：世界の国名略語一覧表

注釈：以下は国際オリンピックの国名表記及び国際自動車識別記号と、本文見出し語に掲載できなかった国名略語をまとめた表である。国名の前の（ ）内に定冠詞を示してあるが、（ ）内になにもなければ無冠詞で使用されることを意味する。国際自動車識別記号については、本文見出し語に掲載してある略語と本一覧表の略語が異なる場合がある。これは国際的公認を得ないまま使用されていて、公認の際に他の略語が採用されたためである。本一覧表の略語が最新のものであるが、ユーゴスラビアのケースのように国名は流動的であり、今後の変更も当然考えられる。

A (l')Autriche, オーストリア：国際自動車識別記号, *Austria*

ADN (le) Yémen, イエメン：国際自動車識別記号, *Yemen*

AE (les) Emirats arabes unis, アラブ首長国連邦：国際自動車識別記号, *United Arab Emirates*

AFG (l')Afghanistan, アフガニスタン：国際自動車識別記号；国際オリンピック委員会の国名表記(1936年承認), *Afghanistan*

AG ( ) Antigua et Barbuda, アンティグア・バーブーダ：国際自動車識別記号, *Antigua and Barbuda*

AGO (l')Angola, アンゴラ, *Angola*

AHO (les) Antilles néerlandaises, オランダ領アンティル：国際オリンピック委員会の国名表記(1931年承認), *Netherlands Antilles*

AL (l')Albanie, アルバニア：国際自動車識別記号, *Albania*

ALB (l')Albanie, アルバニア：国際オリンピック委員会の国名表記(1959年承認), *Albania*

ALG (l')Algérie, アルジェリア：国際オリンピック委員会の国名表記(1964年承認), *Algeria*

AND (l')Andorre, アンドラ：国際自動車識別記号；国際オリンピック委員会の国名表記(1975年承認), *Andorra*

ANG (l')Angola, アンゴラ：国際オリンピック委員会の国名表記(1980年承認), *Angola*

ANT ( ) Antigua et Barbuda, アンティグア・バーブーダ：国際オリンピック委員会の国名表記(1976年承認), *Antigua and Barbuda*

AO (l')Angola, アンゴラ：国際自動車識別記号, *Angola*

ARG (l')Argentine, アルゼンチン：国際オリンピック委員会の国名表記(1923年承認), *Argentina*

ARM (l')Arménie, アルメニア：国際自動車識別記号；国際オリンピック委員会の国名表記(1992年承認), *Armenia*

ARU ( ) Aruba, アルバ：国際オリンピック委員会の国名表記(1986年承認), *Aruba*

AS (les) Samoa américaines, 米領サモア：国際自動車識別記号, *American Samoa*

ASA (les) Samoa américaines, 米領サモア：国際オリンピック委員会の国名表記(1987年承認), *American Samoa*

AUS (l')Australie, オーストラリア：国際自動車識別記号；国際オリンピック委員会の国名表記(1895年承認), *Australia*

AUT (l')Autriche, オーストリア：国際オリンピック委員会の国名表記(1912年承認), *Austria*

AW ( ) Aruba, アルバ：国際自動車識別記号, *Aruba*

AZ (l')Azerbaïdjan, アゼルバイジャン：国際自動車識別記号, *Azerbaijan*

AZE (l')Azerbaïdjan, アゼルバイジャン：国際オリンピック委員会の国名表記(1992年承認), *Azerbaijan*

B (la) Belgique, ベルギー：国際自動車識別記号, *Belgium*

BAH (les) Bahamas, バハマ：国際オリンピック委員会の国名表記(1952年承認), *Bahamas*

BAN (le) Bangladesh, バングラデシュ：国際オリンピック委員会の国名表記(1980年承認), *Bangladesh*

BAR (la) Barbade, バルバドス：国際オリンピック委員会の国名表記(1955年承認), *Barbados*

BD (le) Bangladesh, バングラデシュ：国際自動車識別記号, *Bangladesh*

BDI (le) Burundi, ブルンジ：国際オリンピック委員会の国名表記(1993年承認), *Burundi*

BDS (la) Barbade, バルバドス：国際自動車識別記号, *Barbados*

BEL (la) Belgique, ベルギー：国際オリンピック委員会の国名表記(1906年承認), *Belgium*

BEN (le) Bénin, ベニン：国際オリンピック委員会の国名表記(1962年承認), *Benin*

BER (les) Bermudes, バミューダ：国際オリンピック委員会の国名表記(1936年承認), *Bermuda*

BF (le) Burkina Faso, ブルキナファソ：国際自動車識別記号, *Burkina Faso*

BFA (le) Burkina Faso, ブルキナファソ, *Burkina Faso*

BG (la) Bulgarie, ブルガリア:国際自動車識別記号, *Bulgaria*

BGR (la) Bulgarie, ブルガリア, *Bulgaria*

BH (le) Belize, ベリーズ:国際自動車識別記号, *Belize*

BHU (le) Bhoutan, ブータン:国際オリンピック委員会の国名表記(1983年承認), *Bhutan*

BIH (la) Bosnie-Herzégovine, ボスニア・ヘルツェゴビナ:国際自動車識別記号;国際オリンピック委員会の国名表記(1992年承認), *Bosnia and Herzegovina*

BLR (la) Biélorussie, ベラルーシ:国際オリンピック委員会の国名表記(1992年承認), *Belarus*

BLZ (le) Belize, ベリーズ, *Belize*

BM (les) Bermudes, バミューダ:国際自動車識別記号, *Bermuda*

BOL (la) Bolivie, ボリビア:国際自動車識別記号;国際オリンピック委員会の国名表記(1936年承認), *Bolivia*

BOT (le) Botswana, ボツワナ:国際オリンピック委員会の国名表記(1980年承認), *Botswana*

BR (le) Brésil, ブラジル:国際自動車識別記号, *Brazil*

BRA (le) Brésil, ブラジル:国際オリンピック委員会の国名表記(1935年承認), *Brazil*

BRN (le) Bahreïn, バーレーン:国際自動車識別記号;国際オリンピック委員会の国名表記(1979年承認), *Bahrain*

BRU (le) Brunei Darussalam, ブルネイ・ダルサラーム:国際自動車識別記号;国際オリンピック委員会の国名表記(1984年承認), *Brunei Darussalam*

BS (les) Bahamas, バハマ:国際自動車識別記号, *Bahamas*

BUL (la) Bulgarie, ブルガリア:国際オリンピック委員会の国名表記(1924年承認), *Bulgaria*

BUR (le) Burkina Faso, ブルキナファソ:国際オリンピック委員会の国名表記(1972年承認), *Burkina Faso*

BUR (le) Myanmar, ミャンマー:国際自動車識別記号, *Myanmar*

BVI (les) îles Vierges, バージン諸島:国際自動車識別記号(ただし未公認), *Virgin Islands*

BWA (le) Botswana, ボツワナ, *Botswana*

BY (la) Biélorussie, ベラルーシ:国際自動車識別記号, *Belarus*

CAF (la) République centrafricaine, 中央アフリカ共和国:国際オリンピック委員会の国名表記(1965年承認), *Central African Republic*

CAM (le) Cambodge, カンボジア:国際オリンピック委員会の国名表記(1994年承認), *Cambodia*

CAM (le) Cameroun, カメルーン:国際自動車識別記号, *Cameroon*

CAN (le) Canada, カナダ:国際オリンピック委員会の国名表記(1907年承認), *Canada*

CAY (les) îles Caïmans, ケイマン諸島:国際オリンピック委員会の国名表記(1976年承認), *Cayman Islands*

CDN (le) Canada, カナダ:国際自動車識別記号, *Canada*

CGO (la) République du Congo, コンゴ共和国:国際オリンピック委員会の国名表記(1964年承認), *Republic of Congo*

CH (la) Suisse, スイス:国際自動車識別記号, *Switzerland*

CHA (le) Tchad, チャド:国際オリンピック委員会の国名表記(1964年承認), *Chad*

CHI (le) Chili, チリ:国際オリンピック委員会の国名表記(1934年承認), *Chili*

CHN (la) Chine, 中国:国際オリンピック委員会の国名表記(1979年承認), *China*

CI (la) Côte-d'Ivoire, 象牙海岸:国際自動車識別記号, *Ivory Coast*

CIV (la) Côte-d'Ivoire, 象牙海岸:国際オリンピック委員会の国名表記(1963年承認), *Ivory Coast*

CK (les) îles Cook, クック諸島:国際自動車識別記号, *Cook Islands*

CL (le) Sri Lanka, スリランカ:国際自動車識別記号, *Sri Lanka*

CMR (le) Cameroun, カメルーン:国際オリンピック委員会の国名表記(1963年承認), *Cameroon*

CO (la) Colombie, コロンビア:国際自動車識別記号, *Colombia*

COK (les) îles Cook, クック諸島:国際オリンピック委員会の国名表記 (1986年承認), *Cook Islands*

COL (la) Colombie, コロンビア:国際オリンピック委員会の国名表記(1939年承認), *Colombia*

COM (les) Comores, コモロ:国際オリンピック委員会の国名表記(1993年承認), *Comoros*

CPV (le) Cap-Vert, カーボベルデ:国際オリンピック委員会の国名表記(1993年承認), *Cape Verde*

CR (le) Costa Rica, コスタリカ:国際自動車識別記号, *Costa Rica*

CRC (le) Costa Rica, コスタリカ:国際オリンピック委員会

の国名表記（1954年承認），*Costa Rica*
CRI (le) Costa Rica, コスタリカ，*Costa Rica*
CRO (la) Croatie, クロアチア：国際オリンピック委員会の国名表記(1991年承認)，*Croatia*
CU （ ）Cuba, キューバ：国際自動車識別記号，*Cuba*
CUB （ ）Cuba, キューバ：国際オリンピック委員会の国名表記(1954年承認)，*Cuba*
CV (le) Cap-Vert, カーボベルデ：国際自動車識別記号，*Cape Verde*
CY （ ）Chypre, キプロス：国際自動車識別記号，*Cyprus*
CYP （ ）Chypre, キプロス：国際オリンピック委員会の国名表記(1978年承認)，*Cyprus*
CZ (la) République tchèque, チェコ共和国：国際自動車識別記号，*Czech Republic*
CZE (la) République tchèque, チェコ共和国：国際オリンピック委員会の国名表記(1993年承認)，*Czech Republic*
D (l')Allemagne, ドイツ：国際自動車識別記号，*Germany*
DEN (le) Danemark, デンマーク：国際オリンピック委員会の国名表記(1905年承認)，*Denmark*
DJ （ ）Djibouti, ジブチ：国際自動車識別記号，*Djibouti*
DJI （ ）Djibouti, ジブチ：国際オリンピック委員会の国名表記(1984年承認)，*Djibouti*
DK (le) Danemark, デンマーク：国際自動車識別記号，*Denmark*
DMA （ ）Dominique, ドミニカ：国際オリンピック委員会の国名表記(1993年承認)，*Dominica*
DOM (la) République dominicaine, ドミニカ共和国：国際自動車識別記号；国際オリンピック委員会の国名表記(1962年承認)，*Dominican Republic*
DY (le) Bénin, ベニン：国際自動車識別記号，*Benin*
DZ (l')Algérie, アルジェリア：国際自動車識別記号，*Algeria*
E (l')Espagne, スペイン：国際自動車識別記号，*Spain*
EAK (le) Kenya, ケニア：国際自動車識別記号，*Kenya*
EAT (la) Tanzanie (ex-Tanganyika), タンザニア：国際自動車識別記号，*Tanzania (ex-Tanganyika)*
EAU (l')Ouganda, ウガンダ：国際自動車識別記号，*Uganda*
EAZ (la) Tanzanie (ex-Zanzibar), タンザニア：国際自動車識別記号，*Tanzania (ex-Zanzibar)*
EC (l')Equateur, エクアドル：国際自動車識別記号，*Ecuador*
ECU (l')Equateur, エクアドル：国際オリンピック委員会の

国名表記(1959年承認), *Ecuador*
EGY (l')Egypte, エジプト:国際オリンピック委員会の国名表記(1910年承認), *Egypt*
ER (l')Erythrée, エリトリア:国際自動車識別記号, *Eritrea*
ERI (l')Erythrée, エリトリア:国際オリンピック委員会の国名表記(1999年承認), *Eritrea*
ES (le) Salvador, エルサルバドル:国際自動車識別記号, *El Salvador*
ESA (le) Salvador, エルサルバドル:国際オリンピック委員会の国名表記(1962年承認), *El Salvador*
ESP (l')Espagne, スペイン:国際オリンピック委員会の国名表記(1924年承認), *Spain*
EST (l')Estonie, エストニア:国際自動車識別記号;国際オリンピック委員会の国名表記(1991年承認), *Estonia*
ET (l')Egypte, エジプト:国際自動車識別記号, *Egypt*
ETH (l')Ethiopie, エチオピア:国際自動車識別記号;国際オリンピック委員会の国名表記(1954年承認), *Ethiopia*
F (la) France, フランス:国際自動車識別記号, *France*
FIJ (les) Fidji, フィジー:国際オリンピック委員会の国名表記(1955年承認), *Fiji*
FIN (la) Finlande, フィンランド:国際自動車識別記号;国際オリンピック委員会の国名表記(1907年承認), *Finland*
FJI (les) Fidji, フィジー:国際自動車識別記号, *Fiji*
FL (le) Liechtenstein, リヒテンシュタイン:国際自動車識別記号, *Liechtenstein*
FO (les) îles Féroé, フェロー諸島:国際自動車識別記号, *Faeroe Islands*
FRA (la) France, フランス:国際オリンピック委員会の国名表記 (1894年承認), *France*
FSM (les) Etats fédérés de Micronésie, ミクロネシア連邦:国際オリンピック委員会の国名表記(1997年承認), *Federated States of Micronesia*
GAB (le) Gabon, ガボン:国際自動車識別記号;国際オリンピック委員会の国名表記(1968年承認), *Gabon*
GAM (la) Gambie, ガンビア:国際オリンピック委員会の国名表記(1976年承認), *Gambia*
GB (le) Royaume-Uni de Grande-Bretagne et d'Irlande du Nord, (グレートブリテン・北アイルランド)連合王国:国際自動車識別記号, *United Kingdom of Great Britain and Northern Ireland*
GBA ( ) Alderney, オールダニー:国際自動車識別記号,

Alderney
GBG ( ) Guernesey, ガーンジー：国際自動車識別記号, *Guernsey*
GBJ ( ) Jersey, ジャージー：国際自動車識別記号, *Jersey*
GBM (l')île de Man, マン島：国際自動車識別記号, *Isle of Man*
GBR (le) Royaume-Uni de Grande-Bretagne et d'Irlande du Nord, （グレートブリテン・北アイルランド）連合王国：国際オリンピック委員会の国名表記(1905年承認), *United Kingdom of Great Britain and Northern Ireland*
GBS (la) Guinée-Bissau, ギニアビサウ：国際オリンピック委員会の国名表記 (1995年承認), *Guinea-Bissau*
GBZ, ( ) Gibraltar, ジブラルタル：国際自動車識別記号, *Gibraltar*
GCA (le) Guatemala, グアテマラ：国際自動車識別記号, *Guatemala*
GE (la) Géorgie, グルジア：国際自動車識別記号, *Georgia*
GEO (la) Géorgie, グルジア：国際オリンピック委員会の国名表記(1992年承認), *Georgia*
GEQ (la) Guinée équatoriale, 赤道ギニア：国際オリンピック委員会の国名表記(1984年承認), *Equatorial Guinea*
GER (l')Allemagne, ドイツ：国際オリンピック委員会の国名表記(1895年承認), *Germany*
GH (le) Ghana, ガーナ：国際自動車識別記号, *Ghana*
GHA (le) Ghana, ガーナ：国際オリンピック委員会の国名表記(1952年承認), *Ghana*
GIN (la) Guinée, ギニア, *Guinea*
GMB (la) Gambie, ガンビア, *Gambia*
GQ (la) Guinée équatoriale, 赤道ギニア：国際自動車識別記号, *Equatorial Guinea*
GR (la) Grèce, ギリシャ：国際自動車識別記号, *Greece*
GRE (la) Grèce, ギリシャ：国際オリンピック委員会の国名表記(1895年承認), *Greece*
GRN ( ) Grenade, グレナダ：国際オリンピック委員会の国名表記(1984年承認), *Grenada*
GU ( ) Guam, グアム：国際自動車識別記号, *Guam*
GUA (le) Guatemala, グアテマラ：国際オリンピック委員会の国名表記(1947年承認), *Guatemala*
GUI (la) Guinée, ギニア：国際オリンピック委員会の国名表記(1965年承認), *Guinea*
GUM ( ) Guam, グアム：国際オリンピック委員会の国名表

記(1986年承認), *Guam*

GUY (la) Guyana, ガイアナ：国際自動車識別記号；国際オリンピック委員会の国名表記(1948年承認), *Guyana*

GW (la) Guinée-Bissau, ギニアビサウ：国際自動車識別記号, *Guinea-Bissau*

H (la) Hongrie, ハンガリー国際自動車識別記号, *Hungary*

HAI ( ) Haïti, ハイチ：国際オリンピック委員会の国名表記(1924年承認), *Haiti*

HK ( ) Hong Kong, 香港チャイナ：国際自動車識別記号, *Hong Kong China*

HKG ( ) Hong Kong, 香港チャイナ：国際オリンピック委員会の国名表記(1951年承認), *Hong Kong China*

HKJ (la) Jordanie, ヨルダン：国際自動車識別記号, *Jordan*

HN (le) Honduras, ホンジュラス：国際自動車識別記号, *Honduras*

HND (le) Honduras, ホンジュラス, *Honduras*

HON (le) Honduras, ホンジュラス：国際オリンピック委員会の国名表記(1956年承認), *Honduras*

HR (la) Croatie, クロアチア：国際自動車識別記号, *Croatia*

HUN (la) Hongrie, ハンガリー：国際オリンピック委員会の国名表記(1895年承認), *Hungary*

I (l')Italie, イタリア：国際自動車識別記号, *Italy*

IDN (l')Indonésie, インドネシア, *Indonesia*

IL ( ) Israël, イスラエル：国際自動車識別記号, *Israel*

INA (l')Indonésie, インドネシア：国際オリンピック委員会の国名表記(1952年承認), *Indonesia*

IND (l')Inde, インド：国際自動車識別記号；国際オリンピック委員会の国名表記(1927年承認), *India*

IOA (le) Timor oriental, 東ティモール：国際オリンピック委員会の国名表記, *East Timor*

IR (l')Iran, イラン：国際自動車識別記号, *Iran*

IRI (l')Iran, イラン：国際オリンピック委員会の国名表記(1947年承認), *Iran*

IRL (l')Irlande, アイルランド：国際自動車識別記号；国際オリンピック委員会の国名表記(1922年承認), *Ireland*

IRQ (l')Irak, イラク：国際自動車識別記号；国際オリンピック委員会の国名表記(1948年承認), *Iraq*

IS (l')Islande, アイスランド：国際自動車識別記号, *Iceland*

ISL (l')Islande, アイスランド：国際オリンピック委員会の国名表記(1935年承認), *Iceland*

ISR ( ) Israël, イスラエル：国際オリンピック委員会の国名

表記(1952年承認), *Israel*

ISV (les) îles Vierges américaines, 米領バージン諸島：国際オリンピック委員会の国名表記(1967年承認), *Virgin Islands of the United States*

ITA (l')Italie, イタリア：国際オリンピック委員会の国名表記(1915年承認), *Italy*

IVB (les) îles Vierges britanniques, 英領バージン諸島：国際オリンピック委員会の国名表記(1982年承認), *British Virgin Islands*

J (le) Japon, 日本：国際自動車識別記号, *Japan*

JA (la) Jamaïque, ジャマイカ：国際自動車識別記号, *Jamaica*

JAM (la) Jamaïque, ジャマイカ：国際オリンピック委員会の国名表記(1936年承認), *Jamaica*

JAP (le) Japon, 日本, *Japan*

JOR (la) Jordanie, ヨルダン：国際自動車識別記号；国際オリンピック委員会の国名表記(1963年承認), *Jordan*

JPN (le) Japon, 日本：国際オリンピック委員会の国名表記(1912年承認), *Japan*

K (le) Cambodge, カンボジア：国際自動車識別記号, *Cambodia*

KAZ (le) Kazakhstan, カザフスタン：国際オリンピック委員会の国名表記(1992年承認), *Kazakhstan*

KEN (le) Kenya, ケニア：国際オリンピック委員会の国名表記(1955年承認), *Kenya*

KGZ (le) Kirghizistan, キルギス：国際オリンピック委員会の国名表記(1992年承認), *Kyrgyzstan*

KHM (le) Cambodge, カンボジア, *Cambodia*

KOR (la) République de Corée, 韓国：国際オリンピック委員会の国名表記(1947年承認), *Republic of Korea*

KS (le) Kirghizistan, キルギス：国際自動車識別記号, *Kyrgyzstan*

KSA (l')Arabie saoudite, サウジアラビア：国際オリンピック委員会の国名表記(1965年承認), *Saudi Arabia*

KUW (le) Koweit, クウェート：国際オリンピック委員会の国名表記(1966年承認), *Kuwait*

KWT (le) Koweit, クウェート：国際自動車識別記号, *Kuwait*

KZ (le) Kazakhstan, カザフスタン：国際自動車識別記号, *Kazakhstan*

L (le) Luxembourg, ルクセンブルク：国際自動車識別記号,

Luxembourg

LAO (le) Laos, ラオス：国際自動車識別記号；国際オリンピック委員会の国名表記(1979年承認), *Laos*

LAR (la) Libye, リビア：国際自動車識別記号, *Libya*

LAT (la) Lettonie, ラトビア：国際オリンピック委員会の国名表記(1991年承認), *Latvia*

LB (le) Libéria, リベリア：国際自動車識別記号, *Liberia*

LBA (la) Libye, リビア：国際オリンピック委員会の国名表記(1963年承認), *Libya*

LBN (le) Liban, レバノン, *Lebanon*

LBR (le) Libéria, リベリア：国際オリンピック委員会の国名表記(1955年承認), *Liberia*

LBY (la) Libye, リビア, *Libya*

LCA ( ) Sainte-Lucie, セントルシア：国際オリンピック委員会の国名表記(1993年承認), *Saint Lucia*

LES (le) Lesotho, レソト：国際オリンピック委員会の国名表記(1972年承認), *Lesotho*

LIB (le) Liban, レバノン：国際オリンピック委員会の国名表記(1948年承認), *Lebanon*

LIE (le) Liechtenstein, リヒテンシュタイン：国際オリンピック委員会の国名表記(1935年承認), *Liechtenstein*

LKA (le) Sri Lanka, スリランカ, *Sri Lanka*

LS (le) Lesotho, レソト：国際自動車識別記号, *Lesotho*

LT (la) Lituanie, リトアニア：国際自動車識別記号, *Lithuania*

LTU (la) Lituanie, リトアニア：国際オリンピック委員会の国名表記(1991年承認), *Lithuania*

LUX (le) Luxembourg, ルクセンブルク：国際オリンピック委員会の国名表記(1912年承認), *Luxembourg*

LV (la) Lettonie, ラトビア：国際自動車識別記号, *Latvia*

LVA (la) Lettonie, ラトビア, *Latvia*

M ( ) Malte, マルタ：国際自動車識別記号, *Malta*

MA (le) Maroc, モロッコ：国際自動車識別記号, *Morocco*

MAD ( ) Madagascar, マダガスカル：国際オリンピック委員会の国名表記(1964年承認), *Madagascar*

MAL (la) Malaisie, マレーシア：国際自動車識別記号, *Malaysia*

MAR (le) Maroc, モロッコ：国際オリンピック委員会の国名表記(1959年承認), *Morocco*

MAS (la) Malaisie, マレーシア：国際オリンピック委員会の国名表記(1954年承認), *Malaysia*

MAW

MAW (le) Malawi, マラウイ:国際オリンピック委員会の国名表記(1968年承認), *Malawi*

MC ( ) Monaco, モナコ:国際自動車識別記号, *Monaco*

MD (la) Moldavie, モルドバ:国際自動車識別記号, *Moldova*

MDA (la) Moldavie, モルドバ:国際オリンピック委員会の国名表記(1992年承認), *Moldova*

MDG ( ) Madagascar, マダガスカル, *Madagascar*

MDV (les) Maldives, モルディブ:国際オリンピック委員会の国名表記(1985年承認), *Maldives*

MEX (le) Mexique, メキシコ:国際自動車識別記号;国際オリンピック委員会の国名表記(1923年承認), *Mexico*

MGL (la) Mongolie, モンゴル:国際自動車識別記号;国際オリンピック委員会の国名表記(1962年承認), *Mongolia*

MK (la) Macédoine, マケドニア:国際自動車識別記号, *Macedonia*

MKD (la) Macédoine, マケドニア:国際オリンピック委員会の国名表記(1993年承認), *Macedonia*

MLI (le) Mali, マリ:国際オリンピック委員会の国名表記(1963年承認), *Mali*

MLT ( ) Malte, マルタ:国際オリンピック委員会の国名表記(1936年承認), *Malta*

MMR (le) Myanmar, ミャンマー, *Myanmar*

MOC (le) Mozambique, モザンビーク:国際自動車識別記号, *Mozambique*

MON ( ) Monaco, モナコ:国際オリンピック委員会の国名表記(1953年承認), *Monaco*

MOZ (le) Mozambique, モザンビーク:国際オリンピック委員会の国名表記(1979年承認), *Mozambique*

MRI ( ) Maurice, モーリシャス:国際オリンピック委員会の国名表記(1972年承認), *Mauritius*

MS ( ) Maurice, モーリシャス:国際自動車識別記号, *Mauritius*

MTN (la) Mauritanie, モーリタニア:国際オリンピック委員会の国名表記(1979年承認), *Mauritania*

MUS ( ) Maurice, モーリシャス, *Mauritius*

MW (le) Malawi, マラウイ:国際自動車識別記号, *Malawi*

MWI (le) Malawi, マラウイ, *Malawi*

MYA (le) Myanmar, ミャンマー:国際オリンピック委員会の国名表記(1947年承認), *Myanmar*

MYS (la) Malaisie, マレーシア, *Malaysia*

N (la) Norvège, ノルウェー：国際自動車識別記号, *Norway*
NA (les) Antilles néerlandaises, オランダ領アンティル：国際自動車識別記号, *Netherlands Antilles*
NAM (la) Namibie, ナミビア：国際自動車識別記号；国際オリンピック委員会の国名表記(1991年承認), *Namibia*
NCA (le) Nicaragua, ニカラグア：国際オリンピック委員会の国名表記(1959年承認), *Nicaragua*
NED (les) Pays-Bas, オランダ：国際オリンピック委員会の国名表記(1912年承認), *Netherlands*
NEP (le) Népal, ネパール：国際オリンピック委員会の国名表記(1963年承認)；国際自動車識別記号, *Nepal*
NER (le) Niger, ニジェール, *Niger*
NF (la) Terre-Neuve, ニューファンドランド：国際自動車識別記号, *Newfoundland*
NGA (le) Nigéria, ナイジェリア, *Nigeria*
NGR (le) Nigéria, ナイジェリア：国際オリンピック委員会の国名表記(1951年承認), *Nigeria*
NIC (le) Nicaragua, ニカラグア：国際自動車識別記号, *Nicaragua*
NIG (le) Niger, ニジェール：国際オリンピック委員会の国名表記(1964年承認), *Niger*
NL (les) Pays-Bas, オランダ：国際自動車識別記号, *Netherlands*
NOR (la) Norvège, ノルウェー：国際オリンピック委員会の国名表記(1900年承認), *Norway*
NPL (le) Népal, ネパール, *Nepal*
NRU (　) Nauru, ナウル：国際オリンピック委員会の国名表記(1994年承認), *Nauru*
NZ (la) Nouvelle-Zélande, ニュージーランド：国際自動車識別記号, *New Zealand*
NZL (la) Nouvelle-Zélande, ニュージーランド：国際オリンピック委員会の国名表記(1920年承認), *New Zealand*
OMA (l')Oman, オマーン：国際オリンピック委員会の国名表記(1982年承認), *Oman*
P (le) Portugal, ポルトガル：国際自動車識別記号, *Portugal*
PA (　) Panama, パナマ：国際自動車識別記号, *Panama*
PAK (le) Pakistan, パキスタン：国際オリンピック委員会の国名表記(1948年承認), *Pakistan*
PAN (　) Panama, パナマ：国際オリンピック委員会の国名表記(1947年承認), *Panama*
PAR (le) Paraguay, パラグアイ：国際オリンピック委員会の

PE 544

国名表記(1970年承認), *Paraguay*

PE (le) Pérou, ペルー：国際自動車識別記号, *Peru*

PER (le) Pérou, ペルー：国際オリンピック委員会の国名表記(1936年承認), *Peru*

PHI (les) Philippines, フィリピン：国際オリンピック委員会の国名表記(1929年承認), *Philippines*

PHL (les) Philippines, フィリピン, *Philippines*

PK (le) Pakistan, パキスタン：国際自動車識別記号, *Pakistan*

PL (la) Pologne, ポーランド：国際自動車識別記号, *Poland*

PLE (la) Palestine, パレスチナ：国際オリンピック委員会の国名表記(1993年承認), *Palestine*

PLW ( ) Palau, パラオ共和国：国際オリンピック委員会の国名表記 (1999年承認), *Palau*

PNG (la) Papouasie-Nouvelle-Guinée, パプア・ニューギニア：国際自動車識別記号；国際オリンピック委員会の国名表記(1974年承認), *Papua New Guinea*

POL (la) Pologne, ポーランド：国際オリンピック委員会の国名表記(1919年承認), *Poland*

POR (le) Portugal, ポルトガル：国際オリンピック委員会の国名表記(1909年承認), *Portugal*

PRK (la) République populaire démocratique de Corée, 朝鮮民主主義人民共和国：国際オリンピック委員会の国名表記(1957年承認), *Democratic People's Republic of Korea*

PRY (le) Paraguay, パラグアイ, *Paraguay*

PUR ( ) Porto Rico, プエルトリコ：国際オリンピック委員会の国名表記(1958年承認), *Puerto Rico*

PY (le) Paraguay, パラグアイ：国際自動車識別記号, *Paraguay*

QA (le) Qatar, カタール：国際自動車識別記号, *Qatar*

QAT (le) Qatar, カタール：国際オリンピック委員会の国名表記(1980年承認), *Qatar*

RA (l')Argentine, アルゼンチン：国際自動車識別記号, *Argentina*

RB (le) Botswana, ボツワナ：国際自動車識別記号, *Botswana*

RC (la) Chine, 中国：国際自動車識別記号, *China*

RCA (la) République centrafricaine, 中央アフリカ共和国：国際自動車識別記号, *Central African Republic*

RCB (la) République du Congo, コンゴ共和国：国際自動車識別記号, *Republic of Congo*

RCH (le) Chili, チリ：国際自動車識別記号, *Chili*
RG (la) Guinée, ギニア：国際自動車識別記号, *Guinea*
RH (　) Haïti, ハイチ：国際自動車識別記号, *Haiti*
RI (l')Indonésie, インドネシア：国際自動車識別記号, *Indonesia*
RIM (la) Mauritanie, モーリタニア：国際自動車識別記号, *Mauritania*
RL (le) Liban, レバノン：国際自動車識別記号, *Lebanon*
RM (　) Madagascar, マダガスカル：国際自動車識別記号, *Madagascar*
RMM (le) Mali, マリ：国際自動車識別記号, *Mali*
RN (le) Niger, ニジェール：国際自動車識別記号, *Niger*
RNR (la) Zambie, ザンビア：国際自動車識別記号, *Zambia*
RO (la) Roumanie, ルーマニア：国際自動車識別記号, *Romania*
ROK (la) République de Corée, 韓国：国際自動車識別記号, *Republic of Korea*
ROM (la) Roumanie, ルーマニア：国際オリンピック委員会の国名表記(1914年承認), *Romania*
ROU (l')Uruguay, ウルグアイ：国際自動車識別記号, *Uruguay*
RP (les) Philippines, フィリピン：国際自動車識別記号, *Philippines*
RSA (l')Afrique du Sud, 南アフリカ：国際オリンピック委員会の国名表記(1991年承認), *South Africa*
RSM (　) Saint-Marin, サンマリノ：国際自動車識別記号, *San Marino*
RU (le) Burundi, ブルンジ：国際自動車識別記号, *Burundi*
RUS (la) Fédération de Russie, ロシア連邦：国際自動車識別記号；国際オリンピック委員会の国名表記(1992年承認), *Russian Federation*
RWA (le) Rwanda, ルワンダ：国際自動車識別記号；国際オリンピック委員会の国名表記(1984年承認), *Rwanda*
S (la) Suède, スウェーデン：国際自動車識別記号, *Sweden*
SA (l')Arabie saoudite, サウジアラビア：国際自動車識別記号, *Saudi Arabia*
SAM (les) Samoa occidentales, 西サモア：国際オリンピック委員会の国名表記(1983年承認), *Western Samoa*
SCF (la) Cité du Vatican, バチカン市国：国際自動車識別記号, *Vatican City*
SD (le) Swaziland, スワジランド：国際自動車識別記号,

Swaziland

SEN (le) Sénégal, セネガル：国際オリンピック委員会の国名表記(1963年承認), *Senegal*

SEY (les) Seychelles, セーシェル：国際オリンピック委員会の国名表記(1979年承認), *Seychelles*

SGP ( ) Singapour, シンガポール：国際自動車識別記号, *Singapore*

SIN ( ) Singapour, シンガポール：国際オリンピック委員会の国名表記(1948年承認), *Singapore*

SK (la) Slovaquie, スロバキア：国際自動車識別記号, *Slovakia*

SKN ( ) Saint Christopher et Nevis / Saint-Christophe et Niévès, セントクリストファー・ネイビス：国際オリンピック委員会の国名表記(1993年承認), *Saint-Christopher and Nevis*

SLE (la) Sierra Leone, シエラレオネ：国際オリンピック委員会の国名表記(1964年承認), *Sierra Leone*

SLO (la) Slovénie, スロヴェニア：国際自動車識別記号；国際オリンピック委員会の国名表記(1991年承認), *Slovenia*

SME (le) Surinam, スリナム：国際自動車識別記号, *Surinam*

SMR ( ) Saint-Marin, サンマリノ：国際オリンピック委員会の国名表記(1959年承認), *San Marino*

SN (le) Sénégal, セネガル：国際自動車識別記号, *Senegal*

SO (la) Somalie, ソマリア：国際自動車識別記号, *Somalia*

SOL (les) îles Salomons, ソロモン諸島：国際オリンピック委員会の国名表記(1983年承認), *Solomon Islands*

SRI (le) Sri Lanka, スリランカ：国際オリンピック委員会の国名表記（1937年承認), *Sri Lanka*

STP ( ) Sao Tomé-et-Prince, サントメプリンシペ：国際オリンピック委員会の国名表記(1993年承認), *Sao Tome and Principe*

SUD (le) Soudan, スーダン：国際自動車識別記号；国際オリンピック委員会の国名表記(1959年承認), *Sudan*

SUI (la) Suisse, スイス：国際オリンピック委員会の国名表記(1912年承認), *Switzerland*

SUR (le) Surinam, スリナム：国際オリンピック委員会の国名表記(1959年承認), *Surinam*

SVK (la) Slovaquie, スロバキア：国際オリンピック委員会の国名表記(1993年承認), *Slovakia*

SWE (la) Suède, スウェーデン：国際オリンピック委員会の

SWZ (le) Swaziland, スワジランド：国際オリンピック委員会の国名表記(1972年承認), *Swaziland*

SY (les) Seychelles, セーシェル：国際自動車識別記号, *Seychelles*

SYC (les) Seychelles, セーシェル, *Seychelles*

SYR (la) Syrie, シリア：国際自動車識別記号；国際オリンピック委員会の国名表記(1948年承認), *Syria*

T (la) Thaïlande, タイ：国際自動車識別記号, *Thailand*

TAN (la) Tanzanie, タンザニア：国際オリンピック委員会の国名表記(1918年承認), *Tanzania*

TCH (la) Tchécoslovaquie, チェコスロバキア：国際オリンピック委員会の国名表記, *Czechoslovakia*

TCH (le) Tchad, チャド：国際自動車識別記号, *Chad*

TD (le) Tchad, チャド：国際自動車識別記号, *Chad*

TG (le) Togo, トーゴ：国際自動車識別記号, *Togo*

TGA (les) Tonga, トンガ：国際オリンピック委員会の国名表記(1984年承認), *Tonga*

TGO (le) Togo, トーゴ, *Togo*

THA (la) Thaïlande, タイ：国際オリンピック委員会の国名表記(1950年承認), *Thailand*

TJ (le) Tadjikistan, タジキスタン：国際自動車識別記号, *Tajikistan*

TJK (le) Tadjikistan, タジキスタン：国際オリンピック委員会の国名表記(1992年承認), *Tajikistan*

TKM (le) Turkménistan, トルクメニスタン：国際オリンピック委員会の国名表記(1992年承認), *Turkmenistan*

TM (le) Turkménistan, トルクメニスタン：国際自動車識別記号, *Turkmenistan*

TN (la) Tunisie, チュニジア：国際自動車識別記号, *Tunisia*

TOG (le) Togo, トーゴ：国際オリンピック委員会の国名表記(1965年承認), *Togo*

TPE ( ) Taïwan, 台湾：国際オリンピック委員会の国名表記(1960年承認), *Taiwan*

TR (la) Turquie, トルコ：国際自動車識別記号, *Turkey*

TRI (la) Trinité et Tobago, トリニダードトバコ：国際オリンピック委員会の国名表記 (1948年承認), *Trinidad and Tobago*

TT (la) Trinité et Tobago, トリニダードトバコ：国際自動車識別記号, *Trinidad and Tobago*

TUN (la) Tunisie, チュニジア：国際オリンピック委員会の

国名表記(1957年承認), *Tunisia*

UA (l')Ukraine, ウクライナ:国際自動車識別記号, *Ukraine*

UAE (les) Emirats arabes unis, アラブ首長国連邦:国際オリンピック委員会の国名表記(1980年承認), *United Arab Emirates*

UGA (l')Ouganda, ウガンダ:国際オリンピック委員会の国名表記(1956年承認), *Uganda*

UKR (l')Ukraine, ウクライナ:国際オリンピック委員会の国名表記(1992年承認), *Ukraine*

URU (l')Uruguay, ウルグアイ:国際オリンピック委員会の国名表記(1923年承認), *Uruguay*

URY (l')Uruguay, ウルグアイ, *Uruguay*

USA (les) Etats-Unis, アメリカ合衆国:国際自動車識別記号;国際オリンピック委員会の国名表記(1894年承認), *USA*

UZ (l')Ouzbékistan, ウズベキスタン:国際自動車識別記号, *Uzbekistan*

UZB (l')Ouzbékistan, ウズベキスタン:国際オリンピック委員会の国名表記(1992年承認), *Uzbekistan*

V (la) Cité du Vatican, バチカン市国:国際自動車識別記号, *Vatican City*

VAN ( ) Vanuatu, バヌアツ:国際オリンピック委員会の国名表記(1987年承認), *Vanuatu*

VEN (le) Venezuela, ベネズエラ:国際オリンピック委員会の国名表記(1935年承認), *Venezuela*

VIE (le) Viêt-Nam, ベトナム:国際オリンピック委員会の国名表記(1979年承認), *Vietnam*

VIN ( ) Saint-Vincent et les Grenadines, セントビンセント・グレナディーン:国際オリンピック委員会の国名表記(1987年承認), *Saint Vincent and the Grenadines*

VN (le) Viêt-Nam, ベトナム:国際自動車識別記号, *Vietnam*

WAG (la) Gambie, ガンビア:国際自動車識別記号, *Gambia*

WAL (la) Sierra Leone, シエラレオネ:国際自動車識別記号, *Sierra Leone*

WAN (le) Nigéria, ナイジェリア:国際自動車識別記号, *Nigeria*

WD ( ) Dominique, ドミニカ:国際自動車識別記号, *Dominica*

WG ( ) Grenade, グレナダ:国際自動車識別記号, *Grenada*

WL ( ) Sainte-Lucie, セントルシア:国際自動車識別記号, *Saint Lucia*

WS (les) Samoa occidentales, 西サモア:国際自動車識別記号, *Western Samoa*

WV ( ) Saint-Vincent et les Grenadines, セントビンセント・グレナディーン:国際自動車識別記号, *Saint Vincent and the Grenadines*

YEM (le) Yémen, イエメン:国際オリンピック委員会の国名表記(1981年承認), *Yemen*

YU (la) Yougoslavie, ユーゴスラビア:国際自動車識別記号, *Yugoslavia*

YUG (la) Yougoslavie, ユーゴスラビア:国際オリンピック委員会の国名表記(1920年承認), *Yugoslavia*

YV (le) Venezuela, ベネズエラ:国際自動車識別記号, *Venezuela*

ZA (l')Afrique du Sud, 南アフリカ:国際自動車識別記号, *South Africa*

ZAM (la) Zambie, ザンビア:国際オリンピック委員会の国名表記(1964年承認), *Zambia*

ZAR (le) Zaïre, ザイール, *Zaire*

ZIM (le) Zimbabwe, ジンバブエ:国際オリンピック委員会の国名表記(1980年承認), *Zimbabwe*

ZRE (la) République démocratique du Congo, コンゴ民主共和国:国際自動車識別記号, *Democratic Republic of the Congo*

ZW (le) Zimbabwe, ジンバブエ:国際自動車識別記号, *Zimbabwe*

編著者略歴

大井正博　パリ第一大学公法国家博士（Docteur d'Etat en droit public）

　　　　　元フランス大使館アジア担当財務部財務事務官

　　　　　現在　外務省研修所非常勤講師

　　　　　　　　慶應義塾大学商学部非常勤講師

　　　　　　　　アテネ・フランセ非常勤講師

フランス略語辞典
定価（本体2,300円＋税）

2002年9月30日　初版発行
2003年2月1日　初版2刷発行

　　　編著者　大 井 正 博
　　　発行者　遠 藤 慶 一
　　　製　作　㈱フォレスト

発 行 所　㈲エディシヨン・フランセーズ

〒101-0062　東京都千代田区神田駿河台3の3
電話　東京（03）3292-2755　FAX（03）3292-2757
振替　00100-6-27439番

発 売 所　㈱駿河台出版社（電話（03）3291-1676）

落丁・乱丁・不良本はお取り替えします。
当社に直接お申し出ください
Printed in Japan
ISBN 4-411-80091-8 C3085 ¥2300

◎文部科学省認定◎ 実用フランス語技能検定試験

傾向と対策

1級(CD2枚付)¥4000　準1級¥2913　2級(CD付)¥3300

3級(CD付)¥2381　4級(CD付)¥2400　5級(CD付)¥2450

書き、聞きとり用CD　準1級(CD2枚)¥3398

（各定価税別送料各三一〇円）

仏検に最適！ **フランス語の書きとり・聞きとり練習**

- 前立教大学教授 　大賀 正喜著
  - 上級編(CD2枚付)¥4000(1級向)
  - 中級編(CD2枚付)¥4369(準1級・2級向)
- 長崎外国語大教授 　阿南婦美代著
  - 初級編(CD付)¥2500(3級向)
  - 入門編(CD付)¥2500(4級向)
  - 入門準備編(CD付)¥2000(5級向)

仏検直前チェック

森田秀二／パスカル・アルヴュ著　2級¥1800

阿南婦美代著　3級¥1165・テープ¥1942

4級¥1429・テープ¥2000

黒川 学著　5級(CD付)¥1600

エディシヨン・フランセーズ　千代田区神田駿河台3の3・振替00100-6-27439
電話03(3292)2755・FAX03(3292)2757

間違いだらけの言語論
―言語偏見カタログ―

マリナ・ヤグェーロ
伊藤 晃・田辺保子訳

B6判／並製／四頁／本体 一七四八円＋税三〇円

原題 ―― Marina Yaguello : Catalogue des idées reçues sur la langue ▼これは広い意味での言語学の入門書である。著者は、斬新で大胆な切り込み方で、常識的通念のどの点に誤解があるのかを手がかりに、「言語」に関する問題を様々な面から取り上げ、解明している。それは一般言語学での領域に止まらず、その言語の生い立ちの歴史、その言語の置かれている社会状況など歴史言語学、社会言語学をも取り入れての、言語についての再考察に及んでいる。

世界の超リッチ
S.クールショール／F.マロ　江口 旦訳

世界の上流社交・実業・映画界等の大立物たちの浪費術

B6判／並製／二〇八頁　本体 一七〇〇円＋税三〇円

フランス人白書
ジェラール・メルメ／磯村尚徳他監訳

B5判／並製／三一〇頁　本体 三六六六円＋税三〇円

図解仏和辞典
ラルース社「フランコスコピー」の邦訳版／図版表多数

アンヌ・チヴァルディー／数藤ゆきえ訳

生活に密接した三〇〇〇の名詞を選び訳カタカナ発音を附す

B5判／並製色刷七六頁　本体 三五〇〇円＋税三〇円

エディシヨン・フランセーズ　〒101 千代田区神田駿河台3の3　電 03-3292-2755
-0062　FAX 03-3292-2757　振替00100-6-27439